KB209278

"프레드 샌더스는 웨슬리 신학의 심장 박동을 느끼고 있다. 그의 학문적 성과는 복음주의적 정체성과 실천적인 현실주의를 잘 겸비하고 있다. 이 책은 재능 있는 선생이 쓴 흥미진진한 읽을거리다. 복음을 사랑하는 사람은 누구나 이 책의 메시지에 공감할 것이다."

_로버트 콜먼, 「주님의 전도계획」의 저자, 고든―콘웰 신학교 교수

"프레드 샌더스가 우리에게 큰 교훈을 주는 웨슬리의 삶과 사상을 다룬 이 책에서 보여주듯이, 우리 모두는 이 경건한 창립자로부터 배울 것이 참으로 많다. 나는 하나님께서 이 책을 이용하여 그의 백성을 다시 깨우시고, 우리를 그의 영으로 채우시고, 우리 마음을 사랑으로 새롭게 하시기를 기도드린다. 신학교와 교회에서 나의 학생들과 이 책을 사용할 계획을 가지고 있다. 이 책은 그리스도인들이 교회 역사상 가장 중요한 지도자들 가운데 한 사람과 친해질 수 있는 훌륭한 방편이다."

_더글러스 스위니, 트리니티 신학교 교회사 교수, 조나단 에드워즈 센터 소장

"늘 그렇듯이, 프레스 샌더스는 주옥 같은 연구결과를 선보여서 우리의 일을 덜어주었다. 나는 존 웨슬리를 존경하지만 그의 팬이 된 적은 없다. 그러나 바로 이 때문에 이런 책이 대단히 가치가 있다. 그는 웨슬리에 대한 온갖 캐리커처에 도전하면서 탄탄한 근거를 바탕으로 가장 사실적인 초상화를 제공한다. 이 시리즈의 목적이 현재를 위해 과거의 자원을 보여주는 것이라면, 「웨슬리가 말하는 그리스도인 삶」은 그야말로 홈런이다."

_마이클 호튼, 「언약신학」의 저자, 캘리포니아 웨스트민스터 신학교 조직신학 및 변증학 교수

"오늘날 감리교 운동이 안고 있는 문제 중의 하나는 우리의 사랑하는 창립자 존 웨슬리의 삶과 가르침에서 점점 더 단절되고 있는 현실이다. 프레드 샌더스는 존 웨슬리의 삶과 사상에 대한 이 실제적인 입문서를 통해 우리에게 놀라운 선물을 주었다. 샌더스는 웨슬리의 사상을 교리적인 특징으로 요약할 수 없고 은총의 수단과 변화된 마음을 통하여 불어오는, 거룩케 하는 성령의 바람으로 온전히 이해할 수 있다는 것을 보여주었다. 나는 이 책을, 웨슬리를 감리교도들에게 다시 소개할 안내자를 갈망하는 모든 목사들과 평신도들뿐만 아니라 감리교 진영을 이해할 필요가 있는 모든 개혁주의자들에게도 추천하는 바이다."

_티모시 테넌트, 애즈베리 신학교 교수, 세계 기독교 연구소 소장

"웨슬리의 팬과 비판가 모두 존 웨슬리의 삶과 사상이 후기 복음주의 개신교에 결정적인 영향을 미쳤다는 사실을 인정한다. 그러나 종종 웨슬리 사상에 붙는 아르미니우스주의와 완전주의 같은 모호한 용어 이상으로, 그리스도인의 삶에 대한 그의 사상을 알고 있는 사람은 드물다. 그래서 그리스도인으로 산다는 말의 의미에 대한 감리교 창시자의 사상을 이처럼 유쾌하게, 읽기 쉽게, 박식하게, 접근이 용이하게, 공감하게끔 다룬 프레드 샌더스에게 나같이 완고한 칼뱅주의자도 깊은 고마움을 느낀다. 이 훌륭한 시리즈에 추가된 멋진 작품이다."

_칼 트루먼, 웨스트민스터 신학교 교회사 교수

"독자들은 여기서 진수성찬을 맛볼 것이다. 생동감, 사려 깊음, 높은 평가와 약간의 비판까지 두루 갖춘 이 책은 소위 웨슬리파에 속하지 않은 사람들조차도 존 웨슬리로부터 큰 유익을 얻을 수 있다는 것을 설득력 있게 보여주기 때문이다."

_마이클 리브즈, Delighting in the Trinity와 The Unquenchable Flame의 저자

웨슬리가
말하는
그리스도인의
삶

ABBA
CHRISTIAN
LIFE
SERIES 3

웨슬리가 말하는 그리스도인의 삶

프레드 샌더스 지음

이근수 옮김

아바서원

태평스럽고 잘 놀고 힘이 넘치는
우리 집 넷째 아이 프레디에게

추천사

프레드 샌더스의 이 책은 기독교회사의 위대한 복음주의자 가운데 한 사람인 존 웨슬리의 신학을 칼뱅의 신학적 전통과 연결시킨 멋진 작품이다. 이로써 우리는 한국의 교파주의가 지닌 신학적 편협성으로부터 벗어나게 되는 동시에, 웨슬리가 올더스게이트(Aldersgate)에서 경험했던 "이상하리만치 내 마음이 뜨거워짐"을 체험하게 될 것이다.

저자는 웨슬리의 사상을 간결하면서도 명확하게 우리에게 전달해줄 뿐만 아니라, 웨슬리 자신의 용어를 사용함으로써 신학적인 설득력을 충분히 획득하였다고 볼 수 있다. 따라서 독자는 웨슬리의 생애와 저술에 나타난 가르침을 확실하면서도 안전하게 소개받을 수 있다. 학술적이고 전문적인 난해함을 벗어나서 누군가의 사상에 도달할 수 있다는 것은 독자들에게 축복이 아닐 수 없다. 그래서 감히 말하자면 좋은 신학의 본보기라 할 것이다.

오늘의 신학은 교회와 목회현장으로부터 배척을 받거나 멀찌감치 벗어난 듯 보인다. 신학의 위기 내지는 실종은 결국 교회를 어려움에 빠뜨린다. 이단과 사이비의 속출이 이를 잘 말해주고 있다. 이 책을 통해 웨슬리의 실천적이고 목양적인 신학을 배우기를 권한다. 체계를 갖춘 근사한 신학자가 아니라, 실제적인 삶의 현실과 씨름해서 건져낸 책임적인 고백이야말로 우리시대에 절실하게 요청되지 않는가? 이 책을 통해 바른 가르침은 결코 바른 삶으로부터 유리하지 않는다는 사실을 깨우치게 되길 기대해 본다.

_이은재, 감리교신학대학교 교수

목차

시리즈 서문

우리는 그리스도인의 삶에 관한 온갖 자원이 넘치는 시대에 살고 있다. 책, DVD 시리즈, 온라인 자료, 세미나 등 날마다 그리스도와 동행하도록 격려하는 매체와 기회가 주변에 즐비하다. 오늘날의 평신도는 과거에 학자들이 꿈꾸었던 것보다 더 많은 정보를 접할 수 있다.

그러나 이 모든 풍부한 자원에도 불구하고 무언가 빠진 것이 있다. 그것은 과거, 곧 우리와 다른 시대와 장소에서 지금을 바라보는 관점이다. 달리 표현해서 현재의 지평선 위에 너무도 많은 것이 있어서 과거의 지평선을 바라보지 않는다는 말이다.

이는 안타까운 현상이 아닐 수 없다. 제자의 길을 배우고 실천하는 문제를 생각하면 더욱 안타깝다. 마치 대저택을 소유하고도 한 방에만 살겠다고 고집하는 모습과 같다. 이 시리즈는 다른 방들도 탐색해 보라고 당신을 초대한다.

우리가 탐색을 시작하면 지금과는 다른 장소와 시대를 방문하게 될 것이다. 거기서 다른 모델들과 접근법, 강조점들을 보게 될 것이다. 이 시리즈는 이런 모델들을 무비판적으로 모방하라고 격려할 의도가 없으며 과거의 어떤 인물을 우리와는 종족이 다른 '슈퍼 그리스도인'인양 저 높은 곳에 올려놓을 생각도 없다. 오히려 당신에게 과거에 귀를 기울여보라고 권한다. 지난 20세기에 걸친 교회 역사 속에 그리스도인으로 사는 데 필요한 지혜가 있다고 믿기 때문이다.

_스티븐 니콜스, 저스틴 테일러

서문

오늘날 누가 존 웨슬리를 경청하는가?

요즘에도 존 웨슬리의 목소리에 귀를 기울이는 사람이 있는가? 물론 웨슬리는 그가 죽은 후 이백 년 이상 동안 널리 인정받고 있는 이름이요 여전히 유명한 인물이다. 웨슬리에게는 명성과 팬들과 추종자들이 있다. 내가 구원받은 '미국연합감리교회'(UMC)뿐만 아니라 웨슬리의 영향을 받은 여러 교단들로 이뤄진 하나의 집안이 존재한다. 웨슬리 교회(WC), 자유감리교회(FMC), 나사렛교회(NC), 아프리카 감리교 감독교회(AMEC) 등이다. '감리교 청년모임들'(나도 그 가운데 하나를 이끌었다)과, '웨슬리/감리교 신학대학원들'(그중 가장 좋은 곳에서 나도 공부하였다)과 (내가 십대 때 참석했던) '성결 캠프집회들'이 존재하고 있다. 또한 내가 회원으로 소속되어 있으며 그 학술지를 구독 중인 '웨슬리신학협회'(WTS)와 많은 웨슬리 연구 전문가들이 있다. 존 웨슬리의 팬과 추종자로 자처하는 이들은 웨슬리의 메시지를 잘 알고 있다.

그러나 한때는 웨슬리의 제도적 영향력을 직접 받은 교회들뿐만 아니라, 거의 모든 교회에서 그의 메시지를 들을 수 있었다. 당시에는 그의 목소리를 무시하는 것이 불가능했으며 그의 영향력을 피할 수 없었다. 그러나 오늘날에는 웨슬리 진영을 제외하면 복음주의자들 사이에 웨슬리의 글을 읽고 인용하는 비율이 놀라울 정도로 감소하였다. 웨슬리를 전혀 모르는 세대가 등장한 것이다. 한때 모든 곳의 복음주의자들에게 울려 퍼졌던 '이름들,' '명문(名文)들,' 그리고 '이야기들'이 이제는 대부분의 사람들에게 아무런 의미가 없다. 즉 엡워스(웨슬리의 고향), "불 속에서 건져낸 막대기", 신성회(神聖會), 올더스게이트, "내 마음이 이상하게 뜨거워졌다", "세계는 나의 교구다", "네가 벌 수 있는 만큼 벌어서 줄 수 있는 만큼 나누어주라", "그들에게 그리스도를 권하라" 등이 있다. 이미 기독교 예배의 영구적인 일부가 된 찰스 웨슬리(Charles Wesley)의 찬송가 몇 곡['천사 찬송하기를'(새찬송가 126장), '만 입이 내게 있으면'(새찬송가 23장), 'And Can It Be That I Should Gain'(감당 못할 주 은혜)]을 제외하면, 아무도 웨슬리 형제의 말에 귀를 기울이지 않고 있다.

특별히 복음주의적 칼뱅주의자들은 (활동적인 젊은이든 조는 노인이든) 지나칠 정도로 빈번하게 마치 개혁주의자의 자격증 때문에 존 웨슬리가 도대체 존재했는지를 잊어도 무방하고 혹은 그를 그저 훌륭한 인물 중 하나로 간주하는 것 정도로 충분한 것처럼 행동한다. 존 뉴턴(John Newton, 1725-1807)은 당시 누구 못지않게 젊고 활동적인 개혁주의자였지만 존 웨슬리에 대해서 "나는 하나님 은총의 도구인 웨슬리에게보다 더 많이 빚진 사람은 없다"고 증언할 수 있었다.[1] 찰스 스펄

---

1 Iain H. Murray, *Wesley and Men Who Followed* (Edinburgh: Banner of Truth, 2003), 71에 인용되어 있음. 머리 자신(1933-)이 대놓고 아르미니우스주의를 반대했지만 웨슬리와 감리교도들을 통해 얼마나 많은 영적 축복을 받았는지를 잘 인식했던 최근 칼뱅주의자의 중요한 본보기다. 웨슬리를 훌륭한 친구로 삼은 오늘날의 개혁주의 사상가들 중에는 J. I. 패커도 포함된다["The Glory of God and the Reviving of Religion: A Study in the Mind of Jonathan Edwards," in *A God-Entranced Vision of All Things: The Legacy of Jonathan Edwards*, ed. John Piper and Justin Taylor (Wheaton, IL: Crossway, 2004)].

전(Charles Spurgeon, 1835-1892)은 "만약 열두 사도에 두 명을 추가할 필요가 있다면, 조지 휫필드(George Whitefield)와 존 웨슬리보다 더 적합한 사람을 찾을 수 없을 것이라고 믿는다"[2]라고 과감하게 말했다. 스펄전이 특유의 극적인 수사법을 구사했는지는 모르지만, 나는 스펄전이 이와 같이 휫필드와 웨슬리를 함께 묶어놓기 전후에 자신의 칼뱅주의자 신분을 포기했다는 소문을 들은 적이 없다. 휫필드와 웨슬리는 각각 18세기 각성운동을 대변하는 위대한 칼뱅주의 옹호자와 위대한 아르미니우스주의 옹호자였다. 뉴턴과 스펄전 같은 증인들은 심지어 칼뱅주의자들도 웨슬리로부터 배울 수 있다고 입증하는 것처럼 보인다. 사실 내가 이 책을 통해 확실하게 보여주고자 하는 바는, 특별히 칼뱅주의자들이야말로 그들이 원하는 대로 개혁주의자로 남더라도 이 복음주의 형제인 웨슬리가 수 세기를 가로질러 그들에게 말하는 메시지를 들으려고 노력해야 한다는 점이다.

존 웨슬리는 자신의 목회 활동을 통해 기존의 모든 교회에 영향력을 끼치려는 의도를 지니고 있었다. 즉 웨슬리는 자신을 모든 사람들에게 복음주의 메시지를 전하는 대변인이라고 생각한 것이다. 그가 말한 대로, 웨슬리 사역의 최초 계획은 '뚜렷이 구별되는 한 분파를 이루려는 것이 아니라, 하나님을 영과 진리로 예배하기 위하여 그리스도인이든 이방인이든 모든 분파를 각성시키려는 것'이었다.[3] (웨슬리는 분명히 이방인들을 그리스도께 개종시켜 하나님을 예배하도록 각성시키려고 하였다.)

1742년 '감리교도'(규칙장이들, Methodist)라는 용어를 변호할 책임을 맡

---

2 *C. H. Spurgeon's Autobiography*, vol. 1 (London: Passmore and Alabaster, 1899), 176.

3 Wesley's journal, April 12, 1789, in *The Bicentennial Edition of the Works of John Wesley*, ed. Frank Baker and Richard P. Heitzenrater (Nashville: Abingdon, 1976 –), 24:128. 내가 이 판을 인용할 때는 줄여서 *Works*로 표기하고 권수와 페이지를 밝힐 것이다.

았을 때, 웨슬리는 "설사 감리교도라는 이름이 더 이상 언급되지 않고 영원한 망각 속에 파묻힌다 해도, 나는 (어떤 종파나 분파의 수장이 되고픈 야망이 별로 없기 때문에) 기뻐할 것입니다"라고 말하면서 시작했다. 「감리교도의 성격」(The Character of Methodist)이란 소책자에서 웨슬리는 가능한 한 명백하게 자신의 원칙을 진술하면서 이런 소망을 품고 있었다. "아마도 나의 호칭(감리교도)을 싫어하는 여러분 중 어떤 이들은 하나님의 은총으로 이루어진 현재의 나를 사랑할지도 모릅니다. 혹은 '내가 그리스도 예수께 잡힌바 된 그것을 잡으려고 달려가는' 나를 말입니다."[4]

웨슬리는 자신의 선교가 "하나님을 예배하도록…모든 이를 각성시키는 것"이라고 말했을 때 그 자신을 잘 이해했던 셈이다. 웨슬리는 무엇보다도 부흥운동가, 즉 잠든 영혼들과 무기력한 제도들을 깨우는 '각성자'였다. 분명히 오늘날에도 웨슬리처럼 흔들어 깨우는 일이 매우 필요하다. 우선 웨슬리 진영 내에도 웨슬리가 시작한 바로 그 기관들이 웨슬리가 각성시키려고 했던 그 냉담함과 무기력함을 띠고 있다. 감리교 내부의 복음주의자들은 "감리교 운동은 한 때 감리교가 반발했던 바로 그런 것이 되어버렸다는 것"[5]을 잘 인식하고 있다. 다시 말하자면, 신자들은 오래 전부터 감리교를 모든 교파에 영향을 미치는 '부흥운동'으로서가 아니라 '주류 교파'로 여기게 되었다.

두 번째로, 웨슬리의 메시지가 오늘 우리 모두를 괴롭히는 많은 것

---

4 "The Character of a Methodist" (1742), in *Works*, 9:32–46, alluding to 1 Cor. 15:10 and quoting Phil. 3:12.

5 이와 같은 진술은 갱신에 관심이 있는 어느 보수적인 웨슬리파에서도 발견할 수 있다. 이것은 MethodistThinker.com에서 편집자가 다음 글에 나오는 조지 헌트의 말을 요약한 것이다. "Can the Once-Great Methodist Movement Become a Movement Again?" (presented at the United Methodist Congress on Evangelism, January 2011), accessed at http:// methodistthinker .com /201 1 /0 5 /2 6 /george -hunter -can -once -great -methodist -movement -be -a -movement -again.

을 치유하는 능력이 있기 때문에 우리 시대에도 웨슬리 방식의 각성이 대단히 필요하다. 그는 우리가 분리된 것으로 혹은 상반된 것으로 잘못 생각했던 것들의 내재적 통일성을 감지했다. 웨슬리는 마음과 생활의 성결이 값없는 죄의 용서와 내적으로 그리고 필연적으로 연계되어 있다고 보았다. 웨슬리는 칭의(稱義)와 성화(聖化) 사이의 연관성을 깨달았으며 그것을 강력하게 전달할 수 있었다. "웨슬리는 한 가지 중심 진리에 사로잡혀 있었는데, 그것은 인간은 믿음으로 의롭게 되며 사랑으로 완성된다는 것이다."[6] 그는 그리스도와의 연합으로 얻는 다양한 혜택 가운데서 어떤 것을 고르지 않았으며, 그의 설교 역시 청중들에게 양자택일의 여지를 남겨두지 않았다. 웨슬리는 은총이란 공로 없이 받는 자비와 우리 안에서 일하시는 성령 하나님의 능력 둘 다를 포함한다는 통합된 이해를 가지고 있었다.[7] 만약 이 방대한 은총의 교리가 우리 시대의 그리스도인들을 장악한다면, 그것은 웨슬리가 처음 은총에 대해 설교했을 때와 같은 유형의 각성을 촉진시킬 것이다.

이러한 이유 때문에, 나는 존 웨슬리에 관한 책을 '그리스도인의 삶 시리즈'에 기고할 수 있는 기회를 갖게 되어 매우 기쁘다. 이 책 「웨슬리가 말하는 그리스도인의 삶」은 두 가지 과업을 수행하고자 한다. 첫째, 이 책은 존 웨슬리의 말과 사상을 전달하면서 그의 신학과 영성을 소개한다. 둘째, (몇 가지 단서와 더불어) 균형 잡힌 그리스도인의 삶을 영

---

6 William Ragsdale Cannon, *The Theology of John Wesley: With Special Reference to the Doctrine of Justification* (New York: Abingdon, 1946), 7.

7 Sermon 12, "The Witness of Our Own Spirit," Burwash, 114. 웨슬리의 「표준 설교집」의 인용문은 여기에 나온 형식을 좇을 것이며, *Works*의 학문적인 결정판을 사용하지 않고 자유로이 쓸 수 있고 영향력 있는 *Wesley's 52 Standard Sermons*, ed. N. Burwash (Salem, OH: Schmul, 1988)를 사용할 것이다. 웨슬리의 설교들은 연합 감리교단의 세계적인 사역의 일환인 다음 웹사이트에서 볼 수 있다. http:// gbgm -umc .org /umhistory /wesley /sermons

위하도록 돕는 웨슬리식 접근방식을 권장한다. 말하자면 한 발은 18세기에 내딛고 서서 웨슬리가 행동하고 말하고 사고했던 것을 전달하려 한다. 그러나 다른 한 발은 오늘의 복음주의 기독교에 딛고 서서, 그 당시 웨슬리가 말하고 행한 것이 오늘날 그리스도인의 삶을 영위하는데 매우 중대한 의미를 지니고 있다고 주장하고자 한다. 그러므로 비록 우리가 18세기 영국을 살펴보는데 많은 시간을 소비할 것이며, 나는 정직한 전달자가 되려고 노력을 하겠지만, 단지 역사적인 흥미를 유발하는 것이나 단지 완성도를 위한 것은 전혀 포함시키지 않을 것이다. 즉 모든 것은 웨슬리의 사상을 오늘날의 그리스도인의 삶에 적용하는 방향으로 맞춰질 것이다. 우리가 원하는 바는 지금 여기에서 우리를 각성시키는 18세기 웨슬리의 말을 듣는 것이다.

너무 많은 웨슬리들, 너무 적은 시간

우리는 어떤 존 웨슬리의 메시지를 들을 것인가? 많은 존 웨슬리들이 존재하고 있기 때문에 이 문제를 반드시 제기해야 한다. 그것은 웨슬리가 다중 인격을 가졌거나 지적으로 일관성이 없었기 때문이 아니다. 오히려 그는 우리가 전설적인 인물로 묘사하는 그런 역사적인 인물들 중 한 사람이었다. 그런데 그는 살아있는 동안에도 다양한 사람들에게 다양한 매력을 풍겼고, 그 이후 매우 다양한 해석자들을 끌어당겼다. 최근 한 신학자는 다양한 독자들이 묘사하는 다양한 웨슬리들을 연구하면서, "웨슬리 해석자들이 웨슬리를 읽어내는 방식에 대하여 전적으로 동의하고 있지 않다"고 말했다. "특히, 현재 진행되고 있는 신학적 논쟁의 서로 다른 측면들을 지지하는 사람들이 그들 각각의 입장을 옹호하기 위해 종종 웨슬리를 인용해왔다."[8]

웨슬리 해석자들 사이에 일어나는 혼란 중 일부는 그들의 잘못 때문이다. 웨슬리의 독자들 가운데 한 사람이 이렇게 말했다. "우리가 좋아하지 않는 웨슬리의 측면들은 못 본 척합니다. 우리 자신의 입장에 도전하는 웨슬리의 측면들을 변경하기도 합니다. 그리고 우리가 좋아하는 웨슬리의 측면들을 끝없이 되풀이합니다."[9] 그런데 웨슬리 자신이 그런 문제들의 많은 부분에 원인을 제공했다. 그는 소박한 그리스도인이 되려고 노력하면서, 여러 신학 체계들의 다양한 강조점을 통합시키는 특별한 재능을 가지고 있었다. 그는 이른바 "중용의 감수성"을 소유하고 있었다. 그것은 "한 쪽으로 치우친 해석을 피하려는 성향"[10]이며, 서로 경쟁하는 체계 간의 신학적 교착 상태를 우회하려는 본능이었다. 웨슬리는 논쟁과 분열을 야기하는 문젯거리에 대해 확고한 입장을 취하는 것을 두려워하지 않았다. 대부분의 지도자들은 어쩔 수 없이 계속해서 결정을 내리게 되면서 점점 더 편협해지는 반면, 웨슬리는 그와 정반대의 길을 걸었다. 즉 많은 논쟁거리에 대하여 웨슬리 자신의 입장을 분명히 밝힌 결과로 일종의 축적(蓄積) 효과가 발생하여, 웨슬리는 점점 더 포용적인 인물이 되었다. 웨슬리는 지적으로 이리저리 이동하는 것처럼 보였다. 그 자신이 주장하고자 하는 모든 진리를 주장하기 위하여 적절한 시기에 적절한 장소에 몸담기

8 Sarah H. Lancaster, "Current Debates over Wesley's Legacy among His Progeny," in *The Cambridge Companion to John Wesley*, ed. Randy L. Maddox and Jason E. Vickers (New York: Cambridge University Press, 2010), 304.

9 Richard P. Heitzenrater, "Twice-Told Tales," *Circuit Rider*, May/June 2003, 17. 하이첸레이터의 장난스러운 글은 많은 도시의 전설들과 잘못 추정된 인용문들을 빼버린다. *The Elusive Mr. Wesley*, 2nd ed. (Nashville: Abingdon, 2003)에서는 여러 전설들을 더 빼내면서 다음과 같이 경고한다. "웨슬리에 관한 많은 이야기는 편집자의 해설일 뿐이고, 저자 편에서 웨슬리의 사상에 관한 어떤 점 혹은 저자 자신의 사상의 어느 면을 증명하려는 시도일 따름이다. 저자는 신중한 선정과 편집 작업을 통하여 웨슬리에게 여러 가면을 씌울 수 있다."(p. 25).

10 Kenneth J. Collins, *The Theology of John Wesley: Holy Love and the Shape of Grace* (Nashville: Abingdon, 2007), 4. 「존 웨슬리의 신학」(도서출판 kmc 역간).

위해서였다. 처음에는 청교도적 배경에서, 다음은 영국국교회 고교회(High Church) 독서 프로그램으로, 그 다음은 루터(Martin Luther)의 벼락같은 도전으로, 그리고 경건주의 영성 저술가들로 옮겨 다녔다. 존 웨슬리는 진리를 갈망했으며, 웨슬리는 모든 진리를 원하기 때문에 경계선을 넘었고 좀처럼 결합되지 않는 전통들을 혼합시켰다.

그렇게 많은 부류의 그리스도인들이 제각기 가장 깊은 관심사를 웨슬리의 유산 속에서 발견할 수 있다는 점은 특이한 그의 지적 특징이다. 케네스 콜린스(Kenneth Collins)가 지적하듯이, "웨슬리가 개발한 신학 스타일은 긴장관계에 있는 다양한 진리들을 붙잡다 보니 무척 복잡한 뿐 아니라, 그런 다양성 때문에 과거와 현재의 웨슬리 해석자들을 때때로 당혹스럽게 만들었다."[11] 우리가 웨슬리를 경청하면 그로부터 유익을 얻게 될 것이다. 우리가 필연적으로 분리된 것으로 여겼던, 그리스도인의 삶의 여러 요소들을 다 함께 모으는 것이 바로 웨슬리의 능력이다.

이어서 콜린스는 그동안 해석자들이 묘사해온 수많은 웨슬리들의 목록을 작성한다.[12] 즉 기본적으로 개혁주의적인 웨슬리, 본질적으로 루터파 경건주의적인 웨슬리, 은밀한 청교도주의자 웨슬리, 그리고 색다른 그리스 교부주의자 웨슬리 등이다. 감리교도들은 웨슬리를 훌륭한 감리교도였다고 소급해서 묘사하는 경향이 있지만, 그들은 모든 해석자들과 마찬가지로 웨슬리가 평생 영국성공회교도로 기꺼이 남아있었던 이유를 설명해야 한다. 웨슬리가 영국국교회 신자였음에도 양식 있는 신학자들은 그를 '은밀한 침례교교도', '겉으로 드러나지

---

11 앞의 책.
12 앞의 책.

않는 가톨릭교도', 그리고 '원조 오순절주의자'로 묘사해왔다. 웨슬리 신학의 해석을 둘러싼 이러한 논쟁들은 지금까지 웨슬리 연구의 표준적인 통행료가 되었다. 그 모든 주장들 각각에는 일말의 진리가 담겨있다. 그래서 한 신학자가 어떤 웨슬리에 대해 논증을 하더라도, 다른 해석들도 개연성이 있다는 것을 각주 속에 필연적으로 포함시키게 된다.

누군가 전인미답의 웨슬리를 제시할 필요가 있다.[13] 이는 원칙적으로 웨슬리를 기존의 어떤 체계에도 맞추길 거부하는 방대하고 신중하고 포괄적인 설명을 말한다. 그러나 나는 이 책에서 어느 특정한 존 웨슬리 해석판을 논증하려 한다. 이는 내가 확신하고 있는 웨슬리이고, 그에 관한 저술들은 내가 감리교 청년회에서 구원을 받은 이후 지난 이십오 년 동안 나에게 영양분을 공급해 주었다. 그 웨슬리를 여러분이 이 책에서 만나게 될 터인데, 바로 '따뜻한 마음을 가진 복음주의 개신교도' 존 웨슬리이다. 그리스도인의 삶에 관한 웨슬리의 가르침은 '거듭남에 관하여', '깊이 체감하는 마음의 종교에 관하여', '오직 믿음으로 의롭게 됨에 관하여', '원죄에 대한 자각과 하나님 은혜에 대한 전적인 의존에 관하여', '영적 훈련의 개발에 관하여', 그리고 '지식과 은총 안에서 성장하는 것에 관하여' 등을 매우 무게 있게 다루고 있다. 그리스도인의 삶에 관한 웨슬리의 견해는 기독교 정통 신앙의 위대한 전통을 따르고 있고 경험적이고 복음주의적인 삼위일체론을 그 정점으로 삼고 있다.

---

13 리처드 뮬러가 장 칼뱅을 그의 해석자들로부터 구하기 위해 수행한 엄밀한 역사적인 묘사를 보라. *The Unaccommodated Calvin: Studies in the Foundation of a Theological Tradition* (New York: Oxford University Press, 2000). 「진정한 칼뱅신학」(서로사랑 역간). 웨슬리 학문에 가장 근접한 것은 Heitzenrater, *The Elusive Mr. Wesley*이다.

나는 나 자신의 형상과 모양을 따라 하나의 존 웨슬리를 만들어낼 수 있는 위험성을 충분히 인식하고 있다. 왜냐하면 나는 웨슬리가 강조한 모든 요소들이 나 자신의 신학을 특징짓도록 기대하고 있기 때문이다. 그래서 나의 자화상을 만들어서 그것을 웨슬리라고 부르는 것을 막기 위하여 세 가지 방책을 마련해 놓았다. 첫째, 이 책에서는 웨슬리 자신의 말을 크게 부각시켜서 내가 주장하는 것을 과연 웨슬리가 말했는지를 독자가 판단할 수 있게 했다. 둘째, 내가 세부적으로는 웨슬리에게 동의하지 않는다는 것을 알면서도, 웨슬리 특유의 견해라고 전달하는 몇 가지 사항이 있다. 예를 들면 웨슬리는 요한일서가 성경에서 가장 중요한 책이라고 생각하지만(4장 참조), 나는 에베소서가 그 호칭을 받아야 한다고 확신하고 있다. 내가 생각하기에 성례에 관해 그는 너무 높은 견해를 갖고 있다(7장 참조). 그러나 이것은 그의 책이므로 웨슬리가 영국성공회적 발언권을 갖게 된다. 나 자신이 웨슬리와 일치하지 않는다고 느끼는 모든 곳에 표시를 하지는 않았다. 그러나 일반적으로 독자들은 여기에 제시된 견해들을 웨슬리의 것으로 당연시하거나, 혹은 적어도 내가 최선을 다해 제시한 것으로 추정해야 한다. 셋째, 비록 내가 웨슬리 신학자로서 글을 쓰고 있지만 특별히 순수한 유형의 하나는 아니다. 예를 들면 선행은총(先行恩寵)이 웨슬리가 기대하는 모든 사역을 할 수 있다고 확신할 수 없다. 나는 매우 제한적인 의미에서 그리스도인의 완전을 인정할 뿐이다. 내가 칼뱅주의를 용인하는 정도는 웨슬리의 경우에 비해 훨씬 높다. 그러나 결국 나는 웨슬리를 마음 따뜻한 복음주의적 개신교도로 소개한다. 왜냐하면 일차 자료와 이차 자료 모두를 통해서 역사 속의 웨슬리는 실제로 복음주의적 개신교 신앙을 가진 웨슬리였다고 확신하고 있기 때문이다.

그리스도인의 삶에 관한 이 짧은 책이 다룰 '너무 많은 웨슬리들'
의 문제는 또 다른 의미를 갖고 있다. 그것은 존 이외에 더 많은 웨슬
리들이 있다는 사실이다. 그의 아버지 사무엘(Samuel Wesley)과 어머니
수잔나(Susanna Wesley) 모두 엄청난 신학적 영향을 미쳤던 만큼, 존 웨
슬리의 사역을 완전히 설명하려면 반드시 그 두 사람을 주목해야 한
다.[14] 존의 형인 사무엘(Samuel Wesley) 역시 웨슬리의 성장과정에 중요
한 영향을 주었다. 만약 모두 청교도인 웨슬리의 조부모들의 유산과
가정 내 웨슬리 자매들의 경건한 삶을 고려한다면, 존 웨슬리가 바깥
세계에서 이룩한 업적은 한 가족 프로젝트가 가장 성공적으로 드러난
결과물로 보이기 시작할 것이다. 존 웨슬리는 그의 가족 밴드를 위한
'히트 곡(曲)'이었다.

　하지만 가장 중요한 '다른 웨슬리'는 분명히 그의 동생 찰스(Charles
Wesley)였다. 존 웨슬리보다 네 살 어린 찰스는 만장일치로 "웨슬리 또
는 감리교 전통의 공동 창시자로 불려야 한다."[15] 찰스 웨슬리는 부흥
운동에서 존 웨슬리와 함께 수고했을 뿐만 아니라 몇 가지 중요한 면
에서 존을 앞선 것이 사실이다. 옥스퍼드 대학 내 신성회(Holy Club) 초
기에 가장 중요한 조직가는 바로 찰스였다. 찰스는 존보다 사흘 먼저
복음주의적 회심을 경험했다. 그리고 찰스는 조지 휫필드의 기념비적

---

14 존의 사상 속에 담긴 사무엘의 존재에 관한 짧은 설명은 다음 글을 참고하라. Gordon Rupp,
"Son of Samuel: John Wesley, Church of England Man," chap. 9 in *Just Men: Historical
Pieces* (London: Epworth, 1977). 수잔나가 미친 영향에 대해서는 그녀 자신의 글을 읽는 것이 가
장 좋다. *Susanna Wesley: The Complete Writings*, ed. Charles Wallace (New York: Oxford
University Press, 1997).
15 John R. Tyson, *Assist Me to Proclaim: The Life and Hymns of Charles Wesley* (Grand
Rapids: Eerdmans, 2007), viii.

인 영적 각성운동에 유용한 도구 역할을 했다. 만일 찰스의 공헌이 없었더라면, 그 복음주의적 각성운동은 훨씬 작은 사건에 불과했을 것이다.

찰스 웨슬리는 찬송가를 작사하는 작업 외에도 많은 일을 했다. 찰스는 그 시대에 능력 있는 전도자로 인정을 받았다. 찰스의 최근 전기 작가는 "찰스의 많은 청중들은 그보다 더 유명한 형 존 웨슬리보다 더 어린 찰스 웨슬리의 설교를 선호했다"고 한다. "인쇄된 찰스의 설교 '잠자는 자여 일어나라'(Awake Thou That Sleepest)는 웨슬리 형제의 생애 동안 가장 많이 팔린 웨슬리의 출판물이 되었다."[16] 웨슬리 형제는 그들의 사역을 공유했으며, 또한 그들의 사역을 혼합시켰기 때문에 오늘날까지도 어느 형제가 어떤 설교문을 썼는지, 또는 누가 어떤 찬송가를 썼는지에 대해서 학자들조차 확신하지 못할 정도이다. 웨슬리 부흥운동 중 가장 분주한 계절 동안에는 이런 문제가 웨슬리 형제에게 전혀 중요하지 않았다. 그것이 존 웨슬리의 것이든, 아니면 찰스 웨슬리의 것이든, 웨슬리 설교는 그냥 웨슬리 설교였다.

왜 존 웨슬리가 이러한 공동의 사역에서 결국 지도적 위치를 차지하게 되었는가? 부분적으로 그것은 기질의 문제였다. 찰스 웨슬리는 타고난 내성적인 사람이었다. 비록 찰스가 성격이 매력적이고 어울리는 것을 좋아했지만, 그는 체질적으로 '공적인 인물'이 아니었다. 그러나 존 웨슬리는 공적인 인물이었다. 찰스는 "그의 형 존이 세상의 이목을 갈망한 것과 똑같은 열정으로 그것을 피했다."[17] 찰스는 매우 행복한 결혼 생활을 누렸으며, 세 명의 자녀를 낳았고, 집안을 다스리

---

16 앞의 책.
17 앞의 책, x.

는 아버지 역할을 즐겼다. 존 웨슬리는 뒤늦게 결혼했고, 불행한 결혼 생활을 했으며, 자녀도 없었다. 찰스는 허약한 몸 때문에 설교자로서 한 곳에 정착할 필요가 있었다. 반면에 부흥운동의 활력소는 항상 순회 설교였다. 그러나 그 두 형제 사이에는 철학적 견해 차이도 있었다. 찰스는 형 존보다 영국국교회에 훨씬 더 헌신한 사람이었으며, 그래서 점점 더 존의 실제적인 결정사항들(속회 모임, 평신도 설교자, 미국 감독들 안수문제)이 '감리교 분립'을 불가피하게 만듦으로써 영국국교회주의를 약화시키는 경향이 있다고 보았다. 이와 관련된 두 형제의 견해 차이는 감지하기 어려울 수도 있다. 최근 한 신학자가 "찰스는 '영국국교회'의 부흥에 헌신했으나, 반면 존은 영국국교회의 '부흥'에 헌신했다."[18]고 말함으로써 그 차이점을 포착하였다. 그 실제적인 결과를 보면, 찰스는 감리교 부흥운동에서 평신도 설교자의 자격조건에 대하여 매우 신중하였으나, 반면 존은 그 직분을 누구에게 맡길 것인가에 대하여 부주의할 수도 있었다. 이러한 이유 때문에, 존이 거의 항상 가속 페달을 거세게 밟아대는 동안, 찰스는 때때로 제동을 걸려고 했다. 비록 찰스의 조심스런 태도가 옳았을지라도, 존은 그의 열정으로 더욱 많은 것을 성취했다. 그리고 존이 감리교 2세대에서 가장 활동적인 지도자들에게 특별히 사랑을 받은 반면, 찰스는 그들 중 많은 사람들과 싸워야 했다. 감리교 지도권이 다음 세대에게 넘어갔을 때, 그들이 찰스보다 존을 훨씬 더 존경하게 된 것은 불가피한 일이었다.

그러므로 존과 찰스가 아주 똑같지는 않지만, 그들의 사역은 서로 통하기 때문에 당연히 그 둘을 함께 다루어야 한다. 찰스 웨슬리와 그의 찬송가들을 전혀 언급하지 않은 채 단지 존 웨슬리에게만 초점을

---

18 "Introduction," in Maddox and Vickers, *Cambridge Companion to John Wesley*, 8.

두면서 「웨슬리가 말하는 그리스도인의 삶」을 제시하는 것이 가능할지도 모른다. 그러나 그렇게 하면 얼마나 빈약해지겠는가! 그리고 존이 찰스의 찬송가 구절들 가운데 적절한 것을 사용하여 자신의 설교에 정취를 돋우며, 또한 감리교도들이 항상 가르쳐왔던 것에 대한 결정적인 역사적 증거로서 찰스의 표현들을 인용했던 그의 방법과 전혀 어울리지 않을 것이다. 존은 찰스의 찬송가들, 즉 "18세기 대서양 건너편의 부흥을 위한 사운드트랙"[19]의 곡조에 맞추어 자신의 사역 전체를 수행하였다. 또 하나의 접근방법은 이 책에서 두 형제의 공동 사역을 다루는 것이다. 그러면 「존 웨슬리와 찰스 웨슬리가 말하는 그리스도인의 삶」이 될 것이다. 사실 웨슬리들의 영성에 관한 가장 유용한 선집들 중 한 가지는 이런 방식으로 그들의 작품을 하나로 묶는다.[20]

이 책에서는 존 웨슬리에게 초점을 두지만, 찰스 웨슬리가 좀 더 명백하게 그리고 시적으로 정곡을 찌르는 듯이 보이는 곳이면 찰스의 작품을 활용한다. 찰스는 또한 '마음의 종교'에 관한 3장에서 크게 부각되는데, 그것은 감정을 불러일으키는 면에서 찬송가가 중요하기 때문이다.

그리스도인의 삶을 위한 웨슬리의 메시지

일부 신학자들은 교리 전반에 걸쳐서 포괄적으로 글을 써왔다. 그러나 존 웨슬리는 무엇보다도 설교자이자 목회 신학자였으며, 그가

---

19 Tyson, *Assist Me to Proclaim*, viii.

20 *John and Charles Wesley: Selected Prayers, Hymns, Journal Notes, Sermons, Letters and Treatises*, ed. Frank Whaling (New York: Paulist, 1981). 훌륭한 책이지만 오랫동안 절판된 상태인 *Message of the Wesleys: A Reader of Instruction and Devotion*, compiled and with an introduction by Philip S. Watson(New York: Macmillan, 1964)도 보라.

쓴 대부분의 글은 '실천신학' 내지는 그리스도인의 삶에 관한 것이다. 「아퀴나스가 말하는 그리스도인의 삶」(*Aquinas on the Christian Life*) 혹은 「아우구스티누스가 말하는 그리스도인의 삶」(*Augustinus on the Christian Life*) 같은 책에서는 단지 각 신학자의 전반적인 사상 중 하부 항목만을 다룰 뿐이다. 그러나 구원과 그리스도인의 삶은 실제로 존 웨슬리가 쓴 모든 글의 주제였다. 그래서 "신학자로서 존 웨슬리는 그리스도인의 삶에 대한 교리를 전문적으로 다룬 전공자였다고 때때로 회자되기도 한다."[21] 그러므로 이 책에서는 웨슬리의 신학 전체를 살펴보려고 한다. 그러나 단지 웨슬리에 대한 개론 강좌는 아니고,[22] 그리스도인의 삶에 초점을 두어 포함시킬 것과 배제시킬 것을 가늠했다.

예를 들면 1장에는 존 웨슬리의 생애와 인물됨에 대한 간략한 설명이 나오는데, 그의 길고 파란만장한 경력 가운데 기본적인 전기적 사실들을 묘사한다. 그러나 영적 조언자로서의 면모에 관해 좀 더 깊이 성찰한다. 그의 생애 이야기는 수십 년을 뛰어넘기도 하지만, 특정한 사건, 즉 올더스게이트에서 일어난 그의 복음주의적 회심 사건에 초점을 맞춘다. 이 사건을 출발점으로 삼아 2장은 더 자세한 분석을 제공한다. 다음으로 3장에서는 마음에 중점을 둔 기독교를 향한 웨슬리의 지향성을 기술하고 있다. 이는 웨슬리가 독일의 경건주의자들, 영

---

21 Jason E. Vickers, *Wesley: A Guide for the Perplexed* (London: T&T Clark, 2009), 94. 비커스는 "그는 그리스도인의 삶을 위한 신학을 전공했다고 말하는 편이 더 정확할 것이다"라고 덧붙인다.

22 웨슬리에 대한 더 포괄적인 입문서를 보려면 케네스 콜린스의 책을 참고하라. 좀 더 전기적인 접근으로는 Collins, *John Wesley: A Theological Journey* (Nashville: Abingdon, 2003). 좀 더 교리적으로 접근한 책은 Collins, *The Theology of John Wesley*. 대체로 자기 문제로 쓴, 웨슬리의 교리에 관한 고전적인 개관으로는 토마스 오덴의 책이 있다. Thomas Oden, *John Wesley's Scriptural Christianity: A Plain Account of His Teaching on Christian Doctrine* (Grand Rapids: Zondervan, 1994).

국의 청교도들, 그리고 조나단 에드워즈 같은 미국의 목회자겸 신학자들과 공통적으로 지니고 있는 주안점이다.

이러한 기초적인 문제들을 다루고 난 후, 본서의 핵심인 그 다음 다섯 장(4장-8장)에서는 그리스도인의 삶에 대한 웨슬리 신학의 중요한 이슈들을 살펴본다. 4장에서는 가장 중요한 해석학적 주장을 편다. 즉 존 웨슬리는 요한일서를 통해 자신의 삶과 사상을 확립시킨 신학자로 이해하는 것이 최선이라는 것이다. 5장에서는 믿음에 의한 칭의의 역할을 설명하되 단지 회심만을 위한 것이 아니라 신자의 생애 전체를 위해서 그리고 성화의 기초로서 작동한다는 것을 보여준다. 6장에서는 존 웨슬리의 은총의 교리를 살펴보고, 그것이 용서와 권능 부여의 요소들, 즉 종종 서로 단절된 것으로 간주되는 두 요소를 어떻게 결합시키는지를 밝힌다. 이 논의는 은총의 수단에 대한 개념(7장)으로 이어진다. 은총의 수단이란 하나님께서 우리를 변화시키기 위하여 되풀이해서 우리를 만나려고 지정한 통로이다. 8장에서는 구원의 순서에서 이전에 지나간 모든 것의 목표와 목적에 해당하는 '온전한 그리스도인의 삶'에 대한 존 웨슬리의 비전을 살펴본다.

그리스도인의 삶의 주된 요소들에 관한 웨슬리의 사상을 개관한 뒤에, 마지막 두 장에서는 보다 넓은 맥락에서 웨슬리의 신학을 돌아볼 것이다. 9장에서는 웨슬리가 평생 동안 지녔던 확신을 분석한다. 그 확신이란 각 그리스도인의 삶은 하나님이 그의 백성을 다루는 전체 이야기 속에 뿌리박고 있으며, 그리스도인 각자는 모든 다른 그리스도인들 가운데 행하시는 하나님의 역사(役事)와 연결되어 있음을 의식하면서 살아갈 필요가 있다는 것이다. 마지막 10장에서는 웨슬리 신학의 전반적인 패턴이 삼위일체 하나님과의 만남임을 밝히고, 삼위일체 교리가 웨슬리의 영성에서 어떤 역할을 하는지를 설명한다.

이 책이 그리스도인의 삶에 초점을 둔다는 사실은 존 웨슬리를 유명하게 만들어준 것의 하나인 그의 아르미니우스주의를 중심 주제로 삼지 않는다는 것을 의미한다. 이 용어가 몇 차례 등장하지만 결코 지속적이고 독립적인 논의 주제로 다뤄지지 않는다. 그 이유는 본문에서 일찌감치 밝혀질 것이다. 왜냐하면 복음주의 개신교도들의 공통분모를 바탕으로 18세기 복음주의 각성운동이 발생하기 때문이다. 간략히 말하자면,「웨슬리가 말하는 그리스도인의 삶」으로부터 아르미니우스주의를 제외시키는 일차적인 이유는 웨슬리가 그리스도인의 삶에 관하여 말하는 내용 대부분이 칼뱅주의자들과 아르미니우스주의자들이 동의하는 영역에 속하기 때문이다. 흔히들 생각하는 풍자된 웨슬리는 한 가지 개념, 즉, '반 칼뱅주의적 자유의지'를 지닌 사람이다. 그래서 웨슬리는 '운명론적 예정론'을 자기 자신의 고정관념으로 간직한 풍자된 칼뱅이 불러일으키는 악한 대적인 것이다. 이러한 두 인물 중 어느 쪽도 현실에서는 존재하지 않는다. 진짜 칼뱅과 진짜 웨슬리 사이에는 물론 진정한 견해 차이와 중요한 의견 충돌이 있다. 그러나 이런 불일치의 영역(절대 예정설, 인간 중재와 선택의 교리)은 그리스도인의 삶에 관한 논의의 배경에 속할 뿐이다. 칼뱅주의자들과의 마찰이 여러 장에 등장한다. '전가(轉嫁)된 의(義)'에 대한 견해 차이는 5장에 현저하게 등장한다. 웨슬리식의 '선행 은총'은 6장에 나온다. 그리고 불화를 일으키는 이슈인 '완전론'은 8장에서 피할 수 없는 주제이다. 그리스도인의 사역에서 '칼뱅주의자들과 웨슬리주의자들이 어떻게 서로 협력할 수 있을까'는 9장에서 다루는 주제들 중 하나다. 그러나 칼뱅주의와 웨슬리주의로 상호 대립적인 체제로 고찰하는 일은 그리스도인의 삶에 관한 책의 범위를 넘어서는 것이다.

웨슬리 사상을 폭넓게 읽는 개혁주의자들은 웨슬리의 가장 통렬한 반(反)칼뱅주의 촌철살인 경구의 요약 판을 읽는 대신, 그들이 좋아하는 개혁주의 저술가들의 글 속에 나오는 것과 똑같은 것들을 웨슬리에게서 발견하고는 항상 놀라고 기뻐한다. 즉 원죄와 오직 믿음으로 얻는 칭의에 대한 성경적인 변호들, 명쾌한 복음의 제시, 하나님의 주권에 대한 겸손한 순종, 그리고 하나님의 은총에 대한 철저한 의존 등을 마주치게 된다. 확고부동한 칼뱅주의자인 스코틀랜드 목회자 존 던컨(John Duncan, 1796-1870)은 감리교 찬송가를 읽고, "찰스 웨슬리가 어떻게 그런 가사를 쓰면서, 동시에 아르미니우스주의자가 될 수 있었는지 의아하다"[23]고 말했다. 나는 이 책을 읽는 많은 개혁주의 독자들이 웨슬리의 가르침을 통해서 유익을 얻고 각성되기를 기대한다. 그들 역시 대부분의 페이지에서 "존 웨슬리는 어떻게 그런 글을 쓰면서 아르미니우스주의자가 될 수 있었을까?"라고 묻게 되기를 희망한다. '아르미니우스주의자'(Arminian)라는 단어가 웨슬리 이전의 사람들에게 어떤 의미였든지 간에, 존 웨슬리 이후에는 적어도 그 용어가 교리적으로 보수적이고 복음에 헌신하는 그리스도인을 가리킬 수 있다고 본다.

존 웨슬리는 오늘을 위한 메시지를 갖고 있다. 우리가 앞으로 보게 되겠지만, 그의 시대에 "부모의 영향력, 고전적인 교육, 규칙적인 성격, 바울의 경우와 같은 개인적 위기, 이 모든 것이 결합하여 그를 뭔가 할 말이 있는 사람으로 만들었다."[24] 웨슬리는 폭넓은 교양 지식을 가졌고, 성경에 능통하였고, 예리한 영적 통찰력을 지녔고, 의사소통

---

23 John Brown, *Life of the Late John Duncan* (Edinburgh: Edmonston and Douglas, 1872), 428. 던컨은 약간 짜증을 내면서 이렇게 말했다. "나는 웨슬리의 찬송가 중 다수를 매우 좋아하지만 그 가운데 일부를 읽을 때면 '친구여, 당신의 자유의지는 지금 어떻게 되었는가?'라고 묻게 된다"(p. 401).

의 재능을 갖춘 사람이었다. 웨슬리가 가르친 내용 중 완전히 새로운 것은 거의 없었지만, 그는 그리스도인의 삶에 관한 주제들을 다시 조합하여 불이 잘 붙는 혼합물로 만들었다. 그는 거대한 통합체들을 보았으며 위대한 진리들을 선포했다. 또한 자기 세대의 방어막을 뚫고 들어가서 그들의 마음에 도달하는 특유의 방법을 갖고 있었다. 그러므로 앞으로 나오는 장(章)들에서, 나는 최상의 표준적인 학문적 자료보다는 가장 쉽게 접근할 수 있는 웨슬리의 저술들을 각주에 포함시켰고 그의 글을 길게 인용했다. 나의 목표는 웨슬리로 하여금 분명하게 말하도록 하는 것이며, 독자들이 웨슬리로부터 더 많은 것을 배울 수 있도록 그들을 이끌어 주는 것이며, 그리 오래되지도 않고 멀지도 않은 그 세계를 뒤흔들었던 웨슬리의 메시지를 독자들이 듣지 못하도록 방해하는 모든 장애물을 제거하는 것이다.

---

24 George Lawton, *John Wesley's English: A Study of His Literary Style* (London: George Allen & Unwin, 1962), 11.

1. 영적 지도자

존 웨슬리

존 웨슬리는 '그리스도인의 삶'에 관한 스승으로 신뢰를 받을 만한 인생을 살았다. 그는 수사법과 대중 연설을 배우는 학생들이 에토스(ethos)라고 부르는 자질을 가지고 있었다. 이는 익히 알려진 그의 성격에 바탕을 둔 설득력과 그의 공적인 업적을 가리킨다. 웨슬리가 말할 때면 강력한 힘이 작동하였고, 그것이 역사의 흐름을 변경시켰다. 우리가 웨슬리의 말이 인용되는 것을 들을 때면, 그것을 말한 사람 때문에 좀 더 세심하게 주의를 기울이는 경향이 있다. 예를 들면 널리 회자되는 '웨슬리의 정칙(定則)'을 살펴보자.

할 수 있는 모든 선을 베풀라
할 수 있는 모든 수단을 다해서
할 수 있는 모든 방법으로
할 수 있는 모든 장소에서
할 수 있는 모든 시간에
할 수 있는 모든 사람에게
언제든 할 수 있는 동안에

이것은 익명의 훌륭한 권고문이었을 것이다. 그러나 이 글이 존 웨슬리의 것이라고 생각한다면 더 강력한 효력을 지닌다. 왜냐하면 그가 매우 많은 선행을 실천하였기 때문이다. 비록 "그것이 꼭 웨슬리가 말한 것처럼 들릴지라도" 전문가들이 "그것은 웨슬리 글에서 결코 발견되지 않는다"[1]고 확신하는 것을 결코 개의치 마라. 그 가짜 인용문도 웨슬리와 연계시키면 진지한 글이 된다. 무엇 때문인가? 왜냐하면 웨슬리는 그토록 신뢰받는 인물이기 때문이다.

이 장에서는 영적 조언자로서의 존 웨슬리의 신뢰성에 관한 전기적인 기초를 간략하게 설명하려고 한다.[2] 따라서 당시로서는 매우 장수한 웨슬리의 인생(1703-1791)을 네 부분으로 구분하여 다룬다. 즉 부친의 엡워스(Epworth) 목사관에서 시작한 웨슬리의 어린 시절, 올더스게이트에서 발생한 웨슬리의 복음주의적 회심 사건, 1740년대 대(大)부흥운동에서 웨슬리의 역할, 그리고 감리교 운동의 설립자이자 조직자로서 행한 수십 년간의 웨슬리 사역 등, 이렇게 넷으로 나누어 살펴본다. 마지막으로 본 장에서는 웨슬리의 인격과 기질에 대한 몇 가지 통찰을 제공한다.

엡워스로부터

만약 여러분이 존 웨슬리의 이야기를 그의 출생 전 두 세대까지 거

---

1 Richard P. Heitzenrater, "Twice-Told Tales," Circuit Rider, May/June 2003, 16-17.
2 고전적인 존 웨슬리 전기는 Luke Tyerman, *The Life and Times of the Rev. John Wesley, M.A, Founder of the Methodists*, 5th ed., 3 vols. (London: Hodder and Stoughton, 1880)이다. (나는 1876년에 나온 3판을 인용할 예정이다.) 열정적인 추종자가 쓴 이 책을 읽고 웨슬리의 세계 속에 푹 빠져보라. 보다 최근에 비판적으로 쓴 Richard P. Heitzenrater, *The Elusive Mr. Wesley*, 2nd ed. (Nashville: Abingdon, 2003)는 저자의 필치로 웨슬리를 묘사하고 있다. Kenneth Collins, *John Wesley: A Theological Journey* (Nashville: Abingdon, 2003)는 생애와 사상을 균형있게 다루고 있고, Allan Coppedge, *John Wesley in Theological Debate* (Wilmore, KY: Wesley Heritage, 1987)은 여러 논쟁을 통해 웨슬리의 견해가 발전하는 과정을 추적한다.

슬러가서 시작한다면, 그것은 마치 영국 청교도주의의 역사 이야기처럼 보일 것이다. 왜냐하면, 웨슬리의 조부모 네 명 모두 비국교도, 즉 기존의 영국국교회에 반대하는 사람들이었기 때문이다. 그의 친할아버지 존 웨슬리(John Westley, 1636-1678)는 예배에서 영국국교회 기도서(the Book of Common Prayer, 공동기도서) 사용하길 거부했기 때문에 투옥당했다. 외할아버지 사무엘 아네슬리(Samuel Annesley, 1620-1742)는 기도방식 통일령(the Act of Uniformity)에 의해서 목사직을 박탈당했을 뿐만 아니라 나중에 그가 비밀 예배, 즉 비공식적 소모임에서 목회활동을 하다가 잡혔을 때 그의 재산을 몰수당했다. 그래서 존 웨슬리가 보다 폭넓은 청중을 위해서 엄선된 청교도의 영적 저술들을 추천하고 출판했을 때(9장 참조), 그는 그의 가족 서재를 급습하여 자기 자신의 청교도 유산의 광맥을 곧장 활용하였던 것이다.[3]

그러나 존 웨슬리의 부모, 사무엘 웨슬리와 수잔나 아네슬리는 국교를 반대하던 집안 전통을 버리고 영국국교회로 개종하였다. 그렇게 하는 것이 영국에서 그리스도인으로 사는 가장 충실한 길이라고 확신하였기 때문이었다. 그래서 존 웨슬리는 우연한 환경 때문이 아니라 자신의 신념에 따라 성인 개종을 한 부모 아래서 영국국교회 교도로 성장했다. 그의 부친 사무엘은 영국국교회 목사로서 링컨셔의 엡워스에 위치한 성 앤드류(St. Andrew) 교회의 교구목사였으며, 또한 「구더기들」(Maggots)이란 기괴한 제목의 시집과 그리스도의 삶에 대한 서사시("나는 하나님을 찬양하네, 높은 보좌에 앉았으나 인간 본성을 입고 살고 또 죽기로 작정한 분") 등을 출판했던 시인이기도 했다. 웨슬리의 모친 수잔나는 전업

---

3 문헌을 중심으로 조사한 책으로는 Robert C. Monk, *John Wesley, His Puritan Heritage: A Sturdy of the Christian Life* (Nashville: Abingdon, 1966)이 있다.

주부로서 열아홉 명의 자녀를 출산했으나, 그중 아홉 명은 유아기에 사망했다. 살아남아 어른이 된 열 명의 자녀 가운데, 일곱 명은 딸이었고 세 명은 아들이었다. 남자 아이들은 열 살의 어린 나이에 기숙사 시설이 있는 학교로 보냈지만, 수잔나는 모든 자녀들에게 일상훈련과 가정교육을 시켰다.

영국국교회의 교인이 되는 것은 사무엘과 수잔나의 의견이 일치하는 몇 안 되는 사안 중 하나였다. 그 부부 사이에는 집안 살림에서부터 정치문제에 이르기까지 모든 일에서 심각한 견해 차이가 있었다. 심지어는 둘 사이의 정치적 견해 차이로 인해 짧은 기간 별거하기도 하였다. 존[가정에서 애칭으로 사용되던 재키(Jackey)]에게 보내는 편지에, 수잔나는 어른이 된 아들에게 "네 아버지와 내가 좀처럼 생각이 일치하지 않는 것은 우리 가정 특유의 불행이다"[4]라고 인정하였다. 그러나 여전히 사무엘은 그 가정의 가장이었으며, 수잔나는 자신의 독특한 방식으로 남편에게 순종했던 18세기 목사 사모였다.

수잔나 특유의 방식이란 무엇을 가리키는가? 한 가지 실제 이야기가 엡워스 목사관의 관계적 역동성을 기막히게 포착하고 웨슬리 정신을 잘 보여준다. 1711년 사무엘이 장기간 출장을 떠났을 때, 수잔나는 주일 오후에 자택에서 성경 읽기 헌신 예배를 인도하기 시작했다. 그녀의 자녀들과 하인들과 함께 예배를 시작하였으나, 곧 이백 명이 넘는 신도들이 참석하게 되었다. 그것은 주일 아침 예배를 보충할 의도로 만든 것이었고, 사무엘이 '기독교 지식 촉진회'(the Society for Promoting Christian Knowledge)의 회원으로서 오랫동안 권장해온 '종교적

---

4 Luke Tyerman, *The Life and Times of the Rev, John Wesley*, 3rd ed., 3 vols. (London: Hodder and Stoughton, 1876), 1:32.

모임들'과 일맥상통하였다. 그러나 사무엘의 부교역자는 평신도 여성이 인쇄된 설교문을 강독(講讀)하는 모임에 많은 청중이 참석하는 것에 위협을 느꼈다. 그는 사무엘에게 엡워스 목사관이 일종의 비밀 예배, 즉 영국국교회가 눈살을 찌푸렸던 비공식적인 교회처럼 보이기 시작한다는 내용의 편지를 써 보냈다. 사무엘은 수잔나에게 그 모임들을 해체하는 게 좋을 것이라고 제안하는 편지를 써서 보냈다. (이 사건은 수잔나의 부친이 승인받지 못한 비밀 예배를 인도했다는 이유로 징계 받았던 것을 상기시킨다.) 수잔나는 그러한 모임은 분명히 마을 사람들에게 영적 유익을 가져다주며 또한 직접적으로 교인들을 교화시키기 때문에, 그 모임을 중단시키는 것은 옳지 못할 것이라는 내용의 답장을 보냈다. 그러나 그녀는 결국 그 문제에 대하여 사무엘의 권위에 따르기로 동의했지만 순종의 조건을 밝혔다.

이 모든 것에도 불구하고 당신이 이 집회를 해산시키는 게 적절하다고 생각한다면, 당신은 내가 그렇게 하기 바란다고 말하지는 마세요. 왜냐하면 그것은 내 양심을 만족시키지 못하기 때문입니다. 그러나 마침내 당신과 내가 우리 주 예수 그리스도의 무시무시한 큰 법정 앞에 서게 될 때, 이러한 선행의 기회를 방치한 것에 대한 모든 죄와 벌에서 내가 면케 된다고 분명히 밝히면서 확실한 명령을 내리세요.[5]

존 웨슬리는 그 당시 불과 여덟 살이었다. 그러나 만약 그가 영적인 문제에 관해 아버지와 어머니 사이에 일어난 이런 치열한 논쟁들에

---

5 Joseph Beaumont Wakeley, *Anecdote of the Wesleys: Illustrative of Their Character and Personal History* (London: Hodder and Stoughton, 1879), 66.

주의를 기울이고 있었다면, 웨슬리는 복음주의 부흥운동에서 일부 감독들이 그의 방식들이 부적절하다고 그에게 제언했을 때 그에게 필요한 교훈을 어린 나이에 부모에게서 배웠을 것이다. "나에게 충고하지 말고 나에게 단념하라고 명령하시오"라는 원리는 지금까지 '감리교 미래를 위한 주춧돌'이라고 불린다.[6]

존 웨슬리는 그 대가족의 출생 순서상 열다섯째였으며, 훨씬 나이가 많은 형 사무엘(1690-1739)과 약간 어린 동생 찰스(1707-1788) 사이에 낀 가운데 아들이었다. 많은 어린 웨슬리들은 유아기에 사망했다. 사실 존 웨슬리는 '존'이란 같은 이름이 부여된 세 번째 아이였다. 먼저 태어난 두 명의 존은 일찍이 사망했던 것이다. 그러므로 내가 아는 한 아무도 존 웨슬리를 세 번째 존이라고 부른 적은 없지만, 그는 첫 번째 존이 아니었다. 엡워스에서 존 웨슬리의 어린 시절에 일어난 가장 유명한 사건은 그가 다섯 살 때 화재가 나서 목사관이 소실된 사고였다. 자녀들 가운데 존 웨슬리는 이층 마루에서 마지막으로 구조되었다. 지붕이 무너져 내리기 직전에 탈출한 것이다. 존이나 그의 가족들이 이 구조 사건을 존 웨슬리의 특별한 미래를 위한 하나님의 섭리라고 생각했다는 증거는 없다. 사실 나중에 감리교도들이 그런 식으로 그 이야기를 했다. 그러나 어린 시절에 어떻게 그가 '불 속에서 건져낸 막대기'였는가와 성인시절에 어떻게 하나님의 은총으로 영원한 벌로부터 가까스로 구조된 불 막대기(firebrand)가 될 수 있었는지 사이의 유사점을 존 웨슬리는 나중에 깨달았을 것이다.

소년시절에 웨슬리는 집안에서 모든 것에 대해 명백한 이유를 들어야하는 어린 이성주의자였다. 웨슬리 입에서 나온 최초의 이야기

---

6 Isaac Taylor, *Wesley and Methodism* (New York: Harper, 1852), 28.

는 식사 시간 사이에 간식이 제공되는 난감한 도덕적 상황에 처할 때마다 내뱉은 문장, 즉 "고맙습니다. 그것에 대해 생각해 보겠습니다"였다. 한번은 아버지가 어머니에게 이렇게 말한 적이 있다. "여보, 내가 공언하건데, 우리 잭(애칭인 재키의 줄임말)은 만약 자신이 그 이유를 제시하지 못한다면, 가장 긴박한 자연의 필수품에도 관심을 기울이지 않을 것 같소." 아버지는 또한 합리성에 대한 이러한 불합리한 요구에 대하여 어린 존에게 이렇게 경고를 했다. "애야, 너는 논증의 힘으로 모든 것을 짊어지려고 생각하는구나. 그러나 너는 여태껏 이 세상에서 면밀한 추론으로 이루어진 것이 얼마나 적은지 알게 될 것이다."[7] 그러나 존 웨슬리는 이후에 종교에 대한 특정한 감성적 열정으로 점점 유명해졌기 때문에, 그의 기본적인 기질이 좀 더 냉철하게 사색적이었다는 것은 아무런 의미가 없다. 실제로 그의 인생 여정을 보면, 웨슬리는 탁월하게 '이성적인 사람'이었고, 세심한 '기획자'였으며, '주의 깊게 고려한 결정사항의 실행자'였다. 웨슬리가 부흥운동가로서 세계적인 무대에 부상했을 때, 그것은 부분적으로 종교적인 삶에 있어서 사람의 감정이 충분히 고려되지 못하고 있음을 합리적으로 납득했기 때문이었다. 그의 동시대 인물 조나단 에드워즈처럼 웨슬리는 철저한 이성의 사람이었다. 웨슬리는 그의 이성으로부터 마음을 계발할 필요가 있다는 소리를 들을 수 있을 정도로 이성적이었다. 웨슬리는 충분히 영리한 것으로 충분하지 않다는 사실을 깨달을 정도로 영리했다.

존이 열한 살이 되기 전에 부모가 그를 런던에 있는 기숙학교로 보냈다. 그 학교에서 그는 열여섯 살이 될 때까지 공부했다. 웨슬리는

---

7 Tyerman, *The Life and Times of the Rev. John Wesley*, 1:18.

학교에서 자신의 위치를 찾아냈다. 자신보다 나이가 많은 소년들을 지혜롭게 피한 반면, 자신보다 어린 소년들 사이에서 지도자 역할을 맡았다. 훗날 그는 당시를 퇴보의 시기로 평가했다. 웨슬리는 사무엘 웨슬리와 수잔나 웨슬리의 자식답게 경건의 훈련을 계속 유지했지만 ("나는 여전히 성경을 읽고 아침저녁으로 기도합니다"), 그의 행실과 정서는 전적으로 사회적 환경에 의해서 형성되었다. 웨슬리가 사회적으로 용인되는 죄를 배운 곳은 바로 학교였다. 그 자신은 잘못된 것인 줄 알았지만 동료 학생들과 심지어 그의 선생님들조차 수치스럽게 여기지 않았던 그런 죄였다. 웨슬리는 차등제에 따라 모든 것을 판단하는 법을 배워서 스스로를 어떤 객관적인 기준에 맞추는 것이 아니라 주변에 있는 사람들과 비교하였다. 그는 나중에 이렇게 반추하였다. "내가 지금 구원받기를 바란다면 그것은 다른 사람들만큼 나쁘게 되지 않은 덕분이다." 나중에 웨슬리의 큰 장점들 가운데 하나가 될 것, 즉 사람과 사회에 깊이 공감하는 감수성이 그의 발목을 잡았던 것이었다.

열일곱 살이 되던 1720년에 웨슬리는 옥스퍼드의 크라이스트처치 칼리지(Christ Church College)에 들어갔고 4년 내에 학사학위를 받았다 (경건했던 시절은 아니었다). 웨슬리는 학문적으로 탁월했다. 그래서 옥스퍼드에 계속 머물러 있다가 석사 학위를 받았으며 링컨칼리지(Lincoln College)의 선임연구원으로 선발되었다. 웨슬리는 사제직 안수를 받기 위해 준비하고 종교적 의무에 대한 태만한 태도를 고치기 시작했다.

내가 스물두 살쯤 되었을 때, 아버지께서 나에게 성직으로 입문하라고 압박을 가하셨다. 그와 동시에, 하나님의 섭리로 토마스 아 켐피스의 「그리스도를 본받아」를 읽었을 때, 나는 진정한 신앙은 마음속에 자리 잡고 있으며, 하나님의 법이 우리의 말과 행동뿐만 아니라 우리의 모든

생각에까지 미친다는 사실을 깨닫기 시작했다.[8]

예를 들면 웨슬리는 일 년에 단지 세 번 정도 성찬을 받는 습관에 젖어있었다. 그러나 이제 그는 매주 성찬식을 찾아가기 시작했다. 1727년에 웨슬리는 윌리엄 로(William Law)가 저술한 두 권의 서적, 「그리스도인의 완전」(Christian Perfection)과 「경건한 삶을 위한 부르심」(크리스챤다이제스트사 역간)을 읽었다. 이 책들은 웨슬리가 켐피스로부터 배운 것을 강조했다. "나는 더욱더 반쪽 그리스도인이 되는 것이 불가능하다고 확신하였다. 그래서 하나님께 나의 영혼, 나의 육체, 그리고 나의 본질까지도 드리기 위해서 모든 것을 하나님께 헌신하기로 작정했다." 존 웨슬리는 너무도 진지하게 또 공개적으로 신약성경에 묘사되어 있는 생활방식을 추구하는 바람에 그의 친구들이 그에게 '원시 기독교'라는 별명을 붙여줬다.

(이미 옥스퍼드에 올라와 있었던) 찰스와 함께 그는 생각이 비슷한 젊은이들을 모았다. 그들은 열심히 성경을 공부했고, 좀 더 자주 그리고 좀 더 경건하게 예배에 참석했으며, 교도소에 갇힌 자들을 방문하였고, 가난한 자들을 구제했다. 그 당시 그들이 대학에서 지나치게 눈에 띄었기 때문에, '신성회'(Holy Club), '성찬주의자들'(Sacramentarians), '성경중독자들'(Bible Moths), 그리고 '규칙장이들'(Methodists) 같은 별칭을 얻게 되었다. 이 '옥스퍼드 규칙장이' 그룹에는 십여 명의 젊은이 밖에 없었던 것으로 보이지만 그 가운데 한 명이 조지 횟필드였다. 찰스 웨슬리가 횟필드에게 헨리 스쿠걸(Henry Scougal)이 쓴 「인간의 영혼 안에

---

8 Wesley's journal, 1738; reprinted in *John Wesley*, ed. Albert Outler (New York: Oxford University Press, 1964), 61.

있는 하나님의 생명」(생명의 말씀사 역간)이라는 제목의 책을 건네주었을 때 조지의 눈이 열렸다. 존 웨슬리는 1725년부터 1729년 사이에 일종의 각성을 경험했다. 그가 하나님의 율법의 요구사항을 이해하게 되었을 때 적어도 그의 삶이 변화되었다. 나중에 그는 1729년을 이렇게 회고했다. "나는 성경을 읽을뿐더러 연구하기 시작했는데, 성경을 유일한 진리의 기준과 유일한 순수 신앙의 모델로 믿었다."[9]

1735년에 웨슬리 형제 두 사람과 신성회의 다른 회원 몇 명이 영국의 식민지 주민들과 아메리카 원주민들에게 사역하기 위해 북아메리카로 갔다. 그들이 이러한 선교 사역을 선택한 이유는 가장 버거운 사역 기회였기 때문이었고, 또한 신대륙에서 가장 유익한 일을 할 수 있다고 확신했기 때문이었다. '원시 기독교' 씨, 즉 존 웨슬리는 초기 그리스도인들 사이에 존재했던 영적 현실과 견줄만한 방식으로 성경의 요구사항을 실천하겠다고 과감히 도전하고 있었다. 그는 한 편지에서 이렇게 설명했다. "나는 그리스도의 복음을 이방인에게 전파함으로써 그 진정한 의미를 배우기 원합니다."[10]

조지아(Georgia) 선교여행은 존에게 매우 혹독한 시기였으며 그의 인생에서 또 한 번의 전환점이었다. 과거에는 은유적인 의미에서 폭풍이 몰아쳤었으나, 이제는 문자 그대로 폭풍이 휘몰아쳤다. 대서양을 횡단하는 항해 중에 그가 죽음이 가까웠다고 느끼게 될 정도로 풍파가 사납게 요동쳤다. 그가 목회자인데도 죽을까봐 정말로 두려워하

9 Section 5 of *A Plain Account of Christian Perfection; reprinted in John and Charles Wesley: Selected Prayers, Hymns, Journal Notes, Sermons, Letters and Treatises*, ed. Frank Whaling (New York: Paulist, 1981), 299.

10 Letter to John Burton, October 10, 1735, William Ragsdale Cannon, *The Theology of John Wesley: With Special Reference to the Doctrin of Justification* (New York: Abingdon Press, 1946), 72.

는 자신이 몹시 수치스러웠던 것은 선상에 있던 일부 다른 그리스도인 승객들은 폭풍 속에서도 평온하고 차분했기 때문이다. 웨슬리는 모라비아(Moravia) 독일교회 공동체에서 온 한 무리의 경건주의자들의 평온하고 확신에 찬 믿음을 보고서 특히 충격을 받았다. 일단 웨슬리가 사바나(Savannah)에 있는 식민지에 도착한 후, 그의 사역은 엇갈리는 결과를 얻었으나 대체로 실패한 것으로 여겨졌다. 한편으로 웨슬리는 그것을 옥스퍼드에서 혹은 링컨셔에서 아버지 보좌역으로 있을 때보다 더 큰 목회적 권위를 행사하는 기회로 간주했다. 그는 과거 신성회의 훈련과 비슷한 신앙생활 패턴을 실행에 옮겼으나 이제는 그의 교구 전체에 적용하게 되었다. 그는 이쯤에서 몇 가지 결정을 내렸다. 그것은 곧 감리교 조직 내에서 열매를 맺게 될 것이었다.

나는 이제 회중 가운데 진지한 일부 교인들에게 일종의 작은 모임을 만들어서, 서로서로 가르치고 권면하고 책망하기 위하여 일주일에 한 번 내지 두 번씩 만나라고 충고했다. 그리고 나는 이들 가운데서 좀 더 친밀한 연합을 위하여 더 적은 인원을 선발했다. 이를 위하여 나는 매 주일 오후에 우리 집에서 그들과 다 함께 만났다.[11]

다른 한편으로 웨슬리의 관념은 식민지 주민들에게 인기가 없었다. 이 옥스퍼드 친구가 영국 고교회파 사상을 지녔으며(그는 로마가톨릭교도처럼 보였다) 독일 경건주의자들에게 집착했기에(그는 루터교인처럼 보였다) 식민지에는 적합하지 않다고 생각했다. 웨슬리는 원주민들에게 복음

---

11 Wesley, "A Short History of the People Called Methodists" (1781), in *The Works of the Reverend John Wesley*, ed. John Emory, 7 vols. (New York: Emory and Waugh, 1831), 7:347.

을 증언하는 일에 관하여 낭만적인 생각을 품고 있었다. 그는 선교여행을 가기 전에 이렇게 썼다. "그들은 어린 아이들 같고, 겸손하고, 기꺼이 배우려하고, 열심히 하나님의 뜻을 실행하려 한다."[12] 예상대로 이러한 그릇된 관념은 그가 그 원주민들을 실제로 만나자마자 완전히 부서졌다. 웨슬리는 1737년에 이렇게 불평하였다. "그들은 아무것도 배우고 싶어하지 않는다. 특히 기독교에 대해서 가장 그렇다." 그러나 무엇보다도 웨슬리는 어리석게 처신했으며 작은 식민지에서 뒷공론에 저촉되었다. 그 식민지의 공식적인 관찰일지에는 무엇인가 몹시 잘못되었음을 보여주는 내용이 충분히 기록되어 있다.

> 사바나의 성직자
>
> 1735년 10월 14일에 승선
>
> 1735-6년 2월에 도착
>
> 1737년 12월 3일에 도망[13]

무엇 때문에 그 목회자는 '도망'갔을까? 존 웨슬리는 신성회에서 자신은 결혼하지 않고 독신으로 남아있을 작정이라고 자주 단언했다. 그러나 조지아에서 웨슬리는 어리석게도 연애사건에 얽히게 되었고, 너무 서투르게 청혼을 하는 바람에 구혼을 받은 젊은 여성을 포함하여 어느 누구도 이미 일어난 일(청혼)에 대해 전혀 확신하지 못했다. 결국 그녀가 웨슬리 대신 윌리엄슨 씨(Mr. Williamson, 웨슬리는 버릇없이 "그는 멋진 용모도 아니고, 몸집도 크지 않고, 재치나 지식이나 센스도 없으며, 무엇보다 신앙도 형

---

12 Cannon, *The Theology of John Wesley*, 72.
13 Whaling, *John and Charles Wesley*, 16.

편없는 사람"이라고 말했다)[14]라는 사람과 결혼했을 때, 웨슬리는 무척 화가 났다. 몇 달이 지난 뒤, 웨슬리는 그녀가 권위에 반항했으므로 성만찬 식에서 성체를 받는 것을 금지해야 한다고 결정했다. 이것은 목회자 의 앙심, 보복, 권력남용 행위가 아니었을까? 웨슬리의 진의가 그렇게 저속했음을 보여주는 직접적인 증거는 없다. 그러나 그랬을지도 모르 고 웨슬리는 자기 자신을 위태로울 정도로 무방비한 상태로 내버려 두었다. 그 작은 도시는 최악의 경우를 믿을 준비가 되어 있었다.

세세한 이야기는 복잡하고 안타깝다. 그 결과 웨슬리는 좋은 일도 없지 않았지만 (독일어, 스페인어, 이탈리아어를 배웠다!) 조지아 선교여정은 개 인적으로 그리고 목회적으로 고려해볼 때, 완전한 실패라는 느낌을 안고 영국으로 돌아갔다. 고국으로 돌아오는 항해 중에, 웨슬리는 자 신의 자만심, 불신앙, 건망증에 대한 고백을 상세하게 써내려갔다. 그 는 이렇게 외쳤다. "나는 원주민들을 개종시키려고 미국에 갔다. 그러 나 오오, 누가 나를 회심시킨단 말인가? 나는 말을 잘 할 수 있다. 그 러나 죽음이 나의 얼굴을 쳐다보도록 허용했다. 내 영혼이 혼란스럽 다."[15] 영국으로 돌아와서 자기를 비난하는 또 하나의 글을 썼다. "나 는 하나님의 생명에서 멀리 떨어져있기 때문에 분노의 자식, 지옥의 상속자이다." 수년이 지난 뒤, 웨슬리는 이러한 기록들을 되살펴보고 그것들이 사실일 수 없다고 결정을 내렸다. 그래서 여백에 이런 기록 을 남겼다. "나는 이것을 확신하지 못한다", "나는 믿지 않는다", 그리 고 "그 때에도 비록 '아들의 신앙'은 아니지만 '종의 신앙'은 가지고 있었다."[16] 원본의 기록을 살펴보면, 1738년에 웨슬리의 정신적, 정서

---

14 William Henry Fitchett, *Wesley and His Century: A Study in Spiritual Forces* (New York: Eaton and Mains, 1908), 108.
15 Tyerman, *The Life and Times of the Rev. John Wesley*, 1:166.

적 상태가 어떠했는지 그리고 자신의 영적 상태에 대하여 어떻게 생각했는지를 알 수 있다.

올더스게이트와 부흥운동까지

우리는 지금까지 한 가지 소제목('엡워스로부터') 아래 웨슬리의 어린 시절부터 조지아 선교여행까지 살펴보았다. 그 안에 웨슬리의 교육, 신성회 결성, 그의 성직 안수 등이 포함되어 있다. 이제부터는 웨슬리가 복음주의적 회심을 경험한 1738년 5월 24일에 무슨 일이 일어났는지를 주목하려 한다. 그것은 하나의 경계선으로 웨슬리의 생애 중앙에(당시 서른다섯 살이었다) 뚜렷이 그어져 있다. 모든 것이 올더스게이트에서 변했다. "1738년 직전에 존 웨슬리는 그 시대의 영적인 포로였다.…1738년이 끝날 무렵 그는 영적으로 자유로웠다."[17] 우리는 다음 장의 대부분을 할애해서, 신학적으로 말하자면, 이 기념비적인 날에 웨슬리에게 무슨 일이 일어났는가를 탐구할 것이다. 이 장에서는 단지 외적인 사건들과 그 결과들을 언급할 필요가 있다.

다시 영국에 도착하자마자 웨슬리는 열정적으로 영적인 문제들을 추구하였다. 가능하면 어디에서나 설교하였고, 윌리엄 로에게 그리고 선교여행 동안 그에게 대단히 많은 도움을 주었던 모라비아 그리스도인들에게 영적 자문을 구했으며, 종교적인 협회들을 다 함께 모았다. 5월 말 성령 강림 주일에 그의 동생 찰스가 복음주의적 회심을 체험했다. 조지 휫필드는 이미 비슷한 체험을 했었다. 이 모든 압박감이 가중된 가운데, 마침내 웨슬리는 5월 24일자 일기 속에 이러한 유명

---

16 앞의 책, 1:167.
17 Cannon, *The Theology of John Wesley*, 65.

한 말을 기록했다.

저녁에 나는 매우 내키지 않은 채로 올더스게이트가(街)에 있는 한 집회에 갔다. 한 사람이 로마서에 대한 루터의 서문을 읽고 있었다. 9시 15분 전쯤에 인도자가 하나님께서 그리스도에 대한 믿음을 통해서 마음속에 일으키시는 변화를 설명하고 있는 동안, 나의 마음이 이상하게 뜨거워지는 것을 느꼈다. 나는 구원을 위해 오직 그리스도만을 진실로 믿는다고 느꼈다. 그리고 그리스도께서 나의 죄를 없애주셨을 뿐만 아니라 죄와 죽음의 법에서 나를 구원하셨다는 확신이 들었다.

사실 그것은 마치 웨슬리의 영혼 속에 있는 둑이 붕괴되어 성장과정에서 얻은 모든 영적인 힘, 그리스도를 위한 모든 열정, 그리고 모든 의사소통 능력이 한꺼번에 쏟아져 나온 듯한 경험이었다. 올더스게이트에서 회심한 후부터 웨슬리는 오늘날 우리가 그에 대해 알고 있는 모든 것을 계속 실행해갔다. 그때까지 산만하게 기울이고 또 상충되었던 개인적인 종교적 노력이 이제는 다함께 결합되어 한 가지 목적을 향해 움직였다.

웨슬리의 외적 행실은 즉각적으로 혹은 완전히 변하진 않았다. 웨슬리와 한 친구가 자신들에게 무슨 일이 일어났었는지를 말해주려고 모라비아교도들을 방문했을 때, 그들은 웨슬리 친구에게는 성만찬을 허락하였으나 웨슬리는 참여하지 못하게 했다. 왜냐하면 웨슬리는 그들에게 여전히 혼란 속에 빠져있는 사람(homo perturbatus), 즉 불안정한 사람으로 보였기 때문이었다.[18] 그러나 1738년 이전의 삶은 그가 발견하지 못했던 것, 어쩌면 존재하는지조차 몰랐던 무엇인가를 결사적으로 찾는 사람이라는 인상을 주었던 반면, 1738년 이후의 삶은 자기가 배운 바를 삶의 모든 영역에 적용하려고 지칠 줄 모르고 노력하는 모습을 보였다.

그러는 동안에 나머지 세상은 존 웨슬리를 가만히 기다리고 있지 않았다. 다른 움직임들이 18세기의 거대한 부흥운동으로 수렴되고 있었다. 특별히 조지 휫필드는 영국에서 신성회에서 배운 교훈들을 그 자신의 방식으로 적용시키고 있었다. 심지어는 야외에서, 지정된 예배시간이 아닌 시간에, 군중들에게 설교하는 위대한 첫발을 내디뎠다. 웨슬리가 곧 그 친구를 추월하게 될 것이었지만, 휫필드는 18세기 부흥운동 초기 단계에 여러 면에서 지도적 위치를 차지했다. 한 역사가가 언급하듯이, "휫필드는 고요한 바다로 갑자기 뛰어든 첫 번째 인물이었고, 두 명의 웨슬리 형제들이 여전히 죄와 본성의 어두운 밤에 꼼짝 못하고 묶여 있을 때 회심하였으며, 부흥운동이 아메리카, 웨일즈, 스코틀랜드, 그리고 잉글랜드로 퍼져나갈 때 거기에 참여한 위대한 복음전도자 중 한 사람이었다."[19] 휫필드는 아메리카를 방문할 때가 되었다고 결정하고, 웨슬리에게 그가 남겨둔 영국 사역을 맡아달라고 부탁했다.

존 웨슬리는 종종 고상한 체하거나 초연한 척하지는 않았지만, 휫필드가 야외설교에 대해 그에게 설명했을 때 그는 깜짝 놀랐다. 일단 그 전모를 파악하였을 때, 야외설교를 받아들였지만, 그것은 마치 아주 더러운 낯선 사람을 포옹하는 것과 같았다. 웨슬리는 일기에 이렇게 기록했다. "오후 네 시에 나는 품위를 버리기로 작정했고 큰 거리에서 구원의 기쁜 소식을 선포했다."[20] 야외설교는 영국 사람들을 각

---

18 Gordon Rupp, *Religion in England 1688-1791* (Oxford: Clarendon, 1986), 358.
19 앞의 책, 339.

성시키는데 꼭 필요한 방법이었던 것으로 판명되었다. 어떤 환경에서든 기독교 신앙의 메시지를 들을 수 있게 한다는 발상은 당시 사람들에게 일종의 충격이었다. 웨슬리는 그 발상에 대하여 "아주 최근에 이르기까지 평생 동안 품위와 질서와 관련된 모든 것을 집요하게 붙잡았기 때문에, 영혼구원이 만일 교회 내에서 이뤄지지 않는다면 거의 죄나 다름없다고 생각했었다."[21]

부흥운동의 또 다른 위대한 방법은 바로 순회설교였다. 순회설교란 한 곳에 머물러있지 않고, 이 마을에서 저 마을로, 혹은 어떤 도시의 한 지역에서 다른 지역으로 옮겨 다니면서 일련의 설교를 하는 것이다. 이 두 가지 방법이 결합되어, 웨슬리의 설교는 곳곳에서 주요 행사로 자리 잡게 되었다. 거대한 군중이 구원의 메시지를 들으려고 몰려들었다. 집회들은 대체로 평화로운 분위기였지만, 때때로 사람들이 폭도로 변했다는 사실을 보면, 그 집회들이 감정적으로 얼마나 격앙되었는지를 알 수 있다. 웨슬리가 가장 상세히 기록한 부흥집회 폭동 사건은 1743년 10월 웬즈베리(Wednesbury)라는 마을에서 발생한 것이었다. 이때쯤 웨슬리는 군중을 다스려서 자신의 설교를 듣게 하는 방법에 익숙해져 있었다. 웨슬리 주변으로 군중이 부쩍 늘어나서 다루기 힘들게 되었던 상황을 이렇게 묘사한다.

말을 해보려는 시도는 헛된 일이었다. 사방에서 나는 소음이 바다가 노호하는 것 같았기 때문이었다. 그들이 나를 잡아끌어서 마침내 번화가에 이르렀다. 큰 집의 문이 열려있는 것이 보이기에 나는 들어가려고 시

---

20 앞의 책, 362.

21 Wesley's journal, cited in William Edward Hartpole Lecky, *A History of England During the Eighteenth Century (1878-1890)*, 8 vols. (New York: Appleton, 1888), 2:612.

도했다. 그러나 한 남자가 내 머리카락을 휘어잡고서 다시 폭도의 한 가운데로 밀어 넣었다. 그들은 나를 끌고서 도시의 끝에서 끝으로 이어져 있는 중심가를 다 통과할 때까지 도무지 멈추지 않았다.

웨슬리는 한 장소에서 다른 장소로 거칠게 떠밀리는 상황에서도 침착함을 유지했으며 말을 꺼낼 기회를 잡으려고 애를 썼다. 웨슬리는 때때로 침묵했으며, 어떤 때에는 가까이에 있는 사람들에게 말을 걸기도 했고, 그 다음에는 더 큰 무리에게 설교할 기회를 포착했다.

나는 내 목소리를 들을 수 있는 사람들에게 계속해서 말을 했다. 그렇지만 고통스럽거나 피곤하지 않았다. 그 도시의 서쪽 끝에서 반쯤 열린 문을 보았을 때, 나는 그곳을 향해 걸었고 어쩌면 들어갈 수도 있었을 것이다. 그러나 상점 안에 있던 한 신사는 폭도들이 그 집을 완전히 무너뜨려 버릴 것이라고 말하면서 나의 진입을 허용하지 않았다. 하지만 나는 문 앞에 서서 물었다. "여러분들은 내 말을 기꺼이 듣겠습니까?" 많은 사람들이 소리쳤다. "싫다, 싫어! 그놈의 머리를 내리쳐 죽여라. 그를 때려 눕혀라. 즉시 그를 죽여라." 다른 사람들은 이렇게 말했다. "아니다, 먼저 그의 말을 들어보자." 나는 질문하기 시작했다. "내가 무슨 악한 일을 저질렀습니까? 여러분 가운데 어느 누구를 내가 말이나 행실로 부당하게 취급했습니까?" 그리고 이십오 분 이상 계속해서 말을 이어갔다. 마침내 내 음성이 갑자기 약해졌다. 그때 홍수가 밀려오듯 그들이 목소리를 높이기 시작했다. 많은 사람들이 소리치고 있었다. "꺼져라! 꺼져라!" 그러는 동안에 내 체력과 목소리가 돌아와서 큰 소리로 기도했다. 그런데 조금 전에 폭도를 이끌었던 남자가 몸을 돌리더니 이렇게 말했다. "선생님, 제 인생을 당신을 위해 바치겠습니다. 저를 따라 오시면, 여기에 있는 어느 누구도 당신의 머리카락 하나라도 건드리지 못하게 만들겠습니다."[22]

그러한 소동들이 매일 일어난 것은 아니었다. 그러나 최초의 감리교 설교자들이 가는 곳마다 감정이 격앙되어 극심한 반대와 강력한 부흥이 서로 소용돌이쳤다. 그리고 그러한 소동은 수년 동안이나 지속되었다. 1749년 10월에 웨슬리는 볼튼(Bolton)에서 유별나게 위험한 군중과 대면하게 되었다. 평소처럼 그는 적절한 순간을 기다렸다가 군중의 흐름을 바꿔놓았다.

이제 적절한 때가 되었다고 믿으면서, 나는 사람들이 가장 빽빽한 곳으로 걸어서 내려갔다. 이제 그들은 아래쪽의 모든 자리를 채웠다. 나는 의자 하나를 달라고 요청했다. 바람은 잠잠해졌고 온통 평온하고 고요했다. 나의 마음은 사랑으로 충만했고, 나의 눈은 눈물로 범벅이 되었고 내입은 논증으로 가득하였다. 사람들은 놀랐다. 그들은 수치스러워 했다. 그들은 녹아내렸다. 그들은 모든 말을 집어삼켰다. 얼마나 놀라운 방향전환인가![23]

웨슬리의 성공 비결 중에 하나는 반대편에서 에너지를 끌어와서 군중을 변화시키는 능력이었다. 아마 웨슬리는 하나님께서 수십 년 동안 그의 필요를 충족시켰고, 그의 마음을 사랑으로 충만케 하셨고, 그의 눈은 눈물로 채워주셨고, 그의 입을 때마다 논증으로 가득하게 하셨다고 말할 것이다.

---

22 Wesley's journal, October 1743, *in Works*, 20:99.

세우는 자와 조직하는 자

'감리교 설교자'(Methodist preacher)라는 용어는 빠르게 성장하는 그들의 교파를 위해서 교회를 설립하였던 미국 개척지의 순회 설교자들을 떠올리게 한다. 그러나 18세기 부흥운동에서 '감리교도'라는 말은 이러한 새롭고 열정적인 횟필드·웨슬리 방식으로 설교하는 사람을 지칭하는 느슨한 용어였다. 감리교 설교자들의 메시지는 지금 여기에서 체험할 수 있는 실재, 곧 믿음을 통해 은혜로 얻는 구원이었다. 그들의 매체는 설교였는데, 야외와 집안을 막론하고 특히 교회 밖에서 행하는 설교였다. 메시지와 매체가 만났을 때, '감리교파'(Methodism)라고 불리는 국제적인 운동이 일어났다. 폭발적으로 일어난 운동이었다. 사람들은 이 새로운 것을 듣고 싶어 했고 감리교 설교자들을 강력히 요청했다.

일단 감리교 부흥운동에 탄력이 붙기 시작하자, 웨슬리와 횟필드와 그들의 동역자들은 더 이상 그 운동을 홍보하기보다는 그것을 따라잡느라고 애썼다. 어느 누구도 부흥운동을 조절하거나 관리할 수 없었다. 그러나 바로 이 시점에서 존 웨슬리는 새로운 유형의 지도자 역할에 진입했다. 그는 연결망 구축가와 조직가로서 타고난 재능을 가지고 있었고 예전의 성공과 실패로부터 모든 적절한 교훈을 터득해왔었다. 그는 그 부흥운동을 지속 가능한 제도들과 모형들로 바꾸는 법을 알고 있던 유일한 사람이었다. 부흥운동이 발생했을 때, 웨슬리는 오십 년에 걸친 활동적인 삶을 앞두고 있었고, 그것은 설교, 저술, 편집, 순회여행으로 채워질 기간이었다. 그러나 부흥운동의 필요성에 따라

---

23 Wesley's journal, October 1749, in Emory, *The Works of the Reverend John Wesley*, 3:469. 웨슬리와 군중 폭력에 대한 더 상세한 내용은 John Telford, "Encounter with the Mob," chap. 12 in *The Life of John Wesley* (New York: Eaton and Maine, 1898)을 보라.

서 그에게 끊임없이 과업이 부과되었다. 그러한 필요성이 생기는 즉시 웨슬리는 어떻게든 해결책을 마련해냈다. 즉 평신도 설교자, 속회 모임, 신도회 총칙, 연회, 그리고 연합체 등을 고안해냈다. 이러한 제도들을 실행하고 그 자신의 본보기로 그것들을 이끌어나가는 일이 1741년부터 그가 죽은 1791년까지 지속된 웨슬리의 평생과업이었다.

복음주의적인 설교에 대한 대중의 수요가 각성된 영국국교회 사제들의 공급을 훨씬 능가했기 때문에, 웨슬리는 그 격차를 채우기 위해 극단적인 조치를 강구했다. 1741년부터 웨슬리는 안수 받지 않은 남성들을 설교하도록 임명했다. 이러한 평신도 설교자들은 신도회의 모든 속회에서 뽑혔으며, 웨슬리는 그들에게서 잠재력을 발견하자마자 그들에게 설교할 수 있는 권한을 부여했다. 그래서 영국국교회의 조직이 그때까지 해오던 대로 계속 삐꺼덕거리는 동안, 하나의 대안적인 전달체계가 부상하였다. 평신도 설교자들은 다른 경로들을 통해 사역하기 시작했다. 웨슬리는 평신도 설교자들이 결코 공인된 교구목사들과 직접 경쟁하지 못하도록 엄격하게 단속했다. 그리고 특별히 평신도 설교자들은 정규 교회들과 같은 시간에는 결코 예배를 인도할 수 없었다. 웨슬리는 복음주의적 평신도 사역자들이 사람들을 각성시키고, 그들에게 순수한 교리를 가르쳐서 그들이 더 나은 교회 신자가 되게 하려고 했다. 그러나 영국국교회 지도자들이 몹시 놀란 것은 당연한 일이었다.

1747년에 런던 주교인 깁슨(Gibson)은 자신의 교구 내에 있는 모든 목회자들에게 회람 편지를 써서 감리교도들에 대해 경고하였다. "그들은 영국국교회 예배에 규칙적으로 참석하는 것만으로는 헌신의 목적에 부응하기에 충분하지 못하다고 교인들을 설득한다." 깁슨 주교의 편지는 과장된 미사여구로 이렇게 끝을 맺었다. "성직자 형제들이여, 나는 여러분 모두에게 트럼펫처럼 목소리를 높이라고 지시합니다! 그리고 감리교도라고 불리는 족속들에 대항하여 모든 사람에게 경고하고 그들을 무장시키고 요새를 쌓으시오." 존 웨슬리는 '런던의 주교님께 드리는 공개서한'을 써서 대응했다. 무엇보다 먼저 감리교도들이 정말로 이런 식으로 지목될 만큼 위험한 사람들인지 물었다. "높으신 주교님은 그리스도의 복음에 대항하는 다른 적들은 분간하지 못하십니까?…이 땅에는 교황 절대주의자나 이신론자들이 전혀 남아있지 않습니까?…이른바 감리교도들이 우리나라의 모든 과오들뿐만 아니라 모든 죄들도 독점했습니까?"[24]

그러나 웨슬리의 주요 과제는 감리교도들이 마치 "영국국교회 예배에 참석하는 것은 헌신의 목적에 부응하기에 충분치 못하다는 듯이 행동했다"는 비난에 대응하는 것이었다. 한편으로 웨슬리는 영국국교회와 다른 교회를 창설할 의도가 없었다. 그런 의미에서 영국국교회의 제도적인 예배가 중심을 이뤘다. 다른 한편으로 모든 사람들이 알고 있듯이 (그리고 깁슨 주교 자신도 이전의 목회 서신들에서 인정했듯이) 바로 영국국교회가 의무를 다하지 못하고 있었다. 웨슬리는 이 점을 다음과 같이 강조했다.

여기 무어필즈(Moorfields) 안에 그리고 그 근처에는 만 명의 불쌍한 영혼들이 있습니다. 그리스도는 그들을 위해 죽으셨지만, 그들은 곧장 지옥으로 곤두박질칠 것입니다. 그 교구의 성직자인 버클리 박사(Dr. Bulkeley)는 그들을 기꺼이 도우려 하고 그들을 도울 능력이 있습니까? 만일 그렇다면 그렇게 되도록 하십시오. 그러면 나는 이 지역에 들어설

---

24 Rupp, *Religion in England 1688-1791*, 381.

자리가 없습니다.⋯그러나 만일 그가 할 수 있는 모든 것을 행한 후에도 그들이 여전히 파멸로 가는 대로 위에 있다면, 하나님께서 심지어 내 입 속에도 어떤 말씀을 넣어주실지 보게 해 주십시오.[25]

1740년대의 영국국교회는 영국 국민들의 영적 요구를 충족시킬 만한 계획을 가지고 있지 않았다. 그러한 계획을 가지고 있는 척한 지도 오래되었다. 웨슬리는 전적으로 영국국교회에 우호적이었다. 그는 적절한 절차에 따라 안수 받은 성직자로서 그 교회가 그 나라의 영혼들을 인도하는 목자의 책임을 떠맡는 것을 보고 싶을 뿐이었다. 웨슬리 자신의 설교 사역의 범위에 대해서 이렇게 언급한 적이 있다. "나는 온 세계를 나의 교구로 여긴다. 이제까지 내가 어떤 지역에 있든지 구원의 기쁜 소식을 기꺼이 듣고자 하는 모든 사람들에게 그것을 선포하는 것이 적절하고 옳으며, 또한 나의 필수적인 의무라고 판단한다." 평신도 설교자들과 조력자들은 웨슬리 사역의 연장선이었다. 웨슬리를 야외 설교로 몰고 간 그 추진력이 교회가 손을 내밀지 않는 곳까지 복음 사역을 확장하기 위하여 그로 하여금 평신도 설교자를 임명하도록 몰고 갔다.

웨슬리는 이 평신도 설교자들을 위하여 몇 가지 기본 훈련과 감독을 제공했는데, 주로 권장사항과 지침의 형태였다. 최상의 것은 1744년에 웨슬리가 내놓은 "평신도 설교자들을 위한 열두 가지 규칙"이었다. 이러한 규칙들을 살펴보면, 웨슬리는 다른 사람들을 자신에게 합류하도록 구비시킴으로 그의 사역을 확장시키는 영적 지도자임을 알 수 있다.

---

25 앞의 책, 381. Wesley " some of the most moving paragraphs he ever penned."

1. 부지런하시오. 잠깐이라도 일을 놓지 마시오. 하찮은 일에 시간을 쓰지 마시오. 허송세월하지 마시오. 한 장소에서 엄밀히 판단해 필요 이상의 시간을 결코 보내지 마시오.

2. 진지하시오. 주님께 대한 성결을 당신의 좌우명으로 삼으시오. 모든 경거망동, 농담, 어리석은 대화를 피하시오.

3. 여성들과는 삼가 조심스럽게 대화하시오. 특히 젊은 여성들과 사적으로 대화할 때 그렇게 하시오.

4. 먼저 나에게 당신의 계획을 알리지 않은 채 결혼하려고 발걸음을 내딛지 마시오.

5. 다른 사람의 악한 행위에 대해 섣불리 믿지 마시오. 당신이 직접 눈으로 보기 전에는 어떻게 믿을지 주의하시오. 모든 것을 선의로 해석하시오. 알다시피 재판관은 항상 죄수의 편에 서야 합니다.

6. 어느 누구에 대해서도 악하게 말하지 마시오. 그렇지 않으면, 특히 당신의 말은 해충과 같이 마음을 좀먹을 것입니다. 당신이 당사자와 직접 만날 때까지 당신의 생각을 당신의 가슴속에 간직하시오.

7. 그에게 문제가 있다고 생각하는 것을 모든 사람에게 말하시오. 명확하게 그리고 가능한 빨리 하시오. 그렇지 않으면 그것이 당신의 마음을 곪게 할 것입니다. 황급히 서둘러서 당신의 가슴속에 있는 분노의 불을 내던져 버리시오.

8. 신사의 티를 내지 마시오. 당신이 춤을 가르치는 사람이 아니듯이 신사의 신분과도 무관합니다. 복음을 전하는 설교자는 모든 사람의 종일 뿐입니다.

9. 죄를 제외하고 어떤 것도 부끄러워하지 마시오. 시간이 허용된다면, 장작을 나르는 일이나 물을 길어 오는 일을 부끄러워하지 마시오. 또한 당신 자신이나 이웃의 신을 닦는 일도 부끄러워하지 마시오.

10. 시간을 정확히 지키시오. 모든 일을 제시간에 하시오. 대체로 우리의 규칙들을 수정하지 말고 준수하시오. 진노 때문이 아니라 양심에 거리낌이 없도록 그렇게 하시오.

11. 오직 영혼을 구원하는 일에만 관계하시오. 이 구원 사역에만 시간을 사용하고 또한 쓰임 받도록 하시오. 그리고 항상 당신을 원하는 사람들에게 가지 말고, 당신을 가장 절실히 필요로 하는 사람들에게 가시오.

12. 모든 일을 당신의 뜻대로 하지 말고 복음 안에서 자녀 된 자답게 행동하시오. 우리가 지시하는 대로 당신의 시간을 사용하는 것이 당신의 몫입니다. 이 집에서 저 집으로 양떼들을 방문하고 설교하는 일이며, 독서하고 묵상하고 기도하는 일입니다. 무엇보다도 당신이 우리와 함께 주님의 포도원에서 일한다면, 우리가 지시하는 일정 부분의 일을 하나님의 영광을 위해 최선의 시간과 장소에서 여러분이 담당해야 합니다.[26]

웨슬리는 평신도 설교자들을 신뢰했다. 그는 그들을 위한 기본 지침들을 만들었고 그들의 사역은 공식 교회의 정식 성직에 부속되고 또 종속된다는 점을 그들에게 알려주었다. 웨슬리는 이 조력자들이 옳은 일을 행하기를 기대했다. 그들이 항상 그렇게 한 것은 아니었다. 처음부터 여러 장소에서 사소한 문제들이 발생했지만, 통제 불능의 평신도 설교자들이 출현한 최악의 사례는 1760년대까지는 일어나지 않았다.

조지 벨(George Bell)이라는 평신도 설교자는 자신의 양떼에게 그때

26 Outler, *John Wesley*, 145-46.

부터 그리스도의 재림 때까지 완전하게 거룩하게 될 수 있다고 가르치기 시작했다. 더 나아가 그리스도의 재림은 1762년 2월 28일에 일어날 것이라고 명시했다. 웨슬리는 공개적으로 벨을 책망했고, 벨의 사역지의 감리교도들에게 그들이 잘못에 빠졌다고 경고했으며, 1762년 3월 1일 날이 밝았을 때 찾아올 불가피한 실망 이후의 사태를 수습하기 위해 최선을 다했다. 이와 비슷하게 분열을 초래한 평신도 설교자는 유능한 토마스 맥스필드(Thomas Maxfield)였다. "그의 교리는 자신이 '웨슬리를 능가하는 웨슬리'라도 되는 것처럼 극단적이었다."[27] 일반적으로 평신도 설교자가 총명하고 카리스마적이고 능력이 있을수록 더 위험한 인물이 되어, 감리교도들 사이에서 문제를 일으킬 확률이 높았다. 대부분의 평신도 설교자들은 모든 신자들을 위한 사목직을 수행하는 보통의 그리스도인에 만족했다. 그것이 평신도 설교자들에게 중요한 점이었다. 바로 그것이 벨이나 맥스필드 같은 괴짜들이 놓친 점이었다.

감리교 부흥운동이 퍼져나가는 곳마다 사람들은 영적인 잠에서 깨어났으며, 웨슬리는 각성된 영혼들을 질서정연한 다양한 종류의 그룹으로 조직하였다. 그 조직 작업에서 웨슬리는 옥스퍼드에서 신성회를 이끌었던 이후로 계속 실천해온 방법을 사용하고 있었다. 웨슬리는 감리교파의 발흥을 조직의 관점에서 관찰하면서, 1781년에 감리교 운동은 한 번이 아닌 세 번의 발흥이 있었다고 말하였다. 첫 번째 발흥은 "네 사람이 옥스퍼드에서 모였던" 아주 작은 그룹에서 일어났다. 두 번째 발흥은 그 처참했던 아메리카 선교여행 동안 1736년 4월 사바나에서 이삼십 명의 신도들이 모였을 때 일어났다. 그리고 세

---

27 Rupp, *Religion in England 1688-1791*, 403.

번째 발흥은 웨슬리와 모라비아교도 지도자 피터 뵐러(Peter Boehler)가 함께 페터레인 신도회(Fetter Lane Society)를 설립했던 1738년 5월 런던에서 일어났다.[28] 부흥운동을 통해서 웨슬리는 영적 갱신의 분위기가 무르익은 맥락에서 똑같은 영적인 훈련방법과 공동체에 헌신하는 방식을 이용할 수 있는 기회를 얻게 되었다. 그 운동은 또한 웨슬리에게 새로운 제도를 고안하고 새로운 종류의 그룹을 가지고 실험하도록 요구했다.

웨슬리의 조직에서 가장 기초적인 단위는 바로 1742년에 시작된 '속회'(class meeting)였다. 속회(屬會)란 열 명 내지 열두 명으로 구성된 열성적인 소그룹으로서, 매주 모여 영적 성장을 위한 상호간의 책임을 강조했다. 웨슬리는 "다가올 하나님의 진노로부터 도망하기를 간절히 소망하는" 모든 사람들을 속회로 불러 모은 결과, 보다 성숙한 그리스도인들뿐만 아니라 구도자들과 최근의 회심자들을 포함하게 되었다. 속회의 각 구성원은 다수의 그룹들을 감독하는 성직자가 아니라 그 소그룹 리더로부터 개인적인 관심을 받았다. "여기에는 강화(講話)나 설교를 위한 여지가 없었다. 단지 현재의 개인적인 성장에 대해서만 분명하게 강조할 뿐이었다. 따라서 전문적인 훈련가가 아닌 동료 구도자가 모임을 인도하였다."[29]

속회 조직의 창안은 웨슬리의 지혜와 독창성의 산물로 널리 칭송받아왔다. 헨리 워드 비처(Henry Ward Beecher)는 이렇게 기록하였다. "존 웨슬리가 지금까지 세상에 내놓은 가장 위대한 것은 바로 감리교파

---

28 Wesley's 1781 "Short History of the People called Methodists," in *Works*, 9:425-50.
29 D. Michael Henderson, *John Wesley's Class Meeting: A Model for Making Disciples* (Nappanee, IN: Evangel, 1997), 96. 「존 웨슬리의 소그룹 사역을 통한 제자 만들기」(서로사랑 역간).

속회이다." 드와이트 무디(Dwight Moody)는 "감리교파 속회는 회심자들을 훈련시키는 역사상 가장 훌륭한 조직이다"[30]라고 진술하였다. 또한 영적으로 좀 더 성숙한 신도들을 위한 '선발 반회'(Select Bands)도 있었다. 속회의 주요 목표는 신자들이 그들에 알맞은 수준에서 선행을 하도록 자극하는 것이었다. 한 지방에 있는 모든 속회와 반회를 합쳐서 그 지역을 위한 '감리교파 신도회'를 구성하였다. 1743년이 되자마자 웨슬리는 "감리교파 신도회 총칙"을 출판했으며, 1744년에 이르러 많은 신도회에서 온 대표단들이 첫 번째 감리교 연회(年會)로 모였다. 그러나 1784년까지는 그 연회가 합법적으로 인정받지 못했다. 18세기 중반에 이르면서, 모든 복음주의적 목회자들은 복음이 전파되는 곳이면 어디서나 일어나는 부흥운동에 대해 경외심을 품고 있었다. 부흥을 위해 노력한 사람들 가운데 오직 존 웨슬리만 무엇을 해야 할지를 알았다. 바로 소그룹을 구성하는 것이었다.

감리교파 운동은 급속히 퍼져나갔으며 커다란 영향을 주었다. 이러한 결과들로 판단하자면, 웨슬리는 조직가와 기획가로서 대단히 성공했다고 말하지 않을 수 없다. 웨슬리의 리더십 사역을 특징짓는 것을 하나 들자면 바로 그의 다변적(多邊的) 태도일 것이다. 웨슬리는 모든 문제에 단 하나의 해결책만이 있다고 생각하는 과오를 결코 저지르지 않았다. 사람들은 복잡하며, 그래서 복합적인 방식으로 지원해 줄 필요가 있다는 사실을 알고 있었다. 웨슬리의 포괄적인 태도는 출처는 불분명하지만 그의 지혜를 멋지게 요약하고 있는 한 인용문에서 볼 수 있다.

---

30 앞의 책에서 인용함. 핸더슨의 책이 존 웨슬리의 전략과 소그룹 사역을 현대교회에 적용하는 방법을 다룬 최고의 서적이다.

우리의 교리를 전파하고, 경험을 전해주고, 실천을 권장하고, 훈육을 실시하라. 단지 교리만 전파한다면, 교인들은 반(反)율법주의자가 될 것이다. 단지 경험만을 전파한다면, 그들은 열광주의자가 될 것이다. 단지 실천만을 전파한다면, 그들은 바리새인이 될 것이다. 그리고 만일 이 세 가지를 모두 전파하였으나 훈육을 실시하지 않는다면, 감리교파는 매우 잘 가꾸어졌지만 울타리가 없어서 숲에 사는 야생 멧돼지에게 무방비로 노출된 정원과 같이 될 것이다.[31]

웨슬리는 모든 조직화 작업에서 감리교파 부흥운동을 영국국교회의 테두리 내에 두려고 계속 노력했다. 그는 언제나 영국국교회에 속한 사람이었다. 비록 웨슬리는 여러 국교회 반대파와 침례교파를 알았고 또한 존경하였지만, 사람들을 영국국교회에서 끌어내어 국교회 반대운동으로 결집시키는 데는 전혀 관심이 없었다. 동생 찰스 웨슬리도 평신도 설교자들에게 권한을 부여하고 감리교파 신도회를 조직하게 되면 조만간 국교회에서 탈퇴한 집단을 반드시 낳게 될 것이라고 그에게 계속 경고하였다. 영국국교회주의에 대한 몇몇 역사서는 1700년대 후반의 일련의 사건들을 '감리교파 분립'으로 언급하고 있다. 미국 사람들은 그것을 새로운 교파의 탄생으로 간주하고 싶을 것이다. 사실은 새로운 교파가 생기고, 그 필요성을 인식하게 하는 데는 당시 미국의 상황이 중요한 역할을 했다.

감리교 복음주의 각성운동은 1740년경에 영국과 미국에서 일어나

---

31 이것은 에딘버러의 Nicolson Square church에 있는 한 그림에 대한 설명이다. Franz Hildebrandt는 *Christianity according to the Wesleys* (London: Epworth, 1956), 11-12에서 이 설명문을 인용하면서 그것이 실제로 웨슬리의 말임을 시사하는 다른 기록이 없다고 한다. 그럼에도 웨슬리의 전형적인 문체이다.

기 시작했다. 그것은 마치 미국의 식민지들이 스스로 하나의 국가로 변모되는 것과 비슷했다. 역사가들은 감리교 부흥운동 자체가 통일 미국의 전망을 형성하는데 일정한 역할을 했다고까지 주장한다. 1740년에 일어난 부흥운동이 1776년 국가 독립으로 이어진 것은 아마도 우연은 아니었을 것이다. 조지 휫필드는 미국 식민지 해안지방 전체를 오르락내리락 했던 순회 설교자였으므로 그와 같은 유명인사가 미국을 연합시키는 하나의 요인으로 작용했을 것이다. 그러나 미국 혁명의 배후에는 많은 다른 원인들이 있었고, 일단 미국 혁명이 일어나자 미국 내 복음주의적인 영국국교회 신자들은 충성심으로 둘러싸여 어려운 상황에 처하게 되었다. 일부 초기 미국인들은 성공회의 왕으로부터 정치적 독립을 선언하면서도 영국국교회에 계속 충성할 수 있는 길을 찾게 되었다. 그러나 식민지의 다양성과 새로운 국가에서의 국가교회 부재로 인해 새로운 가능성이 활짝 열렸다. 즉 영국국교회 밖의 교회들이 각성 사역을 수행했다. 다른 말로 표현하자면, 감리교파가 국가교회 내에서 일어난 갱신운동이 아니라 하나의 교파로 탄생하였다.

존 웨슬리는 구세계 영국에서 거부했던 것을 신세계 미국에서는 지지하였다. 그는 1784년에 미합중국을 위해서 설교자들을 성직에 임명하였으며, 심지어는 감독들[코크(Coke)와 애즈버리(Asbury)]도 임명하였다. 그래서 그해가 지나가기 전에 '감리교 감독교회'가 구성되었다. 감리교파는 영국국교회와는 별개의 교회로서 미국에서 빠르게 성장하였으며, 전 세계로 선교사를 파송했고, 곧 영국에까지 파송하여, 영국국교회 토양 위에 감리교파 교회를 세웠다. 그러나 이러한 사건들은 웨슬리의 생이 끝난 후에 발생하였다.

존 웨슬리는 1791년에 87세를 일기로 런던에서 사망했다. 그는 평화롭게 죽음을 맞았다. 그것은 마치 하나님과의 정산이 끝났음을 아는 사람이 세상을 떠나는 듯한 모범적인 모습이었다. 웨슬리의 생애에 대한 나의 짧은 묘사가 성인전(聖人傳)에 가까웠다면, 독자들은 "물론 웨슬리는 성인처럼 죽었다"라고 생각할지 모른다. 그러나 웨슬리가 차분하게 기꺼이 받아들인 죽음을 당연시하면 안 된다. 웨슬리가 1738년 대서양 위에서 폭풍으로 공포에 떨었던 것이 바로 그가 죽을까봐 두려웠기 때문이었다는 사실을 회상해보고, 그가 죽기를 두려워했던 것은 바로 그가 하나님을 직면하기를 무서워했기 때문이라는 사실을 기억해보라. 존 웨슬리가 스스로 배웠고 또 다른 사람들에게 가르친 진리는 바로 예수 그리스도의 은총에 근거하여 지금 하나님을 직면하는 것이었다. 토마스 켄(Thomas Ken, 1637-1711) 주교의 오래된 저녁 기도문에는 이렇게 적혀있다.

나에게 사는 법을 가르치소서. 그래서 내가 침대를
두려워하지 않는 것처럼 무덤을 두려워하지 않게 하소서.

그것이 바로 웨슬리가 마침내 죽게 되었을 때의 모습이었다. 웨슬리는 영적 운동은 거기에 속한 사람들을 이 최후 심판에 얼마나 잘 준비시켰는지에 따라서 평가될 수 있다고 생각했다. 이런 측면에서 우리는 웨슬리의 운동과 그의 생애 모두 호의적으로 평가해야 한다. "세상은 감리교도들과 복음주의적인 교인들을 좋아하지 않을지 모르지만, 세상은 그들이 잘 죽는다는 사실을 부인할 수 없다."[32]

---

32 Lecky, *A History of England During the Eighteenth Century*, 2:695.

존 웨슬리의 분주한 인생에 대한 이 간략한 설명에서 우리는 많은 것을 생략해야만 했다. 그러나 지금까지 살펴본 내용만으로도 웨슬리가 그리스도인의 삶에 관한 스승의 자격이 있다는 것을 충분히 알 수 있다. 이 주제에 관한 웨슬리의 가르침에 주목하기 전에, 신학자로서 웨슬리의 위치, 웨슬리의 인격, 그리고 웨슬리의 기질에 대해 간결하게 기술하는 것이 도움이 될 것이다.

첫째, 신학자로서 웨슬리의 위치다. 존 웨슬리는 신학자였다. 그러나 기질적으로 체계적이지 못한 신학자였다. 한동안 주석가들 사이에 웨슬리가 결코 신학자가 아니라고 주장하는 것이 유행을 탔다. 이후에 그를 변호하는 사람들이 등장하여 웨슬리는 '민중 신학자', '목회 신학자', 그리고 '직관 신학자'라고 말했다. 이러한 변호는 올바른 방향으로 나아가고 있다. 내 생각에 가장 좋은 설명은, 웨슬리가 일관성 있는 신학자가 되고자 했으나 믿음에 대한 종합적인 진술보다는 오히려 이따금 일련의 단편들로 자신을 표현하는 것을 선호한 신학자였다고 말하는 것이다. 웨슬리는 칼뱅보다 루터를 더 닮았다. 루터는 논문, 설교, 소책자, 소논문, 비판, 변증, 그리고 간헐적인 글 등을 줄줄이 집필했던 반면, 칼뱅은 스물여섯 살에 인상적인 '종합적인 신학 개론서' (『기독교 강요』)를 쓴 뒤에 성경의 거의 모든 책들의 주석을 집필했다. 웨슬리는 너무 바빠서 좀 더 체계적인 진술을 작성할 기회를 얻지 못했다고 말하는 건 적절하지 못할 것이다. 웨슬리가 순회하고 설교하고 조직하는 생활방식에 투신했을 때, 그의 삶과 저술의 유산 둘 다 똑같은 형태를 띠었다. 그 형태는 주어진 상황에 반응하여 손에 잡히는 자료를 활용하여 즉석에서 만들어 낸 일련의 탁월한 글들이었다. 이런 방식으로 웨슬리의 삶과 웨슬리의 신학은 같은 모양을 지니게 되었다.

따라서 만일 웨슬리의 최고 저술을 읽고 싶다면, 조직신학을 참고하지 말고 그의 많은 설교문을 읽는 것이 좋다. 사실 그의 설교는 웨슬리의 성경 노트와 더불어 훗날 감리교도들에게 실제적인 '교리적 표준'이 되었다. 1763년에 웨슬리와 그의 동역자들은 감리교파 설교 내용이 어느 정도 표준화 되도록 보장하려고 '모범 시행령'(Model Deed)의 틀을 마련했다. 그 조항 중 하나는 "설교자들이 웨슬리의 「신약성서 주석」과 네 권의 설교 모음(「표준설교집」) 안에 담겨있는 교리 이외에 다른 어떤 교리도 설교하지 못한다는 것"이다.[33]

만일 "매체가 바로 메시지다"라는 마셜 맥루한(Marshall McLuhan)의 말이 옳다면, 당신이 어떤 운동에 대해 주요 문서의 형태에 의해 많은 것을 말할 수 있다. 잠시 신학 자체를 무시하고 다만 그것을 전달하는 매체를 자세히 살펴보라. 칼뱅주의자들은 신앙고백서와 교리문답서를 만드는데 탁월하다. 가톨릭교도들은 교황의 회칙(回勅)과 교회법을 가지고 있다. 영국국교회는 공동기도서와 39개 신조를 소유하고 있다. 세대주의자들은 해설 성경과 시대별 도표를 가지고 있다. 각각의 경우마다 그 집단의 특징과 그것을 담은 문서가 안성맞춤의 관계에 있다. 감리교도들은 찬송가, 「신약성서 주석」(Explanatory Notes upon the new Testament), 그리고 「표준설교집」(Standard sermons)을 가지고 있는데, 모두 웨슬리 형제로부터 나온 것이다. 이것들이 웨슬리 신학을 전달하는 방편들이다.

흔히들 웨슬리를 따르는 자들은 진정한 조직신학이 없기 때문에 수많은 찬송, 주석, 설교로 하여금 억지로 교리의 역할을 담당하도록 강요하는 것처럼 생각하기 쉽다. 그러나 그렇게 생각한다면, 찬송, 주석,

---

33 Outler, *John Wesley*, 87.

설교들이 영적인 삶의 직접적인 표현이자 전달자라는 점을 놓치고 있는 것이다. 조직신학은 일종의 섬기는 학문이다. 교회의 예배, 성경 읽기, 그리고 설교가 충실하고 일관성을 유지할 수 있도록 돕는 역할을 한다. 웨슬리가 찬송, 주석, 그리고 설교들을 추종자들에게 남겼을 때, 그는 하위(下位) 신학적인 것을 남긴 것이 아니라 조직신학보다 더 직접적인 것을 남긴 것이다. 일부 교파의 표준적인 접근은 먼저 신학을 파악한 뒤에 "그것을 설교에 원용할 수 있을까?"라고 묻는다. 이와 대조적으로 웨슬리주의자들은 설교를 파악한 뒤에 "그것을 신학화 할 수 있을까?"라고 물어왔다.

웨슬리의 주석, 찬송가, 그리고 「표준설교집」을 끝까지 따라가 보면, 웨슬리의 조직신학 개요를 파악하기가 쉽다. 비록 웨슬리의 부흥운동은 개혁주의 전통이나 루터교 전통만큼 많은 신학 저술을 내놓지는 않았지만, 몇 가지 훌륭한 웨슬리 조직신학 이론들이 실제로 존재한다.[34] 그러나 최고의 저술들은 웨슬리가 올바른 예배, 올바른 성경 읽기, 그리고 올바른 설교를 공급함으로써 올바른 신학의 길로 들어서게 만들었다는 점에 주목한다. 어떤 사람이 개신교는 본래 말이 많다고 언급했다. 논쟁 속에서 잉태하여, 논제 안에서 태어났고, 교리문답으로 젖을 뗐다는 것이다. 그러나 웨슬리의 영향을 받은 개신교 영역은 무척 달랐다. 이 영역 역시 말이 많은 점에 대해 자부심을 가지고 있으나 그것은 운율이 있는 말들이다("내 입은 논증들로 가득 차 있습니다").

---

34 Thomas Langford, *Practical Divinity: Theology in the Wesleyan Tradition*, rev, ed. (Nashville: Abingdon, 1998)를 참고하라. 나는 웨슬리 전통 분야의 최고 신학자를 Willian Burt Pope라고 생각한다. 간단한 개관을 보려면 "Methodist Doctrine," in *The Wesley Memorial Volume: Or, Wesley and the Methodist Movement, Judged by Nearly One Hundred and Fifty Writers, Living or Dead*, ed. J. O. A. Clark (New York: Phillips & Hunt, 1881), 168-90를 참고하라. 포괄적인 연구서로는 Pope's three-volume *Compendium of Christian Theology*가 있다.

웨슬리 운동은 부흥 속에서 잉태되어, 찬송을 부르면서 태어났고, 성경 주석으로 젖을 뗀 것으로 보인다.

존 웨슬리의 인격과 기질에 관해서라면 다음 두 가지 요소에 주목할 필요가 있다. 하나는 열심히 일하는 사람이라는 것이고, 다른 하나는 엄청난 자신감을 지녔다는 것이다. 스물세 살이 되었을 때, 웨슬리는 찰스에게 이런 편지를 써 보냈다. "여가와 나는 서로 결별했다. 만약 나의 건강이 오랫동안 나를 받쳐준다면, 나는 살아있는 내내 분주해지기로 작정했다."[35] 웨슬리는 그러한 결심을 실행에 옮겼다. 리버풀의 감독인 라일(J. C. Ryle, 1816-1900)은 웨슬리의 '비상한 근면성, 자기부인, 시간 절약'에 주목하면서 "그 훌륭한 분의 일기를 읽고 그가 일 년 안을 채워 넣은 사역의 분량을 확인하는 것만으로도 숨이 가쁘다"[36]라고 말했다. 그런데 웨슬리의 건강은 정말로 '오랫동안 그를 지탱해' 주었고, 그래서 그는 수십 년 동안 생산적인 일을 지속할 수 있는 있는 힘을 유지했다. 한 역사가는 웨슬리에게 대하여 이렇게 말했다.

웨슬리는 강철로 된 골격과 결코 시들지 않는 영혼을 부여받았다.⋯그의 목회 경력의 상당 기간 동안 웨슬리는 일 년에 팔백여 차례의 설교를 하는데 익숙해져 있었다. 그리고 그의 순회 설교 인생 오십 년에 걸쳐서 이십오만 마일을 이동했으며, 사만 번 이상의 설교를 한 것으로 추정된다.[37]

다른 학자들은 웨슬리의 이동 거리와 설교 회수 통계를 조금 다르

---

35 Tyerman, *The Life and Times of the Rev. John Wesley*, 1:46.

36 J. C. Ryle, *Christian Leader of the Last Century; or, England a Hundred Years Ago* (London: T. Nelson, 1869), 83.

37 Lecky, *A History of England During the Eighteenth Century*, 2:682.

게 계산했지만, 모든 사람들이 그 수치가 어마어마하다는 사실에는 동의하였다.

그러면 웨슬리는 지나치게 분주하였고, 너무 열심히 일했던 것일까? 고든 랍(Gordon Rupp, 1910-1986)은 "오늘날 말하는 소위 '안식년'이 그에게 필요했다는 생각에 대해 웨슬리보다 더 비웃은 사람이 없었을 것이다"라고 썼다. 그리고 그는 "웨슬리보다 더 안식년이 필요한 사람은 없었다"라고 글을 잇는다.[38] 영국 작가 사무엘 존슨 박사(Dr. Samuel Johnson, 1709-1784)는 웨슬리와 함께 시간을 보내는 것을 몹시 좋아했다. 그러나 그렇게 정력적인 활동가와 여유 있는 시간을 함께하는 것은 불가능하다고 불평했다. "웨슬리는 결코 한가한 적이 없다. 그는 항상 가기로 정해진 사람이다. 이것은 나처럼 무릎을 꿇고서라도 그와 대화하고 싶은 사람에게는 달갑지 않은 사실이다."[39]

그러나 웨슬리의 관점에서 보면, 그는 적당한 일정을 유지하고 있었으며, 지나친 짐을 지지 않고 녹초가 되지 않으려고 매우 조심하고 있었다. 1777년의 한 편지에 웨슬리는 이렇게 썼다. "비록 나는 항상 서두르지만 결코 성급하지는 않습니다. 왜냐하면 나는 완벽하게 평온한 심령으로 감당할 수 있는 것보다 더 많은 일을 결코 떠맡지 않기 때문입니다."[40] 웨슬리가 말하는 '서두르다'와 '성급하다' 사이의 차이점은 정신없는 일중독의 그릇된 태도와 평온한 순종적인 섬김 사이의 차이점과 같다. 그것은 또한 웨슬리를 생산성 영역에서의 좋은 모델로 생각하게 해주는 열쇠이다. 우리는 결코 웨슬리의 생산성에 도

---

38 Rupp, *Religion in England 1688-1791*, 428.
39 James Boswell, *The Life of Samuel Johnson*, new ed., with notes and appendices by Alexander Napier, vol.3 (London: George Bell, 1889), 247.
40 Letter to "a member of the society", December 10, 1777, in Emory, *The Works of the Reverend John Wesley*, 6:784.

전해서는 안 된다! 유별난 정력과 추진력을 선물로 받은 웨슬리는 성과와 관련하여 불가능할 정도로 높은 기준을 설정했던 것이다. 웨슬리는 건강과 열심과 생산성의 면에서 최상위층에 속하는 인물이었다. 그러나 우리가 본받아야 할 것은 일에 대한 웨슬리의 원칙들과 태도인바, 우리도 모든 시간과 정력을 하나님과 사람들을 섬기는데 바쳐야 한다. 그러나 우리는 웨슬리의 생산성에 필적하려고 들면 안 된다. 존 웨슬리처럼 근면했던 동생 찰스 웨슬리는 조지아의 어린 고아들에 대한 관심을 불러일으킬 의도로 '그리스도께서 친히 일하셨으니'라는 찬송가를 썼다.

> 우리도 그분의 발자국을 따라가서
> 기꺼이 우리의 몫을 행하게 하소서.
> 땅에서 우리의 두 손과 머리를 사용하게 하소서.
> 그러나 우리의 온 마음은 그분께 드리게 하소서.

젊은 시절에 여가에 작별을 고한 웨슬리는 사실 조력자들을 위한 첫 번째 규칙을 스스로 이행하고 있었던 것이다. "부지런하시오. 잠깐이라도 일을 놓지 마시오. 하찮은 일에 시간을 쓰지 마시오. 허송세월하지 마시오. 한 장소에서 엄밀히 판단해 필요 이상의 시간을 결코 보내지 마시오." 우리는 여기에다 웨슬리 자신이 직접 기술한 말, "비록 나는 항상 서두르지만 결코 성급하지는 않습니다"와 "완벽하게 평온한 심령으로"를 추가해야 마땅하다.

웨슬리의 생산성과 밀접하게 연관되어 있는 것은 바로 그의 자신감이었다. 한 전기 작가는 웨슬리의 자신감을 "웨슬리의 요동하지 않는 확신"[41]이라고 표현했다. 비록 웨슬리가 스스로 회의에 빠질 수도 있었고 다른 사람들로부터 정정이나 비판을 받을 수도 있었지만, 웨슬리의 접근 방식은 부정적인 사람들과 좌절을 뛰어 넘어서 밀고나가는 것이었다. 웨슬리의 흔들림 없는 모습을 보여주는 적절한 사례가 1779년 4월 22일자 일기에 등장한다. 그날 웨슬리는 토비어스 스몰레트(Tobias Smollett, 1721-1771)의 「영국사」(History of England)의 한 구절을 읽었는데, 거기서 저자는 웨슬리 자신과 횟필드가 평생을 바친 부흥운동 사역을 맹비난하고, 조롱하고, 고려할 가치가 없다고 일축했다.

사칭(詐稱)과 광적(狂的) 신앙이 종교의 가장자리에 여전히 드리워 있다. 약한 마음을 가진 자들이 감리교파라는 미신이 야기하는 망상에 의해 유혹당하고 있다. 감리교파는 우월한 신성함과 하늘의 조명을 겸비한 체하면서 일어난 교파이다. 횟필드와 웨슬리 두 형제 같은 잘 알려지지 않은 설교자들이 이러한 열정을 수천 명에게 감염시켰다. 그들은 기부금으로 그들의 왕국을 세울 방편을 찾아냈다.

당신이 평생 이룬 업적을 이런 식으로 다룬 역사책을 읽는다고 상상해보라. 웨슬리는 낙담하기보다는 오히려 스몰레트 박사가 이런 식으로 글을 씀으로써 웨슬리의 신뢰성이 아니라 그 자신의 신뢰성을 약화시켰다고 확신하였다. "불쌍한 스몰레트 박사! 이렇게 하여 산더미 같은 악명 높은 거짓들을 다가오는 세대들에게 전달하시는군! 그동안 그의 역사기록에 어떤 신뢰를 줄 수 있을까? 이성적인 사람이라면 그의 권위에 의거하여 도대체 어떤 사실을 신뢰할 수 있겠는가?"[42]

41 Lecky, *A History of England During the Eighteenth Century*, 2:606.
42 이 이야기의 출처는 April 1779 journal entry, in *Works*, 4:34이다.

웨슬리의 삶과 성격에 관한 간략한 개관에서, 나는 웨슬리가 그리스도인의 삶에 관한 신뢰할 만한 안내자임을 강조해왔다. 그러나 이처럼 호의적인 글에서도 웨슬리를 우상화할 이유는 없다. 웨슬리는 분명 몇 가지 성격적 결함이 있었고, 그의 삶은 판단 잘못으로 손상을 입었다. 내가 어느 웨슬리 신학교에서 공부하고 있을 때 "웨슬리는 하나님의 사람이었으나 그 역시 흙으로 된 두 발을 가졌다"라는 말을 종종 들었다. 아마도 웨슬리 특유의 약점들이 그의 비참한 결혼 생활에서만큼 분명하게 드러난 곳은 없을 것이다.

남편으로서의 존 웨슬리

1751년에 존 웨슬리는 런던 다리 위 얼음판에서 미끄러져서 발목을 심하게 다쳤다. 그래서 몇 차례의 설교를 앉아서 또는 무릎을 꿇고 해야만 했다. 웨슬리는 메리 버자일(Mary Vazeille, 또는 몰리라고 불렸다)이라는 과부의 가정에서 회복기를 보내기로 결정했다. 겨우 한 주가 지난 뒤에 그들은 결혼했다. 웨슬리는 무엇 때문에 이렇게 급작스러운 결혼을 하게 되었을까?

존 웨슬리는 많은 설교자들의 영적인 감독이었다. 그래서 그 설교자들에게 결혼에 관하여 온갖 좋은 충고를 해주었다. 결혼도 사역에 종속되어야 했으며, 결혼이 헌신적인 설교자들에게 최선의 선택은 아니었을 것이다. 어쨌든 결혼을 고려하고 있는 설교자는 누구나 가장 가까운 동료 사역자들에게 분별력을 구하고 책임져야 했다. 웨슬리의 경우 이러한 충고를 따른다는 것은 적어도 자기 동생 찰스와 상의하는 것을 의미했으며, 그가 진두지휘하고 있는 많은 지도자들 및 친구들과 상의하는 것을 뜻했을 것이다. 그런데 예전에 찰스가 존의 결혼을 결정적으로 막았던 적이 있었으므로 존은 찰스에게 방해할 기회를 주지 않고 서둘러서 결혼해야만 한다는 점을 분명히 인식하고 있었을 것이다.

결국 웨슬리는 몰리와 결혼할 때 그 자신이 만든 규칙을 깨뜨린 셈이었고 그 행동의 대가를 톡톡히 받았다. 초기 감리교 역사가들은 몰리를 심술궂은 성격과 욱하는 성깔을 가진 불안정한 여성으로 묘사했으며 다음과 같은 질문을 제기하였다. "도대체 어떻게 해서 그렇게 위대한 사람이 그렇게 불행한 선택을 하게 되었을까?" 몰리는 질투심으로 약간 미쳐 있었던 것 같다. 몰리는 우편함에서 웨슬리를 흠모하는 많은 여성들이 보낸 편지를 발견했고, 웨슬리의 외투 주머니에서 한 여성에게 보내는 웨슬리의 영적인 충고가 담긴 편지를 보았다. 그 편지에는 이러한 따뜻한 글이 적혀있었다. "당신과 나누는 대화는 말로 하는 것이든 혹은 글로 하는 것이든 나에게 말로 다할 수 없는 축복입니다. 당신을 생각할 때마다 하나님을 생각하게 됩니다. 다른 사람들도 종종 나를 하나님께 이끌지만, 말하자면 그것은 우회해서 가는 것이지만, 당신은 나를 곧장 하나님의 임재 속으로 데려갑니다." 이 정도라면 누구라도 집 주위로 몇 개의 접시를 내던지게 만들기에 충분하다. 그렇게 지혜롭고 위대한 사람이 어찌 그다지도 어리석을 수 있었을까?

존 웨슬리의 결혼은 실제로 그의 인생 가운데 가장 커다란 비극이었다. 즉 흰 가장자리가 전혀 없는 검은 구름이었다. 고든 럽은 "그 결혼은 하나의 재난이었다. 존 웨슬리에 대해서는 비통하고, 그의 아내에 대해서는 불쌍히 여길 수밖에 없다"[43]라고 말했다. 몰리는 몇 번씩이나 결혼 생활에서 벗어나려고 했으며 결국은 나가버렸다. 1771

---

43 Rupp, *Religion in England 1688-1791*, 401.

년 6월 23일자 웨슬리의 일기는 굉장히 차가운 느낌을 준다. "무슨 이유인지 나는 모르겠다. 내 아내는 '결코 돌아오지 않을 거야'라고 말하면서 뉴캐슬로 떠났다. 나는 그녀를 버리지 않았다. 나는 그녀를 내쫓지 않았다. 나는 그녀를 다시 불러들이지 않겠다(*Non eam reliqui; non dimisi; non revocabo*)." 10년이 지난 1781년 10월에 웨슬리가 런던에 도착했을 때, 그의 아내가 죽었다는 소식을 들었다. 웨슬리가 런던 다리 위에서 미끄러진 운명적 사고 이후 삼십 년 이상이 지난 때였다. 웨슬리 부부는 자녀가 없었다. 그들은 이십 년 동안의 갈등과 십 년간의 별거를 겪었다.

웨슬리의 모든 친구들은 그가 성격적으로, 소명으로, 그리고 지위로 볼 때 교회 역사상 거룩하게 구별된 독신의 가장 훌륭한 예들 가운데 하나가 될 자질을 갖추었다는 점을 알고 있었다. 웨슬리가 영혼들에 대한 영적인 아버지로서 사도적 은사를 지니고 있었다는 것이 너무도 분명했다. 웨슬리가 일부일처제를 따른 것 같기도 하고 또한 거부한 것 같기도 한 독특한 배타성과 더불어, 오직 사역에만 집중하려고 했기 때문에 감리교파 부흥운동을 자신의 애정과 열정을 전달하는 통로로 삼을 수 있었다는 것 역시 마찬가지로 분명해 보였다. 그러나 웨슬리의 모든 조언자들이 이 사실을 알고 있었던 반면, 웨슬리는 그것에 대해 의도적으로 눈을 감았던 듯했다. 영적인 조언자들의 확신에 찬 충고에 맞서서 웨슬리는 결혼하겠다고 고집했다. 그래서 웨슬리는 지혜로운 독신의 본보기가 아니라 끔찍한 아내를 끔찍하게 잘못 만난 끔찍한 남편이 되었던 것이다. 웨슬리의 명성을 떨어뜨리려는 악의적인 비방에도 불구하고 웨슬리는 커다란 범죄를 저지르지 않았으며, 실제로 어떤 부끄러운 추문을 범한 적도 없다. 그럼에도 불구하고 성격적 결함이 있는 하나님의 사람이었다. 다른 면에서 물론 실패한 적이 있었지만, 어떤 것도 결혼의 실패만큼 오랜 시간을 끌고 낯이 뜨거워지는 일은 없었다. 또한 웨슬리의 유별난 기질과 성격도 한 몫을 했다. 우리가 웨슬리의 사례로부터 그리고 그리스도인의 삶에 대한 그의 가르침으로부터 배울 때, 우리는 결점이 전혀 없는 완벽한 모범이 아니라 그 과오와 실수가 고통스러울 만큼 명백한 한 인물에게 배우고 있는 것이다.

문학 역사가인 험프리(A. R. Humphreys)는 이렇게 썼다. "존 웨슬리보다 더 위대한 영국인은 거의 없다. 그리고 웨슬리의 업적을 한 문단으로 축약하는 일은 마치 모래알 속에서 세상을 보려 하고, 한 시간 속에서 영원을 보려고 애쓰는 것과 같다."[44] 우리는 웨슬리의 삶과 성품을 짧은 한 장으로 압축했다. 그리고 이제는 가장 큰 주제인 그리스도인의 삶에 대하여 그가 무슨 말을 하는지 들어 보자.

---

44 A. R. Humphreys, *The Augustan World: Society, Thought, and Letters in Eighteenth-Century England* (New York: Harper & Row, 1963), 145.

2. 거듭남

(그리고 거듭나지 못한 목회자)

────────

존 웨슬리가 명목상의, 죄 많은, 미지근한 그리스도인들을 묘사하기 위해 사용했던 명칭들 중에 하나는 그에게 많은 골칫거리를 안겨준 이름, 즉 '거의 그리스도인'(Almost Christian)이었다. 웨슬리는 그들에게 '거의가 아닌 온전한 그리스도인'이 되라고 도전했다. '거의 그리스도인'은 사실상 '그리스도인이 아닌 사람'이다. 어떻게 감히 그런 명칭을 쓸 수 있는가? 기독교 국가인 영국에서 교회 다니는 사람들에게 "당신들은 그리스도인이 아니다"라고 말하는 것은 도발적인 발언이었다. 그러나 웨슬리는 청중들의 주목을 끌기 위해 단지 충격요법 차원에서 말한 게 아니었다. 진심이었다.

존 웨슬리는 무엇보다도 자기 자신의 경험을 돌아보고 있었기 때문에 그의 말은 진심이었다. 여러 해 동안 웨슬리는 '반쪽짜리 그리스도인'이 되는 것은 실제로 불가능하다고 확신했었다. 윌리엄 로의 「경건한 삶을 위한 부르심」을 읽고 도전을 받은 이후로, 웨슬리는 하나님께 "나의 모든 영혼, 나의 육체, 그리고 나의 본질"을 드리기로 작정했었다. 그런데 1738년에 올더스게이트에서 웨슬리는 드디어 '구원받는 믿음'에 대해 깨닫게 되었다. 그 사건을 회상하면서 웨슬리는 예전에는 '거의 그리스도인'에 불과했지만 이제는 온전한 그리스도인이 되었다고 선언했다. 웨슬리는 "거의 그리스도인"이란 제목의 1741

년도의 설교(「표준설교집」 설교 2)에서 그 호칭에 불후의 명성을 부여했다. 그 설교에서 진정한 그리스도인 되지 않고서도 갖출 수 있는 미덕의 긴 목록을 작성했다. 이방적인 정직함, 자선 행위, 경건한 모습('진정한 그리스도인의 외면'), 교회 출석, 개인적 기도, 그리고 매우 성실함 등이었다. 그러나 웨슬리는 이러한 미덕들로는 충분하지 않다고 개인적으로 증언하였다. "그러면 나에게 스스로에 대해 자유롭게 말하도록 허용해주시오.…이 자리에 있는 여러 사람이 증언할 수 있듯이, 나는 여러 해 동안 그렇게 멀리까지 갔습니다.…그러나 내 양심이 성령 안에서 증언하기를, 나는 이 모든 시간 동안 거의 그리스도인에 불과했다고 합니다."[1]

웨슬리가 1700년대의 영국국교회 동료들에게 그들도 역시 거의 그리스도인이라고 선언했을 때 단지 그 자신의 경험에 의거해 주장했던 것만은 아니었다. 웨슬리의 경험은 이전의 두 가지 판단으로 뒷받침할 수 있다. 첫 번째는 구원의 메시지가 지극히 중요하며, 그래서 용서와 중생(重生)의 견지에서 진술되어야 한다는 신학적 확신이었다. "만약 전반적인 기독교 내에서 근본적인 교리로 부를 만한 것이 있다면, 그것은 의심할 여지없이 이 두 가지, 즉 칭의의 교리와 중생의 교리이다."[2] 그리고 두 번째는 그 시대의 교회에는 굉장히 많은 거듭나지 못한 성직자들이 목양하는 거듭나지 못한 교인들로 가득 차 있다는 목회적 판단이었다. 그러므로 웨슬리 자신의 체험, 웨슬리의 신학적 신념들, 그리고 그 시대에 대한 웨슬리의 이해가 하나님의 섭리로 다함께 부흥운동의 원류를 이루었던 것이다.

---

1 Sermon 2, "The Almost Christian," in *Wesley's 52 Standard Sermons*, ed. N. Burwash (Salem, OH: Schmul, 1988), 15.
2 Sermon 45, "The New Birth," Burwash, 458.

이상하게 뜨거워진 마음

1738년 5월 24일 올더스게이트에서 존 웨슬리에게 중요한 일이 발생했다. 그런데 도대체 무슨 일인가? 루터의 「로마서 주석」 서문에 대한 회중 낭독을 듣기 위해서 '몹시 마지못해' 갔던 그때의 웨슬리는 해외 선교를 경험했고 서른여덟 살 먹은 영국국교회의 사제였다. 십여 년 동안 웨슬리는 "반쪽짜리 그리스도인이 되는 것은 불가능하다"고 확신하였으며, 수도원식의 엄격한 영적 훈련에 자신을 맡겼다. 웨슬리가 알고 있던 모든 것과 그가 보고 들은 모든 것에도 불구하고, 그날 밤에 그에게 다가왔던 말씀은 도대체 무엇이었는가?

비록 웨슬리는 루터의 「로마서 주석」 서문 가운데 어떤 문장이 그의 마음을 뚫고 들어갔는지 정확하게 언급하지는 않았지만, 루터의 책 가운데 "하나님께서 그리스도에 대한 믿음을 통하여 마음속에 일으키시는 변화를 묘사하고 있는" 그 책의 일부였다고 말했다. 루터의 책 중 많은 대목이 여기에 해당될 수 있지만 아마도 이 구절인 것 같다. "율법의 행위와 율법의 성취는 매우 다른 별개의 것이다"라고 루터는 기술하고 있다. 한편으로 율법의 행위는 "사람이 행하거나 행할 수 있는 모든 것"을 포함한다. 그런데 그것으로는 충분하지 못하다. 그러나 루터에 따르면 믿음이야말로 율법을 성취할 수 있는 능력을 지닌 유일한 것이다.

믿음은 하나님의 은총에 대한 살아있는, 대담한 확신이다. 그 확신은 너무 확실하고 분명하기 때문에 사람이 천 번씩이라도 그 은총에 목숨을 걸려고 한다. 하나님의 은총에 대한 이러한 확신과 그것에 대한 지식을 통해 하나님을 대할 때 그리고 모든 하나님의 피조물을 대할 때, 사람은 기쁘고 대담하고 행복하게 된다. 그리고 이것이 믿음 안에서의 성령의 사역이다. 그러므로 사람은 강압에 의해서가 아니라, 하나님을 찬양하고 사랑하는 가운데 기쁜 마음으로 모든 사람들에게 선을 행하고, 모든 사람들을 섬기며, 모든 것을 견딜 준비가 되어 있다. 왜냐하면 하나님께서 그 사람에게 이러한 은총을 부어주셨으며, 따라서 마치 불에서 열과 빛을 분리해낼 수 없듯이 믿음에서 행위를 분리하는 것이 불가능하기 때문이다.[3]

웨슬리에게 와 닿았던 것은 바로 '하나님의 은총에 대한 살아있는, 대담한 확신'에 의해 변화된 마음에 관한 루터의 가르침이었다. 이 가르침 때문에 웨슬리의 영적 탐구의 방향이 재설정되었고, 또한 그가 물려받았거나 만들어낸 신학적인 문제들과 영적인 문제들이 즉시 해결되었다. 웨슬리는 피터 뵐러(Peter Boehler)와 다른 모라비안 교도들이 그에게 전해준 루터의 가르침과 여러 달 동안이나 씨름하고 있던 중이었다. 자신의 발전 단계를 되돌아보면서, 웨슬리는 구원에 대한 그의 혼동이 얼마나 대단했는지 증언하였다.

내가 부제(副祭)로 임명받은 후 여러 해가 지나서야 비로소, 위에서 인용한 위대한 진리들을 확신하게 되었다. 그 동안 나는 칭의의 본질과 조건에 대하여 완전히 무지했었다. 때때로 나는 칭의를 성화와 혼동했다 (특히 조지아에서 선교할 때). 또 어떤 때에는 죄, 용서에 관하여 몇 가지 혼란스런 개념을 가지고 있었다. 그러나 이후에 나는 이 시대가 죽음의 시

---

3 Philip S. Watson, *The Message of the Wesleys: A Reader of Instruction and Devotion* (Grand Rapids: Francis Asbury, 1984), 9. (감리교도이자 루터 학자였던) 왓슨은 루터가 선행을 강조했던 점에 주목했던 훌륭한 해석가였다. "그렇기 때문에 웨슬리의 복음주의적 회심, 혹은 오순절적 체험, 혹은 당신이 좋을 대로 부르는 그것이 끝이 아니라 새로운 시작이었던 것이다" (p.10).

간 혹은 심판의 날임이 틀림없다는 것을 당연시했다. 나는 구원받는 믿음의 본질에 대해서도 마찬가지로 무지했다. 믿음이란 단지 구약성경과 신약성경에 담겨있는 모든 명제에 대한 확고한 동의에 불과하다고 생각하고 있었다.[4]

웨슬리는 아주 최근에야 '믿음에 의한 칭의'에 대해 진정한 교리적 이해에 도달하게 된 것 같다. 올더스게이트에서 웨슬리에게 발생한 일은 그가 갑자기('9시 15분 전쯤에') 칭의의 교리가 그 자신의 영혼에 적용되는 체험이었다.

지난 몇 주를 보내는 동안 웨슬리는 마침내 고전적인 개신교 견해를 채택하였으며, 루터의 논증 덕분에 18세기 영국국교회 특유의 희미한 개념들이 명쾌하게 정리되었다. 그 자신의 영국국교회 신앙고백에 의해서, 웨슬리는 "칭의의 본질과 조건에 대하여 완전히 무지했던" 목회 단계에 있었다. 어쩌면 웨슬리가 그의 인생에서 이 시점까지 해온 모든 독서와 기도와 탐구는 '하나님이 사람들을 어떻게 받아들이시는가?'에 대한 잘못된 이해 속으로 그를 깊이 빠뜨리는 역할을 했을 뿐이다. 웨슬리는 그 해답이 개인적인 성결임에 틀림없다고 확신했다. 그가 읽고 체험한 모든 것이 그것을 확증하는 듯이 보였다. 윌리엄 캐넌(William Cannon)은 이렇게 기술했다. "웨슬리 인생의 이 시기에 그의 사고에는 한 가지 기본 원칙이 있었다."

그 원칙은 도덕적인 선(善)을 통해서, 보편적인 순종을 통해서, 그리고

---

4 "A Farther Appeal to Men of Reason and Religion," in Luke Tyerman, *The Life and Times of the Rev. John Wesley*, 3rd ed., 3 vols. (London: Hodder and Stoughton, 1876), 1:54.

하나님의 모든 명령의 엄밀한 성취를 통해서, 사람이 구원받는 게 틀림 없다는 것이다. 이 원칙으로 웨슬리는 그의 칭의 개념을 규정하였으며, 그 원칙이 자석처럼 그 목적을 확증하고, 명료하게 하고, 특히 성취하는 데 도움을 주는 모든 요소들을 자기에게 끌어당겼다.[5]

자석 이미지는 적절하다. 웨슬리의 마음은 하나님의 율법에 매료되어 있었고, 하나님의 율법은 웨슬리의 환경에서 모든 율법주의적인 요소들을 스스로에게 끌어당겼다. 심지어 훌륭한 복음 중심적인 책을 읽을 때에도 그 책으로부터 율법적인 조각들을 끌어냈을 뿐이었다. 웨슬리는 그 이전에 올바른 개신교의 가르침을 담은 책들을 많이 읽은 것으로 알려져 있다. 웨슬리가 몰두했었던 영국국교회 자료들과 청교도 자료들에는 '오직 믿음을 통해서 오직 은총으로 받는 칭의'에 관한 건전한 가르침을 많이 담고 있었다. 사실 올더스게이트 이후 웨슬리는 영국국교회의 공식적인 설교들, 조항들, 기도서를 샅샅이 뒤진 끝에 새로운 이해가 국교회에 새로운 것이 아니라 오직 자신에게만 새롭다는 것을 확인하게 되었다. 그것은 쉬운 과제였을 것이다. 왜냐하면 고전적인 영국국교회 자료들에는 '믿음으로 얻는 칭의'에 대한 복음으로 가득 차 있기 때문이다.[6] 그러나 먼저 웨슬리 자신의 영혼이 지닌 자기극성(磁氣極性)이 뒤집어져야만 했다. 마침내 은총의 원리가 그 자신의 이상하게 차가운 마음속에서 활성화될 때까지, 웨슬리는 율법적 행위에 관한 메시지를 찾으려고 체계적인 독서를 했다.

---

5 William Ragsdale Cannon, *The Theology of John Wesley: With Special Reference to the Doctrine of Justification* (New York: Abingdon, 1946), 63.

6 개신교 성공회가 형성되던 시기에 있었던 이신칭의에 관한 자세한 내용은 다음 책을 참고하라. C. FitzSimons Allison, *The Rise of Moralism: The Proclamation of the Gospel from Hooker to Baxter* (New York: Seabury Press, 1966).

그때까지 모든 책들은 계속 은총을 최고로 여겼으나, 웨슬리는 계속 율법을 포착하고 있었다.

그리고 비록 웨슬리는 항상 탐독하였으나, 당시까지 웨슬리의 영적인 탐구에서 가장 중요한 세 권의 책들은 율법주의적인 욕구를 채우기에 아주 적절한 서적들이었다.[7] 제레미 테일러(Jeremy Taylor)의 두 권짜리 책 「거룩한 삶」(Holy Living)과 「거룩한 죽음」(크리스챤다이제스트사 역간) (23살이던 1725년에 읽음), 토마스 아 켐피스의 「그리스도를 본받아」(1726년에 읽음), 그리고 윌리엄 로의 「경건한 삶을 위한 부르심」(1727년경에 읽음)이었다. 캐넌(Cannon)은 웨슬리가 일찍이 이 세 명의 저자들로부터 받아들인 것에 대해 이렇게 기술하고 있다.

제레미 테일러로부터 그는 하나님께 자신의 삶 전체를 헌신함으로써 선에 이를 수 있다는 것을 배웠다. 토마스 아 켐피스는 그에게 순종이란 마음을 그 중심으로 삼아야 한다고 가르쳐 주었다. 그리고 윌리엄 로에게는 하나님의 율법의 절대적인 성취로서 자기부인의 길을 배웠다. 그러므로 이 세 저자는 웨슬리에게 그의 인생의 이 단계에 큰 영향을 끼쳤다. 그들이 하나님 앞에서의 기본적인 구원의 개념이나 칭의의 개념을 바꾸게 하거나 심지어 수정하도록 했던 것이 아니라, 오히려 웨슬리로 하여금 그러한 개념이 부과하는 조건을 도덕적으로 영적으로 성취하는 법을 가르쳤다는 점에서 영향을 끼친 것이다.[8]

결과적으로, 웨슬리는 올더스게이트의 전환점에 다다르면서 평생

---

7 이에 관해서는 *A Plain Account of Christian Perfection*, 1777. 의 앞부분을 보라.
8 Cannon, *The Theology of John Wesley*, 63.

에 걸친 질문, 즉 "내가 어떻게 하나님의 율법을 지킬 수 있을까?"를 제기하고 있었다. 그리고 루터 특유의 날카로운 표현 방식이 웨슬리에게 와 닿았을 때 그가 점차적으로 정답을 이해하게 되었다. "그[루터]가 하나님이 그리스도에 대한 믿음을 통해서 마음속에 일으키시는 변화를 묘사하고 있는 동안, 내 마음이 이상하게 뜨거워지는 것을 느꼈다." 율법을 성취하는 법을 묻고 있던 웨슬리는 루터로부터 "율법의 행위를 하는 것과 율법을 성취하는 것은 매우 다른 별개의 일이다"라는 것을 배웠다. 율법을 성취하는 유일한 방법은 믿음밖에 없다. "하나님과 그의 모든 피조물들을 대할 때 인간은 기쁘고 담대하고 행복하게 된다." "하나님의 은총에 대한 살아있는, 담대한 확신"으로만 가능하다. 웨슬리는 율법에 순종하려고 매우 열심히 노력했었다. 그러나 루터의 "기쁘고 담대하고 행복한"이란 표현은 웨슬리의 노력을 묘사하는 것이 아니었다. 웨슬리는 옥스퍼드에서 신성회를 결성했다. 그러나 어떤 사람이 말했듯이, 그 신성회는 행복한 모임이 아니었다. 사실 믿음에 의한 칭의를 이해하지 못한 채, 그리스도인의 삶을 살아가려고 노력하는 것은 웨슬리를 거의 망가뜨려 놓았다. 올더스게이트에서 웨슬리는 여전히 "내가 어떻게 하나님의 율법을 지킬 수 있을까?"하고 묻고 있었으며, 결국에는 "믿음으로"라는 대답을 받아들였다. 웨슬리는 칭의의 복음이야말로 거룩한 삶이라는 목적에 이를 수 있도록 하나님이 정하신 방편임을 발견했던 것이다.

존 웨슬리는 이러한 체험 이전에 구원을 받았을까? 역사가들과 신학자들은 웨슬리의 올더스게이트 체험에 의해 제기된 구원에 관한 질문들을 놓고 오랫동안 고심해왔다. 설사 그것이 회심 경험이었다 해도, 그것은 기독교로의 회심은 아니었다. 왜냐하면 누구나 알다시피 목사이자 선교사인 존 웨슬리는 이미 기독교의 신봉자였기 때문이다.

그렇다면 외적이고 형식적인 기독교로부터 더 고상한 형태의 진정한 기독교로의 전환, 즉 죽은 신앙으로부터 살아있는 신앙으로의 전환이었을까? 이러한 말이 진실에 더 가깝지만, 우리는 올더스게이트 이전의 웨슬리가 얼마나 경건했는지를 공평하게 고려해야 한다. 올더스게이트 체험은 웨슬리가 구원 자체를 받아들인 순간이 아니라 구원의 확신 체험의 순간이라는 주장이 더 나은 해석일 것이다. 아니면, 구원에 대한 율법주의적인 견해로부터 성경적이고 복음주의적인 견해로 넘어가는 중대한 전환점이었을까? 이것이 진실에 훨씬 더 가깝다. 그 이유는 웨슬리 자신의 증언에 따르면 목회의 이전 단계 동안에는 복음을 정확하게 이해하지 못했기 때문이었다.

그러나 사실은 웨슬리가 이미 몇 달 전에 구원에 대한 자신의 이해를 복음주의적으로 조정했다. 조지아에서 돌아온 이후 웨슬리는 런던에서 모라비아교파 선교사 피터 뵐러와의 연이은 논쟁에서 계속 패배하였다. 왜냐하면 피터 뵐러가 믿음에 의한 칭의, 죄를 지배하는 능력, 그리고 구원에 대한 확신에 관하여 설명했을 때, 그것이 처음에는 웨슬리에게 '새로운 복음'처럼 보였기 때문이었다. 웨슬리는 뵐러에게 반박을 시도했지만 이렇게 인정하고 말았다. "나는 사람들의 그럴듯한 주석을 치워놓고 하나님의 말씀을 고찰하면서 양자를 비교하며 모호한 것을 더 명백한 구절들로 설명하려고 노력했을 때, 모든 것이 나에게 불리하게 작용했다는 것을 알았다."[9] 세 명의 모라비아교도들의 개인적인 간증을 경청하면서, 웨슬리는 그 교리의 진리에 대해 "이제는 철두철미하게 확신하게 되었다"고 선언했으며, 그것을 자신의 것

---

9 Richard P. Heitzenrater, *The Elusive Mr. Wesley*, 2d ed. (Nashville: Abington, 2003), 97에서 재인용.

으로 삼기 시작했다. 그는 이 믿음을 달라고 하나님께 기도하기 시작했다.

다른 말로 하면, 1738년 5월 24일의 올더스게이트 체험은 이해하기에 특히 까다롭다는 것이다. 왜냐하면 한 신학자가 요약하듯이, "웨슬리가 거룩한 삶을 살려고 처음으로 작정한 것은 그곳이 아니었고, 영혼을 구원하겠다는 동정심을 갖게 된 것도 그곳이 아니었고, 신학적 혁명을 경험한 것도 그곳이 아니었으며, 그의 인생의 이 모든 결정적인 요소들은 올더스게이트 체험 이전에 받았던 것"이기 때문이었다.[10] 웨슬리가 주장하고 강조하고 역점을 두었던 바는 그 순간에 일어났던 믿음의 개인적 적용이었다. 웨슬리가 그 사건의 개인적 성격을 강조하려고 사용한 세 가지 볼드체를 주목해보라. "나는 내 마음이 이상하게 뜨거워지는 것을 느꼈다. 나는 구원을 위해 오직 그리스도만을 믿고 있다고 느꼈다. 그리고 그가 **나의** 죄를, 심지어 **내 것**을 없애주었고, 또한 죄와 죽음의 율법에서 **나를** 구원하셨다고 확신했다." 루터는 어디에선가 이렇게 언급했다. "종교의 많은 부분은 과연 소유격 형용사를 사용할 수 있는가에 달려있다. 나에게서 '나의'라는 단어를 가져가라. 그러면 당신은 나에게서 하나님을 뺏어갈 것이다."[11] 분명히 존 웨슬리는 바로 그날 구원에 대한 소유격 형용사들을 받아들이는 법을 배웠던 것이다!

우리가 살펴본 대로, 올더스게이트 체험 직후 웨슬리는 바로 전까지 자기가 거의 그리스도인이었다고 선포하기 시작했다. 웨슬리 자신

---

10 Colin W. Williams, *John Wesley's Theology Today* (New York: Abingdon, 1960), 102. 윌리엄스는 A.S 예이츠의 주장에 동의하며 그것을 요약하는데, 웨슬리가 올더스게이트에서 얻은 것은 개인구원의 확신이라고 묘사하는 게 최선이라는 것이다.
11 J. C. Ryle, *Holiness: Its Nature, Hindrances, Difficulties, and Roots* (Darlington: Evangelical Press, 1979), 314에서 재인용. 「거룩」(복있는사람 역간).

의 증언을 의심할 만한 어떤 이유가 있을까? 약간 있다. 항상 그 자신의 영적 부침(浮沈)의 면밀한 관찰자로서 웨슬리는 인생의 몇몇 전환점의 중요성을 과장하는 경향이 있었다. 그 대단한 경험에 너무 흥분해서, 그리고 그 중요한 변화를 이해하고 전달하려는 열정으로 인해, 웨슬리는 신학적으로 정당화시키기 위해 전기적이고 경험적인 그 사건들을 지나치게 단순화시키기 시작한 것 같다. 우리는 곧 그 주장을 살펴볼 예정이고, 올더스게이트 체험은 존 웨슬리의 복음주의적 회심이었다는 입장을 지지할 것이다.

그러나 먼저 웨슬리가 자기 인생 이야기를 되돌아보며 그것을 달리 읽을 수 있다는 점을 인정하자. 우리는 웨슬리가 조지아에서 고국으로 돌아오는 항해 중에 영적인 고뇌 속에서 이렇게 쓴 것을 이미 살펴보았다. "나는 하나님의 생명에서 멀리 떨어져 있기 때문에 나는 분노의 자식, 지옥의 상속자이다." 나중에는 (날짜 미상의) 난외 주석에 스스로 이의를 제기했다. "나는 이것을 확신하고 있지 않다." 그리고 올더스게이트 체험 후 일곱 달이 지나서 웨슬리는 이상한 일기를 썼는데, 이렇게 시작된다. "내 친구들은 내가 미쳤다고 단언한다. 왜냐하면 내가 '일 년 전에 나는 그리스도인이 아니었다'고 말했기 때문이다. 나는 지금 내가 그리스도인이 아니라고 단언한다." 이어서 웨슬리는 하나님에 대한 사랑의 결핍, 기쁨의 결핍, 그리고 평화의 부재를 느끼고 있다고 인정했다. 그리고 마침내 결정적으로 "나는 그리스도인이 아니다"[12]라고 결론을 내렸다. 이 일기는 그리스도인의 삶의 높은 소명에 대하여 깊이 묵상하는 일종의 사고 활동이었을 지도 모른다. 그러나 1766년 말에 웨슬리는 찰스에게 보낸 한 편지에서 이렇게 썼다.

---

12 Heitzenrater, *The Elusive Mr. Wesley*, 99-100

"나는 하나님의 진노가 나에게 머물러 있다고 느끼지 않는다. 또한 머물러 있다고 믿지도 않는다. 그런데도 (이것을 이해할 수 없는데) 아직 나는 하나님을 사랑하지 않는다. 나는 하나님을 사랑했던 적이 없다. 그러므로 나는 기독교적 의미에서 믿은 적이 없었다."[13] 다시 한 번 이와 같은 분출은 웨슬리의 신학은 고사하고 그의 영적 판단을 보여주기보다는 이따금 발생하는 정서적 낙담을 드러내는 것 같다. 웨슬리는 말년에 강조하고 싶은 주제에 따라서 신앙생활의 전모를 추적할 때 1725년에 있었던 하나님의 거룩하라는 요구를 출발점으로 삼고 1738년을 전환점으로 거의 언급하지 않았다.[예를 들어, 웨슬리의 「그리스도인의 완전」(감리교신학대학교 출판부 역간)을 참조하라.]

이처럼 모순된 진술들은 성실한 역사가들을 당황시키기에 충분하다. 리처드 하이첸레이터(Richard Heitzenrater)는 웨슬리의 영적 발달과정에 대한 그의 모든 진술을 살펴보고 나서 이렇게 요약했다. "그러므로 1725년에 웨슬리는 자신이 그리스도인이라고 생각했다. 1738년 체험 이후 한동안 그는 1725년에는 사실 그리스도인은 아니었다고 생각했다. 1770년대에 이르면 웨슬리는 아마도 중간에 가졌던 견해들은 틀렸으며, 1725년에 자신은 어느 정도 진정한 의미에서 그리스도인으로 이해했다고 기꺼이 인정하려고 했다."[14] 그리고 케네스 콜린스는 믿음에 의한 칭의에 관해서 이렇게 썼다. "웨슬리는 1738년 이전에는 이 중대한 교리를 알고도 있었고 또한 모르고도 있었다." 그리고 "안다"라는 동사의 뜻이 차이가 있을 수 있다고 조심스럽게 말했다.[15]

---

13 앞의 책, 189.
14 앞의 책, 35.
15 Kenneth Collins, *Wesley on the Salvation, A Study in the Standard Sermons* (Grand Rapids: Francis Asbury, 1989), 44-45.

우리는 웨슬리를 사도행전 18장 24-26절에서 브리스길라와 아굴라를 만나 전환점을 경험하는 아볼로와 비슷한 인물로 생각하는 것이 좋겠다. 아볼로는 "일찍이 주의 도를 배워 열심으로 예수에 관한 것을 자세히 말하며 가르치나 요한의 세례만 알 따름이었던" "언변이 좋고 성경에 능통한 자"였다. 브리스길라와 아굴라는 아볼로가 에베소의 회당에서 담대히 전파하고 있다고 들었을 때, 그들은 무슨 문제가 있다는 것을 알았음에 틀림없다. "그들이 듣고 데려다가 하나님의 도를 더 정확하게 풀어" 일렀다. 올더스게이트에서의 복음주의적 각성 이전에 웨슬리는 언변이 좋고 성경에 능통하였으며, 주님의 방식대로 가르쳤으며, 매우 열성적이었다. 아볼로와 달리 웨슬리는 "요한의 세례"보다 상당히 많이 알고 있었지만, 그의 담대한 설교에는 무슨 문제가 있었다. 루터가 (뵐러를 통해) 웨슬리를 한 쪽으로 데려가서 그에게 좀 더 정확한 이해를 제공해주었다.

웨슬리의 올더스게이트 체험이 그리스도인의 삶에 대한 견해를 구축하기에 충분한 토대는 아닌 것으로 드러난다. 그것은 당연하다. 웨슬리는 경험을 토대로 삼아 어떤 것을 세우려하지 않았으며, 그의 해석가들 또한 그래서도 안 된다. 웨슬리가 루터의 말에 귀를 기울이고 있던 그날 저녁에 무엇인가 중요한 변화가 웨슬리의 삶에 일어났다. 그리고 삶을 변화시키는 신학이 웨슬리의 머리에서 그의 가슴으로, 즉 그의 신학적 성찰로부터 그의 경험으로 이동하였다. 서서히 발전되었던 교리들, 이기기도 하고 지기도 했던 논쟁들, 그리고 점진적으로 내려왔던 판단들이 모두 돌파의 순간으로 수렴되었다. 우리가 내릴 결론은 올더스게이트 체험은 복음주의적 진리를 웨슬리의 마음에 적용시켰던 이정표였다는 것이다. 그리고 우리는 그 이상하게 뜨거워진 마음으로부터 그날 밤 웨슬리의 마음을 변화시켰던 신학적 실체로 우리의 눈을 돌려야 한다. 역사가 고든 랍도 웨슬리가 올더스게이트에서 구원을 받았는지 여부의 문제를 붙들고 씨름하면서 똑같은 결론, 즉 교리적 결론에 이르렀다. 올더스게이트 사건을 웨슬리의 회심이라고 부른다면, 너무 많은 것들을 한 덩어리로 묶을 위험이 있다.

> 강렬한 체험이었지만 존 웨슬리가 그것을 자신의 '회심'이라고 말한 적이 없다고 나는 생각한다. 그리고 19세기 복음주의자들이 하나의 체험으로 묘사했던 '회심'이 감리교 교인들에게는 '우리의 교리들'이라고 불렸던 것 가운데 적어도 세 가지 교리가 담긴 복합적인 체험이었다. 거기에는 믿음에 의한 칭의, 중생, 그리고 성령의 증거가 모두 포함되어 있다.[16]

웨슬리는 올더스게이트 체험 이전에는 "칭의의 본질과 조건에 대하여 완전히 무지"하였고, "죄 용서에 관해서 약간 혼란스런 개념"을 지니고 있었으며, 어느 누구도 "죽음의 시간이나 혹은 심판의 날"까지는 그들이 용서받았다는 사실을 알 수 없다고 추정하였으며, "구원받는 믿음의 본질에 대하여 무지"했다고 말했다. 그러나 웨슬리는 갑자기 이러한 진리들을 깨닫게 되었고, 그 능력을 경험하였으며, 그것들을 전파하기 시작했다. 올더스게이트 체험은 웨슬리의 회심일 수도 있고 아닐 수도 있다. 하나님만 아신다. 그러나 그것은 분명히 웨슬리의 개인적인 복음적 각성이었고 영국의 복음주의적 각성을 촉발하였다. 만일 우리가 기독교라는 말을 웨슬리와 같은 뜻으로 사용한다면, 우리는 그 체험을 진정한 기독교로의 회심이라고 부를 수 있다. 즉 기독교를 일련의 외적인 형식들과의 관계들이 아니라, 하나님이 그것을 깨

---

16 Gordon Rupp, *Religion in England 1688-1791* (Oxford: Clarendon, 1986), 326-27.

닫게 하셔서 그리스도를 통하여 하나님과의 교제를 회복하게 하는 개인적인 경험으로 본다면 그렇다는 말이다. 웨슬리는 남은 생애 동안 그저 형식적인 종교, 혹은 명목상의 기독교에 대하여 경계심을 늦추지 않았다. 교회의 활동을 하면서 그리스도인이라고 불리는 것은 실제로 구원받는 것과 똑같지 않다.

믿음으로 얻는 구원

칭의, 용서, 확신, 구원받는 믿음에 대하여 새롭게 이해한 웨슬리는 그 유명한 설교 사역을 시작하였다. 웨슬리의 가장 기념비적인 메시지는 "믿음으로 얻는 구원"이었다. 그것은 권위 있는 「표준설교집」에 설교 1번으로 들어 있다. 웨슬리는 1738년 6월 11일에 옥스퍼드 대학 교회인 성(聖) 메리(St. Mary)에서 "믿음으로 얻는 구원"을 설교했다. "그러므로 웨슬리가 이 위대한 선언을 대학 앞에서 외쳤을 때는 새로운 체험을 한지 불과 십팔 일이 지난 시점이었다"라고 주석가 서그덴(E. H. Sugden)[17]이 말한다. 서그덴은 또한 "바로 이 날 존 웨슬리는 복음주의 부흥운동의 첫 번째 나팔소리를 울렸다"라고 언급한다. 그날 설교의 성경 본문은 에베소서 2장 8절, "너희는 그 은혜에 의하여 믿음으로 말미암아 구원을 받았다"였다. 이것은 웨슬리가 좋아하는 성경 본문이었으며, 이십칠 년 후에 웨슬리는 가장 포괄적인 설교 43번, 즉 "성경적 구원의 길"의 근거로서 똑같은 본문을 선택하기도 했다.

"믿음으로 얻는 구원"에서 존 웨슬리는 구원에 대한 복음주의적 견해를 힘 있고 명료하게 역설하였다. 웨슬리의 화두는 은총 자체에 대

---

17 E. H. Sugden, *Wesley's Standard Sermons* (LondonL Epworth, 1921), 35. 이 설교 날짜는 다음 주일인 6월 18일로 널리 알려져 있다. 그러나 서그덴의 35페이지 언급을 보라.

한 것이었다. 이에 관해서는 6장에서 검토할 것이다. 그러나 설교 1번은 구원의 원천으로서의 은총에 대한 것이 아니라 구원의 조건으로서의 믿음에 대한 것이다. 웨슬리는 청중들에게 믿음의 본질에 대해서 딱딱한 사전식 설명이 아니라 기도나 찬송과 같은 말로 설명한다. 웨슬리는 믿음에 대해 이렇게 말한다.

> 믿음이란 그리스도의 복음 전체에 대한 동의일 뿐만 아니라 그리스도의 보혈에 대한 전적인 의지이다. 즉 믿음은 그리스도의 삶과 죽음과 부활의 공로를 신뢰하는 것이며, **우리를 위해 주어졌고, 우리 안에 살아계신** 그리스도를 우리의 속죄와 우리의 생명으로 의존하는 것이다. 믿음은 그리스도의 공로를 통하여 자기의 죄를 용서받았고, 또한 자기가 하나님에게 화해되었다고 믿는, 하나님 안에서 품는 분명한 확신이다. 그 결과 이로부터 그분을 우리의 "지혜, 의, 성화, 그리고 구속"으로, 또는 한 마디로, 우리의 구원으로 여기며 그분과 친밀해지고 그분을 붙들게 된다.[18]

믿음에 대한 웨슬리의 정의는 포괄적일뿐 아니라 예리하기도 하다. 핵심을 찌르면서도 모든 것을 내포한다. 우리의 눈을 꼭 필요한 한 가지, 즉 십자가에 못 박힌 그리스도로 돌리게 하지만, 그것을 "우리를 위해 주어졌고" 또한 "우리 안에 살아계신" 그리스도의 "삶, 죽음, 그리고 부활"로 구성된 "온전한 복음"의 맥락 안에 둔다. 그 정의는 역사적인 위대한 복음의 진리들("동의") 뿐만 아니라 구세주에 대한 개인적인 마음의 의존("의존…분명한 확신…그분과 친밀함…그분을 붙듦)을 명시하고 있다.

이때부터 웨슬리가 그의 청중들에게 선포한 것은 칼뱅의 정의 같

---

18 Sermon 1, "Salvation by Faith," Burwash, 5, 볼드체는 저자의 것.

은 다른 고전적인 것들과 나란히 어깨를 겨누는 믿음에 대한 고전적인 복음주의적 정의였다. "우리를 향한 하나님의 자비에 대한 확고하고 확실한 지식으로서 그리스도 안에서 거저 주어진 약속의 진리 위에 세워지고, 성령을 통하여 우리의 마음에 계시되었고 우리의 가슴에 새겨진 것."[19] 혹은 하이델베르크 교리문답서에는 이렇게 정의되어 있다.

진정한 믿음은 하나님께서 그분의 말씀으로 우리에게 계시하신 모든 것을 진리로 받아들이게 하는 확실한 지식일 뿐만 아니라 성령께서 복음에 의해 나의 마음속에 일으키시는 확신이기도 하다. 그래서 다른 사람들뿐만 아니라 나에게도 오직 하나님의 은총, 오직 그리스도의 공로로 인해, 죄의 용서와 영원한 의와 구원이 거저 주어진다.[20]

만일 웨슬리가 어떤 식으로든 이러한 초기 개신교 신앙고백들을 넘어서고 있었다면, 그것은 단지 개인적 적용을 매우 강조함으로써 그의 청중들에게 자기점검을 하도록 도발하기 위한 것이었다.

그러나 고전적인 개신교의 가르침을 뛰어넘으려는 취지는 없었다. 다만 웨슬리는 그제야 개신교 신학을 따라잡았고 18세기 영국에 절박하게 필요했던 열정을 품고 그것을 선포하는 사역을 수행하고 있었을 뿐이다. "믿음으로 얻는 구원"이라는 설교를 다듬어가면서 그는 죽은 자들을 깨우는 목소리로 진정한 믿음, 즉 구원받는 믿음을 선포한다.

웨슬리는 청중들에게 구원에 이르지 못하는 온갖 종류의 믿음을 차

---

19 John Calvin, *Institutes of the Christian Religion*, ed. John T. McNeill, trans, Ford Lewis Battles, 2 vols. (Philadelphia: Westminster, 1960), 3.2.7.
20 Heidelberg Catechism, in answer to question 21, "What is true faith?"

례로 제시하면서 그 설교를 시작한다. 우선 '이교도의 믿음'이 존재한다. 그것은 하나님, 불멸, 도덕적 책임을 인정하는 종류의 믿음이다. 그러한 믿음도 좋지만 에베소서 2장 8절에 언급되어 있는 믿음은 아니다. 그런 믿음을 통해서는 은총에 의한 구원이 일어나지 않는다. 하나님만을 믿는 것으로는 충분하지 않다. "그리스도와 그리스도를 통하여 만나는 하나님이야말로 구원받는 믿음의 적절한 대상"이다. 또한 유신론은 믿음이 아니다. 또한 "비록 웨슬리가 이교도의 믿음보다 훨씬 더 나가긴 하지만, 마귀의 믿음"과 구원받는 믿음을 혼동하면 안된다. 마귀들도 기독교의 많은 신학적 진리들을 인정할 수 있어서 그렇다.[21] 그러나 마귀는 이러한 진리들을 '마음의 성향'이 아니라 '머릿속에 들어있는 일련의 생각들'로 인정할 뿐이다. 이와 대조적으로 구원받는 믿음은 "단지 사변적이고 이성적인 것, 즉 냉담하고 생기 없는 동의가 아니다." 정통교리도 믿음이 아니다. 끝으로 웨슬리는 "그리스도가 여전히 땅위에 계시는 동안의…사도들에게"[22] 초점을 둔다. 그제자들은 그리스도와 함께 있었고 그분에게서 복음전파와 치유의 능력을 부여받았으나, 웨슬리가 지적하듯이, 마침내 그리스도에 대한 그들의 믿음이 "그의 죽음의 필요성과 공로, 그리고 그의 부활의 능력"을 포함할 때까지, 그것은 온전한 그리스도인의 믿음이 아니었다. 예수의 죽음과 부활에 승복하지 않고 예수를 따르는 것은 믿음이 아니다. 그리스도인의 믿음, 즉 구원받는 믿음이란 그리스도를 우리의 속죄와 우리의 생명으로 의존하는 것이고 그분이 우리를 위해 주어졌으며 우리 안에 살고 계시다고 믿는 것을 일컫는다.

---

21 Sermon 1, "Salvation by Faith," Burwash, 5.
22 앞의 책, 4.

이런 방식으로 웨슬리는 청중들을 깊은 잠에서 깨웠으며, 그들로 하여금 믿음에 대한 성경적 관점에 직면하게 만들었다. 또 다시 웨슬리의 설득력은 그 자신이 아주 최근까지 잠들어 있었다는 사실에서 유래했다. 최근에야 웨슬리는 복음주의적 신앙관을 향한 긴 여정을 끝마쳤다. 웨슬리는 오랫동안 부적절한 믿음의 개념들을 품고 있었고 더 나은 개념들로 바꾸곤 했던 전력이 있었다. 스물 두 살의 젊은이였을 때, 웨슬리는 어머니 수잔나에게 보낸 편지에 "신앙은 일종의 믿음이고 믿음은 합리적인 근거를 가진 어떤 명제에 대한 동의로 정의된다"[23]라고 말한 철학자에게 동의한다는 내용을 썼었다. 수잔나는 날카로운 답변을 했다.

사랑하는 재키에게.

경건한 믿음은 하나님께서 우리에게 계시하신 것이면 무엇이든 동의하는 것이란다. 하나님이 그것을 계시하셨기 때문이다. 그리고 이것이 예수 그리스도께서 우리를 구원하는데 필요한 두 가지 조건 중의 하나인 믿음의 덕이다. 그러나 이 문제에 관하여는 피어슨 주교(Bishop Pearson, "I Believe")가 완전하고 정확하게 설명했기 때문에 나는 더 이상 말하지 않겠다.[24]

어머니로부터 지적인 책망을 받고 나서, 웨슬리는 즉시 철회하였다. 그는 믿음에 대한 그의 첫 정의에 대해 이렇게 써 보냈다.

---

23 Tyerman, *The Life and Times of the Rev. John Wesley*, 1:39.
24 앞의 책, 1:39-40.
25 앞의 책, 1:40.

깊이 생각해보니 그 정의는 정의될 대상에 적절하지 않기에 정의의 첫 번째 규칙을 범했다는 것을 알았습니다.…그러므로 마침내 저는 어머니 의견에 전적으로 동의하게 되었습니다. 즉 구원받는 믿음은 (행위를 포함하여) 하나님께서 계시하신 것에 대한 동의입니다. 왜냐하면 그것이 이성적으로 입증될 수 있기 때문이 아니라 하나님께서 그것을 계시하셨기 때문입니다.[25]

그러나 비록 수잔나가 단순한 합리주의로부터 계시의 권위를 받아 들이도록 웨슬리를 납득시켰지만, 그녀의 믿음의 개념은 여전히 부적절했다. 하지만 그녀가 재키에게 영국국교회 신학을 더 잘 읽어야 한다고 지적한 것("이 문제에 관하여는 피어슨 주교가 완전하고 정확하게 설명했다")은 올바른 단서를 제공한 것이었다.[26]

웨슬리가 받은 최초의 충격은 루터로부터 (뵐러와 모라비아교도들을 경유하여) 온 것이지만, 그는 마침내 영국국교회의 자료들을 찾아보다가 토마스 크랜머(Thomas Cranmer, 1489-1556)의 "인간의 구원에 대한 설교"를 발견하였다. 거기에는 웨슬리의 정의(定義)와 놀라울 정도로 닮은 믿음의 정의가 들어있었다.

올바르고 진정한 그리스도인의 믿음이란 성경과 앞서 상술한 우리의 신조들이 참이라고 믿는 것뿐만 아니라, 그리스도의 영원한 정죄로부터 구원 받기 위해 하나님의 자비로운 약속을 확실히 믿고 신뢰하는 것을 말한다. 그것으로부터 하나님의 계명에 순종하는 사랑의 믿음이 나온다. 그리고 이러한 그리스도인의 진정한 믿음은 그 어떤 악마와 그 어떤

---

26 Bishop John Pearson, influential *Exposition of the Creed* (1663).

사람도 갖고 있는 것이 아니다. 왜냐하면 자신의 입으로는 신앙고백을 하고, 겉으로는 성체를 받고, 교회에 출석하는 모습 등 모든 외적인 모습으로는 그리스도의 사람으로 보이지만, 그의 삶과 행동은 정반대의 모습을 보이기 때문이다.[27]

크랜머는 고전적인 종교개혁 시대 설교에서 구원받는 믿음을 악마의 믿음과 대조하였을 뿐만 아니라, 단순한 외형적인 신앙고백과도 대조하고 있다. 웨슬리는 설교 1번에서 믿음에 대해 설명하는 대목에서 크랜머의 정의를 되풀이하였으며, 또한 설교 2번 "거의 그리스도인"[28]의 핵심으로 그의 정의를 상세하게 인용했다. 웨슬리가 옥스퍼드 청중들 앞에서 크랜머의 종교개혁으로 도전했을 때 바로 그 크랜머의 표현을 사용했던 것이다. "누구든지 이 믿음을 가지고 사랑으로 행하면 거의 그리스도인이 아니라 온전한 그리스도인인 것이다."[29]

그러면 구원받지 못할 사람들은 누구일까?

존 웨슬리와 찰스 웨슬리가 그들은 한 때(지난 주) 잃었던 자들이지만 이제는 찾은 자들이 되었고, 눈이 멀었었지만 이제는(이번 주) 볼 수 있게 되었다고 공공연하게 선포하자, 그들의 친구들과 가족이 깜짝 놀랐다. 예를 들면, 웨스트민스터 교회의 존 허튼 목사(Rev. John Hutton)는 한 동안 존 웨슬리를 자신의 귀감으로서 존경했다(웨슬리의 형 사무엘 웨슬리에게 보낸 편지에서 허튼의 어머니는 "웨슬리는 내 아들의 교황입니다!"라고 소리쳤다).

---

27 Cranmer's "Homily on the Salvation of Man," in the collection known as the *Elizabethan Homilies*.

28 럽(Rupp)은 *Religion in England 1688-1791*, 345에서 이 논증을 개관하고 있다.

29 Sermon 2, "The Almost Christian," Burwash, 16. 이 문장 바로 위에 있는, 웨슬리의 설교의 진수인 "Homily on the Salvation of Man"에서 끌어온 삼백 단어 인용문을 주목하라.

올더스게이트 체험이 일어난 다음 주일에 존 웨슬리가 허튼이 인도하는 어떤 종교 모임에 참석해서, 사람들에게 "닷새 전에 자신은 그리스도인이 아니었다.…그리고 그들 모두가 그리스도인이 될 수 있는 길은 그들이 지금 그리스도인이 아니라는 것을 믿고 고백하는 일이라고 말했을" 때, 허튼이 받은 충격을 상상해보라. 허튼은 안절부절못하면서 이렇게 말했다. "만일 내가 당신을 알게 된 이래 줄곧 당신이 그리스도인이 아니었다면, 당신은 대단한 위선자입니다. 왜냐하면 당신은 우리 모두로 하여금 당신을 그리스도인으로 믿게 만들었기 때문입니다."[30] 의심할 여지없이 웨슬리는 바로 그 자리에서 허튼에게 자기점검을 하라고 요청하였다. 웨슬리에게 중요한 점은, 만일 그가 자신의 마음 상태에 대하여 그리고 믿음의 진정한 뜻에 대하여 그처럼 속을 수 있었다면, 기독교 문화의 일정한 수준에 있는 어떤 사람이라도 그와 똑같이 위험한 오해로 인해 고심할 수 있다는 것이다. 그리고 만약 웨슬리가 성경적 구원의 길에 대한 보다 정확한 지식에 도달하게 하기 위한 하나의 도발이자 계기로서 그 자신의 증언을 내놓을 수 있다면 그렇게 하는 것을 주저하지 않을 것이었다.

존 웨슬리의 올더스게이트 체험이 있기 며칠 전, 즉 성령강림 주일에 복음주의적 회심을 경험했던 찰스 웨슬리는 '거의 그리스도인'의 잠에서 깨어나는 것이 얼마나 어려운지에 대해 존보다 훨씬 유창하게 증언했다. 찰스는 사람들이 겉으로 더 나은 사람처럼 보일수록 거듭날 필요성을 받아들이기가 더 어렵다고 증언하였다. 옥스퍼드 설교

---

30 Rupp, *Religion in England 1688-1791*, 357-58.
31 "Awake Thou That Sleepest" is sermon 3 in the *Standard Sermons of John Wesley*. 이 제목은 그 저자가 찰스임을 분명히 시사한다. 우리가 머리말에서 살펴보았듯이, 그 둘은 긴밀하게 동역했다.

"잠자는 자들이여, 깨어나라!"[31]에서, 찰스는 "만일 잠들어 있는 이 사람이 외적으로 사악하지 않다면 보통은 가장 깊이 잠든 사람이다"라고 경고했으며, 그가 "조용하고, 이성적이고, 남의 마음을 상하게 하지 않고, 좋은 성품을 가진, 조상의 신앙을 고백하는 사람이라면"[32] 특히 더 그렇다고 덧붙였다. 찰스는 모든 것을 찬송으로 바꾸듯이 그의 회심 역시 그렇게 했다. 그의 회심 찬송 "나의 은혜로우신 사랑의 주님, 당신께 어떻게 말할까요?"에서, 찰스는 이전의 외적인 신앙생활을 그가 경험했던 새로운 변화와 대조하였다.

매력적이고 형식적인 성도로
나는 오랫동안 눈에 띠었네.
나 자신과 사탄으로부터 배워서
내 무덤, 내 본성을 하얗게 칠했네.
내 속에 있는 그 바리새인이
여전히 방해받지 않은 채 머물러 있네.
죄책감으로 무장한 그 강한 사람이
자신의 성에서 안전하게 지내며 다스렸네.
그러나 아! 질투하시는 하나님께서
나를 위해 내려오셨네.
예수 자신이 더 강한 분임을 보이셨네.
그리고 나를 그의 것이라고 주장하셨네.
그분은 내 영혼을 깨우시고
고통 속으로 데려가셨네.

---

32 "Awake Thou That Sleepest," Burwash, 19.

독선에 빠진 그 무장한 강한 자를
그가 뒤흔들어 묶으셨네.

찰스는 "매력적이고 형식적인 성도"로 보이는 자와 "질투하시는 하나님" 사이의 조우를 묘사하기 위해 전쟁 용어를 사용한다. 그는 자신을 예수에 대항하여 독선의 방어벽을 세우는 강한 바리새인으로 묘사한다. 그러나 예수는 자신이 더 강한 분임을 보여주고, 그 영혼을 깨워 고통스럽게 하고, 그 강한 자를 뒤흔들어 묶어버린다. 예수는 승리자이다. 존 웨슬리의 경우와 마찬가지로, 찰스 웨슬리의 메시지도 증언과 도전의 두 부분으로 구성되어 있다. 즉 나도 이와 같았고 당신도 지금 그럴지 모른다는 것이다.

수잔나 웨슬리는 두 아들을 기독교 가정에서 키웠고 그들의 영적 성장을 세심하게 지켜보았던 만큼, 처음 그 두형제의 증언을 들었을 때 화가 난 것은 당연했다. 1738년 12월에 수잔나는 찰스에게 "내 생각에는 네가 이상한 사고방식에 빠져있는 것 같구나"라고 써 보냈다. 분명히 존과 찰스는 그들의 최근의 영적 체험을 너무 크게 떠벌리고 있었다. 아마 자신들이 줄곧 그리스도인이었다는 사실을 더 잘 이해하게 되었던 것 같다.

너는 몇 달 전까지만 해도 너에게 영적인 삶이 없었고 의롭게 하는 믿음도 전혀 없었다고 말하는구나. 그런데 이것은 마치 사람이 자신은 유아기에는 살아있지 않았다고 주장하는 것 같구나. 왜냐하면 자신이 유아기에 살아 있었다는 것을 모르기 때문이란다. 그래서 내가 네 편지에서 파악할 수 있는 바는 네가 얼마 전까지는 그리스도인이라는 것에 대해 지금 느끼는 것만큼 충분히 만족하지 못했다는 것이로구나.

그럼에도 불구하고, 수잔나는 두 아들이 적어도 믿음으로 얻는 칭의에 대해 더 생생하게 이해하게 되었다는 것을 분명히 알 수 있었다. 그래서 수잔나는 이렇게 말을 이었다. "나는 네가 그리스도를 통하여 하나님의 자비에 강하고 활기 넘치는 소망을 품게 된 것이 진심으로 기쁘구나. 그것은 네가 전에는 구원받는 믿음이 전혀 없었다고 생각하기 때문이 아니란다. 그러나 믿음을 갖고 있는 것과 그 사실을 지각할 수 있는 것은 별개의 문제란다."[33] 그리고 몇 년 후에 수잔나 자신도 믿음에 대한 더 온전한 이해에 도달하였으며, 이로 인하여 이전의 삶을 "율법의 밤"으로 회상하게 되었다. 결국 이것은 복음에 대한 그녀 자신의 이해에도 극적인 변화가 일어났다는 것을 보여주었다.[34]

존 웨슬리와 찰스 웨슬리 둘 다 겉으로는 완전한 그리스도인들로 보였다. 그러나 그들은 그 모든 기간 동안 잘못된 생각을 품은 채 열심히 노력을 해왔다고 간증했다. 어느 곳을 바라보든지 그들은 교회 안에 영적으로 잠들어 있는 명목상 그리스도인들을 볼 수 있었다. 웨슬리 형제는 직접 그들에게 도전하기 시작했으며 남은 생애 동안 계속 그렇게 했다. 1755년에 존은 일기에 그들과 함께 지내러 온 한 방문객에 대해 이렇게 썼다. "그는 분별 있고 신앙적인 사람으로 보였다. 그런데 이 무슨 인간 타락의 증거란 말인가! 그가 받은 교양 교육의 모든 이점에도 불구하고, 이 사람은 마음의 종교에 대해서, 성경적 기독교에 대해서, 그리고 사랑의 종교에 대해서 세 살배기 아이가 대수(代數)에 대해 아는 것만큼 알고 있다고 감히 말하겠다." 그리고 1781년에 존은 그의 조카에게 훈계하는 편지를 써 보냈다. "너는 유머가

33 John Whitehead, *The Life of the Rev. John Wesley* (London: Stephen Couchman, 1793), 44.

많고 온순하며 무난하다. 그러나 네가 거듭나지 않으면 하나님 나라를 볼 수 없다! 그러나 구하라, 그러면 받을 것이다. 왜냐하면 하나님 나라가 가까이 왔기 때문이다."[35] 무난하다는 것, 즉 다른 사람에게 해를 끼치지 않는다는 것이 진정한 기독교 신앙의 대체물로 제시되었을 때 웨슬리의 분노의 표적이 되었다. 무난하다는 것보다 더 해로운 것은 없다! "잘 관찰해라. 종교는 무난한 것이 아니다. 그래서 인류를 주의 깊게 관찰한 사람은 그것이 수많은 사람을 밑바닥 없는 구덩이로 보내기 때문에 지옥 같은 무난함이라고 적절히 불렀다."[36]

복음주의자들은 교회 내에서 구원받은 사람들과 구원받지 못한 사람들을 너무 부주의하게 나눈다고 때때로 알려져 왔다. 선교사 데이비드 브레이너드(David Brainerd, 1718-1747)는 그의 교수 한 사람에게 "의자만큼의 호의밖에" 없다고 말했다고 해서 그 대학에서 쫓겨났다. 그리고 조지 휫필드는 한 주교에게 만약 그가 그리스도인이라면, 무함마드도 그리스도인이라는 글을 보내서 그를 모욕했다. 이런 것은 건방진 상태에 빠진 유감스런 사례들이다. 그리고 그들은 사실관계는 아닐지라도 그들의 말투에 대해 회개해야 마땅하다. 그러나 구원받은 사람들과 구원받지 못한 사람들 간의 경계선은 명백하다. 그리고 웨

---

34 존 브라운의 논평을 보라. "우리는 이렇게 외쳐도 좋겠다. 만일 이것이 '밤'이라면 웨슬리 가족이 '낮'이라고 부르는 것은 얼마나 영광스러운 상태이겠는가!" *John Wesley's Theology: The Principle of Its Vitality, and Its Progressive Stages of Development* (London: Jackson, Walford, and Hodder, 1865), 16.

35 Kenneth Collins, *The Theology of John Wesley: Holy Love and the Shape of Grace* (Nashville: Abingdon, 2007), 206. 「존 웨슬리의 신학」(도서출판kmc 역간).

36 Sermon 113, "The Difference between Walking by Sight, and Walking by Faith," in *The Works of the Rev. John Wesley*, vol. 7 (London: Wesleyan Conference Office, 1872), 263. 나는 '지옥같은 무난함'이란 말을 창안한 '인류를 주의 깊게 관찰한 사람'이 누구인지 모르지만 찰스 웨슬리는 "For Those Who Begin to Be Awakened"란 찬송가에서 "riot and excess"에 함께 거기에 운율을 붙였다.

슬리처럼 그것을 더 조심스럽게 진술할 때조차도, 그 경계선이 신앙인으로 자처하는 이들의 모임을 양분한다는 것은 충격적인 사실이 아닐 수 없다.

그러나 웨슬리의 시대와 기독교 세계의 각 시대마다 취해야 할 결정적인 조치는 이 메시지를 강단으로 가져가서 구원의 메시지로 교회들을 도전하는 것이었다. 이미 영국에는 교인들에게 회심 메시지를 설파하는 전통이 있었다. 그러나 그 전통이 영국국교회에서는 변두리로 밀려났고, 단지 청교도와만 연계되어 있었다. 리처드 백스터(Richard Baxter, 1615-1691)는 「회심」(1657, 지평서원 역간)에서 명목상의 그리스도인들에게 이렇게 선포했다. "여러분 중에 회심하지 못한 영혼들의 수를 보면, 나의 가장 진심 어린 동정심과 부지런함이 발동하여 그들을 불 가운데에서 건져야겠다는 생각이 듭니다." 조셉 얼라인(Joseph Alleine, 1634-1668)은 「회심하지 못한 죄인들에게 보내는 경종」(*Alarm to Unconverted Sinners*, 1672)에서 진정한 회심과 거룩한 생활 방식의 필요성을 이렇게 강조했다.

여러분이 세례 혹은 다른 어떤 것을 주장하든지, 살아계신 하나님에 의거하여 여러분에게 선포합니다. 만약 여러분 가운데 누가 기도하지 않거나 정결하지 않거나 악의적이거나 탐욕스럽거나 폭력을 행사하거나 조롱하거나 사악한 교제를 사랑하는 자라면, 다시 말해서 만일 여러분이 거룩하고 엄격하고 자기를 부인하는 그리스도인이 아니라면, 여러분에게 행해진 사역에 의해 변화되고 회개함으로써 다시 새롭게 된 사람들 외에는 아무도 구원받을 수 없다.[37]

웨슬리는 이러한 청교도 전통을 가져다가 그 시대 영국국교회의 주류 속으로 합류시켰다. 그것은 오늘날에도 여전히 들을 필요가 있으며, 담대함과 목회적 감각을 겸비하여 설교할 필요가 있는 메시지이다. 존 파이퍼(John Piper)는 최근에 중생에 관한 저서에서 청교도들과 똑같은 주장을 펴면서, 거듭난 그리스도인들도 "중생하지 못한 자들과 구별되지 않는 죄를 짓고 세속적인 생활방식을 영위할 수 있다"는 주장에 반대하였다. 그러나 파이퍼 역시 그러한 가능성을 부인하는 것이 "교회를 위한 장밋빛 소식은 아니라"고 인정했다. 왜냐하면 그것은 거듭나지 못한 수백만 명의 교회 출석자들이 존재한다는 사실을 함축하기 때문이다.[38] 그것이 바로 존 웨슬리가 처해 있었던 상황이었고, 그는 그것을 변화시키는 일에 착수했다.

거짓 예언자들에 맞선 성경적 기독교

소설가 프란츠 카프카(Franz Kafka, 1883-1924)는 몹시 충격적인 저술로 악명이 높은 작가로서 한때 이렇게 선언했다. "만일 우리가 읽고 있는 책이 주먹으로 두개골을 치듯이 우리를 깨우지 않는다면, 왜 그 책을 읽는 것인가?…우리가 소유해야만 하는 것은 마치 불행처럼 우리에게 다가와서, 우리 자신보다 더 사랑하는 사람의 죽음처럼, 자살처럼, 우리를 심히 고통스럽게 하는 책들이다. 책은 우리 안에 얼어붙은 바다를 깨뜨리는 얼음도끼가 되어야 한다."[39] 몇 가지만 변경한다면, 우리는 존 웨슬리가 설교에 대하여 그와 똑같은 선언을 하는 것을

---

37 Robert C. Monk, *John Wesley, His Puritan Heritage, A Study of the Christian Life* (Nashville, Abingdon, 1966), 145.

38 John Piper, *Finally Alive; What Happens When We Are Born Again* (Fearn, Scotland: Christian Focus, 2009), 21. 「존파이퍼의 거듭남」(두란노서원 역간).

39 George Steiner, *George Steiner: A Reader* (New York: Oxford University Press, 1984), 36.

상상할 수 있을 것이다. 적어도 그는 설교라는 얼음도끼를 가지고 얼어붙은 내면의 바다를 깨뜨리느라 여념이 없는 사람처럼 설교했다. 웨슬리는 「표준설교집」 서문에서 "나는 평범한 사람들을 위한 평범한 진리를 설계한다"라고 말했다. 자신의 회중들에게 때때로 "죄송합니다만, 여러분을 죽어가는 사람들이라고 부르겠습니다"라고 말했던 훗날의 찰스 시므온(Charles Simeon, 1759-1836)처럼, 존 웨슬리는 마음의 눈으로 영원을 바라보면서 이렇게 선포했다.

나는 화살이 공중을 지나가듯 인생을 통과하고 있는 하루살이입니다. 나는 하나님에게서 와서 하나님께로 돌아가는 하나의 영입니다. 깊은 심연 위를 운행하고 있지만 잠시만 지나면 더 이상 보이지 않는 영입니다! 나는 불변하는 영원 속으로 떨어집니다. 나는 단 한 가지, 하늘로 가는 길을 알고 싶습니다. 그 행복한 해변에 안착하는 법을 알고 싶습니다.

바로 이러한 심령으로 웨슬리는 타고난 권리에 의해 이미 그리스도인이라고 생각하고 있던 영국 사람들에게 그의 메시지를 전달했다. 그 상황에 둔감하지 않고, 또한 전혀 종파적이 되지 않은 채, 웨슬리는 사람들의 방어벽을 뚫어야 한다는 것을 알고 있었다.

「표준설교집」에 나오는 설교 4번, 즉 "성경적 기독교"는 존 웨슬리가 교회에 도전장을 내민 고전적인 순간이다. 그것은 탁월한 역작으로 평가되는 설교였다. 그러나 그 설교 때문에 다시 옥스퍼드에서 설교해달라는 초청을 받지 못했다. 링컨 칼리지의 선임연구원으로서 웨슬리는 일정한 횟수의 설교를 하게끔 되어 있었다. 그러나 1744년 8월에 한 이 설교 후에는 학교 당국이 웨슬리를 설교 책임에서 면제시켜주고 그 대신 설교하는 사람에게 사례하고자 했다. "성경적 기독교"

의 성경본문은 사도행전 4장 31절 중 "무리가 다 성령이 충만하여"였다. 그 설교의 전반부에서는 성령이 충만한 초대 교인들의 삶과 성격에 대한 탄탄하고 구체적인 설명을 제시하였다. 성령의 특별한 은사들을 다루지 않은 채, 웨슬리는 청중들을 이렇게 초청하였다.

그의 평범한 이런 열매들을 좀 더 가까이 가서 보시오. 그것들은 모든 시대에 걸쳐 그대로 남을 것이라고 우리가 확신하기 때문입니다. 또한 인간의 자녀들 사이에서 하나님이 행하신 위대한 일을 좀 더 가까이 가서 보시오. 그것은 우리가 흔히 단 한 단어, 곧 기독교로 표현하는 것입니다. 기독교는 일련의 견해들, 하나의 교리체계를 의미하는 게 아니라 사람들의 마음과 삶을 가리킵니다.[40]

웨슬리는 최초의 그리스도인들의 특징을 한 항목씩 나열한다. 그들은 새로운 탄생을 경험했다. 그들에게는 구원의 확신과 하나님을 향한 믿음이 있었다. 그들은 기쁨으로 가득 차 있었으며 하나님과 이웃에 대한 사랑으로 생기가 넘쳤다. 그들은 겸손했으며, 누구에게도 상처를 주지 않았다. 그들은 은혜의 모든 방편들을 규칙적으로 사용하였으며, 각 사람마다 "선을 간절히 행하고 싶은" 영혼을 소유하였다.
웨슬리는 "초기의 기독교가 바로 그런 모습이었습니다. 그 옛날의 그리스도인이 바로 그런 모습이었습니다"라고 선포하였다. 그리고 설교의 후반부에서, 웨슬리는 몇 가지 예리한 질문을 함으로써 "분명하고 현실적인 적용"으로 전환한다. 웨슬리는 이렇게 물었다. "이러한 기독교가 지금 존재하고 있습니까? 내가 기도하는바, 이러한 그리스

도인들은 어디에 살고 있습니까?" 만약 거주자들이 초기 그리스도인들의 특징을 보여주는 곳이 하나도 없다면, 웨슬리는 "그렇다면 우리는 아직 이 땅 위에서 기독교 국가를 본 적이 없다고 인정합시다"라는 결론을 도출한다. 이로부터 웨슬리는 청중들의 각 계층, 즉 행정장관들, 교사들, 성직자들, 그리고 학생들에게 방향을 돌렸다. 각 계층을 향한 질문들은 적나라하고 자기성찰을 불러일으키는 것이었다. 웨슬리가 학생들에게 제기한 대표적인 질문은 두 가지였다. 하나는 "여러분들은 하루하루를 낭비하고 있습니다. 기독교 지향적이지 않은 글을 읽거나, 놀이를 하거나, 혹은 다른 무엇을 하느라고. 여러분이 알고 있지 않습니까?"라는 질문이었다. 그리고 다른 하나는 "그 결과가 이 가운데 하나가 아니길 바랍니다. 여러분 중에 너무 많은 사람이 빈들거리는 세대가 되었습니다. 하나님에 대해 빈들거리고, 서로 간에 빈들거리고, 여러분 자신의 영혼에 대해 빈들거리고 있지 않습니까?"[41]라는 질문이었다.

라일(1816-1900, 영국국교회 리버풀 주교)은 "성경적 기독교"에 대해서 이렇게 언급하였다. "이 설교를 읽은 독자라면, 이것은 주목할 만한 설교이며 대학의 설교 강단에서 자주 들을 수 없는 종류의 하나라는 내 의견에 동의할 것입니다."[42] 비록 웨슬리는 그 설교 때문에 옥스퍼드의 성 메리 교회에서 설교하는 것이 금지되었지만, 그 대가를 이미 계산했었고, 말을 신중하게 했으며, 그리고 이것이 그의 세대에게 설파하는 올바른 길이라고 결정했다. 진정한 기독교와 거짓된 기독교를 분명히 대비시켜야 했다. 찰스가 그 설교로부터 찬송가 한 곡을 지은 것

---

41 앞의 책, 38.
42 J. C. Ryle, *Christian Leaders of the Last Century; or, England a Hundred Years Ago* (London: T. Nelson, 1869), 99-100.

은 당연한 일이었다.

너희 서로 다른 종파들이 모두 선포하네
보라, 그리스도가 여기 있다, 그리스도가 저기 있다.
너희의 더 강한 증언들이 신성하게 제공하고,
또 나에게 보여주네, 그리스도인들이 살고 있는 곳을!

그리고 존 웨슬리는 찰스의 이 연(聯)을 자신의 「신약성서 주석」 중 사도행전 2장에 대한 각주에 적당하게 끼워 넣었다.

또 다른 설교에서 웨슬리는 중생하지 못한 성직자들을 향하여, 그리고 특히 알면서도 자신의 회중들로 하여금 무난하게 됨으로써 거룩해지고 있다고 생각하도록 허용하는 그런 목회자들에게 더 거친 말을 하였다. 설교 32번에서 웨슬리는 "거짓 예언자들을 경계하라"는 예수님의 경고를 설명하면서, 누구에게 이러한 말을 적용해야만 하는지를 물었다. 넓고 쉬운 길을 가리키며 그것이 하늘로 가는 길이라고 주장하면서, 양 떼를 잘못 인도하는 자는 도대체 누구인가? 웨슬리는 자신의 질문에 이렇게 대답했다.

일만 명의 지혜롭고 존경할 만한 사람들. 심지어 무슨 교파에 속해있든지, 교만한 자들, 빈들거리는 자들, 욕정에 빠진 자들, 세상을 사랑하는 자들, 쾌락을 추구하는 자들, 불공정하고 불친절한 자들, 안일한 자들, 부주의한 자들, 무난한 자들, 쓸모없는 피조물, 의를 위한 책망을 견디지 못하는 자들에게 그들은 지금 하늘로 가는 도중이라고 믿도록 권장하는 모든 사람들. 이런 사람들은 가장 고상한 의미에서 거짓 예언자들이다. 이들은 하나님과 인간 모두를 배신한 자들이다. 이들은 사탄의 장자와 다름없다. 그들은 무저갱의 사자 아볼루온(Apollyon, 계 10:7-11 참조-역주)의 맏아들, 즉 파괴자인 것이다. 그들은 일반 살인자들보다 훨씬 높은 등급을 차지하고 있다. 왜냐하면 그들은 인간의 영혼을 살해하기 때문이다. 그들은 계속해서 밤의 왕국에 거주하고 있다. 그들이 자신들에게 이미 멸망당한 불쌍한 영혼들을 따라다닐 때마다, "지옥이 그들이 오고 있는 곳에서 그들과 만나기 위해서 아래로부터 이동할 것이다."[43]

복음주의 각성운동이 퍼져나가면서, 존 웨슬리는 야외에서 설교하기 시작했고, 복음의 메시지를 대중에게 전달하기 위해서 평신도 설교자를 임명하였고, 속회를 구성했을 때, 웨슬리의 이러한 행습에 대하여 다른 성직자들이 의문을 제기하였다. 이와 같은 변칙적인 방법들의 정당성은 이제 분명해졌으리라. 일반적인 교회 사역이 방치하고 있던 사람들이 수백만 명이나 될 뿐만 아니라, 교회에 앉아서 도덕적인 진부한 설교를 듣는 사람도 수백만 명이나 되었다. 그들은 복음의 메시지, 즉 오직 믿음으로만 얻는 칭의에 대한 좋은 소식을 놓치고 있었던 것이다. 1755년에 토머스 애덤스 목사(Rev. Thomas Adams)에게 보낸 편지에서, 웨슬리는 이러한 조치를 취하는 것이 자신의 "필수적인 의무"로 여긴다고 말했다. "이에 대한 전적인 확신을 품은 채, 우리는 폭넓게 설교하고, 즉흥적인 기도를 사용하고, 각성된 듯한 사람들로 신도회를 구성하고 하나님이 부르셨다고 믿게 된 평신도들에게 설교하도록 허용합니다."그리고 웨슬리는 이렇게 결론지었다. "영혼을 지옥에 떨어뜨리는 성직자들이 영혼을 구원하는 평신도들보다 나를 더 힘들게 합니다."[44]

---

43 Sermon 32, "Upon Our Lord's Sermon on the Mount" 시리즈의 12번째, Burwash, 328.

우리 세대에는 존 웨슬리가 자신의 영국국교회를 거부하고, 새로운 교파에 가담하거나 창시하는 모습을 쉽게 상상할 수 있다. 비록 웨슬리는 그러한 선택권을 가지고 있었으며, 많은 사람들은 웨슬리가 그러한 과정을 따라갈 것이라고 추정했지만, 웨슬리는 그것을 진지하게 고려해본 적이 없었다. 웨슬리는 영국국교회 목사였으며, 그 영국국교회에서 복음적 진리를 설교하면서 남은 인생을 보냈다. 복합적인 이유가 있었지만 웨슬리의 동기 중 일부는 어떤 교회라도 중생하지 못한 교인들과 성직자들이 모여 있는 영적으로 무기력한 창고가 될 수도 있다는 인식과 관련이 있었을 것이다. 웨슬리 시대의 침례교도들과 여러 종류의 비국교도들 또한 표류하고 또한 변절할 가능성이 있었다. 영국국교회에 그대로 남아있음으로써, 웨슬리는 영국국교회의 명목상의 그리스도인들을 위한 그의 메시지는 사실 모든 교파에 속한 명목상의 그리스도인들을 위한 메시지임을 분명히 밝힌 셈이다. 당신은 거듭나야 한다는 메시지였다.

---

44 Letter to Rev. Thomas Adams, October 31, 1755, in *The Letters of John Wesley*, ed. John Telford, 8 vols. (London: Epworth, 1931), 3:151.

3. 마음의
종교

─────────

"마음의 종교"가 현대인의 귀에는 색다르게 들릴지 모르지만 웨슬리와 다른 복음주의자들이 매우 중요한 것을 묘사할 때 즐겨 사용했던 용어였다. 그들에게 기독교는 단지 일련의 신념이나 행습이 아니었다. 기독교는 영혼 전체의 문제, 전인(全人)의 문제, 우리가 마주치는 모든 것에 대한 감정적 반응의 총체, 그리고 하나님과의 관계에서 자아의 좌소에 관한 문제였다. 즉 마음의 문제였다. "진정한 신앙은 대체로 감정에 존재한다"고 조나단 에드워즈(Jonathan Edwards, 1703-1758)는 자신의 걸작인 「신앙감정론」(부흥과개혁사 역간)에서 말했다. 그리고 이 점에서 에드워즈와 그의 동시대인 존 웨슬리는 전적으로 의견이 일치하였다. 성숙한 그리스도인의 특징 중 하나는 하나님을 향해 점차 더 강한 감정적인 반응을 보이는 것이며, 거룩해지는 것은 곧 행복해지는 것이라는 사실을 더욱 강하게 붙잡는 것이다. 마음의 종교는 그 지지자들에게 기만당했고, 그 반대자들에게 비난받았으나, 경건주의, 낭만주의, 혹은 감상주의의 외침 때문에 우리가 겁먹고 등을 돌려서는 안 된다. 기독교는 마음의 종교다. 그리고 그리스도인의 삶에 대한 웨슬리의 접근 방법은 행복함이기도 한 거룩함의 영역을 통과하는 것이다.

이 장에서는 마음의 종교에 대한 웨슬리의 견해를 제시하며 흔한 오해들에 맞서서 그것을 변호한다. 사실, 만일 존 웨슬리가 표준이라면, 마음의 종교만큼 그렇게 이성적이고, 그렇게 실천적이며, 그렇게 외부 지향적인 것은 없다.

부흥의 필요성

웨슬리의 메시지가 준 충격을 이해하려면 그 자신의 체험(올더스게이트), 그 체험으로 이끈 신학(믿음을 통해서 은총으로 얻는 구원), 그리고 그 역사적 시기에 대한 그의 해석을 살펴봐야 할 것이라고 말했다. 그 역사적 시기인 18세기 영국은 영적인 쇠퇴기였다. 이것은 단지 자칭 비평가들 몇 명의 판단이 아니라 종교 지도자들과 사회 평론가들이 널리 인정하는 것이었다. 웨슬리의 복음주의적 각성이 일어난 1738년에 토마스 섹커 주교(Bishop Thomas Secker, 1693-1768)는 이러한 암울한 진단과 함께 성직자들을 이렇게 환기시켰다. "다양한 안타까운 원인들 때문에 기독교를 노골적이고 공공연하게 묵살하는 일이 현시대의 뚜렷한 특징이 되었다." 섹커는 영국국교회의 원로였다. 그는 이전 해에 브리스틀의 주교에서 옥스퍼드의 주교로 이동했으며 나중에 캔터베리 대주교가 되었다. 섹커는 이렇게 경고했다. "지금 기독교가 거의 무조건 조롱당하며 욕을 먹고 있으며, 기독교를 가르치는 이들도 무조건 모욕을 당하고 있다." 그는 목사들과 사제들이 일반 대중에게 웃음거리로 전락했으며, 반종교적 사조가 확산되어 영국이 커다란 재앙을 맞이하게 될까봐 걱정했다.

이 악은 우리나라의 대도시들 가운데 엄청날 정도로 자라났고 나라 전역에 매일 퍼져나가고 있다. 그리고 이 악은 그 어떤 것 못지않게 그 자체로 해로운 것이며, 필연적으로 다른 모든 악한 것들을 불러들이게 된다. 사실 이 악은 이미 세상의 최고위층에 원칙에 대한 방종과 경멸을 초래하였고, 그보다 낮은 영역에는 범죄에 대한 무절제와 대담함을 일으켜서, 만약 이러한 불경건의 급류가 멈추지 않으면, 치명적인 결과를 초래하게 될 것이다. 그리고 중단되기는 커녕 이 악이 어떤 사람들의 악한 계획과 또 경솔함을 통하여 계속 증가할 것이다.[1]

섹커 같은 종교지도자들은 그 질병을 통찰력 있게 진단했을지라도 현실적인 치료책은 처방할 수 없었다. 이러한 상황에서 요청되는 것은 강단에서 나오는 도덕적 논평으로 불리는 그런 종류의 설교라고 생각했다. 조셉 버틀러 주교(Joseph Butler Bishop, 1692-1752)의 설교가 이러한 사역을 보여주는 최상의 실례이다. 버틀러는 사도 바울의 어떤 본문을 갖고도 "인간의 본성, 혹은 도덕적 행위자로 간주된 인간에 관하여", "인간의 사회적 성격에 관하여", 그리고 "양심의 자연적 지배권에 관하여" 같은 제목으로 지혜롭고 유식한 담론으로 바꿔놓을 수 있었다. 버틀러의 설교들은 그 나름대로 양호하고, 그는 사상가로서 윤리학과 변증론에 귀중한 기여를 했다. 그러나 시세를 알고 마땅히 행할 것을 아는(역대상 12:32) 일에 관해서는, 존 웨슬리가 버틀러 같은 사람들보다 엄청나게 앞서 있었다. 웨슬리는 그 시대의 큰 위험이 "형식적인 절차…겉치레 종교"에 있다는 것을 알았기에 1746년에 "그것이 마음의 종교를 세상 밖으로 거의 몰아냈다"[2]고 선언하였다. 이와 반대로 버틀러는 1751년에 성직자들에게 "지금 사람들에게 외적인 종

1 Thomas Secker, *Charge to the Clergy*, 1738: reprinted in Richard Watson, A Collection of Theological Tracts, vol. 6 (Cambridge: J. Archdracon, 1785), 2.
2 Wesley, preface to *Standard Sermons*, in *Wesley's 52 Standard Sermons*, ed. N. Burwash (Salem, OH: Schmul, 1988), xx.

교의 중요성에 대하여 가르치는 것이 매우 시의적절한 일이다"라고
말했으며 교회 건물을 매력적으로 지어야 한다고 특별히 지적했다.[3]
이것은 웨슬리의 진단과 정반대되는 것이었다.

종교 지도자들이 영적인 쇠퇴에 대해 큰 소리로 불평했지만, 1700
년대 중반에 종교 권력층은 복음주의 각성운동을 역겨워했다. 섹커나
버틀러 같은 종교지도자들은 감리교운동보다 덜 극단적인 것으로 영
국을 집어삼키고 있는 '불경건의 급류'를 멈추게 해야 한다고 생각했
다. 놀라운 것은 섹커가 "그의 이상이었던 품위 있는 미지근함은 그가
개탄했던 악들을 치유할 만큼 자극적이지 않다는 사실을 감지하지 못
했다"[4]고 그 시대의 한 역사가가 언급한다. 이 양반들은 그 사회가 지
옥에서 하늘로 그 경로를 변경해 가면서 완전히 평온하고 차분한 상태
를 계속 유지할 수 있다고 분명히 믿었다. 그러나 근본적인 문제가 있
다면 근본적인 해결책이 필요하다. 웨슬리는 무엇이 필요한지를 정확
히 깨닫고 있었으며, 횟필드와 나란히 복음주의자들은 마음의 종교를
새롭게 하고 교회의 부흥을 일으킬 계획을 가지고 앞으로 나아갔다.

그 시기는 일종의 영적인 침체기였던 것이 확실하다. 그러나 18세
기의 영적인 무기력감을 배경으로 웨슬리 부흥운동을 기술하는 것
은 한 가지 위험을 안는다. 마치 당시에는 전반적으로 흥분이 결핍되
어 있어서 복음주의 각성운동이 무언가에 대해 열정을 품도록 자극했
던 것처럼 말하기는 쉽다. 웨슬리의 비판가들이 사실 이런 비난을 했
다. 그러나 웨슬리는 달리 주장했다. 웨슬리는 항상 기독교 교리의 내

---

3 "Charge to the Clergy of Durham, 1751," in *Sermons by Joseph Butler* (Boston: Hillard, Gray, Little, and Wilkins, 1827), 325.
4 John H. Overton and Frederic Relton, *The English Church from the Accession of George I to the End of the Eighteenth Century* (London: Macmillan, 1906), 121.

용을 가지고 이끌었으며, 이 교리에 대한 적절하고 타당한 반응은 강한 감정적인 것이어야 한다는 결론을 도출해냈다. 죄의 교리와 용서의 교리에 대한 무덤덤한 반응은 비합리적인 반응, 즉 그 주제에 부합하지 않는 반응인 것이다.

심지어 그 부흥운동에 비우호적인 역사가 렉키(W. E. H. Lecky)도 감리교 운동의 핵심을 교리로 보았다. 렉키는 감리교 부흥운동에 얼마나 매정했는가? 그는 이 시기 동안의 "가장 역겨운 미신의 굉장한 부흥"이라고 개탄했고 "그 신봉자들이 그들 안에 일어나는 모든 강한 감정과 충동은 하나님이나 사탄으로부터 온 직접적인 영감이라고 생각하는 것은 본래 감정적인 성격을 지닌 감리교파의 자연스런 결과"[5]였다고 말했다. 그러나 렉키는 감리교운동이 사람들 가운데서 성공할 수 있었던 것은 "대중적인 신학에 전혀 만족하지 못했던 우리 본성의 욕구, 즉 가장 강하고 가장 오래가는 욕구의 일부를 채워주었기" 때문이었음을 알았다. 그리고 이렇게 덧붙였다.

감리교운동이 본성의 욕구를 충족시킬 수 있었던 것은 오랫동안 거의 무시되었던 대규모 종교적 교리를 다시 소생시켰기 때문이었다. 인간 본성의 전적인 타락, 세상에 태어난 모든 사람의 가망 없는 상태, 그리스도의 대속, 구원에 이르는 중생과 믿음과 그리고 신자의 영혼을 계속 지탱해주는 지속적인 성령의 활동의 필요성 등이다. 이 교리들이 현대 복음주의자의 눈에는 기독교의 가장 중요하고 가장 영향력 있는 부분들을 구성하는 것으로 보이지만, 18세기 대부분의 기간에는 영국국교회 강단

---

5 William Edward Hartpole Lecky, *A History of England During the Eighteenth Century (1878-1890)*, 8 vols. (New York: Appleton, 1888), 2:590.

에서 좀처럼 들을 수 없었던 교리들이었다. 당시에 유행하던 도덕적 담론들은 도덕적 취향을 배양하거나 덕에 대한 합리적인 동기를 부여하는 면에서는 아무리 적절할지라도, 소망, 두려움, 혹은 사랑의 강한 감정은 거의 일깨우지 못한다. 그리고 성품을 전혀 변화시킬 수 없으며, 철저히 타락한 사람들을 되돌려 놓을 수도 없다.[6]

이 감정적 대격변의 배경에 일련의 신학적 가르침이 있었음을 렉키는 인정했다. 감리교 부흥운동은 그 자체를 위해 흥분되는 일이 아니었으며 복음주의 신학의 주장들에 대해 흥분을 불러일으킨 것이었다. 웨슬리는 원죄, 속죄, 중생, 그리고 성령의 내주하심에 대해 설교했다. 만약 이러한 가르침들이 진실이라면 마음으로부터 반응하는 것은 말도 안 되는 일이 아니다. 오히려 아무런 반응이 없다면 제정신이 아닌 것이다.

그 당시에 부드럽게 도덕을 가르치던 주교들은 당혹스러웠다. 섹커 주교는 청중들이 전도 설교에 즉각적으로 반응했다는 소식을 접했고 웨슬리의 "순간적인 유입의 교리"에 대해 곤혹스러워 했다. 버틀러 주교는 휫필드가 하나님의 보내심을 받았다고 말하는 것을 들었다. 그래서 버틀러 주교는 웨슬리에게 이렇게 불평하였다. "목사님, 특별한 계시와 성령의 은사를 받은 체하는 것은 무서운 일, 그것도 아주 무서운 일입니다." 그러나 이 교양 있는 사람들은 모든 일을 품위 있고 질서 있게 유지하려고 하다가, 바로 마음을 간과하는 바람에 정곡을 찌르지 못했다. 한 역사가가 이렇게 썼다. 웨슬리의 공헌은 "단 한 문장으로 압축될 수 있다. 웨슬리는 인간의 개인적 신조에 있어서

---

6 앞의 책, 2:593.

그리고 국가의 생명에 있어서 기독교를 살아있는 힘으로 제자리에 회복시켰다." 그 "단 한 문장"에 만족하지 못한 저자는 계속해서 이렇게 말했다. 이것은 "심오하고 놀라운 변화로서, 그 속에 셀 수 없이 많은 다른 변화들의 약속과 비결을 수반했다."[7] 사실 웨슬리는 "단지 자기 자신의 추종자들뿐만 아니라 그를 쫓아낸 영국국교회, 그리고 그가 속한 영국 전체의 양심의 가책을 촉진하였다. 신조로서 뿐만 아니라 양심으로서 기독교는 영국 하늘 아래에서 이런 방식으로 재탄생하였다."[8]

중생과 칭의

감리교 부흥운동에 동력을 제공한 모든 복음적 교리들을 추적하면 어떤 깨달음을 얻게 될 것이다. 하지만 우리가 특히 주목할 필요가 있는 것이 하나 있다. 왜냐하면 그것이 웨슬리의 메시지의 중심 요체이기 때문이다. 그것은 바로 새로운 탄생의 교리, 하나님께서 즉각적으로 인간의 마음을 새롭게 만드시는 은혜로운 행동이다. 웨슬리가 가르쳤던 거의 모든 것은 이 새로운 탄생에 대한 이해로부터 흘러나온다. 왜냐하면 새로운 탄생(중생)은 복음 속에 선포된 위대한 구원이 실제로 인간의 경험 속으로 들어가는 지점이기 때문이다. 중생은 "성령의 활동으로 일어난 엄청난 내적인 변화, 즉 영혼 속에 발생한 변화"[9]인 것이다. 그래서 웨슬리가 이 중생의 교리, 즉 인간 내부에서 일어나는 변화에 대한 교리를 위대한 객관적인 진리인 그리스도 안에서의 구원과

---

7 William Henry Fitchett, *Wesley and His Century: A Study in Spiritual Forces* (New York: Eaton and Mains, 1908), 283.

8 앞의 책, 284.

9 Sermon 19, "The Great Privilege of Those That Are Born of God," Burwash, 183.

어떻게 연결시키는지를 살펴보는 것은 정말 중요한 일이다.

간단히 "새로운 탄생"이란 제목이 붙은 설교 45번은 중요한 구별로 시작한다. "만약 기독교 전반의 영역 안에서 어떤 교리에 근본적이란 말을 제대로 붙일 수 있다면, 그것은 틀림없이 이 두 가지, 즉 칭의의 교리와 중생의 교리이다."[10] 웨슬리가 이 두 가지 교리들을 어떻게 연관시켰는지를 주목하라. 그는 신중한 신학적 구별 능력으로 유명하지는 않지만, 이 점에서는 무자비할 정도로 신중하다. 칭의와 중생은 함께 묶을 수 있도록 서로 정확하게 구별되어야 한다. 이 둘을 따로 분리할 수 없는 것으로 인식하려면 서로 다르다는 것을 이해해야 한다. 웨슬리에 따르면, 칭의는 "우리의 죄를 용서할 때 하나님께서 우리를 위해 행하시는 위대한 일과 관련되는" 교리이다. 반면에 중생은 "우리의 타락한 본성을 새롭게 할 때 하나님께서 우리 안에서 행하시는 위대한 일"과 관련된다. 즉 칭의는 우리를 **위해서** 존재하고, 중생은 우리 **안에** 존재한다.

이 두 가지는 서로에게 속해 있다. "한편으로,…의롭게 된 사람은 누구든지 또한 하나님에게서 태어난 사람이고, 다른 한편으로,…하나님에게서 태어나는 사람은 누구든지 또한 의롭게 된 것이다." 사실 "하나님에게서 나온 이 두 가지 선물은 바로 동일한 순간에 각 신자에게 주어지는 것"이 확실하다. 이 둘은 동시에 발생한다. "한 순간에 그의 죄는 완전히 씻어지고 그는 하나님에게서 다시 태어난다."[11] 그 둘은 "시간의 순서"에 있어서 동시에 일어난다. 그러나 논리적으로, 개념적으로, 혹은 "사고의 순서"에 있어서는 칭의가 먼저 일어난다. "우리는

---

10 Sermon 45, "The New Birth," Burwash, 459.
11 Sermon 19, "The Great Privilege of Those That Are Born of God," Burwash, 183.

먼저 하나님의 진노가 사라지는 것을 느끼고, 그 다음에 그분의 성령이 우리 마음속에서 일하는 것을 느낀다."[12]

이러한 이유로, 웨슬리는 그것들을 혼동하지 말라고 경고했다. 그런 과오가 너무 흔하기 때문이다. "그러나 설사 칭의와 중생이 시간적으로 서로 분리될 수 없음을 인정하더라도, 그 둘은 똑같은 본성이 아니라 상당히 다른 본성을 지닌 것들로 쉽게 구별된다." 그리고 "우리를 위해서"와 "우리 안에서"의 대비 논리를 좇아서 그 둘을 한층 더 구별한다.

칭의는 단지 상대적인 변화를 의미하고, 중생은 실질적인 변화를 의미한다. 하나님께서 우리를 의롭게 하실 때 우리를 위해서 무언가를 하신다. 즉 우리를 다시 낳으실 때 우리 안에서 그 일을 행하시는 것이다. 칭의는 하나님과 우리의 외적 관계를 변화시킨다. 그 결과 적이었던 우리가 하나님의 자녀가 된다. 그러나 중생에 의해서 우리의 내면 깊은 곳에 있는 영혼이 변화된다. 그 결과 죄인이었던 우리가 성도가 된다. 칭의는 우리를 회복시켜 하나님의 은혜를 받게 하고, 중생은 우리를 회복시켜 하나님의 형상이 되게 한다. 그리고 칭의는 죄책감을 없애주는 역할을 하고, 중생은 죄의 능력을 없애주는 기능을 한다.[13]

만약 우리가 중생을 최초의 성화로 생각하면 양자의 구별이 더 명확해질 것이다. 웨슬리가 설교 5번 "믿음에 의한 칭의"에서 지적하듯이, 이와 똑같이 뒤집을 수 없는 순서가 칭의와 성화의 관계에도 적용

---

12 Sermon 45, "The New Birth," Burwash, 459.
13 Sermon 19, "The Great Privilege of Those That Are Born of God," Burwash, 183.

된다. 칭의는 기본적으로 용서를 받는 문제이다.

그것[칭의]은 우리가 실제로 공의롭고 의롭게 되는 것이 아니다. 이것은 성화이다. 사실 성화는 어느 정도 칭의의 즉각적인 열매이다. 그럼에도 불구하고, 성화는 하나님의 별도의 선물이고 전혀 다른 본질을 갖고 있다. 칭의는 하나님께서 그의 아들을 통해 '우리를 위해서 행하시는' 것을 의미하며, 성화는 하나님이 그의 성령을 통해 '우리 안에서 일하시는' 것을 의미한다.[14]

중생은 그 성화의 최초의 순간이다. 다시 말하자면, 중생은 하나님께서 그의 성령으로 우리 안에서 일하시면서 우리 안에 거룩함을 두시고, 우리의 실제 상태에 변화를 일으키시는 순간인 것이다. 의롭게 된 죄인은 죄를 용서받은 것이지만, 그의 성품은 칭의의 행위로 변화되지 않았다. 칭의는 하나님께서 그의 아들을 통해서 그 죄인을 위해 행하시는 일이다. 그러나 중생한 사람은 하나님의 개입으로 변화된 성품을 지닌다. 중생한 사람은 적어도 원칙적으로 "실제로 공의롭고 의롭게 되었다." 이를 출발점으로 삼아 계속 발전하면 외적으로 성화로 인식될 것이다. 칭의는 신자에게 의를 전가(轉嫁)하는 것이고, 중생은 그 똑같은 신자에게 의를 심어주는 것이다. 이 둘은 동시에 발생한다. 그러나 그 둘은 서로 다른 것이다. 칭의와 성화는 한 하나님의 일치된 행동으로 서로에게 속해 있다. 하나님은 "그분이 의를 전가한 각 사람에게 의를 심으시는"[15] 분이다. 그 둘은 하나님 아버지의 일치된 행동으로 서로에게 속해 있다. 하나님은 그의 아들을 통해 우리를 **위**

---

14 Sermon 5, "Justification by Faith," Burwash, 45.

해서 행동하시고, 또한 그의 성령으로 우리 **안에서** 행동하신다.

성결과 행복으로의 거듭남

웨슬리는 칭의와 중생 모두에 대해 똑같이 흥분했다. 우리는 이미 2장에서 믿음을 통해 은총으로 얻는 칭의에 대하여 웨슬리가 얼마나 열정적으로 설교했는지 보았다. 그리고 6장에서 웨슬리가 칭의로부터 실제적인 함의들을 이끌어낸 것을 보게 될 것이다. 칭의는 전광석화처럼 하나님의 능력으로 임무를 마치는 번쩍이는 번개이다. 그러나 중생은 한 순간에 시작된 다음에 진보하다가 최종 완성을 향해 가는 생명의 부여이다. 그 결과 중생은 그리스도인의 삶에 관한 웨슬리의 설교에 가장 넓은 영역을 제공해준 교리이다. 중생에서 시작되는 새로운 삶은 새로운 원칙, 새로운 가능성, 새로운 능력과 힘, 그리고 하나님과 새로운 관계를 소유한 삶이다. 새로운 삶은 새로운 경험뿐만 아니라 새로운 경험을 위한 새로운 역량도 산출한다. 웨슬리는 이러한 역량을 새로운 감각에 비유했다. 거듭나기 전에 당신은 다섯 가지 생물학적 감각들을 가진다. 그러나 거듭난 후에는 그러한 오감으로 파악할 수 없는 새로운 실체를 인식하게 되었다. 대체 무슨 일이 일어난 것인가? 웨슬리는 이렇게 설명했다. "새로운 계열의 감각들이 당신의 영혼 안에 열린다. 살과 피로 만들어진 기관들에 의존하지 않는 그 감각들은 보이지 않는 것들의 증거인데, 이는 신체적 감각들이 보이는 것들의 증거인 것과 비슷하다. 그 감각들은 보이지 않는 세계로 가는 통로가 되고, 영적인 것을 분간하고, 당신에게 외적인 눈으로 볼 수 없고 귀로 들을 수 없는 것에 대한 직관을 제공한다."[16] 영적인 것

---

15 Sermon 20, "The Lord Our Righteousness," Burwash, 197.

들은 영적 감각들을 통하여 영적으로 파악된다.

영적 감각이란 말은 다소 은유적인 표현이다. 그래서 웨슬리는 그 말을 지나치게 확장하거나, 또는 그리스도인들이 열 가지 감각 기관(다섯은 육체적인, 다섯은 영적인)을 가졌다고 주장하는 것을 피했다. 영적 감각이라는 개념을 청중들에게 적용시키기 위하여 웨슬리는 첫 번째 출생과 두 번째 출생 사이의 유사점을 많이 사용했다. "자연적인 출생의 상황을 고려해보는 것이 영적인 출생을 가장 쉽게 이해할 수 있는 길이다."[17] 성숙한 태아가 자궁 밖의 삶을 위해 완전한 외형을 갖추고 충분히 준비되어 있지만, 여전히 보지 못하고 듣지 못하고 말을 못하는 상태에 있다는 사실이 웨슬리에게 갑자기 떠올랐다. 자궁 속에 있는 아기는 두 눈과 두 귀를 갖추고 있지만 외부 세계와 교감하기 위해서 그것들을 사용할 수 없다. 아기는 산소를 마시지만(*아기도 공기로 연명한다*) 공기를 들이마시거나 그 영향을 직접 느끼지 못한다.

그러나 아기는 세상에 태어나자마자 매우 다른 방식으로 존재한다. 아기는 이제 자신을 둘러싸고 있는 공기를 느낀다. 그리고 자신의 생명의 불꽃을 지탱해 나가기 위해서 공기를 호흡하는 것만큼 빠르게 공기는 사방에서 그에게 쏟아져 들어온다. 그리고 지속적으로 힘과 동작과 감각이 증가하고, 육체의 모든 감각들이 이제 깨어나고 적절한 대상들이 제공된다.[18]

16 *An Earnest Appeal to Men of Reason and Religion*, par. 32, quoted in Rex D. Matthews, "With the Eyes of Faith: Spiritual Experience and the Knowledge of God in the Theology of John Wesley," in *Wesleyan Theology Today*, ed. Theodore Runyan (Nashville: Kingswood, 1985), 412.
17 Sermon 19, "The Great Privilege of Those That Are Born of God," Burwash, 183.
18 앞의 책, 184.

이 유사점 자체가 하나의 설교이다. 즉 거듭나는 것을 통하여 신자는 하나님을 알고 또한 경험하는 전혀 새로운 세계로 들어가게 된다.

그는 세상이 알지 못하는 삶을 살고 있다. "그 삶은 그리스도와 함께 하나님 안에 숨겨져 있다." 하나님은 계속해서 그 영혼에게 숨을 불어넣어 주고 있고 그 영혼은 하나님께로 숨을 쉬고 있다. 은총이 그의 마음속으로 내려오고 있고 기도와 찬양이 하늘로 올라가고 있다. 그리고 마치 일종의 영적인 호흡과 같이 하나님과 인간 사이의 소통에 의해서, 즉 하나님 아버지와 그의 아들과의 교제에 의해서 그 영혼 속에 있는 하나님의 생명이 계속 유지된다. 그리고 하나님의 자녀는 마침내 "그리스도의 장성한 분량이 충만한 데"에 이를 때까지 성장한다.[19]

이것이 바로 중생이다. 은혜가 내려오고 찬양이 올라가는 삶. 또는 성령이 영감을 주고 영혼은 반응하는 삶. 영적인 삶은 "믿음으로 받고" 즉시 "사랑으로, 기도로, 그리고 감사로 돌려드리는 삶이다."[20] "그렇다면 여기에 완전한 율법의 총합이 있는 것이다"라고 웨슬리는 초기 설교들 중 하나에서 말했다. "하나님에게 받은 영을 그 모든 감정과 함께 그분께 되돌려 드리자."[21]

웨슬리는 이 중생의 축복에 대해 지칠 줄 모르고 상세하게 설명했다. 그는 중생을 이렇게 묘사했다. 하나님께서 신자들을 위해 열어주

---

19 Sermon 45, "The New Birth," Burwash, 463.

20 다음 책에 나오는 또 다른 위대한 "영적 호흡"에 관한 대목에서 인용한 것. *Standard Sermons,* sermon 19, "The Great Privilege of Those That Are Born of God," Burwash, 185.

21 Sermon 17, "Circumcision of the Heart," Burwash, 171. 이 설교는 올더스게이트 체험이 있기 5년 전인 1733년에 한 것이다. 하지만 훗날 1771년에 웨슬리는 반율법주의를 경고하는 「표준설교집」의 대목에 그것을 포함시켰다. 이 인용문은 전 12:8을 시작으로 확대한 것이다.

시는 중생은 "엄청난 내적 변화, 즉 성령의 활동으로 우리의 영혼 속에 일어나는 변화이다. 다시 말하자면, 우리의 존재 방식 전체에 일어나는 변화이다."[22] 만약 개개인들이 거듭난다면 그것을 알 것이라고 웨슬리는 가르쳤다. 그들은 하나님과 교제를 나누게 될 것이며, 그들의 마음에 성취된 새로운 언약의 약속을 갖게 될 것이 분명하다. 웨슬리는 설교 2번의 결론 부분인 "거의 그리스도인"에서 청중에게 "최대의 질문"에 응답하라고 도전하면서 그 교리를 이렇게 설파했다(그 질문은 사실 똑같은 요점으로 끌고 가는 최소한 열다섯 가지의 질문이다).

하나님의 사랑이 당신의 마음속에 쏟아 부어졌는가? 당신은 "나의 하나님, 나의 모든 것"이라고 외칠 수 있는가? 당신은 오직 하나님만을 바라는가? 당신은 하나님 안에서 행복한가? 하나님이 당신의 영광, 당신의 기쁨, 당신의 최고의 즐거움인가? 그리고 당신의 마음에 "하나님을 사랑하는 자는 또한 그의 형제를 사랑한다"고 기록되어 있는가? 그러면 당신의 이웃을 당신의 몸처럼 사랑하는가? 모든 사람들, 심지어 당신의 적들, 심지어 하나님의 적들조차 당신의 영혼으로 사랑하는가? 그리스도께서 당신을 사랑하신 것처럼? 그뿐만 아니라, 당신은 그리스도께서 당신을 사랑하시며, 또한 당신을 위해 자신을 내주셨다는 것을 믿는가? 당신은 그분의 피에 대한 믿음이 있는가? 당신은 하나님의 어린 양이 당신의 죄를 없앴으며, 그 모든 죄를 돌처럼 바다의 깊은 곳으로 던져버렸다는 것을 믿는가? 그분이 당신에게 불리한 친필 기록을 다 지워버리셨으며, 그것을 치워서 그의 십자가에 못 박았다는 것을 믿는가? 당신은 진실로 그리스도의 피를 통하여 구속받았는가? 즉 당신의 죄가 사면되

---

22 Sermon 19, "The Great Privilege of Those That Are Born of God," Burwash, 183.

었는가? 그리고 그분의 영이 당신의 영과 함께 당신이 하나님의 자녀임을 증언하는가?[23]

여기서 웨슬리가 그리스도인의 삶의 교리에 관하여 너무 높은 수준으로 설교하고 있는 듯이 보일지 모른다. 하나님에게서 태어난 사람들의 삶에 대한 열광적인 설명을 보면 구원받는 믿음을 소유한 모든 사람은 이 모든 축복을 즉시 경험해야 한다고 말하는 것 같다. 그러나 웨슬리는 결코 그리스도인의 경험의 수준만을 주목한 적이 없다. 웨슬리는 항상 그것을 넘어서서 영적인 축복의 전면에 초점을 맞추었다. 그는 진정한 그리스도인의 삶에 대한 자신의 설명 위에 "내가 이미 얻었다 함도 아니요"(빌 3:12)를 새겨놓을 것이다. 그는 하나의 경험을 표준으로 설정하지 않았다. 웨슬리는 구원의 위대함에 대하여 제대로 다루려고 노력하였으며 우리를 구원하시는 하나님의 목적에 자신의 눈을 고정시켰다. 신약성경 속에 선포된 구원은 단지 올바른 교리를 확신하는 문제, 교회에 참석하는 문제, 혹은 선행을 실천하는 문제가 아니다. 영적인 실재는 그러한 장소에 있지 않고 신자의 마음속에 거주한다.

이것이 마음의 종교의 요점이다. 즉 신자의 경험(또는 심지어 감정적인 삶)에 불가능한 압력을 가하려는 것이 아니라 영적인 실재의 필요성을 역설하려는 것이다. 마음의 종교는 마음을 경배하는 것에 관한 것이 아니라 마음으로부터 하나님을 경배하는 것에 관한 것이다. "마음의 종교"라는 표현에서 '마음'은 대조적인 용어이다. 마음은 형식적인 종교, 지성적인 종교, 그리고 도덕주의적인 종교와 상반되는 것이

---

23 Sermon 2, "The Almost Christian," Burwash, 17.

다. 대체 형식적인 종교란 무엇인가? 그것은 외적인 것들, 즉 형식 또는 의식(儀式)에 치중하는 종교이다. 웨슬리는 외적인 예의범절과 아름다운 예배의식을 반대하지 않았다. 그는 영국국교회 예전(禮典)과 공동기도서를 진심으로 사랑했다. 그러나 형식은 단지 형식일 뿐이다. 웨슬리는 "설사 이러한 형식들이 대단히 고상하고 의미심장하며, 또한 내적인 것들을 매우 잘 표현해 줄지라도," 그 형식들은 여전히 아무런 효력이 없을 것이라고 웨슬리는 말했다. "기독교는 이러한 모든 형식들보다 무한히 더 높게 상승하며 또한 엄청나게 더 깊다." 외적인 형식들이 지니는 가치는 파생적이고 필요할 때에는 내버려도 무방하다. "어떤 사람도 그러한 형식들이 내재적인 가치를 지니고 있다거나 종교가 형식들이 없이는 존재할 수 없다고 생각하도록 만들지 맙시다."[24] 웨슬리는 예전에 반대하는 사람이 아니었으며, 다만 예전이 어떻게 하나님으로부터 숨을 장소의 역할을 하는지를 경험적으로 알고 있었다.

마찬가지로 웨슬리는 반지성적이거나 반신학적인 사람이 아니었고, 신조에 반대하지도 않았다. 그러나 이와 관련해서도 웨슬리는 개인적인 경험이 있었다. 영리한 사람일수록 정통교리에 지나치게 몰두한 나머지 그것을 하나님의 임재를 피하기 위한 전략으로 왜곡시키는 모습을 보았다. 웨슬리는 정통적인 신조들이 필요하다고 말하기까지 할지 모르지만, 항상 그 신조들만으로는 충분하지 않다고 주장할 것이다.

비록 진정한 신앙은 자연스럽게 온갖 선한 언행으로 이어지긴 하지만, 그 진정한 본성은 훨씬 깊은 곳에, "숨겨진 마음의 사람" 안에 있다. 나는 "그 마음"에 관해 말하고 있다. 왜냐하면 신앙은 정통교리 내지는 올바

---

24 Sermon 7, "Way to the kingdom," Burwash, 63.

른 견해 속에 존재하는 것이 아니기 때문이다. 그것들은 외형적인 것은 아니더라도 마음속에 있는 것이 아니라 지식이다. 누구라도 모든 점에서 정통적이 될 수 있다.…그는 하나님의 계시 안에 담겨있는 우리 주님의 성육신에 관하여, 그리고 언제나 복된 삼위일체와 모든 다른 교리들에 관하여 올바르게 생각할 수 있다. 그 사람은 세 가지 신경, 이른바 사도신경, 니케아 신경, 아타나시우스 신경 모두에 동의할 수도 있다. 그럼에도 그는 신앙이 전혀 없을 가능성이 있다.…사실 그는 거의 사탄과 같은 정통파에 속할지도 모른다. (누구나 어떤 점에서 틀릴 수 있기 때문에 전적으로 그렇지는 않겠지만 말이다. 하지만 우리는 그가 어떤 잘못된 견해를 갖고 있을지 모를 수도 있다.) 그리고 그는 종교에 대하여 전혀 낯선 자일 수도 있다.[25]

마음의 종교는 영적인 실재에 대한 헌신이고, 실재에 못미치는 것에 대한 반감이며, 종교적인 사람이 하나님으로부터 숨을 수 있는 모든 장소에 대한 기민한 판단이며, 마음은 실재하는 것과 관계하는 기관임을 아는 인식이다.

잘 관찰하라. 이것이 신앙이다. 오직 이것만이 신앙이다. 오직 이것만이 진정한 기독교이다. 아무리 참되고 아무리 성경적일지라도, 이런저런 의견도 아니고 의견들의 체계도 아니다. 이런 것이 흔히 믿음으로 불리는 것이 사실이다. 그러나 그것을 신앙으로 추정하는 사람들은 강한 망상에 빠져서 거짓말을 믿고 있는 것이다. 그리고 만약 그것을 하늘로 가는 확실한 통행증으로 추정하는 사람은 지금 지옥으로 가는 대로에 놓여있는 것이다.[26]

---

25 앞의 책.

형식주의와 지성주의에 대해, 어떤 관념을 구원받는 믿음으로 착각하는 "강한 망상"에 대해, 진정한 신앙을 선행으로 대치시키는 얄팍한 도덕주의에 대해, 웨슬리와 복음주의 부흥운동에 속한 설교자들은 반기를 들었던 것이다. "여러분, 이 모든 것보다 더 높이 올라가고 더 깊이 내려가십시오! 여러분의 종교가 마음의 종교가 되게 하십시오!"[27]

마음의 문제, 마음의 해결책

진정한 종교는 반드시 마음의 종교이어야 하는 또 하나의 이유는 인간의 문제는 곧 마음의 문제이기 때문이다. 우리는 감리교 부흥에 대한 역사가 렉키의 설명을 들었다. 그는 웨슬리의 설교가 "오랫동안 거의 무시되었던 많은 종교적 교리들을" 다시 유통시켰다고 말했다. 이러한 교리들 가운데는 "인간 본성의 전적 타락"과 "세상에 태어난 모든 사람들의 상실된 상태"가 들어있었다고 언급했다. 웨슬리는 원죄 교리를 선택해서, 인간의 본질인 선함, 당연한 진보의 행진, 올바른 통치를 받는 품위 있는 사람들의 밝은 미래를 믿던 18세기에 그것을 큰 소리로 외쳤다. 웨슬리의 생각은 달랐다. 심지어 그 시대의 건전한 성직자들조차 너무 약하고 부드러운 메시지를 전했다. 더 잘 행동하는 법에 대한 일련의 권면에 가까웠다. "그런 성직자들에 따르면, 종교란 단지 질서정연한 말과 행동에 불과하고" 마음의 신앙이 아니었다. 그들의 설교가 유약한 것은 사실 인간이 얼마나 사악한지를 이해하지 못한 데서 기인한다. 기독교 메시지를 도덕적 개혁에 대한 충고로 간주하는 사고방식에 대해 웨슬리는 이렇게 말했다. "그들은 계

---

26 Sermon 113, "The Difference between Walking by Sight, and Walking by Faith," in *Works*, 7:260.

27 Sermon 25, "Upon our Lord's Sermon on the Mount, Discourse V," Burwash, 262.

속 그들 자신과만 얘기할 뿐이다. 왜냐하면 만일 그 속이 사악한 것들로 가득하지 않다면, 즉 이미 깨끗해져 있다면, '그 컵의 외부를 닦는 것' 외에 무슨 일이 남아 있겠는가? 만약 그 성직자들이 옳다면, 정말로 외적인 개혁만이 필요할 것이다."[28]

"그러나 당신들은 하나님의 말씀에 대해 그다지 박식하지 않다"고 웨슬리는 주장했다. 성경은 다르게 말한다. 우리는 몇 가지 외적인 결함을 가지고 있으며, 기본적으로 선하지 않다. 웨슬리는 "우리는 근본적으로 타락했다"고 자신의 설교 "원죄"에서 강조했다. "원죄는 이교와 기독교를 구분 짓는 근본적인 점"이라고 가르쳤다. 모든 형태의 이교들, 심지어 가장 수준 높고 고상한 형태들과 대조적으로, 오직 기독교만이 인간의 죄의 깊이와 범위를 정확히 이해하고 있다. 즉 "인간의 본성 전체의 전적 타락, 세상에 태어나는 모든 사람의 타락, 그 영혼의 모든 기능의 타락을 정확히 이해하되, 특정한 사람들을 지배하는 특정한 악에 의해서가 아니라 무신론과 우상숭배, 자만심과 고집, 세상에 대한 사랑으로 점철된 전반적인 모습에 의해서 알고 있다."[29] 인간이 선하게 창조되었지만, 사악함이 인간 안에 장착되어 그 중심까지 타락시켰다. "인간은 본성적으로 온갖 악으로 가득 차 있는가? 모든 선이 결핍되어 있는가?"라고 웨슬리는 물었다. "이것을 인정하라, 그러면 당신은 그만큼 그리스도인이다. 그것을 부인하라, 그러면 당신은 여전히 이교도에 불과하다."[30] 인간의 마음은 곤경에 빠져 있다.

"당신의 질병을 깨달아라!"하고 웨슬리는 경고했다. 그리고 즉시 "당신의 치료법을 깨달아라!"하고 말했다. 만일 심각한 타락이 인간의

---

28 Sermon 44, "Original Sin," Burwash, 457.
29 앞의 책, 456.
30 앞의 책.

곤경이라면, 근본적인 구원이 그 해결책이다. "당신은 본성적으로 완전히 타락했다. 당신은 은혜에 의해 완전히 새롭게 될 것이다."[31] 그렇다면 웨슬리는 죄악 된 본성으로부터 진정한 종교의 본질을 추론한 것이다. 종교의 올바른 본질은 **영혼 치유**(therapeia psuches)다. 즉 '본성적으로 병들어있는 **영혼을 치료하는** 하나님의 방법'인 것이다. 그리고 그 치유는 세상에 대한 사랑뿐만 아니라 무신론과 우상 숭배, 우리의 자만심과 고집 같은 죄로 타락한 우리 영혼의 모든 요소에 영향을 준다.

이로써 그 위대한 영혼의 의사가 이러한 질병들을 치료하기 위해서 그 상처에 약을 발라준다. 모든 기능이 완전히 타락한 인간의 본성을 회복시키려고 약을 바르는 것이다. 하나님은 그분을 아는 지식으로, 그리고 그분이 보내주신 예수 그리스도를 아는 지식으로 우리의 모든 무신론을 치료하신다. 그리고 하나님에 대한 믿음과 신성한 증거와 확신을 우리에게 주심으로써 우리의 모든 무신론을 치료하신다. 특히 "그리스도는 나를 사랑하셨다" 그리고 "그리스도는 그 자신을 나를 위해 내주셨다"와 같은 중요한 진리를 믿는 신앙을 주심으로 그렇게 하신다. 회개와 겸손한 마음에 의해 자만심이란 치명적인 질병이 치료된다. 자기 고집의 질병은 체념하고 하나님의 뜻에 온순하고 감사하는 마음으로 순종함으로써 치유될 수 있다. 세상을 사랑하는 질병과 모든 분파들은 하나님에 대한 사랑이 가장 탁월한 치료책이다. 자, 이것이 진정한 종교, 요컨대 '사랑으로 수고하는 신앙'인 것이다. 하나님의 모든 뜻과 말씀에 사랑과 감사의 자세로 묵종하고 순종하게 하고, 진정으로 겸손하게 하며, 세상에 대해 완전히 죽게 하는 신앙이다.[32]

---

31 앞의 책, 457.

만일 우리가 조금만 아프다면, 약간의 구원만 필요할 것이다. 그러나 마음에 이르기까지 온통 심하게 망가지고 아프다면, 우리는 진정한 종교, 즉 마음의 종교가 반드시 필요하다.

행복한 감리교도들과 청교도주의의 기쁨

1739년 감리교 부흥운동이 큰 관심과 호기심을 불러일으키고 있을 때, 웨슬리는 "감리교도의 성격"이라 불리는 짧은 성명서를 발행하여 마음의 종교에 대한 온갖 소란에 관해 설명하였다. 이 초기 단계에서는 '감리교'란 용어가 웨슬리 형제와 조지 휫필드, 그리고 칼뱅주의자들과 아르미니우스주의자들을 모두 아우르는 한 무리의 부흥운동 동역자들에게 바깥세상이 붙인 호칭이다. 바깥세상이 이 다양한 운동을 들여다보면서 그것을 감리교라고 불렀던 것은 마음의 종교의 급부상에 하나의 딱지를 붙여준 셈이었다. 이와 비슷한 현대의 사례로는 1970년대에 세속적인 뉴스매체가 다른 종류의 그리스도인들과 상반되는 '거듭난' 그리스도인들의 독특성을 이해하려고 했던 시도를 들 수 있다. 혹은 좀 더 최근에 뉴스매체가 "이 복음주의자들은 도대체 누구인가?"라고 물었던 경우를 들 수 있다. 그래서 웨슬리는 오해하기 쉬운 "감리교도의 성격"이란 제목 아래 그 운동을 변호하는 짧은 글을 내놓았던 것이다. 만일 우리가 오늘날 제목을 다시 붙인다면 그것을 "마음의 종교를 믿는 자들의 성격"이라고 부를 것이다.

웨슬리에 따르면, 감리교도는 특정한 교리적 견해에 의해서("기독교 뿌리를 뒤흔들지 않는 모든 견해들에 관해서 우리가 생각하고 또한 생각하게 만드는") 혹은 특별한 용어나 어휘에 의해서 구별되는 것이 아니다. 감리교도들

---

32 앞의 책, 456.

은 독특한 "행동, 관습, 혹은 어법"에 의해서 인지될 수 없다. 감리교도들의 독특성은 "우리의 의복의 형태에 있지 않으며, 우리 몸의 자세에 있지도 않다"고 웨슬리는 말한다. 끝으로, 복음주의 부흥운동에 참여한 사람들에 대한 흔한 비난은 그들이 다른 것들은 모두 희생하고 기독교의 한 가지 특정한 부분만을 지나치게 강조한다는 것이었다. 감리교는 "기독교의 어떤 한 부분만을 강조하는 것으로 구별되는 것이 아니라"고 웨슬리는 응답한다.

> 만일 당신이 "그렇다, 그 사람은 감리교도이다. 왜냐하면 그가 '우리는 오직 믿음으로만 구원을 받는다'고 생각하기 때문이다"라고 말한다면, 나는 당신이 그 용어들을 이해하지 못하고 있다고 대답하겠다. 그가 말하는 구원은 마음과 삶의 성결을 의미한다. 그리고 그는 이 성결이 오직 진정한 믿음에서 나온다고 확신한다. 명목상의 그리스도인일지라도 그것을 부인할 수 있을까? 이것이 종교의 한 부분으로 전체를 대신하는 경우인가?[33]

이러한 부정적인 대답과 함께, 웨슬리는 감리교도의 성격에 대한 긍정적인 대답으로 나아간다. 지금쯤 그 대답이 분명해졌을 것이다. 만약 감리교의 독특한 특징이 교리, 행위, 외적 형태, 혹은 심지어 그 강조점에도 있지 않다면, 도대체 어디에 있다는 말인가? 그것은 바로 마음 안에 있다. 마음이란 단어가 웨슬리의 대답 속에 네 차례나 등장한다. 사실 마음이란 단어의 등장은 정의를 내리기 위해서 웨슬리가 함께 모아놓은 다양한 성경구절 사이의 연결고리에 해당한다.

---

33 "The Character of a Methodist" (1742), in *Works*, 9:32-46 (here and below).

나는 이렇게 대답한다. 감리교도는 "그에게 부여된 성령에 의해 그의 마음속에 쏟아 부어진 하나님의 사랑"을 소유한 사람이다. "그의 온 마음으로, 그의 온 영혼으로, 그의 온 뜻으로, 그리고 그의 온 힘으로 주님 곧 그의 하나님을 사랑하는" 사람이다. 하나님은 그의 마음의 기쁨이시며, 또한 그의 영혼의 소망이시다. 그의 영혼이 계속해서 이렇게 외치고 있다. "하늘에서는 당신 이외에 누가 내게 있으리요? 땅에서는 당신 밖에 내가 사모할 이 없나이다! 나의 하나님 나의 모든 것 되시는 분이시여! 당신은 내 마음의 힘이요 영원한 나의 분깃이시라!"

그러고 나서 웨슬리는 다음 단계를 밟는다. 이는 우리 귀에 이상하게 들릴지 모르겠다. 웨슬리는 이렇게 말한다. "그러므로 그는 행복하다. 하나님 안에서 행복하다. 그렇다, 항상 행복하다. 왜냐하면 그 사람 속에 그의 영혼을 평안과 기쁨으로 넘치게 하는 '영원한 생명으로 솟아나는 우물'을 가지고 있기 때문이다." 웨슬리가 묘사하고 있는 그리스도인은 하나님의 은총으로 속에서부터 변화된 사람으로서, 자신 안에서 작동하는 진정하고 효과적인 마음의 종교를 가지고 있다. 또한 그러므로 거룩한 존재인 그는 행복하다. 그리스도인의 행복은 지금껏 웨슬리가 묘사해온 마음의 종교의 필연적인 결과이다. 구원은 현재적 구원이며, 그렇게 알고 있는 구원이며, 우리가 자각하는 구원이다. 따라서 이 구원은 우리의 경험과 교차하고 태도, 기질, 감정으로 표출된다. 당신이 평안을 가지고 있다는 것을 알지 못한 채 평안을 누릴 수 없으며, 혹은 당신이 기쁨을 가지고 있다는 것을 인식하지 못한 채 기쁨을 누릴 수 없는 것이다. 시편 32편 1절에 등장하는, 죄를 용서받은 복 있는 사람은 이 용서를 알고 또 경험하기 때문에 복이 있는 것이다("혹은 상당히 행복하다"고 번역하라고 웨슬리는 제안한다).[34]

조지 횟필드는 1739년 설교 "모든 신자들의 공통된 특권"에서 웨슬리와 똑같은 입장을 취했다. "문자로 배운 설교자들은…내적 감정에 대해 공공연히 비난한다." 더욱이 그들은 "누구나 하나님의 영을 느끼지 않고도 그 영을 받을 수 있다고 말한다. 그러나 사실 그렇게 말하는 것은 하나님의 영 자체를 부인하는 것이다. 그리고 내가 복음의 진보를 방해하고 어둠의 왕국을 건설할 마음을 품었다면, 나는 사람들에게 하나님의 영을 느끼지 않고도 소유할 수 있는 것이라고 말하면서 돌아다닐 것이다."[35] 그 당시 복음주의자들은 "당신은 거듭난 것을 알지 못하면서, 그것을 느끼지 못하면서 거듭날 수는 없다"고 설교했다.

"진정한 종교, 즉 하나님과 사람을 향한 마음은 거룩함뿐만 아니라 행복도 수반한다."[36] 웨슬리는 이러한 행복에 대하여 열성적이었다. 행복이란 어휘가 그의 글에 널리 퍼져있다. 최근 들어서 행복은 얄팍한 감정처럼 들리게 되었다. 특히 좋은 환경에 대한 반응일 때 더욱 그렇다. 심오한 감정을 묘사하려고 하는 현대의 강사는 기쁨 같은 단어를 사용하며 그것을 행복과 대비시키는 경향이 있다. 즉 기쁨은 깊고 행복은 얕다는 것이다. 그러나 18세기에는 행복이라는 단어가 훨씬 깊은 의미를 내포하고 있었다. 대중 철학자들은 이 단어를 인생의 목적에 대한 고전적인 그리스와 로마의 개념에 동조하는 방식으로 사용했다. 그 철학자들이 '인간의 행복'에 대해 말했을 때, 그들은 인간이 본래 창조된 목적을 상기하고 있었으며, 그 목적의 완전한 성취를 마음속에 그리고 있었다. 미국 독립선언서(1776)에서는 하나님께로부

---

34 Sermon 7, "Way to the Kingdom," Burwash,65.

35 George White field, "The Common Privilege of All Believers"; reprinted in Timothy L. Smith, *Whitefield and Wesley on the New Birth* (Grand Rapids: Francis Asbury, 1986), 96.

36 Sermon 7, "Way to the kingdon," Burwash, 64.

터 나온 인간의 기본 권리들로서 생명과 자유와 더불어 행복의 추구를 그 목록에 올렸다. 미국의 건국자들은 목록을 작성할 때 소풍이나 오락에 대해 생각하고 있었던 것이 분명 아니었다. 웨슬리는 단순히 감정적인 얄팍한 행복과 깊고 안정된 기쁨을 결코 구별하지 않았을 것이다. 왜냐하면 행복이란 단어가 그에게는 얄팍함이나 천박함을 함축하지 않기 때문이다. 웨슬리의 어휘에서 '행복한'이란 좋은 단어이고, 그래서 그는 그 단어를 기쁨이란 단어와 바꿔가면서 자유롭게 사용한다. "행복은 '종교의 유쾌함과 탁월함에 대해서'라는 제목으로 시작하는 최초의 감리교 찬송가집에서 중요한 핵심어이다"[37]라고 고든 랍은 지적하고 있다.

고든 랍과 많은 웨슬리 해석자들은 행복을 강조하는 웨슬리의 행습에서 그의 시대에 전례가 없던 무언가를 찾아내는 경향이 있다. 그들은 그 점을 이전 세대들에 속한 청교도들로부터 웨슬리를 구별시키는 뚜렷한 특징으로 보고, 웨슬리의 '은총의 낙관주의'를 청교도들의 인간에 대한 비관주의와 대비시킨다. 우리는 이제까지 마음의 종교, 거룩한 감정, 행복 사이의 연관성을 추적해 온 만큼 달리 볼 수 있는 입장에 서 있다. 사실 웨슬리가 청교도 전통에 가장 가까이 서있는 지점은 바로 거룩함과 행복의 하나 됨을 강조하는 입장이다.

청교도 영성과 웨슬리의 감리교 교리 사이의 연결성은 멀리 떨어져 있는 우리로서는 분간하기 어려울 수 있다. 왜냐하면 두 용어 모두 그동안 추가적인(그리고 부당한) 의미를 덧입었기 때문이다. 현대적인 편견으로 인해 우리는 청교도주의를 행복의 반대말로 여기고, 청교도들을

---

37 Gordon Rupp, "The Future of the Methodist Tradition," *The London Quarterly and Holborn Review* 184 (1959): 168.

찡그린 표정의 냉담한 선민이라고 생각한다. 청교도주의를 "누군가 어딘가에서 행복할 것이라는 생각에 두려워하는 것"이라고 정의한 것은 헨리 루이스 멩켄(Henry Louis Mencken, 1880-1956)의 통렬한 재치였다. 이렇게 고의적으로 왜곡된 이야기들의 결과로, 루이스(C. S. Lewis, 1898-1963)가 지적하듯이, "청교도라는 단어에 지금 붙어있는 거의 모든 연상들은 우리가 초기 개신교도들에 대해 생각할 때 마땅히 제거되어야 한다. 그들이 어떤 인물이었든지 간에 그들은 신랄하거나 침울하거나 가혹하지 않았으며, 그들의 적들조차도 그들에게 그러한 비난을 퍼붓지 않았다."[38]

　실제로 전형적인 청교도 서적은 어떤 논쟁적인 교리 책이 아니라 신앙적인 경건 서적이었다. 「연합과 친교」(Union and Communion), 「마음작용에 관한 가르침」(Instructions about Heartwork), 「상한 갈대」(The Bruised Reed), 「마음 지키기」(Keeping the Heart), 그리고 「열린 생명의 샘」(The Fountain of Life Opened Up)과 같은 제목의 경건 서적들이었다. 청교도들이 주장했던 한 가지는 이전에 신성한 것으로 제시되었던 전통적인 사항들, 특히 마음의 종교에 대한 분명한 가르침을 모호하게 만들 수 있는 전례의 잡동사니를 제거하자는 것이었다. 참 종교는 외적인 형식과 의식이 아니라 마음속에 자리 잡고 있다는 웨슬리의 주장을 생각해보라. 그러면 양자 간의 몇 가지 유사점들이 더욱 분명하게 드러난다. 사실 '형식상의 절차' 혹은 '단순히 외적인 종교'가 그 세계로부터 마음의 종교를 거의 몰아냈다는 그의 주장을 감안하면, 웨슬리는 왜 좀 더 청교도적 입장을 견지하고 나아가 그의 추종자들을 그 시대의 타락한 영국국교회로부터 이끌어내지 않았는가?

38　C. S. Lewis, *English Literature in the Sixteenth Century* (Oxford: Clarendon, 1954), 34.

그 주된 이유는 존 웨슬리가 '성인이 되어 영국국교회주의로 개종한 부모' 밑에서 자란 아들로서 헌신적인 영국국교회 사람이었기 때문이었다. 고든 랍에 따르면, 16세기 청교도주의는 영국국교회를 좀더 철저하게 개혁하기 위하여 목숨을 건 투쟁에 참여하였었다. 그 웅장한 투쟁은 양편에 큰 희생을 초래했으며 결국 '청교도주의의 격렬한 거부운동'을 낳았다. 그러나 18세기에 이르러 감리교 운동은 영국국교회 내에 편안하게 자리 잡은 채 청교도적인 충동의 갱신으로 일어났던 것이다. 웨슬리의 조부모들은 기존 종교의 용인된 지침을 벗어난 활동 때문에 자유와 재산을 잃고 말았었다. "이제 웨슬리는 청교도들이 실패했던 일을 실행하였으며 영국정부와 영국국교회 주교들 모두 간섭하지 않았다"고 고든 랍은 말한다. 감리교 정책의 목록 전체는 사실 청교도의 의제들로부터 넘겨받은 것이었다.

여기에서 다시 한 번 말하자면, 감리교교도들이 실행하고 말했던 많은 것은 과거에 영국국교회가 거부했고 '종교적 열광'에 대한 혐오감을 품게 했던 그 청교도주의의 메아리처럼 들렸다. 청교도들은 순회 설교자, 평신도 설교자, 야외 설교의 방식을 이용하였으며, 소규모 비밀집회에서 공식적인 기독교의 징계보다 더 엄격한 징계를 실행하였다. 그들은 영적이고 도덕적이며 교조적인 신학에 대한 방대하고 인상적인 문헌을 통해 '내적인 종교', 하나님과의 개인적인 동행, 그리고 회심과 확신과 완전 등에 대한 교리들의 주창자들이었다. 존 웨슬리는 그가 여태껏 알고 있던 것 이상으로 이러한 조상들의 청교도 전통에 빚졌던 것이다. 웨슬리 신학의 언어와 많은 범주들은 17세기 청교도 논쟁들로부터 영향을 받은 것들이다.[39]

고든 랍이 계속해서 지적한 바에 따르면, 웨슬리가 「기독교 문고」(The Christian Library)라는 제목 아래 높이 추천하는 영적 저서들을 오십 권짜리 모음집으로 묶었을 때, "비록 청교도주의는 주로 칼뱅주의 전통이었지만 청교도들이 거기에서 가장 큰 비중을 차지하고 있었다."[40]

아마도 우리로 하여금 웨슬리의 영성이 청교도의 영성에 큰 빛을 지고 있다는 사실을 인식하지 못하도록 막는 것은 바로 칼뱅주의의와 아르미니우스주의의 분립이다. 그러나 웨슬리가 그리스도인의 삶에 접근하는 방식은 청교도적인 접근방식이라는 것이 사실이다. 이러한 사실 때문에 웨슬리의 종교적인 감정에 대한 강조가 왜 그렇게도 그와 동시대인이었던 조나단 에드워즈와 비슷한지를 이해할 수 있다. 그리고 마음과 생활의 성결에 대한 그의 강조가 왜 존 오웬(John Owen, 1616-1683)의 말처럼 들리는지, 또는 오늘 우리 시대의 패커와 존 파이퍼의 말처럼 들리는지를 이해하게 된다. 만일 우리가 개신교도를 나누는 가장 중요한 경계선을 칼뱅주의자들과 아르미니우스주의자들 간의 구분으로 생각한다면, 우리는 이와 같은 유사점들을 놓칠 수 있다. 그 대신 존 웨슬리와 조지 휫필드가 그었던 경계선을 고려해보라. 즉 한편에는 열심히 성결을 추구하며, 하나님과의 관계를 유지하고, 자신의 삶을 열심히 복음의 규범에 맞추는 청교도들을 두고, 다른 한편에는 교리적으로 올바르고, 예전적으로 적절하며, 사회적으로 용납될 만한 것에 관심을 두는 사람들을 두는 것이다. 우리가 6장에서 은총과 율법 사이의 관계를 살펴 볼 때, 존 웨슬리와 개혁주의 청교도들 간의 놀라운 일치점을 보게 될 것이다. 여기서는 다만 마음의 종교를 진지하

---

39 Rupp, "The Future of the Methodist Tradition," 267.
40 앞의 책,

게 추구하는 사람들의 큰 유사점과 그리스도인의 삶의 근거를 다른 곳에 두려는 이들과의 커다란 차이점을 주목하는 것으로 충분하다.

활기차게 그리고 용기 있게 찬양하라

감리교도들은 찬송을 부른다. 이제까지 항상 그랬으며 앞으로도 그럴 것이라고 기대할 수 있다. 복음주의 부흥운동을 물려받은 전통들이 찬송가를 부르는 전통을 지니게 된 이유에 대하여 많은 역사적인 이유들과 문화적인 이유들이 있다. 그러나 주된 이유는 명확하다. 마음의 종교를 지닌 사람은 찬송하고 싶어한다. 조나단 에드워즈는 강한 감정이 진정한 신앙의 핵심이기 때문에 "그러한 수단들은 감정을 움직이는 성향을 갖고 있기에 당연히 소유하고 싶어지는 것이다"라고 주장했다.[41] 그리스도인의 모임이 고도의 활기찬 집회나 심금을 울리는 멜로드라마 같은 모임이 될 필요는 없다. 분명히 우리는 그러한 것을 충분히 경험했다. 그러나 구더기가 무서워서 장을 못 담그는 것은 아니다. 기독교 예배는 감정을 고무시킬 필요가 있고 공동체적인 표현을 허용할 필요도 있다. 교회 생활의 모든 측면, 즉 성경봉독, 설교, 성찬식과 세례, 기도와 예배는 진리로 우리를 자극하고 우리 마음에 영향을 끼치는 방식으로 수행되어야 한다. 이러한 목적을 달성하는데 음악만큼 적절한 것은 없으며, 특히 회중 찬송이 그러하다. 회중 찬송은 "헌신의 영을 북돋우고, [개인의] 믿음을 확신시키고, 그의 소망을 되살리고, 하나님과 사람에 대한 그의 사랑을 불붙이거나 증폭시키는 방편이다."[42] 바로 이런 방식으로 웨슬리는 회중 찬송의 행습에 접근

---

41 Jonathan Edwards, *The Religious Affections* (Edinburgh: Banner of Truth, 1961), 50. 「신앙감정론」(부흥과개혁사 역간)

하였다. 그는 이것에 대해 충분히 고려한 다음, 적절한 일은 가장 효과적인 도구인 찬송가를 통하여 신자들의 마음을 자극하는 것이라고 이성적으로 납득하였다.

감리교도들이 모임에서 회중 찬송을 사용한 최초의 사람들은 아니었다. 물론 고대의 기독교 전통이 있었고, 웨슬리의 동시대인들 가운데서도 감리교 신자들은 모라비아교도들로부터 그리고 위대한 회중주의자이며 진정한 '영국 찬송가의 아버지'였던 아이작 와츠(Isaac Watts, 1674-1748)로부터 영향을 받았다. 그러나 부흥운동은 이러한 출처로부터 가장 좋은 찬송가를 취했고 그 위에 셀 수 없이 많은 찬송가를 추가했으며, 또한 연합 찬송가로 더 전진했다. "예수도 찬송 부르기를 실천하셨다는 확신을 품고(막 14:26; 마 26:30 참조), 사도 바울의 권면을 받아서(엡 5:19; 골 3:16 참조), 감리교 신자들은 그들의 모든 예배 의식에서 찬송가를 불렀다."[43]

물론 이 영역을 지배한 것은 바로 찰스 웨슬리였다. 존 웨슬리는 감리교도들이 사용할 수 있도록 훌륭한 독일 찬송가를 번역함으로써 일찍이 선두를 이끌었다. 하지만 찰스는 전혀 멈추지 않는 찬송의 샘이었다. 찰스의 창작력에 대한 통계만 보더라도 도무지 믿을 수 없을 정도다. "그는 (찬송가로 부를지 시라고 부를지에 따라서) 육천 곡 내지 구천 곡의 찬송가와 성스러운 시를 썼다. 이 가운데 사백 곡 이상의 찬송가가 현대의 기독교 찬송가집에 계속 등장한다."[44] 구천 곡의 찬송가 중 일부

---

42 Wesley's preface to the 1780 *Collection of Hymns for the Use of the People Called Methodists.* 「웨슬리 찬송시선집」(도서출판kmc 역간); Thomas Walter Herbert, *John Wesley as Editor and Author* (Princeton, NJ Princeton University Press, 1940), 64.

43 Karen B. Westerfield Tucker, "Wesley's Emphases on Worship and the Means of Grace," in *The Cambridge Companion to John Wesley*, ed. Randy L. Maddox and Jason E. Vickers (Cambridge: Cambridge University Press, 2010), 231.

는 하찮은 것이지만 대부분은 좋은 곡들이고, 다수는 훌륭하며, 일부는 고전적인 명곡들이다. 찰스는 지진에서 치통에 이르기까지, 구원의 이야기에서 삼위일체의 신비에 이르기까지 어떤 것이든 찬송가로 만들 수 있었다. "그는 거의 운율에 따라 생각했던 것 같다."[45] 웨슬리의 찬송가집은 감리교 부흥운동으로부터 나온 가장 중요한 출판물 가운데 하나다. 그 중의 몇 가지는 기념비적인 명작이지만 일 년에 한 권 이상의 비율로 출판된 보다 작은 찬송모음집들을 잊어서는 안 된다. "그들은 오십삼 년 동안 오십칠 권 정도의 찬송가 모음집을 출판했으며 그 절정은 유명한 1780년의 찬송가집이었다."[46]

웨슬리 찬송가들은 감정을 조성하는데 필요한 주목할 만한 도구다. 어떤 예배는 그저 마음에 있는 것을 표현하는 매개체에 불과한 찬송들을 통해 진행된다. 그러나 웨슬리 찬송가는 신학적으로 매우 풍부해서 가르치는 도구의 역할도 한다. 한 학자가 언급한 대로 "모든 효과적인 찬송가들이 그런 것처럼, 감리교도들이 불렀던 찬송가들은 감정적이지만, 그 내용은 처음부터 끝까지 성경적이며 또한 교리적이었다. 그러한 찬송가들은 단지 감정을 고무시킬 뿐만 아니라 찬송을 부르는 사람들로 하여금 기독교 진리를 관조하고 묵상하도록 만들었다."[47] 찬송가의 비밀 가운데 하나는 성경적 암시로 가득하다는 점이다. 찰스 웨슬리는 성경구절을 암기하고 있었던 것처럼 보이고 그것이 항상 혀끝에 달려 있었던 것 같다. 정말로 밀도가 높은 웨슬리 찬

44 John R. Tyson, *Assist Me to Proclaim: The Life and Hymns of Charles Wesley* (Grand Rapids: Eerdmans, 2007), viii.

45 Gordon Rupp, *Religion in England 1688-1791* (Oxford: Clarendon, 1986), 410.

46 앞의 책, 409.

47 J. Ernest Rattenbury, *The Evangelical Doctrines of Charles Wesley's Hymns* (London: Epwoth, 1941), 84.

송가는 세 개의 성구를 어떻게 해서든 두 줄로 짜 맞추어 놓을 수 있다. 그 찬송가는 군더더기 없이 재빨리 진행한다. 하지만 만일 당신이 멈춰서서 얼마나 많은 말과 암시를 내포하고 있는지를 분석한다면, 해설만으로도 한 페이지를 가득 채워서 독자를 지치게 만들 것이다. 어떤 찬송에서든지 아무렇게나 한 구절을 취해보라. 여기에 1746년에 나온 성령에 대한 찬송가 한 곡이 있다.

어느 누구도 진실로 말할 수 없다네
예수가 주님이시라는 것을
만일 당신이 베일을 치우지 않으면
그리고 살아 있는 말씀을 호흡하지 않는다면.
그때, 그때서야 우리는 느낄 수 있다네
우리의 관심이 그분의 보혈에 있음을
그리고 말할 수 없는 기쁨으로 외치네
당신은 나의 주님, 나의 하나님이십니다!

이 행(行)들에 각주를 다는 것은 성경 지식에 대한 일종의 고급 훈련이다. 이 찬송은 적어도 네 개의 성경구절(고전 12:3; 고후 3:16; 벧전 1:8; 요 20:28)을 명시적으로 가리키고 있고, 그 외에도 더 많은 구절들이 있을 가능성도 있다. ("살아 있는 말씀을 호흡하다"라는 표현은 히 4:12을 가리키는 것일까? "우리의 관심이 그분의 보혈에 있다"는 표현을 보면 어떤 성경구절이 떠오르는가?) "많은 작가들은 개별적인 찬송가들을 철저히 조사하여 얼마나 성경에 흠뻑 젖어있는지를 보여 주었다. 그리고 때때로 단 한 구절에 매우 다양한 대목에서 끌어온 대여섯 가지 암시들이 있다는 것도 입증했다"[48] 그 깊이와 밀도도 놀랍지만 찰스 웨슬리의 솜씨는 정말 경이로워서 고압

적이고 교훈적인 소리처럼 들리지 않고 노래하기도 쉽고 기억하기도 쉽다.

웨슬리 찬송가를 칭찬하려면 할 말이 대단히 많지만 누군가의 화려한 말을 인용하는 게 최선이다. 버나드 매닝(Bernard L. Manning, 1892-1941)은 찰스 웨슬리의 찬송가를 "한 천재 종교인이 만든 최상의 신앙적인 예술 작품"으로 극찬했다. 매닝의 찬사 가운데 일부는 거의 당혹스러울 정도이다. 그는 찰스 웨슬리 찬송가에 대해 "그 나름대로…그 완전성에 있어서 완벽하고, 범접할 수 없고, 절대적이다. 당신은 그것을 손상시키지 않고서는 고칠 수가 없다"라고 묘사한다. 이것은 좀 지나친 것 같다. 그러나 그는 또한 찰스 웨슬리가 기독교 노래에 기여한 면에서 역사상 독보적인 자리에 서 있다고 지적하고 있다. 영시와 영국 음악의 풍토는 이런 작품이 등장하기에 안성맞춤이었다.

> 보편적인 신앙이 복음주의 부흥운동에 새롭게 수용되고 있을 때, 찰스 웨슬리가 그 신앙을 표현할 수 있었던 것은 그의 행운이었다. 혹은 하나님의 섭리였다. 그 당시를 지배하던 취향과 문학적 습관이 결합되어 찰스에게 찬송가 작사를 위한 완벽한 문학적 도구를 제공했다.[49]

그리고 매닝은 교회 음악에서 좀처럼 결합시키기 어려운 세 줄기를 찰스 웨슬리가 어떻게 묶었는지를 정확하게 파악한다.

> 그때까지 교리를 담은 찬송가를 쓰는 다른 작사가들이 있었다(그리스 정교회가 생각난다). 개인의 종교적 경험을 표현하는 찬송가를 쓰는 다른 작

---

48 Rupp, *Religion in England 1688-1791*, 410.
49 Bernard Lord Manning, *The Hymns of Wesley and Watts: Five Informal Papers* (London: Epworth, 1942), 30.

사가들도 있었다(19세기가 생각난다). 신비적인 종교시를 쓰는 다른 작가들도 있었다(17세기가 생각난다). 웨슬리의 훌륭한 업적은 이러한 세 가지 줄기, 즉 교의, 경험, 신비주의를 결합하되 매우 단순한 구절에 묶어 놓아서 보통 사람이 이해할 수 있게 했고 아주 매끄러워서 쉽게 사용할 수 있게 한 것이다. 여러분은 이러한 특성들의 결합체를 중세 교회의 가장 위대한 라틴 찬송가에서 발견할 수 있지만, (내 생각에) 그 밖의 다른 곳에서는 좀처럼 발견할 수 없다. 무엇보다도 이 세 가지 특성들은 찬송가에 대단한 생명을 불어넣어 주기 때문에 그리스도인들이 하나님의 은총을 경험하는 동안 그것들은 결코 낡지 않는다.[50]

존 웨슬리는 부흥운동의 성공과 마음의 종교의 진보에 찬송가가 얼마나 중요한가를 깨달았다. 그는 "찬송가를 자기 자신의 설교 및 저술과 동등한 중요성을 지닌 감리교 신학에 대한 진술로 여겼다." 사실 래튼베리(J. Ernest Rattenbury)가 주장하듯이, "어떤 면에서는 찬송가들이 더 중요한 것으로 입증되었다. 왜냐하면 존 웨슬리의 논리 정연한 저술들과 달리, 모든 감리교파 사람들이 찬송가를 읽고 또한 불렀기에 그 찬송들이 그들의 마음에 침투했고, 그들의 정신을 계몽시켰으며, 그들이 믿고 또 설교했던 구원의 진리들을 기억하기 쉬운 어구로 표현했기 때문이다."[51] 그러므로 존 웨슬리는 찬송가를 중생한 신자의 삶이 가꿔지고 표현되는 장소라고 말했다. 존 웨슬리는 많은 찬송가집에서 통찰력 있는 서문을 써주었다. 1780년에 출판된 대작 「웨슬리 찬송시선집」(도서출판kmc 역간)에 대한 서문에서, 존 웨슬리는 찬송가란

---

50 앞의 책.
51 Rattenbury, *Evangelical Doctrines of Charles Wesley's Hymns*, 63.

"진정한 그리스도인들의 경험에 따라서" 구성된 "성경적 기독교"를 진술하는 "실험적이고 실천적인 신학의 작은 묶음"이라고 공표했다. 이어서 수사적인 질문을 던졌다.

여러분은 어떤 다른 종류의 출판물 속에서 성경적 기독교에 대해 그렇게 탁월하고 충분한 설명을 얻을 수 있는가? 사색적이고 실천적인 종교의 높이와 깊이에 대한 그런 선언을? 가장 있을 법한 잘못에 대한 그토록 강한 경고를? 특히 현재 가장 만연되어 있는 잘못들에 대한 경고를? 그리고 당신의 소명과 선택을 확신하게 해주고, 하나님을 경외하는 가운데 성결을 완성하게 해주는 그토록 분명한 지침을?[52]

그러나 훌륭한 찬송가들을 가지고 있더라도 회중들은 그것들을 잘 부를 필요가 있었다. 그리고 웨슬리 형제는 회중 찬송의 기복을 경험했다. 이러한 사실은 존 웨슬리가 쓴 "회중 찬송을 위한 지침들" 가운데 행간(行間)에 숨은 뜻을 읽으면 알 수 있다. 회중 찬송을 "자신들과 다른 사람들에게 유익할 뿐 아니라 하나님께 좀 더 받아들여질 수" 있도록 만들기 위해서, 존 웨슬리는 회중들에게 "다음의 지침들을 조심스럽게 따르라고" 충고하였다. 존 웨슬리의 언어는 예스럽지만("lustily"는 오늘날 "육욕적으로"라는 뜻이지만 18세기에는 "활기차게 그리고 원기 왕성하게"라는 의미였다.), 함께 모여서 찬송을 불러본 사람은 누구든지 그의 충고가 초시간적인 것임을 알 수 있다.

1. 다 함께 찬양하십시오. 가능한 한 자주 회중과 함께 찬양하십시오. 약간 힘이 없거나 피곤한 것에 구애받지 마십시오. 만약 그것이 여러분

---

52 앞의 책에서 인용, 68-69.

에게 십자가라면 그것을 지십시오. 그러면 여러분은 복을 받게 될 것입니다.

2. 힘차게 찬양하십시오. 그리고 매우 용기 있게 찬양하십시오. 반쯤 죽었거나 반쯤 잠든 것처럼 찬양하지 않도록 조심하십시오. 여러분의 목소리를 높여서 힘차게 찬양하십시오. 사탄의 노래를 부를 때처럼 여러분의 목소리를 걱정하지 말고 여러분의 목소리가 들리는 것을 창피해하지 마십시오.

3. 알맞게 찬양하십시오. 나머지 회중보다 더 높이 들리거나 그들과 구별될 정도로 크게 부르지 마십시오. 그렇게 함으로써 조화를 깨뜨리지 않아야 할 것입니다. 그리고 명료하고 곡조가 아름다운 하나의 소리를 만들기 위해서 여러분의 목소리를 다 함께 묶으려고 노력하십시오.

4. 박자에 맞추어 찬양하십시오. 어떤 박자로 부르든지 그 박자에 보조를 맞추십시오. 그 박자보다 앞서서 나가지 말고 뒤쳐지지도 마십시오. 인도하는 목소리에 세심하게 주의를 기울여 가능한 한 정확하게 그들과 함께 움직이십시오. 그리고 너무 느리지 않도록 신경 쓰십시오. 이러한 느릿한 방식은 자연히 느긋한 사람들에게 몰래 다가갑니다. 지금은 그러한 태도를 몰아내고 처음에 우리들이 불렀던 것처럼 빠르게 곡조를 따라 찬양할 때입니다.

5. 무엇보다 영적으로 찬양하십시오. 여러분이 가사를 부를 때마다 하나님께 시선을 고정하십시오. 여러분 자신이나 다른 어떤 피조물보다 하나님을 기쁘게 하는 것을 목표로 삼으십시오. 이렇게 하기 위해서 가사의 의미에 주목하십시오. 그리고 여러분의 마음이 그 노랫소리에 빠지지 말고 계속해서 하나님께 드려지도록 하십시오. 그런즉 여러분의 찬양이 여기에서 주님의 인정을 받고 장차 주님이 하늘의 구름을 타고 오실 때 상급을 받도록 하십시오.[53]

웨슬리는 그 시대에 반쯤 죽은 찬양, 고함치는 찬양, 늘어뜨리는 찬양에 대해 많이 들었을 것이다. 그래서 가능한 한 제대로 찬양을 부르게 만들려고 열심히 노력했다. 찬양은 그 목표를 성취할 만큼 잘 해야만 했다. 찬양의 목표는 그 자체를 위한 완전한 음악이 아니라 계속해서 하나님께 마음을 드리는 것이다.

감정들의 순위 정하기

웨슬리는 타고난 조직가는 아니었다. 그러나 그가 기독교 신앙의 조직적이고 체계적인 구조를 보여줘야겠다는 생각에 흥분한 적이 적어도 한 번은 있었다. 그는 설교자이자 세상을 변화시키는 사람이었지 신학적으로 숙고하거나 도표를 만드는 사람은 아니었다. 그러나 마음의 종교의 조달자로서 특별히 명료하고 합리적이 될 필요가 있음을 알았던 듯하다. 그래서 그리스도인의 사랑 혹은 열정의 다양한 부분이 어떤 상호관계를 맺어야 하는지를 보여주되 특히 상대적인 순위에 관심을 갖고 그렇게 하기로 했다.

웨슬리는 갈라디아서 4장 18절을 본문으로 삼고 "열정에 관하여"(설교 92번, 「표준설교집」에 들어있지 않다)라는 제목으로 설교하고 있었다. 흠정역에는 "항상 선한 일에 열정을 품는 것은 좋은 일이다"로 번역되어 있다. 이 구절을 읽었을 때 그에게 우리의 사랑, 우리가 열정을 품는 것들에 순위를 매길 필요가 있다는 생각이 떠올랐다. 우리의 열정은 하나님께서 소중하게 여기시는 것들에 정비례해야 한다. 그는 이렇게

---

53 이러한 소개는 웨슬리의 1761년 찬송가 *Sacred Melody; or, A Choice Collection of Psalm and Hymn Tunes with a Short Introduction*에 처음 인쇄되었다.

주장했다. "기독교 신자 속에는 사랑이 영혼 깊은 곳의 보좌에 앉아 있다. 말하자면 하나님과 사람에 대한 사랑이다. 그 사랑이 신자의 온 마음을 가득 채우고 있고 독보적으로 다스린다." 그 다음에 웨슬리는 다른 선들이 영혼 깊은 곳에 있는 사랑의 보좌 주변에 어떤 순위를 차지하는지를 보여주기 시작했다.

사랑의 보좌에 가까운 원 안에는 모든 거룩한 성품, 즉 오래 참음, 온유, 유순함, 충성, 절제가 자리 잡고 있다. 그리고 "그리스도 예수의 마음"에 포함되는 다른 어떤 것도 거기에 자리 잡게 된다. 바깥 원 안에는 인간의 영혼이나 몸에 행한 모든 자비의 행위들이 위치해 있다. 이러한 자비의 행위들을 통해서 우리는 모든 거룩한 성품을 발휘한다. 또한 이러한 선행을 통해서 모든 거룩한 성품을 계속해서 고양시켜서 그 모든 행위들이 흔히 주목받지는 못하지만 진정한 은총의 방편이 된다. 그 다음에는 보통 경건의 행위라고 부르는 것들이 놓인다. 말씀 읽기와 듣기, 회중기도, 가정기도, 개인기도, 성찬, 금식 혹은 금욕 등이다. 마지막으로, 주님을 따르는 자들이 서로 사랑과 거룩한 성품과 선행을 효과적으로 격려하게 하려고 우리의 복되신 주님께서 그들을 한 몸으로 묶어서 교회가 되게 하고 전 세계에 흩어지게 하셨다. 보편교회의 작은 상징으로서 특정한 기독교 회중이 곳곳에 존재한다.[54]

웨슬리는 분명히 그 계층적인 서열을 진지하게 여겼다. "이것이 서로 연결된 기독교의 체계이다. 그러므로 층층이 쌓인 여러 부분들이

---

54 Sermon 117, "On Zeal," in *The Works of John Wesley*, ed. John Emory (New York: Waugh and Mason, 1835), 290.

우리를 다 함께 묶어서 가장 낮은 지점으로부터 가장 높은 지점, 즉 마음속 보좌에 앉은 사랑에 이르게 한다. 따라서 종교의 각 부문이 지닌 상대적인 가치를 배우기기가 쉽다."

이 체계의 중심에는 사랑이 자리 잡고 있다. 그 원에서 밖으로 나가는 첫 움직임이 가장 중요하다. 즉 하나님과 사람에 대한 사랑이 "거룩한 성품들"로 표출되는데, 이는 성령의 열매로 나열되어 있다. 웨슬리는 또한 "일련의 감정"과 정서에 대해서도 주장을 펴겠지만 여기서는 웨슬리가 그 성품들 중 가장 평화로운 것("그리스도의 마음")을 강조하기 위해서 기쁨 같은 항목들은 생략하고 있다. 그 이유는 아마도 그가 열정에 대해 설교하고 있었으며, 열정은 선의 추구에 거칠고 무절제한 태도와 같지 않다는 점을 강조하고 싶어서였을 것이다. 그래서 웨슬리는 마음에서 시작하여 성품으로 나아간다.

이 체계에서 가장 흥미로운 전환 중 하나는 거룩한 성품으로부터 자비의 행위로 이어지는 직선도로이다. 당신은 웨슬리가 성품에서 영성으로 이동하기를 기대했을 것이다. 그러나 대신에 웨슬리는 섬김의 행위로 넘어갔다. "바깥 원 안에는 인간의 영혼이나 몸에 행한 모든 자비의 행위가 위치해 있다." 웨슬리는 전통적인 중세의 "육체적 자비 행위"와 "영적 자비 행위"의 목록을 틀림없이 마음에 품고 있었다. "육체적 자비 행위"로는 배고픈 자를 먹이고, 벗은 자를 입히고, 병든 자를 방문하고, 죽은 자를 묻어주는 일 등이 있었으며, "영적 자비 행위"로는 무지한 자를 가르치고, 무례한 자를 용서하고, 고통당하는 자를 위로하고, 다른 사람들을 위해 기도하는 일 등이 있었다. 이런 행위들을 통하여 우리가 "모든 거룩한 성품들을 발휘하고" 또한 "계속해서 그 성품들을 고양시키는"만큼 웨슬리는 이상하게도 그것들을 "진정한 은총의 방편"이라고 부른다. 자비의 행위는 사랑으로 변화된 마음으로부터 나오는 거룩한 성품들이 필연적으로 표출되는 출구인 셈이다.

그때야 웨슬리는 "보통 경건의 행위라고 부르는 것들" 혹은 "말씀 읽기와 듣기, 회중기도, 가정기도, 개인기도, 성찬, 금식 혹은 금욕"과 같은 영적 훈련으로 더 나간다. 영성 형성보다 섬김을 우위에 두는 것에 대하여, 웨슬리는 "하나님은 자비를 원하고 제사를 원치 않는다"는 등의 성경구절들을 인용하고, 심지어 다음과 같은 원칙을 제시한다. "그러므로 한 가지가 다른 하나를 방해할 때마다 자비의 행위가 우선되어야 한다. '자선의 전능한 요청'을 들으면 심지어 말씀을 읽고 듣는 것, 기도하는 일도 생략되거나 연기되어야 한다. 즉 육체에 관한 것이든 영혼에 관한 것이든 우리 이웃의 고통을 덜어주라는 요청을 받았을 때에 그렇게 해야 한다." 그리고 맨 마지막으로, 웨슬리는 교회로 나아간다. 교회는 "우리의 복되신 주님께서 한 몸으로 묶어서… 신자들이 서로 사랑과 거룩한 성품과 선행을 격려할" 수 있게 하신 곳이다. 그리고 웨슬리는 교회 내에서 또 다른 구별을 하였다. 한편에는 가장 중요한 보편교회가 있고, 다른 한편에는 그보다 덜 중요한 신자들의 지역적인 모임이 있다.

그러면 열정은 어떻게 작동해야 하는가? 열정은 각 항목에서 선의 수준에 정비례해야 한다. 즉 각 그리스도인은 "자신이 교인으로 속해 있는 특정한 교회나 기독교 공동체"를 사랑하고 또한 기도해야 하지만 "보편적인 교회"를 위해서는 더욱 그렇게 해야 한다. 그러나 이어서 웨슬리는 이렇게 경고한다. "그는 교회 자체보다 그리스도의 명령에 대해 더 열정을 품어야 한다. 즉 공중 기도와 개인 기도에 대하여, 성찬에 대하여, 말씀을 읽고 듣고 묵상하는 일에 대하여, 그리고 많이 소홀히 취급되고 있는 금식의 의무에 대하여 더 열정을 품어야" 이러한 일들이 서열상 교회보다 더 높다. 왜냐하면 교회는 이러한 일들이 일어나게 하기 위해 존재하기 때문이다. 그러나 이러한 영적인 훈련들 혹은 "그리스도의 명령들"은 자비의 행위, 즉 우리가 열심을 품어야 할 선행들보다 더 낮은 위치에 있다.

그러나 우리가 모든 선행에 열심을 품는 만큼, 우리는 거룩한 성품에 대해 더 열심을 품어야 한다. 우리 자신의 영혼 속에 그리고 우리가 교류하는 모든 사람들 속에 겸손한 마음, 온순함, 온유함, 오래 참음, 자족, 하나님의 뜻에 순종함, 오직 하나님께만 살아있기 위한 유일한 방편으로서 세상과 세상에 있는 것들에 대해 죽는 것을 심고 또한 고취시켜야 한다. 이런 살아있는 신앙의 증거와 열매에 대해서는 아무리 열심을 품어도 지나치지 않다.[55]

그러나 그 중심에는 사랑이 존재한다. 사랑이야말로 "계명의 목적이자 율법의 성취"이다. 웨슬리와 그의 열정 체계에서 "교회, 그리스도의 명령들, 모든 종류의 외적 행위들, 게다가 다른 모든 거룩한 성품들은 사랑보다 열등하고 오직 그러한 것들은 사랑에 더 가까이 다가갈 때에만 가치가 커지기" 때문이다.

웨슬리의 마지막 편지 : 윌버포스에게

웨슬리의 열정 체계의 한 가지 놀라운 점은 사랑으로 새롭게 된 마음에서 곧바로 세상에서의 선행으로 이어진다는 것이다. 우리는 마음의 종교가 내면적인 영성을 낳을 것이라고 기대했었다. 그러나 만일

---

55 앞의 책.

마음의 종교에 관한 한 웨슬리가 우리의 기준이 된다면(그보다 나은 사람이 있을까?), 마음의 종교는 진정한 사회 변동을 추진하는 실질적인 것이다. 그 증거로 우리는 웨슬리 부흥운동이 영국에 끼친 수많은 영향을 지적할 수 있다. 웨슬리가 영국에 미친 영향력이 너무나 커서 영국이 프랑스 혁명 같은 대재앙을 겪지 않게 되었다는 말이 한동안 회자되곤 했다. 그러나 그러한 주장은 불확실해서 조심스럽게 다루어져야 한다. 그러한 주장이 결국 사실로 입증되더라도, 그것은 단지 감리교 부흥운동의 마음의 종교가 노동자 계층이 압제자들에 대항하여 일어나는 것을 막아준 진정제 역할을 했다는 것을 의미할 수도 있다.[56] 그러나 웨슬리의 활동은 사실 18세기 영국의 도덕적인 풍토를 변화시켰으며, 마음의 종교는 더 넓은 세계에 영향을 끼쳤다.[57] 이를 뒷받침하는 최상의 직접적인 증거는 웨슬리가 수많은 영역에서 사회 정의의 옹호자로서 이룬 성과들이고, 특별히 노예제 폐지에 미친 웨슬리의 영향력에서 잘 드러난다.

웨슬리는 강단에서 노예제도를 반복해서 비난했으며 가능하면 어디서든지 개인적인 영향력을 이용하여 노예제도에 대항하였다. 웨슬

---

56 "웨슬리가 영국판 프랑스 혁명을 중지시켰다"는 주장은 할레비 논지(Halevy thesis)라고 불리는데, 그 출처는 다음과 같다. A 1906 book by Elie Halevy translated into English as *The Birth of Methodism in England*, ed. and trans. Bernard Sammel (Chicago: University of Chicago Press, 1971), 51. For full discussion, see Gerald W. Olsen, ed., *Religion and Revolution in Early-Industrial England: The Halevy Thesis and Its Critics* (Lanham, MD: University Press of America, 1990), 다음 책에 나오는 럽의 날카로운 진술도 보라. *Religion in England 1688-1791*, 449ff. 예: "일부 감리교도들은 할레비의 평가를 칭찬으로 받아들여서 그들이 내세 지향적 경건주의를 부추겨 사람들이 진정한 과업-노동계급의 상태개선-에 집중하지 못하게 했다는 반론에 대해 열린 자세를 취했다."
57 웨슬리의 신학이 얼마나 사회변동을 지향하고 있는지에 대한 균형 잡힌 연구를 보려면 다음 책을 참고하라. Leon O. Hynson, *To Reform the Nation: Theological Foundations of Wesley's Ethics* (Grand Rapids: Francis Asbury, 1984).

리의 유명한 소책자 "노예제도에 관한 고찰"에는 노예 주인들을 향한 직접적인 호소가 담겨있는데, 그들의 억압적인 관행에서 발생한 부당한 처사에 대한 울부짖음에 주목하라고 촉구했다. "오, 어떤 대가를 치르더라도 너무 늦기 전에 그 울부짖음을 멈추게 하시오.…당신의 두 손, 당신의 침대, 당신의 가구, 당신의 집, 당신의 토지들이 지금 피로 물들어 있소."[58] 웨슬리는 노예 주인들이 노예제도를 거부함으로써 얼마나 많은 재정적인 손실을 당해야 하는지를 충분히 이해했다는 의미에서 그들에게 공감할 수 있었다. 그러나 웨슬리는 가능한 한 빨리 그러한 손실을 감당하라고 충고했다. 왜냐하면 그것은 악한 일로부터의 회개의 대가이기 때문이라는 것이다. "하나님이 도우시니 당신의 인생을 위해서 오늘 거기서 벗어나겠다고 결단하시오. 돈을 중시하지 마시오!…어떤 것을 잃더라도 당신의 영혼을 잃지 마시오. 그 어떤 것도 영혼의 손실을 상쇄할 수는 없소. 즉시 그 끔찍한 노예무역을 중단하시오."[59] 노예제도에 대한 웨슬리의 입장은 단호하였다. 웨슬리는 그 관행을 가능한 한 완전히 종식시키기 위해서 그리스도인들의 마음을 각성시키려고 노력하였다.

이러한 맥락에서, 존 웨슬리가 썼던 마지막 편지가 노예제도에 관한 것이며, 윌리엄 윌버포스(William Wilberforce, 1759-1833)에게 쓴 것이었다는 것은 놀라운 사실이다. 이것이 1791년 2월 24일 날짜로 보낸 짧은 편지의 전문이다.

---

58 1774 pamphlet "Thoughts on Slavery." Warren Thomas Smith, *John Wesley and Slavery* (Nashiville: Abingdon, 1986)에는 이에 관한 논평(90-103)과 원본의 재인쇄(123-48)를 다루고 있다.
59 Rebekah L. Miles, "Happiness, Holiness, and the Moral Life in John Wesley," in Maddox and Vickers, *Cambridge Companion to John Wesley*, 216.

존경하는 선생님.

하나님의 능력이 당신을 '세상에 대항한 아타나시우스'(Athanasius contra mundum)처럼 세우지 않았다면, 당신이 기독교와 영국과 인간본성의 수치인 그 형편없는 악행[노예제도]을 반대하는 그 영광스런 일을 추진할 수 없었을 것입니다. 만일 하나님께서 바로 이 일을 위하여 당신을 세우지 않으셨다면, 당신은 사람들과 악마들의 반대에 부딪혀 기운이 다 빠졌을 것입니다. 그러나 하나님께서 당신의 편이라면, 누가 당신에게 대항할 수 있겠습니까? 그들 모두를 합치더라도 하나님보다 더 강합니까? 오, 선행을 하는데 지치지 마십시오! 하나님 이름으로 그리고 그분의 막강한 권능으로 계속해서 나아가십시오. 심지어 미국의 노예제도(역사상 가장 사악한)도 그 앞에서 마침내 사라져버릴 때까지 계속 전진하십시오.

오늘 아침에 한 불쌍한 아프리카 사람이 쓴 글을 읽으면서, 저는 검은 피부를 가졌기 때문에 백인에게 학대받고 유린당한 사람이 손해배상을 받지 못하는 심각한 상황으로 인해 심한 충격을 받았습니다. 식민지에서는 백인에 대항한 흑인의 맹세는 무가치하다는 '법' 때문입니다. 도대체 이 무슨 악행이란 말입니까?

당신을 젊은 시절부터 지금까지 이끌어주신 그분께서 이 일과 모든 일들에 있어서 계속해서 당신에게 힘을 주시기를 기도합니다. 존경하는 각하.

당신의 애정 어린 종,
존 웨슬리[60]

이 편지는 몇 년간 노예 매매를 폐지시키기 위하여 지칠 줄 모르고

운동을 벌이던 윌버포스에게 틀림없이 커다란 격려가 되었을 것이다. 요점은 단지 한 위대한 인물인 존 웨슬리가 또 다른 위대한 인물인 윌리엄 윌버포스에게 영향을 끼쳤다는 것이 아니다. 두 사람이 마음의 종교의 가치에 대해 의견이 일치했기 때문에 공통적인 대의를 발견했다는 것이다. 노예제도를 무너뜨린 것은 바로 마음의 종교였다.

웨슬리의 편지를 받은 지 육년이 지나서 윌버포스는 위대한 저서 「진정한 기독교와 대비되는, 이 나라 중상류층의 자칭 기독교인들의 지배적인 종교체계에 대한 실제적인 견해」(*A Practical View of the Prevailing Religious System of Professed Christians, in the Higher and Middle Classes of This Country, Contrasted With Real Christianity*, 1797)를 출판했다. 윌버포스의 「실제적인 견해」는 진정한 그리스도인의 믿음이 어떻게 마음을 움직이고 사회적 행동을 유발하는지에 대하여 특별히 감동적으로 다루고 있다. 윌버포스는 그가 "진정한 그리스도인의 믿음"이라 부르는 것이 당시의 교양인들이 광신주의 혹은 (이 용어의 18세기 의미로) 열광주의라고 부른 것과 위험할 정도로 가깝다고 기꺼이 인정했다. 그럼에도 불구하고 윌버포스는 기꺼이 그 위험을 무릅썼다. 왜냐하면 진정한 종교는 "활기차고 활동적인 원칙의 주입이기 때문이다. 진정한 종교는 마음속에 자리 잡고 있다. 거기서 그 권위가 최고로 인정되어 그것에 반대하는 것은 무엇이든 서서히 몰아낸다. 그리고 거기에서 모든 감정과 욕망을 점차 완벽한 통제와 규제 아래 둔다." 만일 웨슬리의 마음이 이미 이상하게 뜨거워지지 않았더라면, 윌버포스의 정의가 웨슬리의 마음을 뜨겁게 했을 것이다.

윌버포스에 따르면, 이러한 진정한 기독교가 차갑게 식었기 때문에

---

60 *John Wesley*, ed. Albert Outler (New York: Oxford University Press, 1964), 86.

노예제도가 영국과 미국에서 허용되었다고 한다. 그리고 진정한 기독교가 식은 것은 근본적인 기독교 교리들을 버렸기 때문이라고 한다. 만약 영국의 명목상 그리스도인들이 인종에 기반을 둔 노예재산 제도와 같은 엄청난 제도적 사악함을 무시한다면, 그것은 그들의 마음이 차갑게 식었기 때문이다. 그리고 그들의 마음이 식은 것은 그들의 머리가 비어있기 때문이다. 윌버포스 박사가 내린 처방은 "기독교 특유의 교리들"을 왕창 복용하는 것이다. 그것은 일반적인 도덕성이나 경건함이 아니라 우리가 성경에 나오는 특별한 신적 계시로부터만 알 수 있는 핵심적인 교리들이다. 윌버포스가 취한 첫 번째 조치는 독자들 앞에 기독교 "특유의 교리들"이 새겨진 거대한 돌판을 내놓는 것이었다. "성경적 교리들"이라는 제목 아래, 그는 기독교 신앙의 큰 개념들에 대한 숨 막히는 개관을 시작한다. 즉 하나님의 사랑, 그리스도의 겸손, 속죄, 그리스도의 승천, 내주하는 성령의 필요성, 그리고 죽은 자들의 부활 등이다. 윌버포스는 이 모든 것들이 그리스도인의 공통적인 신앙고백이며, 비록 그 시대의 영국국교회 설교자들이 특정한 것들을 꺼릴지라도, 그 온전한 가르침이 "우리의 탁월한 예전"속에 충실히 보존되어 있다고 말했다.

대부분의 명목상의 그리스도인들이 그들의 구세주를 별로 기뻐하지 않고 신뢰하지 않는 것은 그분에 대한 사랑이 없기 때문이라고 그는 말한다. "그리스도에 대한 사랑이 미지근하기" 때문에 "그분을 기뻐하고 신뢰하는 것이 매우 활기찰 것으로 기대할 수 없다." 그리고 만일 그리스도에 대한 사랑이 차갑게 식어버리면, "성령의 성화 사역에 대한 교리는 더 나쁜 대우를 받은 듯이 보인다." 심지어 명목상의 그리스도인들이 신앙의 진리들을 떠올릴 때조차도 그들은 세상에서 공의를 추구하는 힘겨운 과업에 필요한 진심 어린 반응이 부족하다. 바로 여기서 윌버포스는 마음의 종교에 대하여 또 하나의 매우 웨슬리적인 결론을 이끌어낸다. 감정적인 흥분은 섬기는 삶에서 중대한 역할을 한다. 우리를 움직이게 하려면 "강력한 자극제"가 필요하다.

단순한 지식은 의심할 여지없이 너무 약하다. 오직 감정만이 여전히 그 부족함을 채울 수 있다. 감정들은 필요를 충족시켜주고 의도했던 목적들에 잘 들어맞는다. 그러나 우리가 감정들에게 우리를 도와달라고 요청함으로써 우리 자신을 우리의 위대한 과업에 맞추라고 하면, 우리가 이치에 어긋나는 행동을 하고 있다는 소리를 듣게 된다. 먼저 우리에게서 증거의 갑옷을 벗겨버리고, 그 다음에 우리를 가장 날카로운 만남의 장소로 보내는 것이 타당한 일인가? 우리를 가장 가혹한 노동으로 부르되 먼저 우리의 힘을 돋워주는 귀중한 강장제를 빼앗아 가는 것이 타당한 일인가?

윌버포스에게는 그 모든 것이 행동으로 종료된다. 그러나 당신은 비어있는 머리와 차가운 마음을 가지고 행동을 시작하지는 않는다. 윌버포스는 대표적인 문제를 지적하는데, 그것은 복음에 초점을 둔 신학적인 문제이다. "그러나 이러한 명목상의 그리스도인들의 실제적인 체계가 지닌 거대한 근본적인 결함은 그들이 고백하는 종교 특유의 교리들을 망각하는 것이다. 바로 인간 본성의 타락, 구세주의 속죄, 그리고 성령의 성화 사역 등이다." 윌버포스는 웨슬리를 좇아 마음의 종교가 가장 실천적이고 효과적인 종교라는 사실을 알았다.

21세기 교회는 존 웨슬리나 조나단 에드워즈 같은 복음주의자들이 18세기에 부딪혔던 것과는 다른 상황에 직면하고 있다. 그 중간기에는 문학계에서는 낭만주의, 미술계에서는 표현주의, 정치계에서는 민주적 평등주의 물결이 일어났고, 대체로 서양문화에서 모든 종류의 형식주의의 전반적인 완화 현상이 나타났다. 만약 우리가 우리 시대에 마음의 종교를 옹호한다면, 우리는 어떤 새로운 표현을 찾아내야 할 것이다. 왜냐하면 많은 18세기 용어들은 남용과 과용과 의도적인 방치로 인해 닳아서 못쓰게 되었기 때문이다. 복음주의 진영에서 오늘날의 형식주의는 옷을 잘 차려입은 고교회파의 경직된 모습과 더불어 격식을 차리지 않는 저교회파의 가벼운 모습으로 나타나는 것 같다. 그러나 마음의 종교에 대한 오늘날의 반론은 웨슬리와 18세기의 복음주의자들이 부딪혔던 것과 똑같다. 그 가운데 어떤 것도 설득력이 없다. 기독교는 그 본질상 마음의 종교이다. 우리는 굳이 눈물을 잘 흘리는 인물, 대단한 인물, 감상적인 인물, 남을 조종하는 인물, 내향적인 인물, 혹은 사생활을 중시하는 인물이 될 필요가 없다. 다만 우리는 18세기 대부흥운동에서 웨슬리가 주장했던 것과 실천했던 것을 회복할 필요가 있을 뿐이다. 다름 아닌 마음의 종교다!

4. 요한일서

신학자

어떤 그리스도인도 성경 육십육 권 중 가장 좋아하지 않는 책이 있어 서는 안 된다. 모든 성경은 하나님의 영감으로 된 것인 만큼 그 모든 부분이 우리를 가르치고 훈련하고 구비시키기에 유익하다(딤후 3:16). 그러나 성경 중에 좋아하는 책이 있는 것은 무방하고 심지어 바람직 하기도 하다. 그것은 우리에게 처음으로 구원의 복음을 전해준 책이 거나 어려울 때 하나님이 그것을 통해 우리에게 말씀하신 책일 수 있 다. 성경의 나머지 부분이 수렴되는 것처럼 보이는 책이나 대목일 수 도 있다. 우리가 한 책의 특정한 메시지가 다른 책의 독특한 메시지 를 묵살하도록 허용하는 '편애'의 유혹에 굴복하지 않는 한, 또한 정 경 전체가 다 함께 묶여 있다는 점을 인정하는 한, 훌륭한 성경 독자 는 어느 한 책을 영적인 본거지로 삼을 수 있다.

존 웨슬리가 가장 좋아하는 책은 요한일서였다. 로버트 월(Robert Wall)은 최근에 이렇게 주장했다. "비록 웨슬리는 성경 전체의 권위를 인정하였지만, 성경의 한 부분이 그에게 특별히 추가적인 반향을 불 러 일으켰다. 바로 사도 요한의 첫 번째 편지였다."[1] 웨슬리가 요한일 서를 특히 중시한 것을 고려하면, 그리스도인의 삶에 대한 웨슬리의 접근에 관하여 많은 것을 알 수 있다. 사실 나는 존 웨슬리가 요한일 서 신학자로 여겨져야 한다고 생각한다.

"정경 속의 정경"은 없다

언젠가 나는 루터교인들은 갈라디아서를 성경해석의 열쇠로 여긴다는 어느 신학자의 성찰을 들은 적이 있다. 갈라디아서는 극명하고, 단호하며, 통찰력이 있고, 예리하고, 대립적이다. 이러한 형용사들이 마르틴 루터의 성격을 묘사하는 듯이 들리는 것은 단지 우연일까? 루터는 "갈라디아서는 나의 아내다"라고 말함으로써 그 책에 대한 유별난 애정을 표현했다. 그러나 이 개혁주의자는 갈라디아서의 진리("당신은 믿음을 통하여 은총으로 구원받는다")를 전제로 삼고, 아주 긴 문장들로 그 진리를 하나님의 영원한 목적으로 거슬러 올라가는, 파노라마식 구속관 안에 두는 에베소서로 끌려가는 경향이 있다.

이러한 갈라디아서와 에베소서의 대조는 물론 상대적이다. 일반적으로 개신교인들은 신약성경 중 로마서에 가장 중요한 자리를 부여하는데 동의하는 경향이 있다. 이 책은 모든 올바른 질문을 하고 대답을 하는 등 성경 전체의 교리적 결정체의 역할을 하기 때문이다. 사실 개신교 조직신학은 체계적인 로마서 주석을 점점 더 많이 쓰는 행습에서 비롯되었다. "유럽 대륙의 모든 유능한 종교 개혁가들은 하나같이 로마서 주석을 썼다. 그것은 그 자신이 진정한 종교 개혁가임을 보여주는 배지와 다름없었다."[2] 다른 한편으로 오순절주의자들은 성경 전체를 읽되 사도행전을 우리 시대에 주는 성경의 메시지를 대변하는 결정적이고 규범적인 초상화로 여기는 경향이 있다.

---

1 Robert W. Wall, "Wesley as Biblical Interpreter," in *The Cambridge Companion to John Wesley*, ed. Randy L. Maddox and Jason E. Vickers (Cambridge: Cambridge University Press, 2010), 117. 이어서 월은 "이 편지는 그의 정경 속의 정경이었다"고 말한다. 나는 "정경 속의 정경"이란 어구를 경멸적인 의미로 사용하면서 그 위험성을 경고할 것이다. 월의 경우에는 이런 부정적인 뜻을 내포하고 있지 않다. 가장 탁월한 장(章)은 요한일서가 웨슬리에게 미친 특별한 영향을 가장 상세하게 다룬 부분이다. 그가 그것을 지적한 최초의 인물은 아니지만.

이러한 선호 현상은 서로 다른 유형의 기독교 신자들 사이에 공을 주고받는 놀이일 수 있다. 예를 들면 네 권의 복음서를 네 가지 성격유형 혹은 기질유형에 맞추려한 다음에 당신의 성격유형과 일치하는 복음서를 찾을 수 있는지 보는 것이다. 이와 마찬가지로 모든 교회들과 전통들을 어떻게 다양한 성경책들의 독특한 메시지와 논조에 맞출 수 있는지 살펴보는 것도 가능하다. 단 관련된 모든 사람이 정경 전체를 진지하게 수용할 때에만 가능하다. 그러나 가장 좋아하는 성경책을 지지하는 태도는 종파주의의 특징일 수도 있다. 예컨대 성경에 대한 길잡이로서 전도서를 다 함께 중시하는 기독교 집단을 상상해보라. 혹은 스가랴서와 요한계시록에 중점을 둔 전통을 상상해보라.

"정경 속의 정경"이란 틀은 성경의 한두 책을 나머지 책들보다 우위에 두기 때문에 언제나 위험하다. 그리스도인이 성경의 어느 책이나 저자를 권장하며, 항상 성경의 그 부분에서 해답을 찾고 다른 부분들을 소홀히 다루는 습관에 빠지면 재난을 당하게 된다. 진짜 성경이 마음대로 취사선택하는 미니 성경으로 대치되고 만다. 진정한 정경이 개인적인 정경에 종속되어 버린다. 하나님의 말씀을 듣는 대신에 우리 스스로 선택한 좋아하는 구절들로부터 반향 되는 우리 자신의 목소리를 듣기 시작한다. 정경 속의 정경에 만족하는 것은 끔찍한 일이다.[3] 우리는 틀릴 수도 있고 또 죄 많은 해석자로서 너무 자주 이런 잘못에 빠지지만, 그럴 경우에 적어도 우리의 잘못을 알고 잘하고 있는

---

2 T. H. L. Parker, *Calvin's Doctrine of the Knowledge of God* (Grand Rapids: Eerdmans, 1959), 31. 파커는 이 말의 근거를 다른 책, 곧 *Commentaries on the Epistle to the Romans, 1532-1542* (London: T&T Clark, 1986)에 두고 있다. 그 십 년만 보더라고 칼뱅, 멜란히톤(Melanchthon), 카예탄(Cajetan), 불링거(Bullinger), 사돌레토(Sadeleto), 부처(Bucer) 그리고 다른 네 사람의 주석들이 있었다고 한다.

것처럼 가장해서는 안 된다. 이러한 의미에서 성경책에 대해 편파적인 태도는 맹점을 소유하는 것일 뿐 진리에 대한 특별한 안목을 갖는 것이 아니다.

그러므로 우리는 어느 특정한 성경책을 길잡이로 선정하거나, 성경적 계시의 정점으로 묘사하는 것을 경계해야 한다. 무엇보다도 그 성경책이 어떻게 다른 것들을 능가하는지를 구체적으로 밝혀야 하고, 그 점에서 옳아야 한다. 우리는 한 성경책이 다른 성경책보다 더 낫다고 말할 수 없지만 그 책이 무엇을 하는데 더 낫다고 말할 수는 있다. 마태복음이 마가복음보다 더 좋은 것은 아니지만 예수를 구약성경과 연결하는 점에서는 마가복음보다 낫다. 앞에서 언급했던 종교 개혁자들이 선호했던 책을 살펴보자면, 에베소서가 갈라디아서보다 더 좋은 것은 아니지만 큰 그림을 그리고 구원을 하나님의 영광과 연결시키는 점에서 갈라디아서보다 낫다. 갈라디아서가 에베소서보다 더 좋은 것은 아니지만 율법주의를 논박하는 점에서는 에베소서보다 낫다. 만일 로마서가 실제로 신약성경에서 구원의 교리에 대하여 가장 체계적인 설명을 제시한다면, 로마서의 신학적 범주에 대한 전통적인 개신교의 애착은 완전히 정당화될 수 있다. 이러한 성경책들이 독특하게 수행하는 역할을 인정한다는 것은 다른 책들을 묵살하기 위해 그것들을 이용하는 것이 아니라 각 성경책을 적절하게 사용함으로써 그 각각에 반응하고, 각 책이 완전한 정경 내에서 그 자신의 역할을 마음껏 할 수 있게 풀어주는 것이다.

---

3 카슨(D. A. Carson)은 정경 속의 정경의 위험성을 거듭 경고해 왔다. 이에 대한 최상의 논의는 다음 글을 참고하라. "A Sketch of the Factors Determining Current Hermeneutical Debate in Cross-Cultural Contests," in Biblical Interpretation and the Church: Text and Context, ed. D. A. Carson(Exeter: Paternoster, 1984), 11-29.

길잡이로서의 요한일서

성서의 정경 내에서 요한일서는 특별히 무엇을 하는데 유익할까? 그리고 성경 가운데 이 한 권의 책에 웨슬리의 관심을 불러 모은 것은 도대체 무엇인가? 이 두 가지 질문에는 오직 한 가지 대답이 있을 뿐이다. 왜냐하면 웨슬리의 주목을 끈 것이 바로 요한일서의 가장 중요한 기여점이었기 때문이다. 이 편지에서 그가 발견한 것은 그리스도인의 삶을 빛 가운데 하나님과 교제하는 것으로 묘사하는 그림이었다. 「신약성서 주석」에서 웨슬리는 요한일서의 "범위와 방법"이 독자들에게 금방 눈에 띄지는 않는다고 인정한다. "그러나 만일 우리가 요한일서를 단순하게 살펴본다면, 이러한 범위와 방법을 쉽게 발견할 수도 있다."[4] 요한일서의 목적은 "신자가 하나님과 그리스도와 나누는 행복하고 거룩한 교제, 곧 그 축복된 상태의 특징을 묘사함으로써 그것을 확증하는 것이다." 웨슬리의 짧은 진술에 나오는 단어 하나하나가 다 중요하다. 핵심 명사는 "교제"이다. 그러나 잠깐 동안 우리는 특징 내지는 표지의 개념에 초점을 맞춤으로써 웨슬리가 요한일서로부터 배운 것을 살펴볼 수 있다.

요한일서는 거룩한 교제를 담은 일종의 스냅 사진을 제공한다. 그것은 빛의 사진과 그 빛 속에 서 있는 그리스도인의 사진을 보여준다. 놀랄 정도로 단순한 사진이다. 당신은 빛 속에 있거나 그 바깥에 있다. 전부냐 제로냐 하는 양자택일인 것처럼 보인다. 요한일서는 빛에 들어갔다 나왔다 하는 과정을 묘사하지 않는다. 하물며 두 가지 상태의 중간에 있는 흐릿한 황혼 지대는 더더욱 묘사하지 않는다. 사도 요

---

4 Wesley, "Notes on the First Epistle of St. John," in *Explanatory Notes upon the New Testament* (London: Epworth, 1950), 902.

한은 엄격한 이원론을 역설한다. 즉 교제가 있든지 없든지 둘 중 하나다. 그는 "한 때 당신은 빛 가운데 없었지만 지금은 그 가운데 있다"는 식으로 말하지 않는다. 대신에 독자들에게 "축복된 상태의 특징들" 내지는 표지들을 제공하여 이로써 그들이 이 교제 안에 있다는 것을 확실히 알게 함으로 그들의 기쁨이 충만하게 한다.

요한일서 전체의 흐름은 그 메시지에 대한 웨슬리의 열정을 이해하는데 중요하다. 웨슬리는 사도 요한의 첫 번째 편지를 하나의 편지라기보다는 소책자라고 묘사했는데, 사도 요한이 멀리 떨어져 있는 사람들이 아니라 그와 함께 있는 자들을 위해서 썼다고 생각했기 때문이다. 이 편지는 느슨한 구조로 되어 있고 구성적인 면에서 반복적이며, 똑같은 몇 가지 요점으로 되돌아오는 경향이 있다. 그러나 거기에는 중요한 사고의 흐름이 있다. 먼저 그리스도의 정체성을 "태초부터 계셨던 분", 아버지와 함께 계셨던 분, 우리에게 나타났던 영원한 생명으로 묘사하면서 시작한다. 요한은 우리에게 그분의 말씀을 경청하도록 동기를 부여하고 나서, 그리스도께서 한 메시지를 가져오셨다고 말한다. 선재(先在)하셨던 하나님의 생명의 말씀이신 그리스도로부터 우리가 받은 메시지는 "하나님은 빛이시다"라는 것이다. 하나님의 성품이 빛이라는 것을 생각하면 하나님은 가까이 할 수 없는 분이다. 하나님은 "지혜와 사랑과 거룩함과 영광의 빛"이라고 웨슬리가 말한다. "빛과 타고난 눈의 관계는 하나님과 영적인 눈의 관계와 같다."[5] 이어서 요한이 "하나님 안에는 어둠이 전혀 없다"고 말할 때, 웨슬리는 하나님은 거룩함 자체이며, "어떤 모순도 없다. 그분은 섞인 것이 없는 순수한 빛이시다"라고 말한다. 즉 높이 계시고, 거룩하고, 순수하

---

5 앞의 책, 904.

고, 존귀한 분이다. 현대의 요한일서 주석가 한 사람은 "중요한 점은 하나님이 어둠을 창조하지 않으셨다는 것이 아니라, 오히려 어둠 속에 사는 것은 하나님과의 교제와 양립하지 못한다는 것이다"라고 명료하게 말한다.[6]

그러면 죄 많은 피조물인 우리가 어떻게 빛이신 이 하나님과 교제할 수 있을까? 순수한 하나님의 관점에서 불결한 인간의 마음을 바라본 적이 있는 그리스도인에게 요한일서의 서두가 제기하는 이 딜레마는 절실한 문제가 아닐 수 없다. 그 해답은 요한일서 초반부를 특징짓는 일련의 핵심인 단어들 속에 등장한다. 우리 죄의 용서, 화목제물로 주어진 아들, 그리고 아버지와 함께 있는 변호자이다. 오직 십자가에 못 박힌 그리스도의 속죄사역과 부활하신 그리스도의 변호를 통해서만 우리는 죄 사함을 받을 수 있다. 이 모든 것은 우리가 우리 죄를 고백하면 우리를 용서하시는 미쁘시고 의로우신(요일 1:9) 하나님의 성품에 의해서 가능해진다. 의로운 하나님이라면 분명히 벌하실 것 같지만 웨슬리는 그렇지 않다고 말한다. "이러한 이유로 하나님은 용서하실 것이다. 이상하게 들릴지 모르지만, 속죄와 구속에 대한 복음주의적 원리에 따르면 그것은 의심할 여지없이 사실이다. 왜냐하면 빚을 갚거나 일단 구매하면 채무 증서를 철회하고 구입한 소유물을 건네주는 것이 공정한 것이기 때문이다."[7]

웨슬리의 설명처럼 요한일서는 하나님의 빛과 죄의 어둠을 대조하고 그 문제에 대한 단 하나의 가능한 해결책을 제시한다. 이러한 극명한 대조를 주목하게 한 뒤에 웨슬리는 우리를 그리스도의 속죄와

---

6 I. Howard Marshall, *The Epistles of John* (Grand Rapids: Eerdmans, 1978), 109.

7 Wesley, *Explanatory Notes upon the New Testament*, 904.

변호를 통한 값없는 용서에 의존하게 만든다. 바로 그때야 우리는 그리스도인의 삶의 표지를 향해 나아갈 수 있다. 이에 대해 요한일서는 "만약에"와 "이로써 우리가 안다"는 어구가 담긴 유명한 대목들로 설명한다. 그것들은 요한일서 전체에 퍼져 있으나 5장 서두에 특별히 집중되어 있다.

> 예수께서 그리스도이심을 믿는 자마다 하나님께로부터 난 자니, 또한 낳으신 이를 사랑하는 자마다 그에게서 난 자를 사랑하느니라. 우리가 하나님을 사랑하고 그 계명들을 지킬 때에, 이로써 우리가 하나님의 자녀를 사랑하는 줄을 아느니라. 하나님을 사랑하는 것은 이것이니 우리가 그의 계명들을 지키는 것이라. 그의 계명들은 무거운 것이 아니로다. 무릇 하나님께로부터 난 자마다 세상을 이기느니라. 세상을 이기는 승리는 이것이니 우리의 믿음이니라. 예수께서 하나님의 아들이심을 믿는 자가 아니면 세상을 이기는 자가 누구냐? (요한일서 5:1-5)

"만약에"와 "이로써 우리가 안다"는 대목들은 정통교리, 선행, 그리고 사랑을 "행복하고 거룩한 교제"의 "그 축복된 상태의 특징들"로 명시한다. 그러나 이러한 표지들 자체가 하나님과의 교제를 성립시킬 수 없다. 그것들은 단지 그 교제를 드러내 보일 뿐이다. 그 표지들은 대단한 것이지만 그것들이 "우리가 빛이신 하나님과 어떻게 교제할 수 있을까"라는 질문에 대답하는 것은 불가능하다. 오직 하나님의 아들이 드린 속죄의 제사만이 하나님과의 교제를 가능하게 만들 수 있다. 조직신학적으로 말하면 그리스도의 인격과 사역이 하나님과의 교제 및 믿음의 확신의 유일한 근거가 된다고 할 수 있다. 그러나 지원하는 역할을 하는 그 표지들을 자세히 살펴보는 것 또한 가치 있는 일이다. 그 테스트들은 자기 성찰적인, 회고적인, 전향적인 가치를 지닌다. 요한이 이러한 테스트를 제안하는 것은 신자들이 그들 자신의 신분에 대해 확신을 얻게 하고(자기 성찰적인 면), 떨어져 나간 사람들에게 무슨 일이 발생했는지를 그들로 이해할 수 있게 하고(회고적인 면), 신자들이 끝까지 인내하도록 권면하기 위함이다(전향적인 면).[8]

웨슬리는 요한일서 읽기의 훌륭한 안내자다. 왜냐하면 그는 그 편지의 메시지가 신자의 삶에서 어떻게 작용해야 하는지를 잘 이해하고 있기 때문이다. 이 서신의 목적은 신자들의 확신을 강화하는 것이다. 이 편지는 아버지와 아들과 나누는 교제의 표지들(올바른 교리, 올바른 행위, 올바른 감정)을 보여주면서 그리스도인의 삶을 묘사하고 있다. 그것은 신자들로서 확신을 품게 하기 위해서다. 그러나 웨슬리는 "만약에"의 구절들과 "이로써 우리는 안다"는 구절들이 서두에 제기한 문제에 대한 해답이 될 가능성을 사전에 제거했다. 우리의 올바른 믿음, 올바른 행위, 올바른 감정이 하나님과 우리의 교제의 근거라고 생각한다면, 그것은 영적인 파탄을 초래할 것이다. 그러나 하나님과 교제하는 삶은 이러한 표지들이 없어도 가능하다고 생각한다면, 그것도 영적인 파탄을 초래할 것이다.

요한일서에는 웨슬리의 주목을 끈 마지막 한 가지 요소가 있다. 2장 12-14절에서 사도 요한은 그 편지를 쓰는 일련의 이유들을 제시하는데, 이는 세 개의 하부 집단에게 주는 메시지이다. 즉 그는 자녀들에게, 아버지들에게, 그리고 젊은이들에게 편지를 쓰고 있는 것이다. 그는 이 세 그룹을 두 차례 순회한다. 자녀들에게 (왜냐하면 그들의 죄가 그리

---

8 요한일서의 테스트를 이런 식으로 묘사하는 것을 보려면 Christopher Bass, *That You May Know: Assurance of Salvation in 1 John* (Nashville: B&H Academic, 2008)을 참고하라.

스도 이름으로 용서받았기 때문이다), **아비들에게** (왜냐하면 그들은 "태초부터 계신 분을 알고" 있기 때문이다), 그리고 **청년들에게** (왜냐하면 그들은 강하고 하나님의 말씀이 그들 안에 거하고 그들이 악한 자를 이겼기 때문이다) 각각 권면한다. 내가 아는 바로는, 웨슬리가 이 세 그룹 사이의 정확한 차이점들에 대해서, 혹은 사도 요한이 그들을 특징짓는 세 가지 다른 방식들 사이의 정확한 차이점들에 대해서 특별하고 구속력 있는 해석을 내놓은 적이 없다. 그러나 웨슬리가 언급하는 것은 사도 요한에 따르면 그리스도인의 삶에서 성숙의 등급이 있다는 간단한 사실이다. 이것은 웨슬리에게 의미심장한 사실이다. 그리고 그것은 요한일서의 뚜렷한 이원론, 즉 다른 해석자들을 오도해왔던 빛과 어두움 사이의 이원론을 해석하는데 필요한 지침을 제공한다. 한편으로 어둠 속을 걸어가는 것과 다른 한편으로 아버지와 그 아들과 빛 가운데 교제를 나누는 것과의 차이는 양자 간의 중간 지대가 전혀 없는 절대적인 차이다. 그러나 빛 가운데로 걸어가는 사람들 편에는 성숙도의 차이가 존재한다. 즉 다양한 경험의 등급과 이해의 수준이 있다. 신자들 가운데는 아이들, 젊은 사람들, 그리고 아버지들이 있다.

웨슬리는 「신약성서 주석」에서 요한일서의 개요를 제시하면서 성령 안에서 아버지와 아들과 나누는 교제를 부각시킨다. 요한일서 자체는 삼위일체 구조를 따르지 않고 있지만, 웨슬리의 개요는 그 구조를 따르고 있다. 웨슬리의 목표는 독자들이 성경 가운데 가장 중요한 책의 중심사상을 확실하게 파악하게 하는 것이다. 그것은 바로 삼위일체와 더불어 누리는 영적 교제이다.

I. 아버지, 아들, 그리고 성령이 따로따로
  1. 아버지와의 교제에 대하여 (1:5-10)

2. 아들과의 교제에 대하여 (2:1-12)

　아비들, 청년들, 그리고 자녀들에게 적용함 (2:13-27)

　그분 안에 거하라는 권면 (2:28-3:24)

3. 성령을 통한 이러한 거주에 대한 확증과 열매 (4:1-21)

Ⅱ. 아버지, 아들, 그리고 성령 공동으로

그들의 증거에 대하여 (5:1-12)

웨슬리 자신도 고백했듯이 「신약성서 주석」의 상당부분은 여러 출처로부터 차용하고 요약한 자료이다. 주로 경건주의 주석가 알브레히트 벵엘(Albrecht Bengel, 1687-1752)의 「해시계」(Gnomom)로부터 가져왔다. 그러나 로버트 월에 따르면, 요한일서에 대한 웨슬리의 주석은 분명히 그의 독창적인 저술이고 "그 책의 나머지 부분보다 다른 사람들의 이전 작품에 훨씬 덜 의존하는 깊은 석의 작업을 반영하고 있다."[9] 이것은 웨슬리가 요한일서에 얼마나 많은 시간과 노력을 투자했는지를 보여주는 또 하나의 증표다.

"모든 성경책의 개요서"

그렇다면 웨슬리는 요한일서를 기독교 메시지 전체의 길잡이로 삼았던 신학자이다. 따라서 그리스도인의 성숙도 일종의 발전과정 같은 것이 있다고 인식했을 뿐만 아니라 빛 가운데 걷는 것과 순수한 빛이신 하나님과 교제를 나누는 것에 중점을 둔, 그리스도인의 삶에 대한 신학을 일궈냈다. 우리는 이미 로버트 월의 논평, 곧 "비록 웨슬리는 성경 전체의 권위를 인정하였지만, 성경의 한 부분이 그에게 추가적

---

9 Wall, "Wesley as Biblical Interpreter," 118.

인 특별한 반향을 불러일으켰다. 바로 요한의 첫 번째 편지였다."[10] 웨슬리 연구가들은 웨슬리의 사상에서 요한일서의 특별한 위치를 오랫동안 인정해왔다. 1959년에 프란츠 힐데브란트(Franz Hildebrandt, 1909-1985)는 연관성을 이렇게 말했다.

무엇보다도 요한일서가 그 손아귀에 웨슬리를 영원히 장악했다. 여기에 우리의 두려움을 몰아내는 완전한 사랑이 있다. 여기에 자신의 죄를 고백하는 사람들을 위한 위로의 말과 죄를 범할 수 없는 거듭난 자에 대한 불편한 글이 있다. 여기에는 성령을 통하여 성육한 그리스도와 그 그리스도를 형제들 속에서 섬기는 사랑을 고백하는 모든 "진정한 그리스도인들"을 위한 이중적 테스트가 있다. 여기에 "이로써 우리가 안다"는 반복되는 어구 속에 담긴 웨슬리식의 확신이 있다. 그리고 여기에 요한복음에서처럼, 그 모든 것의 목적이 "당신의 기쁨이 충만해지는 것"이라는 표현이 있다.[11]

이렇게 요한일서를 가장 중요시하는 태도는 후대의 학자들이 고안해낸 것이 아니다. 웨슬리 자신이 그가 요한일서의 독특한 신학적 강조점에 얼마나 빚지고 있는지 알고 있었다. 웨슬리의 일기에는 그가 요한일서를 가르칠 때마다 느꼈던 큰 기쁨이 몇 차례나 기록되어 있다. 예를 들면 1763년에 "약 이십 년의 간격이 있은 후 두 번째로 사도 요한의 첫 번째 편지를 강해하기 시작했다. 이 편지는 얼마나 명백하고 풍성하며 깊은 진정한 기독교의 개요인가!"[12]라고 쓰고 있다. 그

---

10 앞의 책, 117.
11 Franz Hildebrandt, "Can the Distinctive Methodist Emphasis Be Said to Be Rooted in the New Testament?," *London Quarterly and Holborn Review* 184 (1959): 238.

리고 1765년에 다시 한 번 강해를 하게 되었을 때, 사도요한의 양식이 모든 설교를 위한 모범의 역할을 한다는 점을 깨닫고 크게 감명을 받았다.

나는 성경의 가장 심오한 부분, 즉 사도 요한의 첫 번째 편지를 강해하기 시작했다. 나는 모든 다른 글들, 심지어 영감을 받아 쓴 글들보다도 그 편지에 의거하여 자신의 설교방식을 만들라고 모든 젊은 설교자에게 충고한다. 여기에 장엄함과 단순함이 함께 있고 가장 강한 감각과 가장 평이한 언어가 공존한다! "하나님의 말씀을 하는 것 같이 말하려는" 사람이라면 누가 여기에 나오는 것보다 더 어려운 말을 사용할 수 있겠는가?[13]

존 웨슬리가 이미 자신의 충고를 좇았다는 증거가 있다. 최고의 설교들을 보면 "장엄함과 단순함"을 겸비한 "그의 방식"을 만들었음을 알 수 있기 때문이다. 자신의 충고를 이미 받아들여 왔다는 증거도 있다. 예를 들면 「표준설교집」 서문에서 그는 이렇게 주장한다. "나는 이해하기가 쉽지 않은 말을 일체 피하려고 노력한다.…나는 평범한 사람들을 위한 명백한 진리를 고안한다." 수많은 방법으로 웨슬리는 요한일서 저자의 삶을 본떠서 그 자신의 삶을 만들어 가려고 노력했다. 그리고 한 외국인 방문자는 그를 "사랑의 사도 요한의 살아있는 표본"[14]으로 묘사했다. 그리고 웨슬리가 사도 요한처럼 설교했든지 그렇지 않든지, 그가 사도 요한의 글을 굉장히 많이 설교했던 것은 사

---

12 *The Journal of Reverend John Wesley* (New York: Carlston & Phillips, 1856), 158.

13 Luke Tyerman, *The Life and the Times of the Rev. John Wesley*, 3rd ed., 3 vols. (London: Hodder and Stoughton, 1876), 2:537.

14 Richard P. Heitzenrater, *The Elusive Mr. Wesley*, 2d ed. (Nashville: Abingdon, 2003 280-81에 익명의 스웨덴인 방문자가 인용되어 있다.

실이다. 랜디 매덕스(Randy Maddox)는 최근에 웨슬리가 "그의 설교에서 그 책을 편애하였고," 그 책을 "그의 설교 텍스트를 위한 토대로 삼았으며, 설교에서 다른 어떤 책들보다 (그 책에 들어있는 구절 수에 비하여) 훨씬 더 자주 요한일서를 인용했다"는 사실을 입증했다.[15]

웨슬리가 요한일서를 우선시한 데에는 몇 가지 다른 요인들이 작용했다. 하나는 그 책이 특정한 청중이 없는 일반 서신인이므로 웨슬리는 이것을 그 진리들이 보편적으로 진술된 이유 중 하나라고 보았다. "이 서신에서 사도 요한은 어떤 특정한 교회에게 말하는 것이 아니라 그 시대의 모든 그리스도인들에게 말하는 것이다. 물론 그의 주변에 있던 사람들에게 특별히 한 말이긴 하지만. 그리고 그들을 통해서 사도 요한은 앞으로 올 모든 세대에 속한 기독교 교회 전체를 향해 말하고 있는 것이다."[16] 다른 하나는 사도 요한의 집필 사역은 그리스도의 부활 이후 수십 년에 걸쳐 있고 요한은 신약성경의 마지막 목소리 중 하나가 되었다. 웨슬리는 실제로 요한을 "신약성서 저자들 가운데 마지막 인물"로 간주했다. 이러한 두 가지 요인 때문에 요한일서는 다른 신약성경 저자들을 전제로 삼고 또 그들을 기반으로 하는 포괄성을 지니고 있다. 1772년에 웨슬리가 요한일서를 가르칠 때, 일기에 그 책은 "모든 성경책들의 개요서"[17]라고 썼다. 말년의 한 설교에서 웨슬리

---

15 Randy Maddox, "The Rule of Christian Faith, Practice, and Hope: John Wesley on the Bible," *Methodist Review 3* (3011): 27. 매덕스의 증거는 매력적이지만 복잡하다. 온라인에 등록된 설교의 성경 색인을 참고하여 (http://divinity. duke.edu/initiatives-centers/cswt/research-resources/register) 이렇게 요약한다. "웨슬리가 요한일서의 한 텍스를 갖고 설교한 것이 적어도 503회이다. 요한일서에는 105구절이 있으므로 각 절 당 4.8번의 비율로 그 책을 사용한 셈이다. 이와 비교되는 다른 실례들은 다음과 같다. 갈라디아서(479회/149구절/3.2번 비율), 로마서(924회/433구절/2.15번 비율), 고린도전서(835회/437구절/1.9번 비율), 야고보서(154회/108구절/1.4번 비율), 마태복음(1460회/1071구절/1.36번 비율), 요한복음(1044회/879구절/1.18번 비율)" 등.
16 Sermon 77, "On Spiritual Worship," in *The Works of the Reverend John Wesley*, ed. John Emory, 7 vols. (New York: Emory and Waugh, 1831), 2:177.

는 다른 사도들이 좀 더 우회적으로 접근하는 목표에 사도 요한은 단도직입적으로 주목하고 있다고 말했다.

소책자 같은 이 서신에서, (요한은 그것을 좀 더 직접적으로 말할 수 있는 사람들과 함께 있었고, 아마도 너무 나이가 많아서 더 이상 그들에게 설교할 수 없었기 때문에) 사도 요한은 믿음에 대해서 직접적으로 다루지 않는다. 사도 바울이 이미 다루었기 때문이다. 그리고 내적인 성결과 외적인 성결 중 어느 것도 다루지 않는다. 이에 관해서는 사도 바울, 사도 야고보, 그리고 사도 베드로가 이미 말했기 때문이다. 그러나 그 모든 것의 기초에 대해 말한다. 즉 믿는 자들이 하나님 아버지, 아들, 그리고 성령과 함께 누리는 행복하고 거룩한 교제에 대해서 다루었다.[18]

마지막으로 사도 요한은 생애 말년에 이르러 사도들 가운데뿐만 아니라 아마 인류 역사상 비할 데 없는 영적인 성숙함의 수준에 도달했을 것이라고 웨슬리는 생각했다. 요한일서에서 "이로써 우리는 안다"는 어구가 나오는 구절들을 길게 인용한 후에 웨슬리는 이렇게 말한다.

세상이 시작될 때부터 오늘에 이르기까지 하나님의 자녀들 중에 그 첫 번째 편지를 기록한 당시의 사도 요한과 그 편지를 받은 그리스도 안에 있는 그 아버지들보다 하나님의 은혜 안에서 그리고 우리 주 예수 그리스도에 관한 지식에서 더 앞선 사람이 없었을 가능성이 매우 많다.[19]

웨슬리의 요점은 사도 요한의 탁월한 영적인 성숙함 때문에 그의

---

17 Wall, "Wesley as Biblical Interpreter," 117에 인용된 Wesley's journal, November 9, 1772으로 부터.

18 Sermon 77, "On Spiritual Worship," 177.

말씀이 성경의 다른 말씀보다 더 잘못이나 오류가 없다는 것이 아니다. 웨슬리의 가르침에 따르면(8장 참조), 오류의 예방이 어쨌든 그리스도인의 완전을 이루는 것은 아니다. 사실 웨슬리의 요점은 그 반대이다. 즉 심지어 "하나님의 은혜 속 안에서 그처럼 앞서간" 이러한 사람들도 요한일서의 테스트들(교리, 순종, 사랑의)을 그들 자신의 삶에 적용할 필요가 있었다는 것이다. 그러나 웨슬리의 견해를 보면, 그가 저자로서의 사도 요한을 존경했다는 것을 알 수 있다.

우리는 요한일서가 웨슬리 신학에 깊은 영향을 주었음을 입증하기 위하여 다른 한 명의 증인을 호출해야 한다. 바로 감리교 신학을 체계화 시킨 위대한 19세기 신학자인 윌리엄 버트 포프(William Burt Pope, 1822-1903)이다. 웨슬리는 분명히 조직적인 사상가가 아니었지만, 윌리엄 버트 포프는 웨슬리 운동을 매우 조직적이고 일관된 사상체계로 정립한 인물이다. 웨슬리 신학의 진수를 이해하려면 포프가 정립한 것을 살펴보는 것이 좋다. 요한일서의 최우선적인 위치와 관련하여 포프는 그 편지가 감리교 사상에 얼마나 중요한지를 잘 이해했다. 그는 「기독교 신학 개요」(Compendium of Christian Theology)에서 성경에서 "영감을 일으키는 성령의 방법"은 주목할 가치가 있다고 말한다. 그 방법은 "하나로 수렴되는 일련의 발전 양상의 원리에 기초해 계시를 완성하는 것인데 그 중에서 최고 수준의 최종적인 것이 사도 바울과 사도 요한에게 맡겨졌다."[20] 윌리엄 버트 포프는 자신의 모든 신학화 과정에서, "하나로 수렴되는 발전 양상들"에 이름을 붙이려고 하고 그

---

19 Sermon 10, "Witness of the Spirit," in *Wesley's 52 Standard Sermons*, ed. N. Burwash (Salem, OH:Schmul, 1988), 94.
20 William Burt Pope, *A Compendium of Christian Theology* 3 vols. (New York: Phillips & Hunt, 1881), 1:17.

것들에 의거하여 중요한 교리들을 논의한다. 그는 특별히 사도 바울의 마지막 저술들과 사도 요한의 서신들이 성경적 계시에서 두 가지 결정적인 정점들이라고 밝혔다. 그리고 그 둘 사이에서 그는 최후의 말씀에 관한 최후의 말씀으로 사도 요한을 선택한다. 1846년에 포프는 웨슬리처럼 부지런하게 요한일서에 집중한 결과 에릭 하웁트(Erich Haupt, 1841-1910)의 독일어판 요한일서 주석의 영어 번역본[21]을 출판하면서 내실 있는 서문을 달았다.

그 서문에서 포프는 요한일서를 "기독교 교회의 최후의 가장 위대한 스승의 최종적인 교리적 증언"으로 부른다. 한 걸음 더 나아가서 그 속에 "복음주의 진리 체계를 마무리하는 최후의 손길"이 있다고 한다. 요한일서를 "진리의 총계에 대한 개요"라고 부르면서 만약 당신이 단 한 권만 제외하고 신약성경 전체를 잃어버린다면, 요한일서가 사도들의 모든 증언의 기본 메시지를 재구성할 수 있는 기회를 당신에게 줄 책이라고 주장한다. "그것은 신약성경의 다른 어떤 조각보다 그 책만을 소유하고 있을 사람에게 모든 최종 계시의 자리를 더 잘 대신하게 해줄 것이다."[22] 포프는 요한일서가 "신학의 전반적인 개요서"는 아니라고 인정한다. 왜냐하면 그것은 산발적이고 단편적인 분위기를 지니고 있으며, 특정한 과오들을 염두에 두고 논박한 글이었기 때문이다. "그러나 그 서신이 다른 어떤 글보다도 모든 영역을 관통하고 있다고 말할 수 있다."[23]

윌리엄 버트 포프는 신약성경에서 가장 중요한 세 가지 개념에 주

---

21 Erich Haupt, *The First Epistle of St. John: A Contribution to Biblical Theology* (Edinburgh: T&T Clark, 1879). 포프는 또 다른 독일어판 요한일서 주석인 에브라르드(J. H. A. Ebrard)의 저서도 번역하여 1859년에 출간했다.

22 William Burt Pope, "Translator's Preface" to Haupt, *The First Epistle of St. John*, xxi.

목하는데, 모두 그리스도와의 연합에 따른 축복을 가리키는 것들이다. 즉 의와 자녀의 신분과 성화다. 세 가지 모두 이 편지에 완벽하게 표현되어 있고 그 중에 자녀의 신분이 최고의 찬사를 받는다. 요한은 셋을 불가분의 관계로 엮어 놓는다.

독자에게 이 생각을 품은 채 2장 29절로 시작하여 3장 5절까지 읽으라고 하라. 그는 세 가지 개념, 즉 율법 혹은 의에 대한 순종, 아들의 형상으로 효도하는 삶의 완성, 그리고 모든 죄로부터의 성화 등이 각각 별개이지만 불가분의 관계로 묶여 있음을 발견하게 된다. 의와 자녀의 신분과 성화의 서열이 존재한다. 그러나 그 셋은 하나다. 법정, 가정, 성전의 용어들은 서로 확증해 주고 예증하는 관계에 있다. 그리고 의로운 분, 하나님 아버지의 아들, 거룩한 분이신 예수는 그의 거룩함의 영광 안에서 그 모두를 그리고 그 각각을 주관하신다.[24]

비록 포프는 사도 요한이 이러한 세 가지 개념들을 유기적으로 결합시키는데 최고의 길잡이라고 주장하지만, 사도 요한을 사도 바울과 싸우게 하는 소리는 듣기 싫어한다. 그는 사도 요한이 신약성경의 꼭대기에 있다는 사실이 "잘못 적용될 수 있다"고 경고한다. "계시에 대한 이 마지막 증언이 사도 바울의 법정적이고 사법적인 사상을 뒤로 밀쳐놓고 무용지물로 만들었으며, 복음을 더 높고 더 단순한 성격으로 승화시켰다고 말할지도 모른다. 그러나 이것은 잘못된 판단이다. 이 서신은 모든 것을 완성시키지만 다른 어떤 것을 억누름으로써 그

---

23 앞의 책, xxxii.
24 앞의 책, xxx-xxxi.

렇게 하지는 않는다."[25] 여기서 포프는 늘 그렇듯이 존 웨슬리 신학의
깊은 의미에 관하여 믿을만한 길잡이 역할을 한다. 왜냐하면 웨슬리
역시 사도 바울의 사상을 그의 사도 요한 신학 속으로 통합시키고 싶
어 했기 때문이다.

바울을 위한 여지 만들기

사실 '요한 더하기 바울' 혹은 '요한 먼저, 그 다음 바울'이라는 공식
이 웨슬리 신학을 여는 열쇠일지도 모른다. 우리는 이미 개신교 신학
자들이 그들의 기본적인 방침을 바울로부터 얻는 경향이 있다는 것을
보았다. 권위 있는 로마서로부터 혹은 종교개혁의 '포탑'에 해당하는
갈라디아서와 에베소서 중 하나로부터 얻곤 했다.[26] 결과적으로 신학
적 강조점을 믿음에 두었고 그것을 표현하는 고전적인 방법은 바울과
같이 신자의 이전 상태와 칭의와 성화를 경청한 이후의 상태를 대조
하는 것이다. 사도 바울 또한 직설적인 진술문으로부터("우리는 사랑하는
자들로 용납되었다") 명령적인 진술문들로("부르심에 합당하게 행하라") 이동함으
로써 자신의 통찰들을 관례적으로 표현한다. 그러나 사도 요한은 강
조점을 사랑에 둔다. 그리고 고전적인 표현방식은 현재와 과거의 대
조 혹은 직설문 뒤에 명령문이 따라오는 것이 아니다. 오히려 사도 요
한은 교제의 특징들을 묘사하고 그들 속에 있는 빛과 어둠을 서로 대
조한다. 로버트 윌이 표현하듯이 "요한일서의 신학적인 문법은 대부
분의 개신교회를 이끄는 사도 바울의 증언과 다르다."[27]

---

25 앞의 책, xxxi.

26 Gerald Bray, "Introduction to Galatians and Ephesians," in *The Reformation
Commentary on Scripture*, vol. 10, Galatians, Ephesians (Downers Grove, IL: InterVarsity,
2011).

그러나 우리가 곧 살펴볼 것처럼, 존 웨슬리는 개신교 신학에 전적으로 몰두했으며, 심지어 바울처럼 얘기하겠다고 다짐했다. 웨슬리의 신학 작업은 먼저 요한일서를 기반으로 삼은 뒤에 바울의 저술들을 위한 여지를 만드는 것이었다. 많은 개신교 신학자들은 그 반대 방향으로 움직여왔다. 즉 바울로부터 시작한 다음에 요한을 위한 여지를 만드는 것이었다. 결국 모든 예언자들과 사도들에 입각한 통일된 신학을 정립하는 일이 모든 정경을 하나님의 말씀으로 받아들이는 사람의 의무다. 그런데 존 웨슬리는 그 반대 방향, 즉 사도 요한으로부터 출발한 다음 사도 바울을 통합시키는 방향으로 움직인 유일한 인물일 것이다.

그 방향은 무슨 차이를 만들어냈는가? 그것은 혁명적이었다. 무엇보다도 "요한 먼저, 그 다음 바울"의 순서가 웨슬리 자신의 영적 일대기와 어떻게 연관되어 있는지를 생각해보라. 1725년 이래로 웨슬리는 윌리엄 로와 제레미 테일러 같은 영국국교회의 영성을 대표하는 "마음과 삶의 성결" 학파에 전념해왔다. 이 시점부터 웨슬리의 목표는 거룩함, 순종, 완전한 사랑에 대한 비전으로 고정되었다. 사실 그는 그 목표를 추구하다가 완전히 지쳤고 그 자신과 다른 사람들을 미치게 만들었다. 1738년에 웨슬리가 올더스게이트에 이르렀을 때 루터의 음성을 통하여 바울의 로마서 메시지를 분명하게 깨닫게 되었으며 오직 믿음만으로 얻는 구원의 확신과 함께 그의 마음이 "이상하게 뜨거워지는" 경험을 했다. 다른 말로 하면, 사도 바울은 요한일서에서 제기된 질문에 대한 해답으로서 웨슬리의 지평선 위에 등장했던 것이

---

27 Wall, "Wesley as Biblical Interpreter," 118. 나는 혼동을 피하기 위해 다양한 "정경 속의 정경"에 대한 월의 언급을 생략했다. 위에서 언급했듯이, "정경 속의 정경"이 월에게는 중립적인 용어 혹은 좋은 용어이지만, 나는 그 어구를 부정적인 의미 혹은 경계가 필요한 뜻으로 취급하고 있다.

다. 그 질문은 "죄인들이 빛이신 하나님과 영적 교제를 나누는 거룩한 삶을 살아가는 것이 어떻게 가능할까?"였다.

사도 요한에서 시작한 다음에 사도 바울을 발견함으로써, 웨슬리는 영국 기독교의 경험을 축소판으로 겪었던 셈이다. 종교개혁에서 두 세기나 지난 후에 그 자신의 종교개혁을 체험했던 것이다. 영국이 개신교 국가가 되기 전에도 이미 기독교 국가였던 것처럼, 웨슬리는 올더스게이트 체험 이전에도 성경적인 성결에 전념했었다. 그렇기 때문에 웨슬리는 올더스게이트로부터 메시지를 들고 나와서 동시대인들을 위하여 부흥운동의 엄청난 불길을 점화시킬 수 있었던 것이다. 웨슬리는 성결을 추구했고 그것을 오직 믿음에 의해 찾았다. 그는 요한의 질문을 제기한 뒤에 바울의 대답을 발견했다. 그 결과 그리스도인의 삶에 대한 그의 접근이 복음주의 각성운동을 불러일으켰고 감리교 운동을 출범시켰다. 감리교의 발흥에 관한 한 대담에서 웨슬리는 두 가지 주된 전환점을 이렇게 설명했다.

1729년에 두 젊은이가 성경을 읽다가 성결함이 없이는 구원받을 수 없다는 것을 깨달았다. 그래서 그들은 성결을 추구하였고 다른 사람들도 그렇게 하도록 자극하였다. 1737년에 그들은 성결함을 믿음으로 얻게 된다는 것을 깨달았다. 마찬가지로 그들은 사람이 성화되기 전에 먼저 의롭게 된다고 깨달았다. 그러나 여전히 그들의 초점을 성결함에 두었다. 그 때 하나님께서 그들의 뜻과 완전히 반대로 그들을 밀쳐내셔서 거룩한 사람들을 일으키게 하셨다.[28]

두 번째로, "요한 먼저, 그 다음 바울"의 방향 덕분에 웨슬리는 믿음과 사랑이 한 목적에 대한 수단으로서 서로에게 지향한다는 것, 즉 믿음이 사랑으로 이어진다는 것을 보여줄 수 있었다. 물론 이것은 그가 바울로부터 직접 배울 수도 있었던 교훈이다. 사실 웨슬리는 「표준설교집」의 설교 36번 "믿음으로 세워지는 율법"에서 믿음과 사랑의 상호관계를 밝혔다. 성경본문은 로마서 3장 31절 "그런즉 우리가 믿음으로 말미암아 율법을 파기하느냐? 그럴 수 없느니라. 도리어 율법을 굳게 세우느니라"이다. 웨슬리는 이렇게 말한다. "우리가 그리스도를 믿는 신앙이 성결함을 대체하는 게 아니라 성결함을 낳는다고 설교할 때, 우리는 율법을 굳게 세우게 된다. 즉 적극적이든 소극적이든 마음과 삶의 온갖 성결을 낳는다는 것이다." 그리고 그것은 믿음이 사랑을 섬기려고 존재하기 때문이다.

> 우리가 ("믿음을 통하여 율법을 무효로 만들지 않으려고 하는" 모든 사람들이 빈번하게 그리고 깊이 생각해야 하는 내용이다) 계속 선포하는 메시지는 믿음 자체, 심지어 그리스도인의 믿음, 하나님께서 선택하신 사람들의 믿음, 그리고 하나님의 활동에 대한 믿음도 여전히 단지 사랑의 시녀(侍女)라는 것이다. 믿음은 영광스럽고 고귀하지만 그것이 하나님의 계명이 추구하는 목적이 아니다. 하나님께서 이 영예를 단지 사랑에게만 주셨다. 사랑이 하나님의 모든 계명이 추구하는 목적이다. 사랑은 세상의 시작에서부터 모든 것의 완성에 이르기까지 하나님께서 베푸시는 모든 은혜의 목적이다. 그것도 유일한 목적이다.[29]

웨슬리는 진정한 바울의 교리에서 유래하는 어떤 위험도 염려하지

---

28 *Minutes of Several Conversations between The Rev. John Wesley and the Preachers in Connexion with Him* (London: Printed for George Whitefield, 1797), 9-10.

29 Bishop John Pearson's influential *Exposition of the Creed* (1663).

않았다. 어쨌든 그는 바울에 의거하여 설교하고 있었다. 그러나 그는 이런 사람들에 대해 염려했다. "모든 비율을 넘어 믿음을 지나치게 확대하여 다른 모든 것을 삼키게 하는 사람들, 그래서 그 본질을 완전히 오해하여 믿음이 사랑을 대신한다고 생각하는 사람들"이었다. 그런 사람들에게 웨슬리는 믿음은 한시적이나 사랑은 영원하다고 지적한다. 즉 믿음은 마지막 날에 삼켜질 것이지만, 사랑은 "결코 떨어지지 아니한다"(고전 13:8). 사실 "믿음의 모든 영광은, 그것이 사라지기 전에, 사랑의 시중을 들 때 떠오른다. 믿음은 하나님께서 그 영원한 목적을 촉진시키기 위하여 명하신 커다란 한시적인 수단이다."[30]

더욱이 웨슬리는 "사랑이 믿음 이후에도 존재할 것처럼, 사랑은 믿음 이전에도 오랫동안 존재했다"고 주장한다. 왜냐하면 믿음은 인간이 하나님의 약속을 신뢰할 필요가 있는 만큼만 오래된 반면, 사랑은 하나님의 존재 속으로 거슬러 올라가기 때문이다. "사랑은 영원 전부터 거대한 사랑의 바다인 하나님 안에 존재했다." 그러므로 사랑은 믿음이 우리를 데려가려고 노력하는 목적지이다.

그런즉 믿음은 원래 하나님께서 사랑의 법을 재건하시기 위해 고안한 것이다. 그러나 이렇게 말한다고 해서 우리가 믿음을 과소평가하거나 믿음에게서 적절한 찬사를 빼앗으려는 것이 아니다. 오히려 이와 반대로 믿음의 진정한 가치를 보여주고, 믿음을 합당한 만큼 높이고, 믿음에게 하나님의 지혜가 처음부터 할당해 준 바로 그 자리를 제공하려는 것이다. 믿음은 인간이 처음 창조되었을 때 몸담았던 그 거룩한 사랑을 회복시키는 훌륭한 수단이다. 따라서 비록 믿음은 그 자체로는 아무런 가

---

30 앞의 책, 365.

치가 없지만(어떤 다른 수단도 마찬가지다) 그 목적, 즉 우리 마음에 사랑의 법을 새롭게 세우는 목적으로 이어질 때, 그리고 현재의 형국에서 믿음이 사랑의 법을 성취하기 위한 하늘 아래 유일한 수단이므로, 믿음은 인간에게 말할 수 없는 축복이며 또한 하나님 앞에서 형언할 수 없을 정도로 큰 가치가 있는 것이다.[31]

여기에 나온 관점은 분명히 바울만을 이용해도 기술할 수 있었다. 웨슬리의 통찰은 바울 자신이 믿음의 덕, 소망의 덕, 사랑의 덕을 어떻게 배열하는지를 들여다보게 해줄 수 있다. 그러나 웨슬리는 요한일서 쪽으로 경도된 영적인 탐구에 관하여(루터의 중재를 통해) 바울의 메시지를 재발견함으로써 그의 개신교적 돌파를 경험했다. 신약성경에 대한 웨슬리의 폭넓은 접근으로 보면, 바울은 믿음의 사도였고 요한은 사랑의 사도였다. 이것은 꼭두각시놀음은 아니지만, 신약성경의 방대한 교리들을 개인적으로 다루는 데는 도움이 된다. 물론 요한도 믿음을 가르치고 바울도 사랑을 가르친다. 따라서 그들 사이에 어떤 모순이나 긴장은 전혀 없다. 이는 요한은 가톨릭교도이고 바울은 개신교도와 같다는 말이 아니다. 그러나 요한일서에 자신의 발을 견고하게 딛고 있음으로써 웨슬리는 그 자신의 삶과 그 시대의 문제들을 해결하는 데 적합한 자원과 사고방식을 얻을 수 있었다.

마지막으로 "요한 먼저, 그 다음 바울"의 순서를 통해서 웨슬리는 그에게 가장 중요한 교리들에 순서를 매기는 방식을 배웠다. 1746년에 그는 이렇게 썼다. "나머지 교리 모두를 포함하는 우리의 주요 교리는 세 가지이다. 즉 회개의 교리, 믿음의 교리, 그리고 성결의 교리

---

31 앞의 책, 366.

이다. 이 셋 중 첫 번째는 이른바 종교의 현관이다. 그 다음은 문이다. 그리고 세 번째는 종교 자체이다."[32] 다시 한 번 우리는 목표에 이르는 수단의 순서가 이번에는 건축의 은유로 표현되어 있는 것을 본다. 성결, 즉 하나님과 그리스도와의 교제 속에 빛 가운데로 걷는 것은 건물 그 자체다. 믿음은 그 건물로 들어가는 출입구이며, 회개는 그 출입구로 이어진 현관이다. 로버트 월에 따르면, "웨슬리가 독특한 신앙적 경험('거의 그리스도인이 아닌 온전한 그리스도인'을 특징짓는 성결을 실천하는 삶)과 복음에 대한 핵심 신념(믿음을 통하여 은혜로 죄에서 구원을 받는다는 것)을 때때로 어색하게 통합시키는 입장을 취했는데, 이런 입장을 변호하는 데 요한일서가 도움을 주었다고 한다."[33]

웨슬리의 「표준설교집」 서문은 아마도 그 자신의 설교의 목표에 대한 가장 통찰력 있는 설명일 것이다. 거기서 그는 이렇게 말한다. "나는 진실하고 성경적이며 경험적인 종교를 묘사하려고 노력해왔다. 그 실질적인 부분 중에 어떤 것도 빠뜨리지 않고, 거기에 어떤 것도 추가하지 않기 위해서 노력해왔다."[34] 이어서 그의 두 가지 주된 영적 대적들을 형식주의와 반율법주의로 묘사한다.

웨슬리는 기독교의 외형을 갖추고 있다고 해서 기독교 국가로 자처하는 영국을 괴롭히는 큰 오류가 형식주의라고 생각했다. 그는 청중들로 하여금 "마음의 종교를 세상 밖으로 거의 몰아낸 형식주의, 외적

---

32 "Principles of a Methodist Farther Explained," section 6.4. 웨슬리는 용어를 유연하게 사용했으나 기본적인 접근은 일관성이 있었다. 다른 곳에서는 기본진리를 "원죄, 오직 믿음으로 의롭게 됨, 마음과 삶의 성결"로 열거한 바 있다. Letter to George Downing, April 6, 1761, in *The Letters of John Wesley*, ed. John Telford, 8 vols. (London: Epworth, 1931), 4:146. See also the "Letter to Various Clergymen," April 19, 1764, in Telford, *Letters of John Wesley*, 4:237.
33 Wall, "Wesley as Biblical Interpreter," 118.
34 Wesley, preface to *Standard Sermons*, Burwash, xx.

인 종교를 경계하게" 하려고 설교했다. 이를 위해 요한일서의 메시지가 딱 맞았던 이유는 빛이신 하나님과의 교제, 즉 진실한 믿음과 올바른 행위는 물론 올바른 감정까지 특징으로 삼는 그 교제로 초대하고 있기 때문이다.

웨슬리의 두 번째로 커다란 대적은 반율법주의였다. 특별히 "마음의 종교, 즉 사랑으로 일하는 신앙을 알면서도" 복음의 약속을 악용하여 거룩한 삶을 거부하는 비뚤어진 습관에 빠진 자들이 받아들인 그런 반율법주의였다. 이들이 바울의 가르침을 어떻게든 왜곡시켰으며, "믿음을 통하여 율법을 무효로 만들었다"고 그는 말했다. 반율법주의자들은 바울을 그릇 해석하는데 능했기 때문에, 웨슬리는 요한일서를 근거로 그들을 논박하는 강력한 입장을 개진할 수 있음을 발견했다. "웨슬리는 거의 전무후무한 사실을 깨달았다. 그것은 '기독교의 큰 역병, 즉 행위가 없는 믿음'을 책망하는 데는 요한일서가 바울 서신들보다 낫다는 것이다."[35]

"우리가 [그를] 사랑함은 그가 먼저 우리를 사랑하셨음이라"고 요한일서 4장 19절은 말한다. 「신약성서 주석」에서 웨슬리는 이 구절을 "모든 신앙의 총합, 기독교의 진정한 모델"이라고 부른다. 이어서 "누구도 이 이상으로 말할 수 없다. 누구든지 그보다 덜 말하거나 알아듣기 어렵게 말할 필요가 있을까?"라고 말한다. 랜디 매덕스의 최근 주장에 따르면, 웨슬리가 이 구절을 "복음의 총합"이라 부른 것은 이런 뜻을 지니고 있다고 한다.

그것은 바로 웨슬리 자신의 영적 여정에서 얻었던 가장 깊은 확신이다.

---

35 Wall, "Wesley as Biblical Interpreter," 119, quoting sermon 61, "The Mystery of Iniquity."

그는 항상 하나님을 온전히 사랑하고 싶은 마음이 간절했고 매우 진지하게 그렇게 하려고 노력했다. 그러나 그가 마침내 요한일서 4장 19절의 진리를 완전히 파악한 것은 다름 아닌 1738년을 둘러싼 사건들을 통해서였다. 그때 하나님과 타인에 대한 진정한 그리고 영구적인 사랑은 우리를 용서하시는 하나님의 사랑을 알고 나서 우리가 취하는 반응이라는 것을 깨달았다.[36]

그리고 나중에 그리스도의 완전에 대한 그의 가르침을 둘러싼 논쟁에서, 웨슬리는 자신이 가르친 것은 "그러므로 사도 요한의 교리와 신약성경의 전체적인 취지 둘 다에 일치하는 것"이라고 주장했다. 자신의 주장을 이 순서(요한이 먼저, 그 다음이 "신약성경의 전체적인 취지")로 폄으로써 웨슬리는 자신이 "요한일서에 가장 분명하게 표현되어 있는 핵심적인 믿음의 렌즈를 통해서 바울을 (그리고 성경의 나머지 부분을) 읽는다"는 사실을 드러냈다. 그 이유는 "바울의 메시지를 평가절하하기 위해서가 아니라, 믿는 자들은 죄로부터 해방되어 의의 종이 되었다(로마서 6:18)는 바울의 주장을 강조하기 위해서였다."[37]

요한 VS 바울?

바울의 신학을 요한의 신학에 동화시키려는 웨슬리의 입장은 성경신학을 새롭게 표현한 역동적인 움직임이었다. 고든 랩은 이것이 웨슬리의 영향력 이해의 열쇠일 것이라고 주장한 여러 학자들 가운데한 사람이다. "그에게 바울의 칭의 교리는 요한의 서신들과 사랑의 교

---

36 Maddox, "The Rule of Christian Faith, Practice, and Hope," 28.
37 앞의 책.

리와 밀접하게 연결되어 있다. 이것이 혹시 웨슬리 부흥운동의 비결이었을까?"[38] 우리는 그것이 어떻게 웨슬리의 경험을 영국 개신교 경험의 축소판으로 보여주는지 그리고 올더스게이트 이후 웨슬리 사역의 폭발적인 영향력을 설명하는데 도움을 주는지를 지금까지 살펴봤다. 대부분의 개신교도들은 요한을 바울에 접속시키려고 했던 반면, 웨슬리는 바울에 대한 개신교적 해석을 요한에 접속시키려 했던 유일한 인물일 것이다. 오직 웨슬리만 요한의 줄기를 취하고 거기에 강한 바울의 가지를 접목시켰다.

그러나 "요한 먼저, 그 다음 바울" 공식은 또한 일부 독자들이 웨슬리의 구원론과 관련하여 어려운 문제에 봉착했던 이유일지도 모른다. 웨슬리를 읽는 많은 사람들은 그가 이 이슈에 대해 서로 다른 두 가지 참조 틀로부터 저술하고 있다는 것을 점차 알게 된다. 그 좌절감은 보통 이런 식으로 표현된다. 오직 믿음으로 얻는 칭의를 강조하는 개신교의 주장과 빛 가운데 하나님과 나누는 교제에서 멀어지는 것은 진정한 그리스도인이 되기를 멈추는 것이라는 만연된 견해 사이에 긴장이 있다는 것이다. 전자는 모든 것이 해결되었다는 것을 시사하는 반면, 후자는 매우 중요한 어떤 것이 여전히 우리의 행위에 의해 결정될 것임을 시사한다. 이 두 가지 견해가 어떻게 공존할 수 있을까?

가장 명백한 대조점을 확인하기 위해서 웨슬리의 약점을 포착해보자. 1760년대에 웨슬리는 칭의 교리에 집중하기 위해서 열심히 노력했다. 중요한 글 하나와 적어도 한 번의 중요한 설교(「표준설교집」에 담긴 설교 20번, 5장에서 다룰 예정이다)에서, 웨슬리는 믿음으로 얻는 칭의를 굳게

---

38 E. Gordon Rupp, *Principalities and Powers: Studies in the Christian Conflict in History* (London: Epworth, 1952), 82.

믿는다고 명명백백하게 밝혔다. 그는 흔쾌히 동의하는 자세로 이 주제에 관한 칼뱅의 글을 인용하였고 한 편지에서 이렇게 선언했다. "나는 칭의에 대하여 칼뱅이 생각했던 것과 똑같이 생각한다. 이 면에서 나는 칼뱅과 조금도 다르지 않다."[39] 그러나 1770년 감리교 연회(年會)에서 웨슬리는 또한 다음의 결의안에 동의했다.

> 의롭게 되거나 성화된 상태에 관한 이야기는 사람들을 오도하는 경향이 있지 않은가? 한 순간에 이뤄진 일을 믿도록 거의 자연스럽게 그들을 인도하지 않는가? 반면에 우리는 매 시간, 매 순간마다 "우리의 행위에 따라서" 하나님을 기쁘시게 하거나 불쾌하게 만들고 있다. 즉 우리의 내적인 성품과 우리의 외적인 행위로 그렇게 하고 있다.[40]

그 글 자체만 읽으면 믿음에 의한 칭의 같은 것이 존재한다는 것을 부인하는 것처럼, 혹은 어떤 그리스도인이든지 "의롭게 되고 있는"(롬 5:1) 상태에 있다는 것을 부인하는 것처럼 보인다. "우리는…매 순간마다…에 따라서 하나님을 기쁘시게 하거나 불쾌하게 만들고 있다. 우리의 내적인 성품과 우리의 외적인 행위"라는 표현은 마치 하나님께서 '우리가 누구인가'와 '우리가 무엇을 하는가'를 기초로 하여 우리를 받아주시는 것처럼 들린다. 이것은 바로 행위에 의한 용납을 의미하는 게 아닌가? 혹은 적어도 행동에 의하여 칭의를 유지하는 것 이

---

39 Letter to "a friend," May 14, 1765, in Telford, *Letters of John Wesley*, 4:298.

40 *Conference Minutes* of 1770; reprinted in *The Works of John Wesley* (London: wesleyan-Methodist Bookroom, 1829-1831), 8:338. 이 주제에 관한 가장 철저한 논의는 다음 책을 참고하라. Allen Coppedge, *John Wesley in Theological Debate* (Wilmore, KY: Wesley Heritage, 1987), 191-265. 개혁주의 관점에서 간략하게 개관한 것을 보려면 Iain Murray, *Wesley and Men Who Followed* (Edinburgh: Banner of Truth, 2003), 217-31을 참고하라.

외에 무엇을 의미하겠는가? 그리고 사실 논란이 많던 1770년 회의록을 많은 사람이 그런 의미로 받아들였다. 특별히 웨슬리와 점점 더 불편해지고 있었던 칼뱅주의 복음주의자들은 그 말을 웨슬리가 믿음에 의한 칭의를 완전히 거부했거나 사실 그것을 믿은 적이 없었다는 것을 보여주는 경종으로 간주했다. 한 역사가가 그 반응을 이렇게 요약했다.

> 그는 믿음을 부인하고 신앙을 버렸고 행위를 퍼뜨리는 자라고 비난받았다. 불신자보다 나은 점이 없는 자라고. 이 모든 일은, 웨슬리가 그리스도인의 순종을 우리가 하나님 앞에서 계속 용납 받는 조건으로 규정함으로써, 바울과 루터가 주창한 오직 믿음으로만 얻는 웅대한 칭의 교리를 저버렸다는 가정에 따라 진행된 것이었다.[41]

그러나 1738년부터 1770년에 이르는 웨슬리의 평생 사역의 맥락에 비추어 보면, 이 문제성 있는 발언은 다른 어떤 뜻을 지니고 있었음이 틀림없다. 그 말이 겨냥했던 대상은 누구일까? 엉성하게 선택한 단어들이긴 하지만 그것은 끊임없이 뒤를 돌아보며 살아가는 그런 영적인 삶, 항상 회심의 순간을 돌아보며 그 당시에 느끼고 경험했던 것을 확신의 근거로 삼는 그런 종류의 삶을 비판하기 위한 발언이었다. 만약 어떤 사람이 "나는 의롭게 된 상태입니다" 혹은 "나는 성화를 이룬 상태입니다"라고 말하고 나서 회심의 순간에 일어난 일만을 증거로 제시한다면, 그는 영적인 비현실 속에 살고 있을 위험성이 큰 사람이다. 그러한 사람은 '회심의 순간에 일어난 일'로부터 지금 여기서

---

41 John Brown, *John Wesley's Theology: The Principle of Its Vitality, and Its Progressive Stages of Development* (London: Jackson, Walford, and Hodder, 1865), 24.

일어나고 있는 일로 관심을 돌릴 필요가 있다. 만약 이 점을 신중하게 표현하기만 하면 반론이 제기될 여지가 없다. 제임스 패커가 똑같은 것을 어떻게 말하는지 보라. "현재 영위되는 회심의 삶만이 어떤 사람이 과거 어느 순간에 회심했다는 확신을 정당화할 수 있다.…과거의 회심을 입증하는 유일한 증거는 현재의 회심 상태이다."[42] 패커는 믿음으로 얻는 칭의를 가르치는 믿을 만한 선생인 것 같다.

웨슬리의 맥락에서, 명목상의 그리스도인들이 회심의 닻으로 되돌아봄 직한 과거의 사건은 세례, 그것도 유아세례이다. 비록 웨슬리는 영국국교회 목사로서 유아세례를 인정했지만, 복음주의자로서는 유아세례를 구원과 동일시할 수 없다는 것을 알고 있었다. 웨슬리는 유아세례의 요새를 공격할 때 가장 강도 높은 언어를 사용하였다.

그런즉 당신은 마음속으로 "나는 이전에 세례를 받았으므로 지금 하나님의 자녀이다"라고 말하지 말라. 아아, 그런 결론은 결코 타당성이 없다. 세례 받은 폭식가들과 주정뱅이들, 세례 받은 거짓말쟁이들과 흔한 욕쟁이들, 세례 받은 악담하는 자들과 사악한 말을 하는 자들, 그리고 세례 받은 호색가들과 도둑들과 착취자들이 얼마나 많은가? 당신은 어떻게 생각하는가? 이들이 지금 하나님의 자녀들인가? 진정으로 여러분들에게, 즉 방금 말한 것 중에 어느 하나라도 해당하는 자들에게 선포한다. "너희들은 악마를 아버지로 둔 자들이며, 너희들도 너희 아비가 하는 짓을 하는구나."…더 이상 부러진 갈대로 만든 지팡이에 기대지 말라. 세례 때에 거듭났다고 믿지 말라. 누가 여러분이 그 때 하나님의 자녀가 되고 천국의

---

42 J. I. Packer, *Keep in Step with the Spirit: Finding Fullness in Our Walk with God*, rev. ed. (Grand Rapids: Baker, 2005), 59-61. 「성령을 아는 지식」(홍성사 역간)
43 Sermon 18, "Marks of the New Birth," Burwash, 180.

상속자가 된 것을 부인하겠는가? 그러나 이 모든 것에도 불구하고, 여러분은 지금 악마의 자녀이다. 그러므로 여러분은 거듭나야 한다.[43]

웨슬리의 가장 큰 대적들이 형식주의와 반율법주의였다는 것을 기억하라. 유아세례를 중생의 증거로 돌아보는 사람은 이 두 가지가 섞여있을 가능성이 많다. 즉 영국인으로 태어났기 때문에 그리스도인이 된 사람의 경우에는 자기가 하고 싶은 대로 하면서 하나님의 은혜를 의지할 수도 있다. 이것이 바로 웨슬리의 설교가 겨냥한 완벽한 표적이었다. 1770년까지 웨슬리는 더 넓은 대상을 향해서 자신의 설교를 적용하였다. 그 대상에는 "나는 이전에 세례 받았다"라는 불운한 호소와 유사하게 그들의 회심 경험을 뒤돌아보는 일부 성인 회심자들도 포함되었던 것 같다.

1770년 회의록에 나오는 웨슬리의 표적은 그 옛날의 회심을 그리스도인임을 입증하는 제일 중요한 증거로 삼는 사람들의 문제였다. 그러나 웨슬리의 실수는 그 문제를 지나치게 분석하여 사람들이 "의롭게 된 상태"라는 바로 그 표현에 의해 오도되었다고 생각한 것이다. 그는 이 어구가 "한 순간에 일어난 일을 신뢰하도록" 그들을 "거의 자연스럽게" 이끌어 간 것이라고 생각했다. 웨슬리가 사람들에게 자신의 과거 인생 중에 일어난 특정한 경험을 토대로 구원의 확신을 품는 경향에서 벗어나라고 경고한 것은 분명히 옳은 일이었다. 그러나 "의롭게 된 상태"라는 말을 거부한 것은 지나치게 극단적이었다. 그는 사람들의 관심을 그들의 회심이야기로부터 그리스도의 완성된 사역으로 전환시켰어야만 했다. 후자는 어쨌든 신자 측에 의롭게 된 상태를 만든다. 웨슬리는 잘못 선택한 표현으로 인해 생긴 불가피한 논란에 직면하여 그 다음 해에 이렇게 해명했다.

1770년 8월 7일에 런던에서 열린 연회(年會)의 회의록에 나오는 교리적인 점들이 행위에 의한 칭의를 선호하는 것으로 이해되었지만, 이제 우리, 즉 웨슬리와 연회에 모인 사람들은 그러한 의도가 없었고 행위에 의한 칭의를 심히 위험하고 끔찍한 교리로 몹시 싫어한다고 선언하는 바이다.…그리고 시간과 기회가 주어졌는데도 선행을 하지 않는 사람은 진정한 기독교 신자가 아니지만 (그리고 결과적으로 구원받을 수 없지만), 우리의 행위는 처음부터 끝까지, 전체적으로나 부분적으로, 우리의 칭의를 획득하는데 그 어떤 역할도 하지 않는다.[44]

이 해명은 대부분의 사람들을 안심시키는데 도움이 되었다. 그러나 일부 웨슬리를 혹평하는 자들은 (아우구스투스 톱래디 같은 비평가) 계속해서 웨슬리를 부적절한 개신교인으로 의심하였으며, 심지어 믿음에 의한 칭의를 부인한다고 비난하였다.

그러나 우리가 이 유명한 논쟁에 "요한 먼저, 그 다음 바울"의 틀을 적용시킬 때 무슨 일이 일어나는지 생각해보라. 이에 관해 바울의 신학을 오해하는 현상이 웨슬리를 화나게 하였다. 회심 경험을 다시 돌아보면서 그 경험만을 근거로 칭의의 상태나 성화의 상태에 있다고 주장하는 사람들은 사실 우리들이 그리스도를 신뢰할 때 경험하게 되는 엄청난 변화에 대한 바울의 가르침을 오해하고 있는 것이다. 바울의 사상에는 그들을 반박하며 진정한 믿음은 "사랑을 통해 일하는 믿음"(갈 5:6)임을 보여주는 근거가 있다. 사실 그러한 바울의 논증이 웨슬리가 지혜롭게 1771년의 해명에서 사용한 것이었다. 그러나 그것

---

44 Iain Murray, *Wesley and Men Who Followed*, 222. 머리가 한 장을 할애해서 웨슬리의 칭의론을 다룬 것(217-31)은 심각한 의견불일치가 있음에도 공정하게 보도하고 우호적으로 해석한 홀륭한 본보기다.

이 첫 반응은 아니었다. 왜곡된 바울의 가르침에 직면한 웨슬리는 반대자들로 하여금 요한의 견지에서 사고하도록 충격 요법으로 대응했다. 당신은 지금 빛 가운데로 걷고 있는가? 당신은 지금 하나님과 영적 교제를 나누고 있는가? 당신은 지금 하나님 안에서 기쁨과 확신을 품고 있는가? (바울처럼) 구원의 순서를 단계별로 추적하는 대신 (요한처럼) 진정한 그리스도인의 표지에 호소함으로써 그 반대 주장들의 진실성을 판단하려 했다. 웨슬리의 관심사는 영적 실재와 하나님과 교제였고 요한일서의 신학으로 그것을 보호하는 것을 선호했다. 다른 복음주의자들이 바울의 범주들과 함께 웨슬리에게 반대질문을 시작했을 때 혼란이 가중된 것은 놀랄 일이 아니다. 다행히도 웨슬리의 어휘는 요한과 같았지만 그는 바울의 어휘도 유창하게 구사했다.

이것은 요한의 틀과 바울의 틀 사이의 편차와 관련된 오래되고 복잡한 사례연구로 내려오고 있다. 그러나 그것을 다룰 만한 가치가 있는 것은 그 회의록 논쟁이 복음주의 역사상 중요한 전환점이 되었기 때문이 아니라 관련된 원칙들이 대단히 많은 다른 경우들에도 적용될 수 있기 때문이다. 좀 더 간단한 사례를 들면 도움이 될 것 같다. 존 웨슬리가 1725년에 기독교에 대해 진지하게 생각한 이래로 크게 흠모한 책이 두 권 있다. 이 책들은 요한의 성결 신학을 아주 편하게 여기는 영국국교회 학파의 사상을 대표하였다. 그것은 제레미 테일러 주교가 저술한 「거룩한 삶」(1650)과 「거룩한 죽음」(1651, 크리스챤다이제스트사 역간)이었다.

웨슬리는 바울을 발견한 이후 깨달음에 이르렀기 때문에, 테일러의 책들은 조심스럽게 다루어질 필요가 있다. 「거룩한 죽음」은 복음의 상당부분을 담고 있으나, 모든 테일러의 작품처럼 율법의 엄격함을 그리스도인의 행위에 적용시키는 것을 전문적으로 다루고 있다. 심지어 임종의 자리에까지 십계명을 확대 적용한 나머지 죽어가는 사람에게 십계명을 어떻게 지켜왔는지 신중하게 생각해보라고 권면한다. 존 웨슬리는 그가 알고 있는 한 여성에 대해 이렇게 말했다.

그녀는 아주 어린 사람은 테일러의 「거룩한 삶」과 「거룩한 죽음」을 읽으면 안 된다고 충고했다. 그녀가 열대여섯 살 되었을 때 테일러 책을 읽고서 정신을 잃을 뻔했다고 덧붙였다. 왜냐하면 테일러는 자신의 규칙에 도달하지 못하는 모든 사람들을 구원의 길에서 배제시키는 것 같았기 때문이었다. 일부 규칙들은 실천이 불가능하였다.[45]

테일러의 어느 문장은 웨슬리를 극심한 혼란에 빠뜨렸다. 테일러는 「거룩한 삶」에 이렇게 썼다. "진실로 회개하는 자는 평생 날마다 용서를 구하는 기도를 해야 하며 그 일이 죽을 때까지 끝나지 않을 것이라고 생각해야 된다. 하나님께서 우리를 용서하셨는지 여부를 우리가 알 수는 없으므로 여태껏 지은 죄에 대해 계속 슬퍼해야 한다."[46] 웨슬리는 그리스도인이라면 날마다 겸손히 용서를 구해야 한다는데 동의했다. 그러나 "하나님께서 우리를 용서하셨는지 여부"를 우리가 알 수는 없다는 견해에 대해서는 크게 반발했다. 이미 1725년과 1738년 사이의 기간에 웨슬리는 그 견해가 무엇인가 잘못되었다는 것을 알았다. 웨슬리와 그의 어머니는 테일러 신학의 문제에 대하여 서신을 주고받았다. 그러나 올더스게이트 이후 요한일서 연구 과제에 로마서와

---

45 Letter to his mother, January 18, 1725, in Emory, *The Works of the Reverend John Wesley*, 6:589.

46 "The Rule and Exercise of Holy Living," in *The Whole Works of the Right Rev. Jeremy Taylor* (London: Frederick Wesley and A. H. Davis, 1835), 495. 웨슬리와 이 인용문의 상호작용에 관해서는 Tyerman, *The Life and Times of the Rev. John Wesley*, 1:34-35을 보라.

갈라디아서를 받아들인 후에, 웨슬리는 율법주의와 도덕주의의 지속적인 위험에 처해있던 영국국교회 성결 전통을 길들이는데 필요한 도구를 소유하게 되었다.

개신교의 성결 교리

신학 사상가로서 존 웨슬리는 서로 속해있는 것 같지 않은 요소들을 결합시켰다. 해석자들은 흔히 웨슬리가 "믿음으로 얻는 칭의(이 점에 대해서 웨슬리는 칼뱅과 '조금도' 다르지 않다고 공언했다)에 대한 전형적인 개신교의 역설"을 "비법정적인 마음과 삶의 성결("이것이 없이는 아무도 주를 보지 못하리라" 히브리서 12:14)에 대한 강조"와 결합시킨 것 같다고 말한다. 이는 많은 해석자들에게 본의 아니게 로마가톨릭적인 인상 혹은 (음모에 관심 있는 사람에게는) 은밀하게 비밀 가톨릭적인 인상을 준다. 웨슬리의 공헌을 한 마디로 요약할 때, '개신교적인 웨슬리'와 '가톨릭적인 웨슬리'가 있다고 말하거나, 웨슬리는 두 세계의 가장 좋은 것을 결합시켰다고 말하는 것이 한 동안 유행했었다. 조지 크로프트 셀(George Croft Cell)의 영향력 있는 저서 「웨슬리의 재발견」(The Rediscovery of John Wesley, 1935)에서는 그것을 이렇게 표현했다. "그리스도인의 생활 윤리에 대한 웨슬리의 재구성은 개신교의 은총의 윤리와 가톨릭의 성결의 윤리를 독창적이고 독특하게 종합한 것이다."[47] 이와 같은 진술들은 여전히 쉽게 발견된다. 그리고 그 진술들이 가리키고 있는 것도 마찬

---

47 Cell, quoted in Kenneth Collins, The Theology of John Wesley: Holy Love and the Shape of Grace (Nashville: Abingdon, 2007), 16. 콜린스는 셀의 평가에 완전히 찬성하지 않고 이 주제에 관한 가장 균형 잡힌 논의 중 하나를 제공한다. 하지만 그는 두 주제를 나란히 놓는다. "웨슬리 신학을 거의 개신교적으로만 해석하는 것은 가톨릭적 해석과 마찬가지로 정확하지 않을 것이다. 오히려 그의 신학을 가장 잘 묘사하는 것은 개신교적 해석과 가톨릭적 해석의 결합이다"(The Theology of John Wesley, 334).

가지로 쉽게 알 수 있다. 즉 웨슬리는 믿음으로 얻는 칭의를 가르치는 동시에 성결의 추구가 정말로 중요하다고 가르친다. 케네스 콜린스는 이렇게 말했다. "웨슬리가 힘들여서 정교하게 만들어낸 복잡한 신학적 종합은 그의 신학적 경력의 웅대한 프로젝트, 즉 '오직 믿음'과 '거룩한 삶'을 통합시키는 임무를 완수해낸 것이다."[48]

그런데 왜 이러한 결합을 개신교적이고 가톨릭적이라고 각각 다르게 부르는가? 고든 럽은 얼마 전에 이 상투적인 문구에 의문을 제기했다. "감리교가 개신교의 칭의 교리를 가톨릭의 성결 교리와 결합시킨다는 진술은 지나치게 단순화시킨 것이어서 오도할 위험이 있다. 그래서 나는 중대한 조건 없이는 그것을 받아들이지 않을 것이다." 고든 럽이 지혜롭게 제안하는 대안은 우리가 이미 어느 정도 상세하게 탐구해온 것이다. "그러나 주권적인 은총과 용서하는 사랑의 안전한 궤도 내에서, 웨슬리가 우리 안에서 그분의 완전한 뜻을 이루시는 하나님의 능력과 큰 기쁨을 주장할 때, 우리는 웨슬리가 놀라운 방법으로 바울의 요소들과 요한의 요소들을 기독교적 증언 안에서 결합시켰다고 말할 수 있다."[49] 다시 한 번 웨슬리를 요한일서의 신학자로 이해하게 되면서 우리는 우리의 방향을 바로 잡을 수 있다. 럽이 다른 곳에서 주장하듯이 웨슬리를 묘사할 때 개신교와 가톨릭의 차이점에 의존하는 사람들의 동기와 관심사에 대해서 의문을 품을 만하다.

감리교 복음은 한 가지 형태와 일관성을 지니고 있다. 복음주의 아르미니우스주의는 존 웨슬리와 찰스 웨슬리가 그들의 설교와 찬송가에서 자

---

48 앞의 책, 4.
49 Gordon Rupp, "The Future of the Methodist Tradition," *The London Quarterly and Holborn Review* 184 (1959): 269.

세히 설명하는 기독교 진리들의 특정한 결합을 지지한다. 그것은 존 웨슬리가 개신교의 이신칭의의 가르침과 가톨릭의 성결 개념을 결합시켰다는 말로 때때로 설명되어 왔다. 나는 이 설명을 통찰력 있는 진술이라고 생각하지 않는다. 영국에서 그 설명은 개신교를 약간 부끄러워하는 사람들이 언제나 내놓은 것이고 세밀한 검사를 거친 것이라고 생각하지 않는다. 존 웨슬리는 아마도 모호한 신학자가 아니었을 것이고 멍청한 신학자는 확실히 아니었다. 그가 성결에 대해 말한 내용은 믿음으로 얻는 칭의에 대해 믿고 있던 내용과 함께 묶여있다. 그것은 웨슬리가 나중에 생각한 것이 아니라 그리스도인의 완전을 추구하던 발걸음의 원초적인 출발점이었다.[50]

웨슬리의 신학을 개신교 주제들과 로마가톨릭 주제들의 혼합으로 묘사하는 견해의 중요한 문제점은 웨슬리가 그런 방식으로 묘사하지 않았다는 것이다. 그것은 일부 청중들이 웨슬리 사상의 기본 흐름을 파악하는데 도움을 줄 수는 있다. "웨슬리를 로마가톨릭의 구원 교리 안에 담겨있는 좋은 요소를 놓치지 않으려 했던 진정한 개신교인이라고 생각해보라." 그러나 그러한 묘사로 도움을 얻는 사람은 고든 랍이 말한 대로 "개신교를 약간 부끄러워하는 사람"이거나, 기껏해야 "가톨릭"이란 단어를 들으면 위대한 전통, 즉 수세기에 걸쳐 흘러내려온 일종의 광범위한 원초적 기독교를 연상하는 사람이다. 소문자 c를 가진 '가톨릭'(catholic)이란 단어는 웨슬리에게 그와 같은 기독교를 생각나게 했을 테지만 그 단어가 로마(Roman)와 결합되면 정반대의 것을 생

---

50 Rupp, *Principalities and Powers*, 82. 이 대목 직후에 랍은 이번 장 맨 앞에 인용한 말을 진술한다. "그에게 바울의 칭의 교리는 요한의 서신들과 사랑의 교리와 밀접하게 연결되어 있다. 이것이 혹시 웨슬리 부흥운동의 비결이었을까?"

각나게 만들었다. 종교개혁에 관한 대표적인 영국국교회 자료들을 이미 읽은 독실한 영국국교도인 웨슬리에게, 로마가톨릭(Roman Catholic)이라는 용어는 무언가 제한적이고 종파적이고 옛 전통에 뿌리박은 최근의 그리고 권력을 남용하는 어떤 것을 생각나게 했다. 반면에 개신교는 그에게 위대한 고대 교회가 지녔던 구원 교리와 성결의 회복을 의미했다.

비록 웨슬리를 요한과 바울의 주제들을 의도적으로 결합한 사람으로 기술하는 것이 훨씬 낫지만 개신교 전통과 가톨릭 전통에 양다리를 걸치고 있는 인물로 묘사하는 것에 약간의 진리가 있는 건 사실이다. 그가 "요한 먼저, 그 다음 바울"의 관점을 정립하면서 갈수록 개신교와 로마가톨릭의 서적들에서 더 많은 것을 끌어내고 있었다. 감리교의 발흥에 대한 설교에서 웨슬리는 이렇게 말했다.

칭의에 관하여 감탄할 정도로 잘 말하고 글을 썼던 많은 사람은 성화 교리에 대하여 명백한 개념을 갖고 있지 않았다. 아니 완전히 무지하였다. 오직 믿음으로 얻는 칭의에 관하여 마르틴 루터보다 더 훌륭한 글을 쓴 사람이 있는가? 그리고 루터보다 성화의 교리에 대해 더 무지했던 사람, 혹은 더 헷갈리는 개념을 품었던 사람이 있는가? 성화에 대한 그의 완전한 무지에 대해 확신하려면 선입견 없이 유명한 그의 갈라디아서 주석만 읽어도 된다. 다른 한편으로, 얼마나 많은 로마 교회의 저자들이[특히, 프란체스코 살레(Francis Sales)와 후안 데 가스따니자(Juan de Castaniza)] 칭의의 본질에 대해 전혀 익숙하지 않은 채 성화에 대해 강력하고 성경적인 글을 썼는가! 트렌트 공의회에 모인 성직자 집단이 교구를 위한 교리문답서(Catechismus ad Parochos, 모든 교구의 성직자들이 교인들에게 가르쳐야 하는 교리문답서)에서 성화와 칭의를 완전히 혼동했을 정도였다. 그러나 하나님은 기꺼이 감리교도들에게 그 각각에 대한 온전하고 명확한 지식과 그 둘 사이의 폭넓은 차이점을 제공하셨다.[51]

이어서 그는 이렇게 말한다. "감리교도들이 칭의가 성화를 대신하는 것으로 생각하거나 말하지 않고, 성화가 칭의를 대신하는 것으로 생각하거나 말하지 않는 것은 이 사람들에게 주어진 커다란 축복이다." 웨슬리를 따르는 감리교도들은 양 갈래 모두에서 교훈을 끌어내고, 무엇보다도 그들이 배운 것은 양자를 풍성하게 결합시키는 방법이다.

그들은 그 각각을 제자리에 두려고 주의를 기울이고 양자에 똑같은 강조점을 둔다. 그들은 하나님께서 이 두 가지를 결합하셨은즉 사람이 나눠서는 안 된다는 것을 알았다. 그러므로 그들은 동등한 열정과 성실함으로, 한편으로는 값없고 완전하고 현재적인 칭의의 교리를 유지하고, 다른 한편으로는 마음과 삶의 완전한 성화의 교리를 유지한다. 그래서 신비주의자만큼 내적인 성결을 그리고 바리새인만큼 외적인 성결을 집요하게 붙잡는다.[52]

그러나 웨슬리는 우선순위를 개신교 편에 둔다. 왜냐하면 그 편에서만 칭의와 성화를 구별하고 믿음으로 성결을 추구하는 과정에서 양자를 결합하는 일이 가능하기 때문이다. 웨슬리에게 중요한 점은 영국국교회로 하여금 믿음에 의한 구원이 성결을 수반하고 요구하며 필

---

51 Sermon 107, "On God's Vineyard"; reprinted in *John Wesley*, ed. Albert Outler (New York: Oxford University Press, 1964), 107-8.
52 앞의 책, 109.

요로 한다는 것을 알도록 하는 것이었다. 왜냐하면 성결이 없이는 어느 누구도 하나님을 보지 못할 것이기 때문이다. 복음주의 개신교는 성결을 추구하기 위하여 이질적인 신학을 찾아다닐 필요가 없었다. 성결을 함양하는데 그 자체의 자원으로 충분했다.

요한과 바울에 대한 이러한 이해를 통하여 우리는 마르틴 루터가 존 웨슬리에게 제공해준 영적인 충격으로 되돌아가게 된다. 웨슬리에게 충격을 주어 그를 소생시킨 것은 루터의 「로마서 서문」을 읽었던 회중 낭독이었다. 구체적으로 "그리스도에 대한 믿음을 통하여 하나님께서 마음속에서 일으키시는 변화"에 대한 루터의 묘사였다. 아무나 루터의 논리의 그 실마리를 포착하지는 못하였을 것이다. 다른 사람들은 율법을 우리가 이겨야 할 대적으로 묘사하는 루터의 대목에 솔깃했을지도 모른다. 은총과 율법을 대조시키는 루터의 많은 논의를 문맥과 상관없이 읽으면 반율법주의를 주장하는 듯이 들린다. 그러나 웨슬리는 이미 자신의 요한일서 신학 안에 바울을 위한 여지를 만드는 중이었고 벌써 자기가 무엇을 위해 경청하고 있는지 알고 있었다. 웨슬리답게 그의 마음은 반율법주의처럼 들리는 루터의 가르침에 의해 뜨거워지지 않았다. 지나치게 단순화된 루터와 풍자된 웨슬리를 알고 있는 사람에게는 역설적으로 들릴지 모르겠지만, 웨슬리는 훌륭한 루터 해석자들 가운데 한 사람이다. 왜냐하면 루터는 그리스도의 전가된 의에 반드시 뒤따르는 개인적인 성결에 대해 할 말이 아주 많았으며,[53] 칭의를 죄인을 변화시키지 않은 채 내버려두는 일종의 법정적인 선언으로 제시하는 데는 관심이 없었기 때문이다. 벌카워(G. C.

---

53 예컨대, 1519년 이후의 중요한 초기 설교를 보라. "Two kinds of Righteousness," in *Martin Luther's Basic Theological Writings*, 2nd ed., ed. Timothy F. Lull (Minneapolis: Fortress, 2005), 134-40.

Berkouwer)는 이렇게 썼다. "루터의 글을 조금이나마 맛본 사람은 누구
나 이 개념을 믿기 힘들 것이다. 초보자조차도 루터에게 칭의란 속사
람에게 전혀 중요하지 않은 외적인 사건을 훨씬 초월하는 것임을 충
분히 확신할 수 있다."[54] 웨슬리는 루터가 말하는 것을 들었다. "믿음
에서 행위를 분리하는 것이 불가능한 것은 불에서 열과 빛을 분리할
수 없는 것과 같다."[55]

그래서 루터교도 역사가 홈퀴스트(H. J. Holmquist)는 언젠가 감리
교를 "복음주의 루터교의 구원 교리를 영국국교회식으로 번역한 유
형"이라고 묘사한 적이 있다. 이는 감리교 신학자 필립 왓슨(Philip S.
Watson)이 루터에 관한 책의 서두에 인용한 구절이다.[56] 웨슬리 이야기
의 곳곳에 루터의 지문이 묻어있는 것은 확실하다. 조지아에서 슈팡
겐베르크(Spangenberg)와 웨슬리의 논쟁, 옥스퍼드에서 뵐러(Boehler)로
부터 받은 도움, 1738년 올더스게이트에서 루터의 로마서 주석, 모라
비아 루터교도의 찬송가 번역, 루터교도 경건주의자 벵엘의 「해시계」
를 「신약성경에 대한 주석」에서 인용한 것 등이다. 더욱이 "찰스 웨슬
리의 찬송가에 친숙한 사람은 누구나 비록 영국국교회적 번역판이기
는 하지만, 이미 루터 신학에 상당히 익숙한 편이다." 물론 구원과 그
리스도인의 삶에 관하여는 루터와 웨슬리 사이에 많은 차이가 있다.
필립 왓슨은 이렇게 말한다.

---

54 G. C. Berkouwer, *Studies in Dogmatics: Faith and Sanctification*, quoted in Michael
Horton, *The Christian Faith* (Grand Rapids: Zondervan, 2011), 648. 이것은 호튼 책의 20장
"The Way Forward in Grace: Sanctification and Perseverance"의 첫 페이지이다. 칭의와 성화
의 관계에 대한 호튼의 논의는 뛰어난데 웨슬리파의 냄새를 풍긴다.
55 Philip S. Watson, *The Message of the Wesleys: A Reader of Instruction and Devotion*
(Grand Rapids: Francis Asbury, 1984), 9.
56 Philip S. Watson, *Let God Be God: An Interpretation of the Theology of Martin Luther*
(Philadelphia: Muhlenberg, 1950), 3.

그 모든 차이들보다 더 깊은 차원에 기본적인 정신이 있다. 이 점에서 웨슬리 형제는 그리스도인의 신앙과 삶에 대한 다른 어떤 위대한 주창자들보다 훨씬 더 루터와 유사하다. 16세기 수도사가 종교개혁가로 변신하는 영적인 진화와 18세기 옥스퍼드 영국국교도가 복음주의 부흥운동의 지도자로 바뀌는 과정 사이에는 놀라운 유사성이 있다. 그 부흥운동이란 명칭 자체는 매우 적절하게 붙여졌다. 왜냐하면 그것은 기본적으로 루터의 종교개혁 운동에 대한 갱신이자 확장이었기 때문이다.[57]

웨슬리는 분명히 자신의 목표는 루터교도가 되는 것이 아니라 성경적(이 자체가 루터식의 논점이긴 하지만)이 되는 것이라고 덧붙일 것이다. 그는 사도 요한에게 받은 기본적인 관점을 견지하고 그것을 사도 바울의 범주들로 채우려고 애를 썼다. 그 결과 믿음으로 얻는 완전한 칭의의 주장(바울적인 것)과 빛 가운데 하나님과 그리스도와 나누는 교제를 초래하는 성결에 대한 추구(요한적인 것) 사이에 역동적인 긴장이 형성된 것이다.

---

57 앞의 책.

5. 우리의 의로움 되신
주님

─────────

웨슬리는 영국성공회의 39개 신조의 열한 번째 항목에 진심으로 동의했다. "우리가 하나님 앞에서 의롭다고 인정을 받는 것은 오직 우리 주님이요 구원자이신 예수 그리스도의 공로를 의지한 믿음으로 인한 것이지, 우리 자신의 행위나 자격에 의한 것이 아니다. 그러므로 우리가 오직 믿음으로 의롭게 된다는 것은 가장 온전한 교리이며 충만한 위로가 된다." 웨슬리가 1738년 이전에는 칭의에 대하여 혼란스러웠겠지만 일단 그것을 깨달은 뒤에는 끈질기게 칭의를 고수하였고 그것을 기꺼이 가르쳤다. 웨슬리가 생애 내내 가르친 칭의 교리의 상당 부분은 옛 개신교 신앙이었고 그것을 열정적으로 그리고 정확하게 가르쳤다. 그러나 그는 또한 독특한 방식으로 칭의 교리에 접근했는데, 그것은 사랑으로 새롭게 된 마음에 대한 그의 강조점으로 보완된 것이었다. 무엇보다도 그는 그 교리를 반율법주의적 오해에 대항해 지키기로 작정했다. 그가 분명히 하고 싶었던 점이 있다. 하나는 신자들에게 하나님께서 그리스도 안에서 그들을 받아주셨다는 사실을 확신시킴으로써 그 교리가 충만한 위로로 계속 남아있게 하는 것이며, 다른 하나는 하나님의 약속에 대한 신뢰뿐만 아니라 성결에도 동의하면서 하나님과의 더욱 충만한 교제를 촉진시키는 면에서 '가장 온전한' 교리로 유지시키는 것이다.

출발점

웨슬리가 「표준설교집」을 편집하고 또한 자신의 추종자들을 위한 교리적 규범으로 지정하였을 때, 그는 이신칭의 교리가 항상 감리교 신학사상에서 가장 중요한 자리를 차지하도록 보장했다. 칭의를 다루는 설교 5번과 6번은 「표준설교집」의 시작에 가까운 탁월한 자리를 차지하고 있다. 설교 5번 "믿음으로 얻는 칭의"에서, 웨슬리는 하나님의 창조 목적에까지 거슬러 올라가서 칭의에 대한 설명을 시작하였다. "하나님의 형상을 따라 인간이 창조되었으니, 인간을 지으신 자가 거룩한 것처럼 거룩하게, 모든 것의 주인께서 자비로우신 것처럼 자비롭게, 하늘에 계신 그의 아버지께서 완전하신 것처럼 완전하게 창조되었다."[1] 인간의 본래 목표는 이러한 종류의 도덕적 완전이었다. 그리고 인류가 타락한 이후에 하나님께서 필연적으로 그 목표에 도달할 수 있는 새로운 길을 제시하셨다. 우리가 이미 살펴본 것처럼, 타락한 자들이 전진하는 유일한 길은 바로 값없는 칭의뿐이다.

칭의는 실제로 의롭고 공의롭게 만들어지는 것이 아니다. 이것은 성화다. 사실 성화가 어느 정도는 칭의의 즉각적인 열매이다. 그럼에도 불구하고 성화는 하나님의 특별한 선물이며 또한 완전히 다른 본질을 지니고 있다. 전자는 하나님께서 그의 아들을 통해서 "우리를 위해 하시는" 일을 가리키며, 후자는 하나님께서 그의 성령을 통하여 "우리 안에서 일하시는" 것을 가리킨다.[2]

---

1 Sermon 5, "Justification by Faith," in *Wesley's 52 Standard Sermons*, ed. N. Burwash (Salem, OH; Schmul, 1988), 43.
2 앞의 책, 45.

그러나 칭의는 하나님께서 다른 사람의 공로로 우리를 의롭다고 간주하시는 것과 관련된 법정적인 행위인데 이는 "하나님께서 의롭게 하신 자들에게 속으셨다는 것"을 의미하진 않는다. 하나님은 죄인이 그저 죄인일 뿐이라는 사실을 잘 인식하고 계신다. 사실 "성경적 칭의 개념은 사면(赦免), 즉 죄에 대한 용서이다." 그리고 하나님은 죄인들을 용서하시기 전에 그들을 깨끗하게 하시는 것이 아니라 그들을 있는 그대로 용서하신다. "왜냐하면 용서받는 자는 성인이 아니라 죄인, 곧 죄인의 개념 하에 있는 존재이다. 하나님은 경건한 자가 아니라 경건하지 않은 자를 의롭게 하신다."[3] 어떤 성화도 칭의를 선행하지 못하고 죄인은 협상의 자리로 아무 것도 가져갈 수 없다. "그가 처음 그리스도를 통하여 하나님을 믿었을 때부터 무슨 선을 지니고 있거나 행하든지, 믿음은 그 선을 찾는 것이 아니라 그 선을 가져온다. 이것은 믿음의 열매이다. 먼저 나무가 선해야 그 다음 열매 역시 선한 것이다."[4] 이러한 하나님의 주권적인 자비 아래, 우리가 할 수 있는 일은 그 자비를 받아들이고 감사하는 것뿐이다. "(우리의 혀를 시원하게 해주는 가장 작은 물방울부터 영원히 지속되는 지극히 풍성한 영광에 이르기까지) 빚이 아닌 온갖 은총과 호의의 축복을 누리는 사람이 하나님께 그분의 행동의 이유를 묻는다고 해서 형편없고 죄 많은 벌레가 되는 것이 아니다."[5]

웨슬리의 칭의에 관한 설교는 가장 즉각적이고 가장 강력한 설교에 속한다. 칭의는 웨슬리에게 단지 또 하나의 교리가 아니라 구원의 말씀, 즉 그의 청중들에게 반드시 제시해야 할 것이다. 웨슬리는 이 칭의의 메시지가 즉각적인 반응을 촉발시킬 수 있는 말씀이라는 것을

3 앞의 책, 46.
4 앞의 책, 48.
5 앞의 책, 49.

알고 있었던 것 같고 여러 세대를 넘어 우리에게 전해지는 뜨거운 열정으로 그 메시지를 전했다. 여기에 웨슬리가 칭의에 관한 가장 위대한 설교를 어떻게 결론짓는지 보여주는 본문이 있다.

불경건한 여러분, 이 말씀을 듣거나 읽는 비도덕적이고, 속수무책이며, 비참한 죄인인 여러분에게 나는 만인 재판장이신 하나님 앞에 여러분의 불경건한 모습 그대로 곧장 나가라고 촉구합니다. 크고 작은 여러분의 의로움에 호소하여 여러분 자신의 영혼을 파멸시키지 않도록 조심하십시오. 불경건한 자, 죄 있는 자, 길 잃은 자, 파멸한 자, 지옥으로 떨어져야 마땅한 자도 다함께 나가십시오. 그러면 여러분은 그분의 호감을 얻고, 그분이 불경건한 자를 의롭게 하신다는 것을 알 것입니다. 여러분은 완전히 실패한 죄인, 대책이 없는 죄인, 저주받은 죄인으로서 보혈이 뿌려지는 곳으로 옮겨질 것입니다. 그러므로 예수를 바라보십시오! 하나님의 어린 양이 여러분의 죄를 씻어줍니다! 여러분의 어떤 행위로도, 여러분 자신의 어떤 의로움으로도 간청하지 마십시오! 어떠한 겸손, 회개, 성실함도 내놓지 마십시오! 결코 그렇게 하지 마십시오. 그것은 여러분을 값주고 사신 주님을 부인하는 것입니다. 오로지 언약의 피만 내세우십시오. 여러분의 교만하고 완고하고 죄 많은 영혼을 위해서 죄 값이 이미 지불되었습니다. 지금 자신의 내적인 그리고 외적인 불경건함을 보고 또 느끼는 당신은 도대체 누구입니까? 당신이 바로 그 사람입니다! 나는 나의 주님을 위해서 당신을 원합니다! 나는 믿음으로 하나님의 자녀가 되라고 당신에게 도전합니다! 주님은 당신의 필요를 알고 계십니다. 지옥에 떨어져야 마땅하다고 느끼는 당신은 그분의 영광을 높이는 일에 적합합니다. 불경건한 자와 행함이 없는 자를 의롭게 하는 그분의 값없는 은혜의 영광입니다. 오, 서둘러 오십시오! 주 예수를 믿으십시오.

그러면 당신이, 심지어 당신도 하나님과 화해할 수 있습니다.[6]

율법은 "이것을 행하라, 그러면 살리라"고 말한다. 그러나 복음의 메시지는 더 나은 언약에 기초를 두고 있다. 그래서 "믿으라, 그러면 살리라. 그리고 당신은 구원을 받을 것이다. 죄책감으로부터, 죄의 권세로부터, 그리고 죄의 결과와 대가로부터 지금 구원을 받을 것이다"라고 말한다.[7] 어떤 이들은 이 부르심에 주의를 기울이지 않을 것이다. 그들은 "하나님의 의로우심에 그들 자신을 복종시키기를 격렬하게 거부한다." 그러나 이것은 "율법의 의로움을 신뢰하는 어리석음"이고, 또한 "믿음에 속한 것을 따르는 지혜"의 반대편에 서 있는 것이다. 하나님 앞에 서기 위해서는 완전한 의(義)가 필요하다. 그런데 그것은 우리가 다른 의, 즉 "우리의 의가 되시는 주님"의 의로움을 가져야 한다는 것을 의미한다. "당신은 곧 죄다! 하나님은 사랑이시다! 당신은 죄로 인해 하나님의 영광에 이르지 못한다. 그러나 그분에게는 자비가 있다. 그러므로 당신의 모든 죄를 용서의 하나님께 가져오라. 그러면 그 죄들이 구름처럼 사라져버릴 것이다."[8]

다른 말로 하면, 웨슬리는 칭의에 대해 굉장히 열정적으로 가르쳤다는 것이다. 웨슬리에게 칭의는 결코 당연시되는 교리가 아니라 그를 열광시키는 교리였다. 그러나 칭의에 대한 웨슬리의 가르침은 그의 생애 동안에 한 가지 중요한 변화를 겪었다. 그것은 웨슬리가 제임스 허비(James Hervey)라는 이름을 가진 칼뱅주의 감리교인과 충돌하였을 때 일어난 변화였다. 그 충돌의 쟁점은 '그리스도의 능동적 순종의

---

6 앞의 책, 50.
7 Sermon 6, "The Righteousness of Faith," Burwash, 52-53.
8 앞의 책, 56.

전가(轉嫁)'였으며, 그 충돌의 결과로 웨슬리는 이 교리에 대하여 이전보다 더욱 분명하고 더욱 정확하게 확신하게 되었다. 그 이야기의 전모는 약간 복잡하지만 세밀하게 살펴볼 가치가 있다. 왜냐하면 그것이 그리스도의 삶에 대한 존 웨슬리의 가르침에서 하나의 전환점이었기 때문이다. 그 갈등에서 나온 가장 중요한 출판물은 「표준설교집」 20번에 나오는 웨슬리의 설교 "우리의 의로움 되신 주님"이었다. 어떤 신학자들은 이 설교의 발행을 '초기 웨슬리'로부터 '후기 웨슬리'로의 전환점으로 본다.[9] 그 사건을 이해하려면 제임스 허비를 만나고 그에게 무엇이 문제였는지를 이해할 필요가 있다.

제임스 허비의 「테론과 아스파시오」

제임스 허비(1714-1758)는 초기 옥스퍼드 감리교도들의 시대 이래로 웨슬리의 협력자들 가운데 한 사람이었다. 그들은 진지한 젊은이들의 작은 집단으로서 복음주의 부흥운동이 일어나기 전에 신성회에서 존 웨슬리와 찰스 웨슬리 형제와 함께 사역을 했다. 허비는 1737년에 성직자로 안수를 받고나서 여러 해 동안 목사보(牧師補)로 섬긴 다음 노샘프턴셔(Northamptonshire)의 웨스튼-페이블(Weston-Favell) 교구목사로 자리를 잡았다. 그는 평생 동안 건강이 약한 상태에서 고투를 벌였는데, 18세기에는 (치료를 목적으로 피를 뽑던 시대) 보통 아편으로 치료받았던 증상으로 고통을 겪었다. 그러나 아편이 그에게 맞지 않았기 때문에 허비는 대부분의 성인 시절 동안 상당한 고통을 안고 살아가야 했고 1758년 크리스마스 날 44세의 일기로 세상을 떠났다.

---

9 케네스 콜린스는 이를 앨버트 아우틀러의 관점으로 보고한다. Collins, "Wesley's Life and Ministry," in *The Cambridge Companion to John Wesley*, ed. Randy L. Maddox and Jason E. Vickers (Cambridge: Cambridge University Press, 2010), 54.

가장 널리 알려진 허비의 작품은 자연세계에 대한 경건한 묵상 시리즈였다. 「무덤 가운데서의 묵상」(*Meditations among the Tombs*), 「화원에서의 감상」(*Reflections on a Flower Garden*), 「창조에 대한 상설」(*A Descant upon Creation*), 그리고 「별이 총총한 하늘에 대한 사색」(*Contemplations of the Starry Heavens*) 같은 책들은 여러 판을 거듭했고 수천 부가 팔렸다.[10] 그 저서들은 자연의 아름다움과 창조의 정교함에 대한 감사를 토로하며 동시대 저자들이 막 출판한 과학적 관찰을 상세하게 이용하고 있으며, 주로 교훈적인 내용을 담고 있다.

1755년에 허비는 가장 긴 작품이자 걸작인 「테론과 아스파시오」(*Theron and Aspasio*)를 출간했다. 그것은 「가장 중요한 주제들에 관한 일련의 대화와 편지들」(*A Series of Dialogues and Letters on the Most Important Subjects*)이었다.[11] 이 책은 두 친구 사이의 대화 형식으로 기술되어 있다. 18세기에는 대화 형식이 저자들이 그들의 메시지를 좀 더 즐겁게 읽게 하기 위해 사용한 상투적인 장르였다. 일반적으로 이러한 대화에서, 한 특정 인물이 어느 정도 저자를 대변한다. 다른 인물들은 남을 돋보이게 하는 사람, 경고용 인물, 허수아비, 또는 저자나 대변인의 관점으로 전환된 독자들을 대표하는 사람들이다. 18세기의 대화 장르에 속하는 다른 관례들은 여유로운 대화 상대자들의 기품 있는 분위기와 그들의 세련된 환경이다. 이러한 관계들은 저자가 대화를 신고 전주의적 특징을 띤 전원 사유지를 배경으로 삼고 참여자들에게 고급스러운 그리스 이름을 붙여줌으로써 더욱 고양된다. 제임스 허비의

---

10 Flora McLaughlin Kearney, *James Hervey and Eighteenth-Century Taste* (Muncie, IN: Ball State University, 1969).

11 *Theron and Aspasio*는 본래 세 권으로 출간되었다. 나는 다음 전집에 나오는 것을 사용할 예정이다. *The Whole Works of the Rev. James Hervey* (Edinburgh: Peter Brown and Thomas Nelson, 1834), 141-621.

책에서, 제목의 등장인물들에게 붙여진 그리스 이름은 의미심장하다. 테론(Theron)은 '사냥꾼'을 의미하며 아스파시오(Aspasio)는 '환영'을 의미한다.

「테론과 아스파시오」의 이야기 줄거리는 아주 짧다. 두 친구가 일련의 긴 대화를 나누는 도중에 헤어지는 기간이 있는데, 그 기간에 편지를 주고받는다. (그것은 좀 더 길게 그들의 견해를 진술할 수 있는 기회가 된다.) 그 책의 배경은 미술관, 정원, 서재, 그리고 시골 경관에 둘러싸인 아스파시오의 전원 사유지이다. 그 줄거리는 테론이 자기가 찾고 있는 것을 발견하고 나서 그리스도의 의로움의 전가에 의해 구원받는다는 아스파시오의 견해로 전향하는지 여부를 중심으로 전개된다. 테론은 (자의식적으로 무언가를 '사냥하는' 사람과는 거리가 먼) 자신의 능력과 과학적인 세계관에 만족하고 있는 부유하고 학식 있는 사람이다. 아스파시오는 안수는 받지 않았지만 친구들 사이에서 성직자 역할을 하는 학구적인 그리스도인이다. 허비가 따르는 일반적인 설명 패턴은 과학, 해부, 원예, 또는 그림 같은 약간 중립적인 주제들에 대한 관찰과 묘사와 더불어 한 장(章)을 시작하는 것이다. 그 다음 이러한 주제들은 도덕적으로 해석되고 유익한 담론의 주제로 변하여 모든 청중들이 서로 만족하게 된다. 이어서 아스파시오는 대화 내용을 명시적인 신학적 주제들로 바꾸는데 보통은 그리스도의 의로우심, 혹은 이와 관련된 것이다. 그래서 그 책의 핵심 주제인 '그리스도의 전가된 의'가 부상하게 된다.

제임스 허비는 이미 그 책의 서문에서 성경의 아름다움, 인간의 타락, 그리스도의 속죄 같은 주제를 다루지만, 그의 주된 목표는 그리스도의 전가된 의 교리를 "변호하고 예증하고 적용하는" 것임을 밝혔다. 그 교리는 "중요한 것으로 알려져 있지만, 많이 오해받고 거의 잊혀지진 않았다 해도, 거의 이해되지 못하고 덜 중요시되는 실정이었다."[12]

이 핵심 주제는 아스파시오가 즉흥적으로 창조의 아름다움으로 인해 하나님을 찬양하다가, 갑자기 신자들에게 그리스도의 의로움을 전가시켜 주신 하나님께 감사드리는 것으로 전환할 때 전면에 떠오른다. 테론은 아스파시오를 책망하면서 이러한 "청교도적인 처방"을 철회할 것을 요청한다. 그 교리를 변호하는 도중에 아스파시오는 테론이 회의론자, 자유주의자, 소치니파로부터 얻은 논리를 이용하는 나쁜 습관에 빠져있다는 것을 발견한다. 그러므로 이 책의 많은 부분은 18세기 자유사상가들이 공격했던 기독교의 기본 교리를 테론에게 납득시키는데 할애하고 있다.

테론은 그리스도인 신사라는 얄팍한 비닐을 쓴 대단한 합리주의자로 등장한다. 그래서 무엇보다 먼저 이성과 모순되는 듯이 보이는 속죄에 대한 믿음을 갖도록 설득되어야 한다. 그 후에 테론은 근대 지성인에게 대속이나 전가의 개념은 용납될 수 없는 것임을 분명히 한다. 이어서 마침내 그는 자신의 구원 계획을 설명한다. 그것은 신약성경으로부터 아무 것도 배운 게 없는 일종의 완화된 율법주의로서 이성적인 사람들도 합리적인 요구를 하는 하나님을 의지할 수 있다는 점을 인정할 뿐이다. 테론은 성실하게 최선을 다할 것이고, 복음을 공포하신 그 하나님은 율법의 표준에 비추어 그를 위해 느슨한 부분을 잘라낼 것이다. 아스파시오는 만약 그가 성경을 읽은 적이 없다면 이 구원 계획이 굉장히 합리적이라고 생각할 것이라고 말한다. 이어서 "만약 본성의 빛이 복음을 인증하도록 되어 있다면 그것이 너의 계획 위에 형성될 것이라고 나는 믿는다"라고 말한다.[13]

---

12 Hervey, *Theoron and Aspasio*, 141.
13 앞의 책, 219.

아스파시오의 주된 관심사는 고전적인 개신교다. 그러나 테론의 계획은 행위에 의한 구원을 지향하는 또 하나의 예일 뿐이고, 그런 모든 계획이 지닌 문제점은 '복음의 순서를 뒤집는다'는 것이다. 실천적인 경건과 거룩한 삶은 결코 하나님과의 올바른 관계의 기초가 될 수 없으며, 유일한 기초인 그리스도 위에 세워진 다소 만족스러운 구성물에 불과하다.[14] 아스파시오는 테론에게 성실한 순종과 하나님의 관대함에 대한 소망으로 구원에 이를 수 있다는 신념을 버리라고 설득한다. 그는 주로 하나님의 율법을, 숲 속에서 야생 수사슴을 마침내 탈진과 괴로움 때문에 넘어져 죽을 때까지 추격하는 사냥개 무리에 비유하면서 테론을 설득한다. "그러므로 율법의 엄격함은 영혼을 추격한다."[15] 이 과업을 마치고 나서 아스파시오는 자신과 허비가 좋아하는 주제, 즉 '그리스도의 능동적인 순종의 전가(轉嫁)'로 돌아올 수 있었다.

아스파시오는 이렇게 말한다. "칭의란 전능하신 하나님의 은총의 행위를 말한다. 이로써 그분은 그 백성의 죄를 사면해 주시고 그들을 의롭게 여기시는데 이는 그들을 위해 쌓았고 그들에게 전가된 '그리스도의 의' 때문이다." 아스파시오는 계속 말을 이어간다. "그리스도의 의로 말미암아 나는 그리스도의 능동적인 순종과 수동적인 순종이 완전히 성결한 그의 마음에서 나와서 그의 인생 내내 계속되었고, 마침내 바로 최후의 죽음의 순간까지 이어졌다는 것을 알게 된다."[16]

"우리가 마땅히 받아야 했던 징벌을 그분이 감당하신다. 또한 우리가 해야할 순종을 그분이 이루신다." 제임스 허비는 우리의 죄가 그리스도에게 가는 것과 그리스도의 의가 우리에게 오는 것 간의 병행관

---

14 앞의 책, 230.
15 앞의 책, 249.
16 앞의 책, 158.

계를 수립한 뒤에, 순종하는 삶과 속죄의 죽음을 결합하는 문장들을 반복해서 만들어 그 진리를 거듭 강조한다. "우리 대신에 순종하고 죽는 구속주에 대한 교리는 모든 복음적인 계시들의 핵심이자 중심이고, 모든 복음적인 축복의 생명이자 영혼이다."[17] 그리스도께서 우리의 삶을 사셨고 우리의 죽음을 죽으셨고, 우리를 위해 순종하셨고 우리를 위해 값을 지불하셨고, 천국에 이를 우리의 자격을 얻으셨고 지옥으로 가는 우리의 길을 막으셨고, 우리의 새로운 순종의 삶을 출범시켰고 우리의 옛 불순종의 삶을 끝내셨으며, 율법이 내린 명령의 처벌을 충족시키셨다.

이러한 병행관계들이 늘어나고 또한 그리스도의 삶이 그의 죽음과 동등한 주제로 떠오르자, 테론은 반론을 제기한다. 성경은 우리의 구원 전체를 그리스도의 죽음의 덕분으로 보지 않는가? 아스파시오는 이렇게 대답한다. "흔히들 우리 주님이 당한 치욕의 이 부분이 전부인 것처럼 말한다. 그리스도의 죽음은 그의 고난뿐만 아니라 그의 순종도 포함하고 있다. 그리스도가 귀중한 보혈을 흘리신 것은 엄청난 고통의 순간인 동시에 그의 순종을 끝마치는 행위이다."[18] 이어서 테론은 이중적인 전가가 불필요한 것처럼 보인다고 반대하고, 차이가 없는데 차이를 만들어낸다고 아스파시오를 비난한다. 우리의 불의를 제거할 필요가 있다는 말과 우리의 의를 회복시킬 필요가 있다는 말은 동어반복일 뿐이다. 이것은 마치 "구부러짐을 물체에서 없앨 수 있지만, 그 물체는 곧음이 거기에 더해질 때까지는 곧지 않다"고 말하는 것과 같다고 지적한다. 아스파시오를 이렇게 대답한다. "아니다, 테론,

---

17 앞의 책, 198.

18 앞의 책, 254.

내 설명에 따르자면, 우리 구속주의 능동적인 순종과 수동적인 순종을 분리하는 것은 불가능하다.…그리스도는 고난 받는 중에 순종했고 순종하는 중에 고난 받았으므로, 그리스도를 속죄로 받아들이는 사람은 누구든지 그리스도를 의로도 받아들이는 것이다."[19]

결국 테론은 그 자신의 의보다 더 나은 의가 필요하다고 납득하였고 테론은 아스파시오의 견해를 채택하기 전에 오직 단 하나의 중요한 질문만 남겨두고 있었다. 이 교리가 거룩한 삶을 가져다줄 수 있을까? 도덕의 문제에 답할 수 있을까? 앞에서 그는 이렇게 반대했었다. "너의 견해를 따르는 사람들은 좋아하는 이 주제에 계속 머무른 채 기독교의 웅대하고 필수적인 일부인 성화를 배제시켰어."[20] 아스파시오는 그의 말에 공감한다. "이 믿음이 네 마음속에서 역사하면, 그것처럼 강력한 힘으로 거룩한 사랑과 자발적인 순종을 낳고, 네 소원을 고양시켜서 세상을 이기게 해주는 것은 없을 것이다."[21]

마샬의 「성화의 신비」

「테론과 아스파시오」의 서문에서 제임스 허비는 자기가 악덕을 책망하거나 도덕성을 권면하는 책을 썼어야 했다는 생각을 표명했다. 그러나 그는 독자들에게 "도덕성은 복음주의 원리들에 접목될 때만큼 그렇게 활기찬 싹을 내리고 그렇게 풍부한 열매를 맺은 적이 없다"고 상기시켜 준다.[22] 그는 셀 수 없이 많은 꽃의 은유를 들었는데, 그중의 하나에서 권면과 도덕적 교훈을 주는 책들은 정원에서 모은 꽃

---

19 앞의 책.
20 앞의 책, 159.
21 앞의 책, 316.
22 앞의 책, 143.

다발인 반면에 자신의 목표는 화원 전체를 가꾸어 생명과 아름다움을 끊임없이 공급하는 것이라고 한다.

거룩한 삶을 가능하게 만들기 위하여 저술에 착수했다는 허비의 주장은 그가 월터 마샬(Walter Marshall)의 17세기 작품, 「성화의 신비」(복있는사람 역간)에 빚지고 있다는 것을 보여준다. 비록 오늘날은 거의 읽히지 않지만 이것이 성화에 관한 역대 최고의 책일지 모른다. 개혁주의자들, 성결 전통들과 케직(Keswick) 선생들, 그리고 심지어 소수의 웨슬리주의자들(비록 웨슬리 자신은 그것을 그다지 좋아하지 않았지만)까지 하나같이 그렇게 주장하고 있다. 이 책의 주장은 율법을 지키는 길은 바로 복음으로 가는 것이라는 것이다. 마샬은 흥미로운 입장을 취하고 있다. 그는 우리로 하여금 율법, 그것도 율법 전체를 준수해야 한다는 절대적인 요구, 그리고 외적으로뿐만 아니라 영적으로도 그렇게 해야 한다는 것을 인식하게 하는 일로 시작한다. 이어서 하나님께서 우리가 율법을 지킬 수 있도록 제공하신 수단을 이용하지 않고서는 이것을 실행하는 것이 불가능함을 입증한다. 마지막으로 그는 그 수단의 이름을 밝힌다. 성령이 우리를 그리스도와 그의 은혜에 연합시킬 때 일어나는, 믿음에 의한 칭의다.

월터 마샬은 그 책의 절반이 율법주의적으로 들리는 한편 다른 절반은 반율법주의로 들린다는 것을 인정한다. 그러나 그에 따른 긴장 때문에 그리스도인들은 생명을 얻기 위해서가 아니라 이미 얻은 생명에 의거하여 노력한다는 것을 독자들이 깨닫는데 도움이 되기를 기대한다. 우리는 제임스 허비를 월터 마샬과 연결시키려고 굳이 역사적 재구성 작업을 할 필요도 없고 억측할 필요도 없다. 월터 마샬의 「성화의 신비」는 제임스 허비가 가장 좋아하는 책이었고 허비는 지칠 줄 모르고 그 책을 추천했다. 허비는 그 책 여러 권을 사서 사람들에게 나누어 주었고 그 책이 재판될 때 자기가 직접 열광적인 서문을 써 주었다. 또한 그가 그 책을 너무 자주 언급하였기 때문에, 친구들 사이에 일종의 농담거리가 되었을 정도다. "비꼬는 말이 나에게 쏟아지고 있음에도 불구하고, 나는 모든 사람에게 성화에 대한 마샬의 책과 젠크(Jenk)의 「하나님 의에 굴복하다」(*Submission to the Righteousness of God*)를 추천하지 않을 수 없다. 이것들은 나에게 가장 근본적인 책들이다. 이 두 권은 생명력 있는 종교를 가르쳐준다."[23]

신학 저자로서 허비의 목표는, 특별히 「테론과 아스파시오」의 경우, 월터 마샬의 사상을 읽기 쉽게 만들고 그리스도인의 삶에 대한 마샬의 비전을 대중들 앞에 내놓는 것이다. 그리고 마샬의 주안점은 그리스도인들이 생명을 위해서가 아니라 생명에 의거하여 노력한다는 것이다. 허비는 이 논리를 나름대로 더 발전시켰는데, 마샬 이외의 다른 자료들로부터 (아마 존 오웬과 헤르만 위치우스로부터) 그리스도의 능동적인 순종의 전가에 관한 스콜라 철학의 가르침을 끌어내어 이용했다. 허비가 더 오래 살았더라면 성화를 집중적으로 다루는 「테론과 아스파시오」의 속편을 저술했을 것이다. 거기에는 그리스도인(아스파시오)의 임종 장면도 포함되었을 것이고, 그 책이 제레미 테일러의 「거룩한 죽음」과 치열한 경쟁을 벌였을 것이다. 제임스 허비는 「테론과 아스파시오」에서 "성화는 우리의 현재의 평안과 우리의 마지막 지복 모두를 위해서 똑같이 필요하다"[24]고 주장했다. 그가 사십사 세 넘게 살았더라면 이에 대해 더 자세히 다뤘을 것이다.

---

23 앞의 책, 921.
24 앞의 책, 160.

웨슬리 VS 허비

「테론과 아스파시오」는 일반 대중에게 매우 인기가 있었고 약간의 신학적 논쟁을 일으켰다. 그 책은 익명의 비평가들과 스코틀랜드 회중교회의 로버트 샌드먼(Robert Sandeman), 그리고 가장 유명하게는 존 웨슬리의 공격을 받았다. 허비는 죽음이 임박할 무렵 웨슬리의 공격에 대응할 반론을 준비하고 있었다. 허비의 요청에 반하여 그 대응의 일부가 유작으로 출판되었다. 존 웨슬리와 제임스 허비는 옥스퍼드 시절부터 친구로 지내왔고, 웨슬리가 허비에게 히브리어를 개인 교습했을 때 허비는 복음주의 각성운동에 열정적으로 헌신했고 그 운동을 시작한 옥스퍼드 감리교도들 가운데 당당하게 끼어있었다. 허비와 웨슬리는 서로 신뢰했으며 모든 일에서 서로 협력했다. 웨슬리는 「신약성서 주석」의 초안을 허비에게 보내며 그의 논평을 요청하였고, 허비는 그렇게 했다. 그리고 허비도 「테론과 아스파시오」의 초안을 보내며 개선할 사항을 요청했고, 웨슬리는 몇 가지 간단한 메모와 제안으로 답했다. 그러나 허비는 그의 반응에 만족하지 못해 웨슬리에게 그가 실제로 생각하는 것을 말해달라고 진지하게 다시 요청했다.

그래서 웨슬리는 좀 더 가혹한 비평을 보냈다. 그런데 그가 몇 가지 실제적인 교리적이고 석의적인 견해 차이를 표현하는 것을 삼갔던 것으로 나중에 밝혀졌다. 1756년 허비에게 보낸 편지에서, 웨슬리는 그 책의 많은 장점에 대해서 진정으로 그리고 때때로 아낌없이 칭찬을 했다. 그러나 그는 허비에게 두어 가지를 재고할 것을 간청했다. "그 특정한 어구, 즉 '전가된 그리스도의 의'를 위해 논쟁하지 마시오. 그것은 성경적이 아닙니다. 그것은 필요하지도 않습니다.…그것은 엄청난 상처를 주었습니다."[25] 이어서 각 장을 조심스럽게 훑어보면서 반대할 만한 대목에 대해 의견을 개진했다. 대화 2에서 아스파시오가 말한다. "죄의 사면을 그리스도의 수동적인 의 덕분으로 돌리고, 영원한 삶을 그리스도의 능동적인 의 덕분으로 돌리는 것은 현명한 판단이 아니라 공상적인 것이다. 출생 시부터 죽음에 이르기까지 그리스도의 보편적인 순종만이 내 소망의 유일한 기초다." 웨슬리는 이렇게 논평한다. "이것은 의심할 나위 없이 옳습니다. 그러나 만일 그렇다면, 그리스도의 능동적인 의의 전가를 별개의 담론의 제목으로 삼을 필요가 전혀 없습니다. 오, 당신이 이 명백한 성경적 설명에 만족해서 그 뒤에 나오는 일부 대화와 편지를 삼갔어야 했습니다!"[26] 다른 말로 하자면, 웨슬리가 부분적으로는 전가된 의에 대한 허비의 강조가 마음에 걸렸고, 또한 부분적으로는 그리스도의 수동적인 의와 능동적인 의를 구분하는 것이 마음에 거슬렸다.

웨슬리가 개진하는 또 하나의 논지는 허비의 능동적인 순종과 수동적인 순종 사이의 구분이 신약성경이 초점을 둔 장소, 즉 십자가로부터 우리의 주의를 딴 데로 돌린다는 것이다. 대화 13에서 아스파시오는 이렇게 말한다. "'한 사람의 순종'은 그리스도의 온 율법의 실행이다." 웨슬리는 "그러므로 여기에서 그리스도의 수난이 제외되었다!"고 반응한다.[27] 아스파시오가 "나의 믿음은 그리스도의 훌륭한 삶과 속죄의 죽음 둘 다에 고정되어 있다"라고 말할 때, 웨슬리는 "여기에 우리는 분명히 동의합니다. 그러니 이것을 고수하십시오. 그리고 결코 후자가 없이 전자에 대해 말하지 마시오."[28]라고 대답한다. 열 번째 편지에서 아스파시오가 "그리스도의 의의 전가로부터 나오는 그 보물들

---

25 Reprinted in "Preface to a Treatise on Justification," in *Works*, 10:318.

26 앞의 책, 318.

27 앞의 책, 331.

28 앞의 책.

을" 찬양하는데, 웨슬리는 불쑥 이렇게 끼워 넣는다.

그리스도의 속죄의 피에 대해 한 마디도 하지 않다니! 왜 그렇게 많은 사람들은 그리스도의 속죄보다는 그리스도의 의에 대해서 말하는 것을 좋아합니까? 그것이 그들 자신의 불의에 대한 더 좋은 구실을 제공하기 때문입니다. 이것을 차단하기 위하여 두 가지를 함께 언급하는 것이 낫지 않을까요? 적어도 전자가 없이는 후자를 거론하지 않는 것이 어떻겠습니까?[29]

웨슬리가 제기하는 또 다른 반론은 제임스 허비가 대부분의 사람들이 생각조차 한 적이 없는 한 교리적 특징을 복음의 핵심으로 주장하고 있다는 것이다. 대부분의 개신교인들이 그것이 없이도 이제까지 아무런 문제가 없었는데도. 아스파시오가 이렇게 말한다. "믿음이란 그리스도가 나를 위해 자신의 피를 흘리셨으며, 또한 나 대신에 모든 의를 성취하셨다는 신념이다." 웨슬리가 이렇게 대응한다. "나는 결코 이 정의에 동의하지 않습니다! 수백 명 아니 수천 명의 진실한 그리스도인들은 그리스도가 우리 대신 모든 의를 성취하셨다는 것에 대해 생각해 본 적이 없습니다."[30] 만일 이 교리가 중심적인 것이라면, 만일 그것이 구원에 이르는 믿음의 정의의 일부라면, 왜 거의 알려지지

---

29 앞의 책, 332.
30 앞의 책, 333. 이런 것들은 늘 제기되는 비판들이다. 존 파이퍼의 책 *Counted Righteous in Christ: Should We Abandon the Imputation of Christ's Righteousness?* (Wheaton, IL: Crossway, 2002)를 추천하는 마크 탈보트(Mark R. Talbot)의 문구가 이 교리가 일으키는 생동감과 생소한 느낌을 잘 표현한다. "내가 그리스도인이 된 지 오래 되었지만 그리스도의 능동적인 의의 전가 교리를 알게 된 것은 비교적 최근이다. 하지만 '그 복된 교환'(나의 죄와 그리스도의 의 간의)을 알게 된 이후 성경적 신앙의 이 핵심진리를 즐기지 않은 날이 하루도 없는 것 같다."

않은 것인가? 물론 허비는 그것이 가능한 한 널리 공포되었다는 것을 확신시키기 위하여 최선을 다해 답변할 수 있었다. 그러나 웨슬리의 의문은 수사적인 것이었다. 그의 요점은 사실 이 교리를 복음의 중심으로, 혹은 구원에 이르는 믿음의 정의의 일부로 고려해선 안 된다는 것이었다.

우리는 이미 그 교리에 대한 웨슬리의 가장 열정적인 반론을 살펴보았다. 즉 그것은 반율법주의를 초래한다는 것이다. 아스파시오가 "우리를 의롭게 하는 의는 이미 성취되었다"고 말할 때, 웨슬리는 "그것은 완전히 비성경적인 표현"이라며 격분하였다. "'하나님의 선하심 때문에 회개가 일어난다.' 이것은 의심할 바 없이 진실이다. 그러나 전가된 의에 관한 형이상학적인 교리는 회개를 일으키는 것이 아니라 방종을 초래할 뿐입니다."[31] 이어서 웨슬리는 이렇게 말한다.

이것은 그 전체적인 체계에 대한 웅대하고 명백한 반론입니다. 그것은 곧바로 율법을 무효로 만듭니다. 그것은 수많은 사람들을 율법의 위반자로 살고 또한 죽는데 만족하도록 만듭니다. 왜냐하면 그리스도가 그들을 위해 그것을 성취하셨기 때문입니다. 그러므로 비록 나는 그리스도가 나를 위해 살았고 또한 죽었다는 것을 믿지만, 나는 전자에 대해서는 성경이 그러듯이 매우 부드럽게 그리고 삼가는 자세로 말할 것입니다. 그리고 이러한 끔찍한 결과가 생기지 않도록 결코 후자로부터 분리해서 그것을 말하지 않을 것입니다.[32]

---

31 Hervey, *Theron and Aspasio*, 473.
32 앞의 책, 478.

제임스 허비는 몹시 놀라 어쩔 줄을 몰랐다. 우선 웨슬리는 이 편지의 끝부분에서 자신을 능가한 것은 바로 허비의 칼뱅주의라고 주장함으로써 정중함의 선을 넘었다. 그러나 허비는 그가 개혁주의자이고 청교도의 경건서적들 가운데 가장 칼뱅주의적인 것을 규칙적으로 섭취했음을 인정하였지만, 실제로 가장 어려운 칼뱅주의적인 교리들에 대해서는 상당히 온건한 입장을 취했다. 예를 들면 웨슬리가 예정설을 반대하는 소책자를 발간하였을 때, 허비는 1752년에 웨슬리를 아는 한 친구에게 자신은 그 소책자가 논쟁을 다루고 있고, 특별히 칼뱅주의 논쟁에 몰두하고 있기 때문에 그 책을 읽어보지도 않았다는 편지를 보냈다.

나는 그 논쟁을 좋아한다고 말할 수 없습니다. 그리스도의 종들, 그리스도의 자녀들, 그리스도의 신부, 그리스도의 지체들의 견인(堅忍)의 교리에 대해서 나는 철저히 확신하고 있기 때문입니다. 예정설과 영벌에 대해서는 내가 두렵고 떨리는 마음으로 생각하고 있습니다. 그리고 만일 내가 그것들을 연구해야 한다면, 나는 무릎을 꿇고 그것들을 연구할 것입니다.[33]

달리 말하자면, 허비는 투사라기보다는 연인이었다.

나는 모든 논쟁을 그만두라고 간청하고 싶습니다. 나는 예정설을 채택하든가 혹 버리는 사람들과 자유롭게 대화를 나누고 또한 편지를 주고

---

33 Luke Tyerman, *The Oxford Methodists: Memoirs of the Rev. Messrs. Clayton, Ingham, Gambold, Hervey, and Broughton* (New York: Harper & Brothers, 1873), 270.

받을 수 있습니다. 단, 그들이 나를 그 논쟁적인 명제에 끌어들여 억지로 논쟁에 참여하게 만들지 않는다면,…나는 그 주제의 달인이 아니라고 즉각 인정할 수 있습니다.[34]

그는 공격적인 칼뱅주의자가 되기를 거부하는 전략을 채택했던 것처럼 보인다. 그는 영국국교회 교도가 되기를 원했으며, 영국국교회의 39개 신조가 어떤 성직자에게도 충분히 개혁주의적이라고 생각했다. 그러므로 웨슬리가 다른 압력들 때문에 상당히 공격적인 반칼뱅주의자의 모습으로 나타났을 때, 허비는 그것을 웨슬리가 좋아하는 교리 체계를 위해 한창 부흥운동이 진행되는 중에 범복음주의적 연합을 위태롭게 하는 선동적인 언행으로 간주할 수밖에 없었다.

두 번째로, 허비는 '전가된 능동적인 순종'의 교리를 단지 칼뱅주의자들뿐만 아니라 모든 개신교도들의 공유자산으로 실제로 믿고 있었던 것 같다. 그에게는 웨슬리가 오랫동안 그 교리를 적어도 인정해 왔다고 생각할 만한 이유가 있었다. 그는 존에게 찰스 웨슬리의 한 찬송가 가사를 인용한다.

하늘과 땅이 연합하여
우리의 의 되신 주님을 찬양하네.
구속의 신비가 이것이며
이것은 구세주의 신비한 계획이로다.
인간의 범죄는 그분의 것으로
그분의 신성한 의는 우리의 것으로 간주되었네.

---

34 앞의 책, 306.

그분 안에서 우리가 완전하게 빛나고

그의 죽음과 그의 생명 내 것이 되었도다.

나는 완전히 의롭게 되었네.

죄에서 자유롭게 되었네. 자유 그 이상이로다.

결백해진 것은 그분이 나를 위해 죽으셨기 때문이라네.

의롭게 된 것은 그분이 나를 위해 사셨기 때문이라네.

찰스 웨슬리의 찬송가를 존 웨슬리의 얼굴에 던진 것은 치사한 싸움처럼 보이지만, 그것은 사실 열매를 맺을 수도 있었던 전략이었다. 만약 전가의 교환을 덜 무미건조하게 보이게 하고 마음과 살아있는 그리스도인의 경험으로 이해할 수 있게 만들 만한 인물이 있다면, 그 사람은 바로 찰스 웨슬리일 것이다. 허비와 웨슬리의 의사소통은 이런 논쟁 직후에 수많은 이유 때문에 단절되고 말았다. 공공연한 웨슬리의 대적이었던 윌리엄 커드워스(William Cudworth)가 웨슬리와 싸우도록 허비를 선동했던 듯이 보인다. 초기 논평자들은 하나님의 두 종들이 공동 사역에 헌신했다가 허비의 죽음으로 화해의 희망이 완전히 사라지는 슬픈 광경을 목격했다.

우리의 의가 되신 주님

그러나 「테론과 아스파시오」가 출판된 지 십 년이 흐르고 허비가 죽은 지 칠 년이 지난 1765년에, 웨슬리는 "우리의 의가 되신 주님" 이란 제목의 놀라운 설교를 했다. 그 설교가 「표준설교집」에 20번으로 포함된 것을 보면, 웨슬리의 전반적인 복음 메시지의 구조에서 전략적인 위치를 차지하고 있음을 알 수 있다. 그 설교에서 웨슬리는 자신의 관심사가 부흥운동에서 나온 사역 가운데 형성된 여러 분열들을 화해시키려는 것임을 분명히 밝힌다. 그는 의견불일치 때문에 교회 내에서 다툼과 분열이 발생한 비극적인 현실을 성찰하면서 설교를 시작한다. 그런 다음 그의 주제로 눈을 돌려 어떤 의미에서 그리스도가 우리의 의가 된다고 말할 수 있는지를 다룬다.

웨슬리는 그리스도가 완전한 삶을 사셨고 이러한 의로우심은 특별히 순종에 있다고 주장함으로써 답변을 시작한다. "그분은 생애 내내 이 땅에서 하나님의 뜻을 행하였다.…그의 모든 행동과 말씀은 각 상황에 딱 맞는 것이었다. 그의 순종은 전체적으로 보든지 하나씩 보든지 완벽하였다. 그는 모든 의를 성취하셨다."[35] 그 다음에 능동적인 순종과 수동적인 순종의 차이를 설명한다. "그의 순종에는…행위뿐만 아니라 고난도 내포되어 있다. 그가 세상에 오신 때부터 '그가 나무 위에서 우리의 죄를 그 자신의 몸에 지실' 때까지 하나님의 온전한 뜻을 이루기 위해 당한 고난이다." 웨슬리는 그 둘을 구별하자마자 양자를 결합시킨다. "그러나 그리스도의 능동적인 의와 수동적인 의가 사실은 서로 분리된 적이 없었으므로, 우리는 말을 할 때든지 혹은 생각할 때조차도 결코 그 둘을 분리시킬 필요가 없다. 그리고 예수를 '우리의 의가 되신 주님'으로 부르는 것은 이 둘을 합쳐서 이르는 말이다."[36] 능동적인 순종과 수동적인 순종을 결합시키기 위해서 이 둘을 구분하는 이 대목은 분명히 웨슬리가 제임스 허비로부터 배운 것이다. 그러나 웨슬리가 그것을 실례를 통해서 배웠는지 혹은 경고성 이야기를 통해 배웠는지는 명확하지 않다.

어쨌든 여기에서 그리스도의 의가 분명하게 정의되었고, 그 다음

---

35 Sermon 20, "The Lord Our Righteousness," Burwash, 194.
36 앞의 책.

단계에서는 그리스도의 의가 믿음으로 전가된다는 것을 설명한다. 웨슬리가 이전에 제임스 허비에게 가했던 책망을 고려해 볼 때, 이 확언은 몇 가지 질문들을 제기하고, 이에 대해 웨슬리는 명백히 답변한다. 누구에게 그리스도의 의가 전가되는가? "모든 신자들에게 '그리스도의 의'가 전가된다. 그러나 믿지 않는 자들에게는 전가되지 않는다." 언제 그리스도의 의가 신자들에게 전가되는가? 그들이 믿을 때 전가된다. "그리스도의 의를 그 대상으로 삼지 않는 진정한 믿음, 즉 의롭게 하는 믿음은 없다." 자, 그러면 누가 이 교리를 부인하는가? 나는 아니지만, "세례를 받았든지 혹은 안 받았든지 신앙심이 없는 자들"[37]이라고 웨슬리가 답한다. 그리스도의 의의 전가에 의거한 구원을 부인하는 자들, 즉 세례 받은 신앙심 없는 자들은 도대체 누구인가? 여기에 짧은 목록이 있다.

- 우리 주님이 하나님이라는 것을 부인하는 모든 자들 (그리스도의 신성을 부인하게 되면 자기 스스로 노력해서 구원을 얻어야 하기 때문이다.)
- 가톨릭교회의 공식적인 가르침을 따르는 로마가톨릭교도들
- 윌리엄 로 또는 "전가된 의! 전가된 난센스!"라고 감히 말한 퀘이커교도 로버트 바클레이(Robert Barclay)와 같은 신비주의 개신교도들
- 대부분의 영국국교회 교인들, 또한 대단히 많은 재침례교도들, 최근에 제레미 테일러의 「칭의에 관한 경구」(Aphorism on Justification) 같은 위험한 책을 읽은 장로교인들과 독립교회 신도들[38]

이것은 싸울 기세로 도리를 벗어난 사람들의 이름을 거명하던 거침

---

37 앞의 책.
38 앞의 책, 198.

없는 옛 웨슬리이다. 그러나 지금은 자신의 진정한 적은 칭의 교리에 대해 불확실한 입장을 취하는 모든 사람들이라고 보았고 전가된 의와 이중적인 순종 모두 견고한 안전장치라고 결정한 것처럼 보인다. "하나님의 축복 때문에 우리는 그런 개념들과 표현을 전혀 모르는 부류에 속하지 않는다."[39] 그리스도의 능동적인 순종의 전가는 '믿음으로 얻는 칭의'라는 웨슬리의 핵심 교리를 방어하기 위한 무기가 되었다.

다른 한편 웨슬리는 이러한 용어들을 의무적으로 사용하도록 만들자는 제안에 대해서는 계속 자제하기를 권했다. 그리고 이런 태도를 주장할 때 제임스 허비의 글을 인용한다.

나는 이것을 제임스 허비의 말보다 더 잘 표현할 수 없다. 허비의 말은 금문자로 새겨질 만한 것이다. "우리는 어떤 특정한 어구들을 사용하라고 간청하지 않는다. 오직 사람들을 그리스도의 발밑에 엎드려 회개하는 죄수들로 낮추고, 그들이 헌신적인 연금 수령자들로서 그리스도의 공로를 의지하게 하자. 그러면 그들은 의심할 여지없이 축복된 영원한 생명으로 가는 도상에 있게 된다."[40]

웨슬리는 "누가 이것을 부인할까?"하고 외친다. "우리 모두는 이 근거를 바탕으로 모이지 않았습니까? 그러면 우리는 무엇에 대해서 논쟁할 것입니까? 여기서 평화의 사람[제임스 허비]은 서로 싸우는 모든 파당에게 협상 조건을 제시합니다. 우리는 더 나은 것을 원하지 않습니다. 우리는 그 조건을 받아들입니다. 우리는 마음과 양손으로 그

---

39 앞의 책.
40 앞의 책.

것들에 동의합니다."

이 개념을 둘러싼 웨슬리의 초창기 관심사, 즉 그것이 반율법주의를 초래할 것이라는 우려는 어떻게 되었는가? 단지 그 설교의 끝부분에 가서 모든 설명을 마무리한 후에, 그는 이 교리의 남용으로 야기될 수 있는 위험성을 언급하고 있다. 그는 청중들에게 개인적인 불의를 덮기 위해서 그 어구를 이용하는 사람들을 조심하도록 경고하고, 이러한 남용이 너무 자주 발생한다고 지적한다. 어떤 그리스도인 술주정뱅이가 책망을 받으면 "나는 나 자신에게 어떤 의가 있는 척하지 않습니다. 그리스도만이 나의 의이시기 때문입니다"[41]라고 대답할 수도 있다. 웨슬리의 오랜 적, 즉 "기독교의 거대한 역병"인 반율법주의가 이 지점을 직접 공격한다. "그러므로 어떤 사람이 그리스도인다운 성품과 행습이 전혀 없으면서도, 그에게 그리스도 안에 있던 마음도 전혀 없고 모든 면에서 그리스도처럼 행하지 않으면서도, 그는 모든 유죄선고에 대항하여 소위 그리스도의 의를 철갑옷으로 입고 있다."[42]

웨슬리는 대적들을 만나려고 무척 멀리까지 나갔다는 것을 뚜렷이 의식한다. 그래서 설교를 마무리하면서 그는 청중들에게 은혜를 갚으라고 요청하였다. 그는 이제 그 어구를 사용하도록 허용하되 그 자신이 그것을 사용하지 않거나 적어도 자주 사용하지 않도록 허락해 달라고 부탁한다.

만일 내가 어떤 한 가지 표현을 2분마다 사용하는 것이 적절하지 않다고 판단하더라도 나에게 화를 내지 마십시오. 만일 여러분이 하고 싶으

---

41 앞의 책, 199.
42 앞의 책.

면 그렇게 해도 됩니다. 그러나 내가 하지 않는다고 해서 나를 비난하지는 마십시오. 이것 때문에 나를 교황주의자 혹은 "그리스도의 의에 대한 적"으로 몰아세우지 마십시오.…마치 내가 "기독교의 기초를 전복시키고 있기라도" 한 것처럼 비통하게 아우성치지 마십시오.[43]

웨슬리는 믿음에 의한 칭의라는 개신교 교리의 필수 항목들에 대해서는 서로 일치해야 한다는 호소로 결론을 짓는다. "우리가 '한 분의 주님', '한 가지 믿음', '우리의 부르심의 한 소망'을 가지고 있으니, 우리 모두 하나님 안에서 서로의 손을 강하게 합시다. 그리고 한 마음과 한 입으로 온 인류에게 '우리의 의가 되신 주님'을 선포합시다."[44]

우리는 이 설교를 복음주의의 내분을 종식시키고 연합을 결속시키기 위해서 적합한 말을 하려는 솔직하지 못한 시도로 해석할 수도 있다. 그러나 그것은 지나치게 의심을 품는 것이다. 웨슬리가 그 설교를 「표준설교집」에 포함했다는 사실은 그보다 고상한 의도가 있었음을 보여준다. 그는 '우리의 의가 되신 주님'이 그 시점부터 웨슬리파의 교리를 위한 길잡이가 되기를 원했다. 공공연하게 출판된 설교를 규범적인 것으로 삼은 다음에 웨슬리가 허비에게 보낸 편지를 사소한 반론으로 뒤돌아보는 것이 훨씬 더 낫다. 사실, 웨슬리가 처음에 자신의 반대 견해를 써 보내고, 나중에 그것을 출판했던 목적이 있다. 그것은 "내가 빈번하게 그리고 강력하게 제임스 허비 씨의 「대화편」(*Dialogues*)을 추천했던 사람들을 그중 내가 동의하지 않는 내용으로부터 보호하기 위해서였다.…그들이 「대화편」 속의 올바른 내용으로 유

---

43 앞의 책, 200.
44 앞의 책.

익을 얻는 한편, 나는 잘못된 모든 것으로부터 그들을 보호하고 싶었다.” 그러므로 그는 자신의 논평을 비난의 글이 아니라 교정하는 글로 읽어야 한다고 권고한다. 이 때문에 웨슬리의 “논평이 논박이기보다는 주의사항의 인상을 지니는 이유를 이해할 수 있다.”[45] 따라서 웨슬리가 「테론과 아스파시오」 가운데 ‘그리스도의 능동적 순종의 전가’에 관한 가르침을 제외한 다른 모든 것에 동의했다고 해석할 수도 있었다. 그러나 웨슬리의 설교 “우리의 의가 되신 주님”에 담긴 강력한 진술에 비추어 볼 때, 허비에 대한 웨슬리의 초기 논평을 어조와 어법에 대한 작은 반론, 혹은 그 용어를 반복하는 빈도수에 대한 사소한 반대로 보는 편이 더 낫다. 그러나 결코 그 교리 자체에 대한 거부는 아니었다.

당시의 상황을 고려해 보라. 제임스 허비는 “전가된 의”라는 표현에 매우 끌렸기 때문에 그것을 그의 책과 그의 영적인 프로그램의 중심 항목과 초점으로 삼았다. 아마도 허비는 그 어구를 “2분마다” 사용했다고, 그리고 다른 사람들도 똑같이 하도록 설득했다고 비난을 받을 수 있을 것이다. 웨슬리도 이로 인해 실망하였다. 그 이유는 웨슬리가 그 교리를 믿지 않았거나 개신교의 중요한 칭의 교리를 변호하는데 그 교리의 가치를 이해하지 못했기 때문이 아니라, 이것을 유명한 「테론과 아스파시오」를 읽은 많은 청중들에게 단순한 복음의 진리를 공포할 기회를 낭비했다고 보았기 때문이었다. 그의 반론은 여전히 유효하다. 그 교리의 언어 표현이 성경적이지 않고, 그 교리는 사실상 필요하지 않고 그 교리는 엄청난 해를 끼쳐왔다. 그러나 웨슬리는 그 교리가 진리가 아니라고 말한 적은 없다.

---

45 “Preface to a Treatise on Justification,” 336.

제임스 허비는 중요한 부흥운동에서는 별로 중요하지 않은 인물이었다. 그는 자신의 제한된 역할을 능숙하게 그리고 겸손하게 감당했으나 지금은 대체로 잊혀졌고 그의 글도 좀처럼 읽히지 않는다. 존 웨슬리는 살아있는 동안에도 거대한 사회적 세력과 같은 인물이었고 교회 역사상 손꼽히는 인물 중의 한 명이다. 그럼에도 불구하고 이 두 인물이 충돌했을 때에는 허비가 승리했다. 존 웨슬리는 자신의 가장 중요한 교리들 가운데 하나를 가르치는 방식을 변경했다.

웨슬리가 허비와 충돌하기 전에는 전가 교리에 대해 냉담한 태도를 취했다. 그 교리가 반율법주의자들에게 이용당해 그리스도의 법의 요구로부터 그들을 막아주는 역할을 할 것이라는 직관과 의심을 품고 있었다. 그리고 같은 복음주의자인 허비가 전가 교리에 대하여 너무 열정적이어서 웨슬리는 더 이상 그 교리를 검토하지 않은 채 남겨둘 수가 없었다. 그는 그 교리를 상세히 살펴보고 나서 결국 그 교리를 긍정할 수 있다는 것을 알게 되었다. 사실 그는 전가 교리가 자신이 믿음에 의한 칭의에 대해서 항상 말했던 것을 표현하는 또 다른 방식이라는 것을 발견했다. 이는 그것을 좀 더 정교하게, 그리고 가능하면 훨씬 더 예리하게 표현하는 방식이었다. 케네스 콜린스에 따르면 웨슬리에게 "전가는 죄인들을 용서하시는, 하나님의 순전한 은총과 완전한 은혜에 대한 증언이다."[46]

웨슬리는 마침내, 제임스 허비가 했던 대로, 죄인의 삶 속의 어떤 것도 하나님께 용납받을 수 있는 근거를 제공하지 못한다는 사실을 강

---

46 Kenneth Collins, *The Theology of John Wesley: Holy Love and the Shape of Grace* (Nashville: Abingdon, 2007), 175.

조하기 위해서 그 교리를 편하게 사용할 수 있게 되었다. 약간의 잘못된 출발 후에 웨슬리는 전가 교리를 좀 더 철저하게 생각해보라는 허비의 도전을 받아들였다. 그후 본 궤도로 돌아와서 최상의 결과를 낳았다. 즉 우리를 **위한** 하나님의 일(이제는 그리스도의 순종의 전가로 설명되는 칭의)과 우리 **안에서** 이뤄지는 하나님의 일(성화)을 구별하고 이 별개의 일들이 서로에게 속한다고 주장하는 것이었다. 이제는 웨슬리의 노련한 재주들이 가동될 수 있다. "하나님은 무효화된 죄의 능력을 깨뜨린다." 즉 하나님께서 칭의에 의해 죄책감을 자유롭게 취소하시며, 동시에 중생과 성화를 통하여 그 무효화된 죄의 능력을 다시 밀어붙이기 시작하신다는 것이다.

아마도 제임스 허비 같은 사람만이 웨슬리에게 전가 교리를 받아들이면서도 반율법주의에 반대할 수 있다는 것을 납득시킬 수 있었을 것이다. 허비는 이 면에서 신뢰를 받고 있었다. 웨슬리와 허비는 옥스퍼드 감리교파 그룹에서 함께 활동했기 때문에 이미 서로를 상당히 신뢰하고 있었다. 그리고 허비는 거룩한 삶으로의 부르심을 포기하지 않은 대표적인 칼뱅주의자 중의 한명이다. 부흥운동이 칼뱅주의 흐름과 웨슬리주의 흐름으로 쪼개지기 전에 그 운동에 참여했던 사람의 경우, 아르미니우스주의 감리교도들이 전승을 거두고 성화의 주제들을 독식하도록 놔두는 것은 쉬웠을 것이다. 허비는 그렇게 하지 않았다. 허비는 월터 마샬의 책 「성화의 신비」를 추천하는 일에 전념하였고 복음주의적 성결에 대한 헌신의 면에서 웨슬리파에게 조금도 뒤처지지 않는 다양한 개혁주의 영성을 가리키는 중요한 증인으로 서 있다. 사실 허비는 그리스도의 의의 전가를 인정하지 않으려는 사람이면 누구에게나 가벼운 잽을 날렸다.

성결의 고삐를 늦추게 하는 것에 대해 말하자면, 믿음을 부인하고 자신의 선행을 칭송하는 사람들이 과연 선행의 실천으로 뚜렷이 눈에 띠는가? 내가 감히 말하건대, 공정한 조사에 따르면, 그리스도의 의의 전가 교리를 받아들이고 또한 오직 그리스도에 의한 구원을 기대하는 사람들이 다수를 차지할 것이다.[47]

허비는 분명히 율법주의의 위험을 무릅쓰는 것보다 반율법주의의 위험을 무릅쓰는 편이 낫다는 전략적인 공약을 하는 그런 유의 성결 전통과 많은 것을 공유하고 있다. 그 전통은, 만일 우리가 이신칭의에 확실히 뿌리박고 있고 그리스도인의 생명을 위해서가 아니라 생명에 근거하여 노력한다는 통찰을 굳게 붙잡고 있으면, 더 많은 열매를 맺을 것이란 확신을 품고 있다. 그러나 그는 "성결의 고삐를 늦추게 하는 것"에 대하여 조금도 방심하지 않는다. 심지어 어느 기독교 전통에서 더 많은 성도들을 배출했는지 알기 위해 우호적인 경쟁에 기꺼이 참여할 정도였다("그리스도의 의의 전가 교리를 받아들이는 사람들이 다수를 차지할 것이다").

케네스 콜린스는 "전가 교리가 성화 교리 속으로 흘러들어가는 것을 막기 위해서 웨슬리가 그 교리에 울타리를 쳤다"[48]고 언급했다. 그는 또한 그 울타리 덕분에 웨슬리는 (단번에 우리 모두에게 전가된) 그리스도의 낯선 의와 (성령이 우리 안에서 오랜 시간에 걸쳐 이루는) 그리스도의 내재적인 의를 구분할 수 있게 되었다고 지적한다. 전가된 의가 성화의 필요성을 없애지 못하도록 막아주는 그 울타리는 또한 내재적인 의가 칭의에서 아무런 역할도 하지 못하도록 막아준다. 웨슬리는 신자들이

---

47 Hervey, *Whole Works of the Rev. James Hervey*, xiii.
48 Collins, *The Theology of John Wesley*, 175.

점점 더 내재적인 의 안에서 행하게 된다고 주장했다. 하지만 그것은 하나님께 우리가 용납되는 근거로서가 아니라 하나님께 우리가 용납된 것의 열매로서, 또한 전가된 의의 장소 안에서가 아니라 전가된 의의 결과로서 제자리를 찾게 된다. 이어서 그는 완전한 구원을 구성하는 하나님의 이중적인 행동을 강조한다. "말하자면 나는 하나님께서 의를 전가시키신 모든 사람들 속에 하나님이 의를 심는다고 믿는다."[49] 다른 곳에서 웨슬리는 종말론을 염두에 두고 그 두 가지를 약간 다른 것으로 구별했다. "그리스도의 의는 우리가 하늘나라에 가는 권리를 얻는데 필요하고, 개인적 성결은 우리에게 그 나라에 살 만한 자격을 준다. 전자가 없이는 우리가 영광을 받을 권리를 주장할 수 없고, 후자가 없이는 우리가 영광을 받기에 적합한 인물이 될 수 없다."[50] 그러므로 웨슬리가 전가 교리에 대해 깊이 숙고한 결과는 그가 믿음에 의한 칭의를 제시할 수 있었다는 것이다. 그는 39개 신조에 나오는 표현, 즉 하나의 "매우 충만한 위로"뿐만 아니라 "가장 온전한 교리"로서 그 교리를 진술할 수 있었다.

---

49 Sermon 20, "The Lord Our Righteousness," Burwash, 197.
50 Sermon 123, "On the Wedding Garment," quoted in John T. Waaddy, "Wesley as an Aphorist," in *Wesley Studies* (London: Charles Kelly, 1903), 205.

6. 은총이 먼저,
율법은 그 다음

━━━━━━

당신이 웨슬리의 「표준설교집」의 목차만 읽어도 그리스도인의 삶의 기본 모양새를 알 수 있다. 「표준설교집」은 마치 그리스도인의 삶에 두 가지 중요한 요소가 있듯이 두 부분으로 나눠져 있다. 이 모음집은 값없는 은총이라는 큰 트럼펫 팡파르로 시작된다. 웨슬리는 획기적인 설교 1번 "믿음으로 얻는 구원"으로 출발하여, "거의 그리스도인", "깨어라, 잠자는 자들이여", "성경적 기독교"를 통과한 다음 위대한 구원 설교 삼부작(5-7) 즉 "믿음으로 얻는 칭의," "믿음의 의", 그리고 "하나님의 나라로 가는 길"로 나아간다. 웨슬리는 그보다 더 은총을 강조할 수 없었다. 그는 은총의 복음, 속죄, 믿음, 칭의, 그리고 값없는 용서와 함께 시작한다.

　그러나 「표준설교집」의 중간 부분에서 웨슬리는 모퉁이를 돌아서 (설교 20번 "우리의 의가 되신 주님" 이후에) 마태복음 5-7장에 대한 주석의 형태로 율법에 관한 설교를 해설하기 시작한다. 이 담론 시리즈 "우리 주님의 산상설교에 관하여"는 「표준설교집」의 21번부터 33번까지 이어진다. 그것은 그 모음집에서 단연코 가장 긴 설교 시리즈이다. 이 시리즈에 이어서 율법에 대한 몇 개의 다른 설교들이 등장한다. 계획적인 설교 34번 "율법의 기원, 본질, 속성, 그리고 용도"와 2부작 "믿음으로 세워진 율법"(35번과 36번)과 같은 것들이다. 이 모든 것은 은총에 관한 초반부 설교의 상대역에 해당하는, 율법에 관한 설교들의 집합이다. "이 정의로 보면 존 웨슬리의 표준설교 중 삼분지 일이 이런 저런 방식으로 신자들에게 율법에 관해 설교한 내용이다"[1]라고 고든 랍이 말한다.

신자들을 향한 율법

"신자들을 향한 율법." 먼저 그들은 신자들이어야 한다. 즉 은총으로 얻는 구원을 믿어야 한다. 그 다음에 그들은 율법을 듣고 그들의 삶에 적용하기 시작한다. 이것이 웨슬리 영성의 피할 수 없는 순서이다. 어떤 신학자들은 마치 은총과 율법은 상호 모순적이어서 결코 혼합될 수 없는 것처럼 말한다. 율법이 먼저 와서 당신을 정죄하고 그리스도에게 몰아가겠지만 율법이 그리스도인의 삶에서는 설 자리가 없다고 그들은 말한다. 이와 대조적으로, 웨슬리는 율법은 하나님께서 거룩한 백성을 만드는 수단이기 때문에 그리스도인들에게 율법을 설교해야 한다고 주장했다. 그러나 웨슬리는 어떤 루터교인 못지않게 율법의 위험성을 알고 있었다. 그는 율법에 대한 설교가 율법주의, 정죄, 그리고 바리새인의 판단주의와 같은 위험을 초래한다는 것을 잘 인식하고 있었다. 그래서 그는 율법에 대한 설교를 값없는 은총의 맥락 안에 두었다. 은총이 먼저, 율법은 그 다음이다. 이 순서로 이루어진 조합의 결과가 바로 웨슬리의 영성을 추진하는 발전기다.

웨슬리가 율법 묘사에 세심한 주의를 기울일 때에는 너무나 고상한 용어로 묘사하는 바람에 상당한 충격을 준다. 예를 들어 "율법의 기

---

1 E. Gordon Rupp, *Principalities and Powers: Studies in the Christian Conflict in History* (London: Epworth, 1952), 84.

원, 본질, 속성, 그리고 용도"에 나오는 대목을 생각해보라. 그 설교에서 웨슬리가 하나님의 율법에 관해 말하는 내용은 우리가 흔히 예수 그리스도에 관해 묘사하는 것과 같다.

자, 이 율법은 영원히 살아계신 높고 거룩하신 분의 썩지 않는 모습이다. 그것은 그 본체를 아무도 본 적이 없고 또 볼 수도 없는 분이 사람들과 천사들에게 가시적으로 나타난 것이다. 그것은 베일을 벗은 하나님의 얼굴이다. 하나님께서는 그의 피조물들이 감당할 수 있을 만큼 그들에게 나타나셨다. 생명을 파괴하기 위해서가 아니라 생명을 주시려고 나타나신 것이다. 즉 그들이 하나님을 보고 살게 하기 위해서. 그것은 사람에게 나타나신 하나님의 마음이다.[2]

사실 웨슬리는 율법에 대한 그의 언어표현이 그리스도론을 반영하고 있음을 숨기지 않는다. 이렇게 글을 잇는다. "그렇다. 어떤 의미에서는 우리가 그 사도가 하나님의 아들에 대해 말한 것을 이 율법에 적용할 수도 있다. 그것은 그분의 영광의 유출(혹은 분출)과 그 인격의 분명한 형상(*apaugsma tes doxes, kai character tes hupostaseos autou*)이다."[3] 웨슬리는 이에 대해 진지하다. 그는 율법을 삼위일체의 제2격으로 우연히 승격시킨 것이 아니었다. 율법은 하나님의 아들이 아니며, 또한 그 반대도 아니다. 그러나 율법이 하나님의 뜻의 표출인 한 그것은 하나님의 본질적인 말씀의 일부로 생각해야 하고 하나님의 아들과의 필연적이고 중요한 연관성 안에서 숙고해야 한다. 율법은 하나님께서 떠

---

2 Sermon 34, "The Original, Nature, Properties, and Use of the Law," in *Wesley's 52 Standard Sermons*, ed. N. Burwash (Salem, OH: Schmul, 1988), 345.
3 앞의 책. 히 1:3.

맡는 외적인 사역이 아니라 그분 자신과 그분의 도덕적 성품의 표현체이다. 율법은 하나님의 성품에 대하여 창조세계보다 더 많은 것을 드러낸다. 율법은 창조세계보다 하나님의 본질에 더 가깝다. 율법에 대한 이와 같은 높은 견해는 웨슬리 특유의 교리가 아니다. 그런 견해는 웨슬리 이전에 수많은 개신교 신학자들에게서, 특별히 청교도 계통에서 분명히 볼 수 있다. 어니스트 케빈(Ernest Kevan)이 몇 가지 증거들을 모았다.

율법에 관한 이같이 고상한 견해에 대한 증거는 청교도 작품 속에 풍부하다. 인간 안에 있는 도덕법은 하나님의 본성의 복사본이다. 그리고 도덕법 안에 나타난 하나님의 뜻이 "그분 안에 있는 영원한 정의와 선함과 너무나 일치하여" 혹시라도 율법을 폐기한다는 것은 하나님께서 "그 자신의 정의와 선함을 부정하신다"는 것을 의미할 것이다. "율법에서 흠을 찾아내는 것은 하나님에게서 흠을 찾아내는 것이다." 왜냐하면 "그 초안이 하나님 자신 안에 있기 때문이다." 그것은 "하나님 자신의 형상의 명백한 개념에 대한 표상, 심지어 그분 자신의 거룩함의 빛줄기이다."[4]

율법에 대한 이런 고상한 견해는 웨슬리의 영향을 크게 받지 않은 사람들을 포함하여, 웨슬리 이후의 많은 복음주의자들의 공유자산이 되었다. 예를 들면, 찰스 시므온은 하나님의 율법은 "하나님만큼이나 불변하고, 그분의 마음과 뜻의 완벽한 전사(轉寫)다"[5]라고 말했다. 이

---

4 Ernest F. Kevan, *The Grace of Law, A Study in Puritan Theology* (Grand Rapids: Baker, 1965), 63. 「율법, 그 황홀한 은혜」(수풀 역간). Anthony Burgess, Ralph Venning, and Thomas Manton을 가리키는 각주가 달려있다. "예수 그리스도는 말하자면 성육한 율법이고, 또한 그리스도인의 율법수여자이기도 하다"는 패커의 주장도 보라. *Keep in Step with the Spirit: Finding Fullness in Our Walk with God*, rev. ed. (Grand Rapids: Baker, 2005), 135.

것은 신학자들이 가장 넓은 의미에서 하나님의 율법의 본질에 대하여 생각할 때 말하지 않을 수 없는 것이다.

웨슬리는 또한 율법의 세 가지 용도를 인정하는 주요 개신교 전통을 따른다. 첫째, 율법은 온 세상에게 죄를 깨닫게 하고 시민 사회의 기반을 제공해준다. 둘째, 율법은 사람들에게 그리스도가 필요하다는 것을 깨닫게 해준다("그것은 우리를 사랑으로 이끌기보다는 힘으로 움직인다"). 셋째, 율법은 신자들인 "우리를 살아있게 유지시키는" 역할을 하고, 또한 하나님을 기쁘시게 하는 그리스도인의 삶을 사는 법을 가르쳐준다.[6] 이 세 번째 용도는 나중에 덧붙인 것이 아니라 사실 율법의 가장 중요한 용도다. 순서상 세 번째로 나오지만, 하나님의 의도에서 첫 번째로 등장한다는 의미에서 우선적이라 할 수 있다. 하나님이 정말로 원하시는 바는 거룩한 백성의 하나님이 되시는 것이다. 그러므로 웨슬리가 율법을 설교했을 때, 그는 그것을 청중들을 그리스도께로 몰고 갈 분명한 요구사항으로 제시하였다. (제임스 허비의 「테론과 아스파시오」에 등장하는 한 떼의 사냥개들을 생각해보라.) 그러나 웨슬리의 압도적인 관심사는 율법의 세 번째 용도였고, 그것을 그리스도인의 삶의 지침으로 설교하려고 했다. "내가 한 순간도 율법이 없이 지낼 수 없는 것은 내가 그리스도 없이 지낼 수 없는 것과 같다"라고 그는 선언했다.

나는 예전에 그것[율법]이 나를 그리스도께 데려가길 바랐던 만큼이나 지금은 나를 그리스도께 붙어있게 해주길 바란다. 그렇지 않았더라면, 이 "사악한 불신의 마음은" 즉시 "살아계신 하나님에게서 떠났을" 것이

---

5 Simeon, *Horae Homileticae*, vol. 17 (London: Holdsworth and Ball, 1833), 99. 이것은 갈 3:19 "Wherefore thatn serveth the law?"에 관한 시므온의 설교이다.

6 Sermon 34, "The Original, Nature, Properties, and Use of the Law," Burwash, 348-51.

다. 사실 한편은 계속 나를 다른 편으로 보내고 있다. 즉 율법은 그리스도께, 그리스도는 율법에게 나를 보낸다. 한편으로는, 율법의 높이와 깊이는 나를 그리스도 안에 있는 하나님의 사랑으로 날아가게 강요하고, 다른 한편으로는, 그리스도 안에 있는 하나님의 사랑이 나에게 율법을 "금이나 보석보다 귀중한 것"이 되게 만들었다. 내가 율법의 모든 부분을 다 알게 되는 것이 은혜로운 약속이다. 그리고 때가 되면 나의 주님께서 그 약속을 이루실 것이다.[7]

존 웨슬리에 따르면, 당신이 예수를 더 사랑할수록 그 만큼 더 하나님의 율법을 사랑할 것이다. 이러한 입장 때문에 웨슬리는 '율법을 사랑하는' 개신교인의 부류에 속한다. 그는 율법을 은총을 가로막는 장벽으로 여기는 것이 아니라 은총을 통해 우리에게 전달되는 바로 그 의로움의 형상으로 보는 것이다. "그의 관심사는 구원사역이 진짜로 일어난 곳에서는 항상 윤리적이고 도덕적인 차원이 존재한다는 진리를 변호하는 것이었다."[8]

웨슬리에게는 율법에 대한 은총의 우선권이 결정적으로 중요하다. 이 우선순위는 모든 설교에 내재되어 있다. 사실 그것은 「표준설교집」의 구조 속에 내장되어 있다. 이와 똑같은 점과 똑같은 순서를 볼 수 있는 곳이 있는데 바로 찰스 웨슬리가 일곱 개의 단어로 표현한 찬송가, "만 입이 내게 있으면"이다. 그 찬송가에서 찰스는 그리스도에 대해 "그가 무효화 된 죄의 권세를 깨뜨렸다"고 말한다. 다시 그 순서에 주목하라. 먼저 죄가 무효화 되었다. 그 다음에 죄의 권세가 깨뜨

7 앞의 책, 350.
8 Iain H. Murray, *Wesley and Men Who Followed* (Edinburgh: Banner of Truth), 66.

려졌다. 하나님의 순서는 죄인을 값없이 의롭게 하시고, 이어서 용서받은 죄인을 죄의 권세로부터 해방시키는 것이다. 만약 우리가 그 순서를 뒤집는다면, 하나님께서 먼저 우리 삶 속에 있는 죄의 권세를 깨뜨리시고 난 뒤에야 그 죄책을 무효화 한다는 것이 될 것이다. 그러나 이것은 은혜에 힘입은 자기구원일지라도 어디까지나 자기구원의 도식이다. 두 웨슬리 형제는 이것을 로마가톨릭의 순서로 인식하였을 것이다. 그들의 복음주의에 따르면, 하나님이 용서하시고 난 뒤에 능력을 부여하시게끔 되어 있었다. 우리는 심지어 이렇게도 말할 수 있을 것이다. 하나님은 죄인에게 능력을 줄 수 있도록 먼저 용서하신다. 하나님은 죄의 권세를 깨뜨릴 수 있도록 먼저 죄를 용서하신다. 하나님은 그 영혼에게 "기운을 내라, 네 죄가 용서되었느니라. 용서받았으니 죄가 더 이상 너를 지배하지 못할 것이다"[9] 라고 말씀하신다.

웨슬리와 율법을 사랑하는 개신교

율법을 사랑하는 개신교는 무시해도 무방한 전통이 아니다. 율법을 사랑하는 자들은 복음주의자들 가운데 어디서나 볼 수 있다. 어쩌면 개신교 복음주의의 주류라고도 할 수 있다. 이 주제를 다룬 고전은 케번(Kevan)의 저서, 「율법의 은총: 청교도 신학의 연구」(*The Grace of Law: A Study in Puritan Theology*)이다. 케번은 그 책에서 "청교도주의는 신자에게 명령하는 하나님의 지속적인 권리와 일치하는 그리스도인의 자유에 대한 견해를 대표한다"고 말했다.[10] 물론 이에 반대하는 의견들도 있었다. 일부 복음주의자들은 그리스도인의 생활양식에 대해 완

---

9 Sermon 1, "Salvation by Faith," Burwash, 9.
10 Kevan, *The Grace of Law*, 44.

전히 율법을 무시하진 않지만 율법을 초월해서, 혹은 적어도 율법과 관계없이 사는 것이라고 주장한다. 이렇게 가르치는 자들은 사랑으로 이미 새롭게 된 마음은 율법의 도움 없이 자연스럽게 하나님께 자발적으로 순종할 것이라고 주장하리라. 제임스 패커는 이 관점에 반대하면서 율법은 그리스도인의 삶에 필요한 부분이라고 주장하였다. "거룩함은 본인의 사랑의 방식으로서 율법을 지키는 것을 의미한다. 웨슬리파가 이 점을 가장 강력하게 역설했다"고 말하면서도 그것은 웨슬리주의보다 훨씬 더 넓은 교리라고 한다. "복음주의 그리스도인 가운데 지금껏 성결의 마음이 사랑이라는 것을 모르는 사람은 없었다." 그러나 이어서 그는 질문을 던진다. "그렇다면 하나님과 인간에 대한 사랑은 어떻게 표현되어야 하는가?" 그리고는 율법을 사랑하는 복음주의 개신교의 흐름이 하나같이 제공하는 답변을 제시한다.

그 대답은 이렇다. 하나님의 명령을 준행하고 그분이 계시한 인생의 이상적 모습을 고수함으로써, 다른 말로 하자면, 신약성경이 그리스도인들을 위해 해석한 것처럼 하나님의 율법을 지킴으로써. 사랑하는 마음에서 율법을 준수하는 것이 진정한 거룩함의 길이다.…그러나 이것은 성경적인 그리스도인들이 항상 잘 파악했던 것은 아니다. 언제나 한편에는 이런 주장을 하는 사람들이 있었다. 만약 성령이 당신 안에 거하시고 사랑의 동기가 당신 안에 강하게 자리 잡고 있다면, 당신은 하나님의 뜻을 알기 위해 성경에 있는 하나님의 율법을 공부할 필요가 없다. 왜냐하면 당신은 어떤 상황에서도 하나님께서 원하시는 것을 즉시 알 수 있을 것이기 때문이라는 주장이다.[11]

---

11 Packer, *Keep in Step with the Spirit*, 135. 「성령을 아는 지식」(홍성사 역간)

우리가 하나님과 우리의 이웃을 사랑해야 한다고 말하는 것과 그 사랑을 어떻게 표현할 것인지에 대한 구체적인 답변을 가지고 있는 것은 완전히 별개의 것이다. 패커가 요약하듯이 "당신이 하나님과 인간을 사랑한다는 것을 보여주는 방법은 하나님의 율법을 지키는 것이다."[12]

하나님의 율법을 노골적으로 거부하는 것은 반율법주의적인 태도이다. 반율법주의야말로 웨슬리가 교회 안에서 대적하기로 결심했던 큰 질병('대 역병')이었다. 그러나 율법을 사랑하는 전통의 바깥에 있는 복음주의자들이 항상 반율법주의적인 것은 아니다. 그들을 표현하는 더 적절한 어휘는 '율법을 혐오하는'(nomophobic)이란 말일 것이다. 그들은 율법이 불신자로 하여금 회심의 경계를 넘어 그리스도에게 가도록 촉구할지는 모르지만 복음의 영토 안에서는 어떤 권한도 가지지 못한다고 말하기를 좋아한다. 율법을 사랑하는 사람들의 지적에 따르면, 이 입장을 견지하는 유일한 방법은 신약성경에 매우 많은 명령들, 지시사항들, 그리고 행동 원리들이 담겨있다는 사실을 무시하는 것이다. 이러한 율법적인 말투들은 가장 명백한 복음적인 진술들과 함께 동일한 페이지에 등장한다. 존 찰스 라일 주교는 이 점을 뚜렷하게 부각시켰다.

나는 존중하는 태도로 이렇게 말하지 않을 수 없다. 만일 그리스도께서 지금 이 땅에 계시다면, 그분의 설교가 율법적이라고 생각하는 사람들이 적지 않으리라고 나는 생각한다. 그리고 만일 바울이 그의 서신들을 쓰고 있다면, 그가 그 서신들 대부분의 후반부를 쓰지 않는 편이 낫다고 생각하는 사람들이 있으리라고 생각한다. 그러나 주 예수께서 산상설교

---

12 앞의 책, 135.

를 실제로 하셨다는 것, 그리고 에베소서는 네 장이 아니라 여섯 장으로 구성되어있다는 것을 기억하자. 내가 어쩔 수 없이 이런 식으로 말해야 한다는 것이 매우 슬프다. 그러나 그럴만한 이유가 있다고 확신한다.[13]

하나님의 율법을 사랑해야 할 이유가 많이 있다. 웨슬리는 (앞으로 더 살펴보겠지만) 복음과 율법 간의 가장 가까운 관계를 보았고 복음을 위하여 율법을 사랑했다. 이것이 그의 기본적인 방침이었고, 왜 그가 반율법주의에 강경하게 반발했는지를 이해할 수 있게 해준다. 웨슬리는 믿음에 의한 칭의 교리를 확립하고, 그것을 (칭의와 성화 사이의) 필연적 구별로 울타리를 치고 보호하고 그 칭의를 상세히 설명한 뒤에, (그리스도의 능동적인 순종이 신자에게 전가된다는 주장까지 펴면서) 자신이 이 칭의 교리에 관하여 신학적으로 유리한 고지를 차지하고 있다고 확신하였다. 그 결과 그는 그 교리로부터 그릇된 반율법주의적인 결론을 끌어낸 사람은 누구라도 거세게 밀어붙였다.

웨슬리가 그리스도인들은 율법에 순종해야 한다고 주장했을 때, 그는 반율법주의자들이 "그러나 우리는 율법의 행위 없이 믿음으로 의롭다 함을 받지 않았는가?"하고 반대할 것임을 알고 있었다. 웨슬리는 이와 같이 대답했다. "의식적인 율법의 행위나 도덕적 율법의 행위가 없이 그렇게 된 것은 확실하다.…이것이 기독교 건물 전체의 주춧돌이다." 그러나 이신칭의로부터 나오는 올바른 결론은 진정한 믿음이 있는 곳이면 어디에나 하나님의 율법에 순종하려는 소원도 또한 존재하리라는 것이다. 믿음은 사랑으로 일하고, 사랑은 율법이 표시된 형

---

13 J. C. Ryle, *Holiness: Its Nature, Hindrances, Difficulties, and Roots* (Darlington: Evangelical Press, 1979), 46.

태를 취한다. 웨슬리는 이런 점들을 이렇게 연결시킨다.

의심할 바 없이 우리는 믿음으로 의롭게 되었다. 이것은 기독교 건물 전
체의 주춧돌에 해당한다. 우리는 칭의의 예전 조건이었던 율법의 행위
없이 의롭게 된 것이다. 그러나 그것들[율법의 행위]은 우리를 의롭게
한 믿음의 즉각적인 열매이다. 그러므로 모든 내적인 성결과 외적인 성
결에도 불구하고 선행이 우리의 믿음에 따라오지 않는다면, 우리의 믿
음은 아무런 가치가 없는 것이 명백하다. 따라서 우리가 믿음으로, 심지
어 행위 없이 믿음으로만 의롭게 된다고 해서, 그것이 믿음을 통해 율법
을 무효화시킬 근거가 될 수는 없다. 혹은 믿음이 어떤 종류의 혹은 어
느 정도의 성결함이라도 면제시켜준다고 생각할 근거도 없다.[14]

그는 행위를 칭의로부터 완전히 몰아냈지만, 의롭게 된 자가 은혜
에 반응할 구성요소로 삼은 것이다.

따라서 웨슬리는 신자들의 집회에서 율법에 대해 설교했고 그의 추
종자들도 그와 같이 하도록 훈련시켰으며, ("나는 모든 설교자들에게 계속 율
법에 대해 설교하라고 충고했다")[15] 율법의 명령들과 경고들을 성화의 수단으
로 삼아 회중들에게 가능하면 직접 적용시켰다. 그는 오직 값없는 용
서에 대해서만 설교하고 청중들에게 율법이란 말을 꺼내지도 않았던
그런 복음주의 설교자를 언제나 경계했다. 그런 설교자들은 스스로
'복음적인 설교'를 하는 진정한 '복음적인 설교자들'이라고 자랑했으
나, 웨슬리는 만약 복음이 율법에서 분리된 채 제시된다면, 그것은 그

---

14 Sermon 35, "The Law Established by Faith," Burwash, 359.
15 John Brown, *John Wesley's Theology: The Principle of Its Vitality, and Its Progressive Stages of Development* (London: Jackson, Walford, and Hodder, 1865), 47.

참된 성격을 상실하고 있는 것이라고 경고하였다. 율법에 대한 사랑이 없는 설교자들이 다른 설교자들보다 자신들이 더 '복음 중심적'이라고 자랑할 때, 웨슬리는 "복음이라는 용어가 공염불로 변질되었다. 나는 우리 사회의 어느 누구도 그 말을 사용하지 않기를 바란다. 그 단어가 명확한 의미를 담고 있지 않기 때문이다"라고 불평했다. 그는 '복음'과 '은혜' 같은 핵심적인 용어들이 반율법주의의 가리개로 혹은 영적인 실재의 상쾌한 바람으로부터 숨는 장소로 이용될까봐 염려했다. "단지 주제넘고 오만한 동물이, 분별력이나 자비가 없는 그런 동물이, 그리스도와 그의 보혈 혹은 믿음으로 얻는 칭의에 대해 무언가를 외치도록, 그리고 그의 청중들이 '이 얼마나 멋진 설교인가!'라고 소리 지르도록 내버려두자."[16]

율법 없이 복음을 전하는 것은 청중들에게 끔찍한 결과를 초래한다고 웨슬리는 믿었다. 그는 그것을 늘 사탕을 먹는 것으로 비유했고, 그것이 영적인 소화계에 끼칠 영향을 추적했다.

이른바 복음 설교자들은 청중을 타락시킨다. 청중들의 입맛을 떨어뜨려서 그들이 건전한 교리를 즐기지 못하게 만든다. 그리고 청중들의 식욕을 저하시켜서 그들이 건전한 교리를 자양분으로 바꾸지 못하게 만든다. 말하자면, 그 복음 설교자들이 청중들에게 사탕과자를 먹여서 마침내 하나님 나라의 순수한 포도주가 그들에게 아주 맛없는 것처럼 보이게 된다. 그들은 청중들에게 달콤한 음료수를 계속 제공해서 그들이 오직 현재를 위해 살도록 만든다. 그러나 그러는 사이에 그들의 식욕이 파

---

16 Letter to Mary Bishop, October 18, 1778, in *The Letters of John Wesley*, ed. John Telford, 8 vols. (London: Epworth, 1931), 6:326-27.

괴되어 순전한 말씀의 젖을 보유하지도 못하고 소화시키지도 못하게 된다. 그러므로 이렇게 해서…그런 설교자들이 (첫 인상과는 정반대로) 청중들 가운데 생명이 아닌 죽음을 퍼트리게 되는 것이다.[17]

이와 대조적으로, 웨슬리는 신자들에게 율법에 대한 진지한 설교를 찾아다니라고 충고했다. "가장 엄격한 설교, 즉 마음을 낱낱이 살피고 그리스도와 다른 당신의 모습을 보여주는 설교를 사랑하십시오."[18] 그리고 그는 이 점과 관련하여 예수 그리스도의 설교를 자신의 귀감으로 받아들였다.

우리 주님의 산상설교

마태복음 5장부터 7장까지 기록되어 있는 예수의 산상설교를 자세히 설명하는데 할애한 웨슬리의 설교 시리즈는 「표준설교집」에서 가장 긴 연속 담론 시리즈이다. 우리는 이제 마태복음 세 장에 그토록 많은 분량을 할애한 이유를 어느 정도 알 수 있다. 웨슬리는 자기가 권하는, 율법에 관한 날카로운 설교의 본보기를 제공하고 싶어한다. 율법을 자세히 설명하기에 가장 좋은 성경본문으로 산상설교를 선택한 이유는, 비록 율법이 구약성경에 제시되어 있지만, 그것을 그리스도께서 친히 더욱 완전하게 설명했기 때문이다. 율법은 "마침내 위대한 율법 저자가 직접 내려와서 인류에게 그 본질적인 부분들에 대해 진정한 주석을 주기까지는 그토록 완전하게 설명되고 그토록 철저하게 이해된 적이 없었다. 동시에 그 저자는 율법이 결코 변경되면 안

---

17 "Letter to an Evangelical Laymen," December 20, 1751, in *Works*, 26:487-88.
18 "A Blow at the Root," in *The Works of the Reverend John Wesley*, ed. John Emory, 7 vols. (New York: Emory and Waugh, 1831), 6:140.

되고 세상 끝날까지 유효하다고 선포하였다."[19] 그러므로 그 설교 시리즈, 즉 "우리 주님의 산상설교"를 통하여 웨슬리는 그리스도의 말씀을 해설함으로써 율법의 중심 의미를 제시할 기회를 갖게 되었다. 이것은 신약성경을 근거로 삼아 구약성경을 재차 확증하는 방식이다. 즉 율법에 나타난 하나님의 의도와 신약성경의 관련성을 유지하되 그러는 사이에 복음이 도래했다는 것을 인정하는 것이다.

이러한 움직임을 보여주는 개신교의 선례들이 있다. 예를 들면 하이델베르크 교리문답은 "하나님의 율법이 우리에게 무엇을 요구합니까?"라는 질문과 함께 율법을 소개한 뒤에 곧바로 그 대답의 첫 부분을 예수의 말씀에서 찾는다.

그리스도께서는 마태복음 22장 37-40절을 통해서 우리에게 간략하게 가르치십니다. "네 마음을 다하고 목숨을 다하고 뜻을 다하여 주 너의 하나님을 사랑하라 하셨으니, 이것이 크고 첫째 되는 계명이요. 둘째도 그와 같으니, 네 이웃을 네 자신 같이 사랑하라 하셨으니, 이 두 계명이 온 율법과 선지자의 강령이니라."

구약성경의 율법을 예수로부터 받는 것은 지극히 기독교적인 방책이고, 율법을 사랑하는 하이델베르크 교리문답은 이 초기의 움직임과 함께 중요한 신호를 보낸다. 그러나 그 교리문답은 율법을 충분히 다루는 일을 훨씬 나중으로(91번째 질문과 그 이후) 연기한다. 거기에서 "하나님의 율법은 무엇입니까?"라고 질문하고 나서 십계명이라고 대답한 뒤에 그것을 하나씩 다룬다. 사실 십계명은 모든 개신교 교리문답

---

19 Sermon 25, "Upon Our Lord's Sermon on the Mount, Discourse V," Burwash, 252.

안에서 한 세트로 되어 있다. 당신은 십계명에 대한 해설이 없이는 제대로 교리문답을 할 수 없다. 그러므로 하이델베르크 교리문답은 구약성경의 말씀에 대한 해설을 시작하기 전에 기독교적인 방식으로 ("그리스도께서는 우리에게 간략하게 가르치십니다…") 율법을 가르치려고 한다는 사실을 알려주고 있다.

그러나 교리문답이 아닌 설교를 하는 웨슬리는 더 많은 공간과 더 많은 선택안을 가지고 있다. 그는 이 자유를 이용하여 율법에 대한 모든 해설을 그리스도의 말씀에 대한 주석으로 삼는다. 웨슬리는 그리스도의 입에서 나온 말씀의 형태로 하나님의 모든 율법과 함께 청중들(혹은 독자들)을 도전한다.

웨슬리는 「신약성서 주석」에서 산상설교의 독창적인 개요를 내놓는다. 그는 큰 중간 부분(마 5:17-7:12)을 "진정한 그리스도인의 성결에 관한 묘사"로 언급하면서 예수께서 일련의 "너희는 들었다.…그러나 나는 말한다"는 대조법과 함께 이 부분을 이끌어 가시는 것을 주목한다. 이러한 대조적인 문장들 각각에서 예수는 하나님 율법의 어떤 측면에 초점을 두면서 그것을 심화시키고 그것을 청중의 마음에 적용시켰다. 웨슬리에 따르면 그것이 바로 그 산상설교의 요점이다. 즉 단지 외적인 종교와 구별되는 그리스도 안에서의 진정한 성결이다. 그는 팔복을 "진정한 성결과 진정한 행복으로의 달콤한 초대"라고 부르고, 그리스도를 따르는 자들은 소금과 빛이라는 말씀(5:13-16)을 그 진정한 성결과 진정한 행복을 "다른 사람들에게 나누어주라고 설득하는 요청"이라고 부른다. 그리스도께서는 그 설교(7:13-27)를 일련의 두드러진 대안들(두 종류의 길, 두 종류의 나무, 두 종류의 기초)과 함께 결론을 맺는다. 웨슬리는 이러한 대안들이 "진정한 길의 확실한 표지"[20]를 제공한다고 말한다. 그런즉 산상설교의 핵심 텍스트는 5장 17절에 나오는 예수의 진술이다. 그리스도는 "내가 율법이나 선지자를 폐하러 온 줄로 말라. 폐하러 온 것이 아니요 완전하게 하려 함이라"고 분명히 말씀하신다. 진정한 그리스도인의 성결은 단순히 외적인 종교와는 대비되지만 결코 하나님의 율법과 대조되지는 않는다.

웨슬리가 (산상설교 시리즈 다섯 번째인 설교 25번에서) 이 핵심 텍스트에 이르렀을 때 비로소 진정한 그리스도인의 성결이 어떻게 율법준수와 일치하는지를 설명한다. 예수가 "내가 율법이나 선지자를 폐하러 온 줄로 생각하지 말라. 폐하러 온 것이 아니요 완전하게 하려 함이라"고 말할 때, 그것은 일차적으로 "나는 율법에 완벽하게 순종함으로써 그것을 성취하러 왔다"는 뜻이 아니다. 이 맥락에서 예수는 믿음으로 얻는 칭의, 의의 전가 혹은 심지어 속죄에 대해서 가르치고 있는 것이 아니다. 웨슬리는 예수께서 "이러한 의미에서 율법의 모든 부분을 성취하셨다는 것을 의심할 수 없다"고 말했다. 그러나 이 산상설교의 핵심 성경본문에서 예수께서 자신의 율법 성취를 다른 의미로 설명하고 있다. 웨슬리는 율법에 대한 예수의 진술을 풀어서 설명한다.

인간들의 모든 해설에도 불구하고 나는 율법의 충만함을 바로 세우려고 왔다. 나는 율법 안에 있는 어둡거나 모호한 것이 무엇이든지 그것을 분명하게 볼 수 있게 하려고 왔다. 나는 율법의 모든 부분에 대한 진정하고 온전한 의미를 선포하려고 왔다. 율법 안에 담겨있는 모든 명령의 길이와 넓이, 완전한 폭을 보여주려고 왔으며, 또한 모든 분야에 있어서 율법의 높이와 깊이, 그리고 상상도 할 수 없는 순수성과 영성을 드러내려고 왔다.[21]

20 Wesley, *Explanatory Notes upon the New Testament* (London: Epworth, 1950), at Matt. 5:3, p. 28.

그렇게 내면화 되고 명료해진 율법은 어떻게 은총의 복음과 일치되는 것일까? 웨슬리에 따르면 "율법과 복음 사이에는 전혀 모순이 없다." 사실 복음은 결코 율법을 대신할 수 없고 물론 율법도 결코 복음을 대신할 수 없다고 웨슬리는 말한다. "실제로 그 둘 중 어느 것도 다른 것을 대신하지 못한다. 그러나 그 둘은 서로 완벽하게 잘 어울린다."

명령과 약속

산상설교에는 예수의 입에서 나온 율법과 복음이 둘 다 들어있다. 그것은 산상설교가 성경의 독특한 부분이기 때문이 아니라 성경에 나오는 어떤 구절도 마치 기독교 메시지의 다른 부분을 전제하지 않고 또 담고 있지 않은 듯한 순전한 율법이나 순전한 복음이 아니기 때문이다. 율법과 복음은 따로따로 취급될 수 있는 것이 아니다. 그 둘은 똑같은 가르침 안에 나온다.

그 뿐만 아니라, 똑같은 글이 다른 측면에서 고려되면 율법의 부분과 복음의 부분을 모두 갖고 있다. 즉 만약 그것을 명령으로 여기면 그것은 율법의 일부이다. 그러나 만약 그것을 약속으로 여기면 그것은 복음의 일부이다. 그러므로 "너희는 주 너의 하나님을 온 마음으로 사랑하라 [하리라]"는 말씀을 명령으로 여길 때는 율법의 한 부분이다. 그러나 그 말씀을 약속으로 간주하면, 그것은 복음의 본질적인 부분이다. 즉 복음은 다름 아닌 약속의 방식으로 제의된 율법의 명령인 것이다.[22]

---

21 Sermon 25, "Upon Our Lord's Sermon on the Mount, Discourse V," Burwash, 252.
22 앞의 책, 253.

웨슬리에 따르면 하나님께서 "너는 거짓말을 하지 말지어다"라고 말씀하실 때, 이는 "나는 너에게 거짓말을 하지 말라고 명령한다"(율법)는 뜻과 "나는 네가 거짓말을 하지 않는 사람이 되도록 만들 것이다"(복음)라는 뜻을 모두 담고 있다. 복음을 "약속의 방식으로 제의된 율법의 명령"으로 이해해야 한다. 이 변형은 "나는 너희의 하나님이 되고, 너희는 나의 백성이 되리라"는 언약 형식과 같은 가장 폭넓은 명령에서 가장 쉽게 볼 수 있다. 웨슬리의 용어로 표현하자면, 이 말은 명령("내 백성이 되라!")인 동시에 복음("내가 너희를 내 백성으로 만들 것이다")이다. 그러나 율법은 제대로 설교하면 우리 삶의 가장 작은 측면까지 샅샅이 살피기 때문에 지극히 작은 도덕적 명령에도 적용된다. "성서의 모든 명령은 단지 감춰진 약속일 뿐이다"라고 웨슬리가 말한다. "그분이 우리에게 '쉬지 말고 기도하라'고 명령하는가? '항상 기뻐하라'고 명령는가? '그분이 거룩하시니 거룩하라'고 명령하는가? 그것으로 충분하다. 그분이 그렇게 되도록 우리 안에서 일하실 것이다. 그분의 말씀에 따라서 그것이 우리에게 이루어질 것이다."[23]

"그러므로 율법과 복음 사이에는 상상 가능한 가장 밀접한 연관성이 존재한다. 한편으로는 율법이 계속해서 복음에 길을 열어주고 우리에게 복음을 가리킨다. 다른 한편으로는 복음이 계속해서 우리들이 율법을 좀 더 정확하게 성취하도록 이끌어준다."[24] 율법에서 복음으로 그리고 그 반대로 끊임없이 움직일 때, 우리는 이 페이지에서 저 페이지로 또는 이 구절에서 저 구절로 훌쩍 넘어가지 않는다. 우리는 똑같은 하나님께서 우리에게 약속과 명령, 즉 선물과 과업의 목소

---

23 앞의 책.
24 앞의 책.

리로 말씀하시는 것을 듣게 된다. 율법과 복음은 동일하지 않다. 왜냐하면 명령은 약속이 아니기 때문이다. 그러나 그 둘은 통합되어 있다. 왜냐하면 명령을 내리시는 하나님이 바로 그 똑같은 말로 약속을 주시는 하나님이기 때문이다.

"성서의 모든 명령은 단지 감춰진 약속일 뿐이다." 웨슬리는 율법과 복음의 통합을 예리하게 이해하고 있지만, 그것이 새로운 것은 아니다. 사실 그것은 비록 복음주의적 어조를 지니고 있지만, 5세기에 "당신이 명령하는 것을 주시고, 당신이 원하시는 것을 명령하옵소서!"[25]라고 하나님께 기도했던 아우구스티누스의 것이다. 이것이 바로 영국 수도사 펠라기우스를 몹시 괴롭혔던 「고백록」에 나오는 글귀이다. 이유인즉 이는 하나님의 은총에 대한 지나친 의존을 전제하기 때문이다. 그러나 아우구스티누스와 그를 따르는 웨슬리는 하나님께서 그 자녀들에게 명령하는 것이면 무엇이든지 그들이 이룰 수 있도록 해주신다고 믿었다. 물론 이것은 하나님께서 적어도 두 가지 방식으로 나타나실 때에만 성사될 수 있다. 먼저는 용서하기 위해서, 그 다음에는 능력을 주시기 위해 나타나실 때에만. 우선 하나님은 죄로 인한 벌을 무효화시키시고, 그 다음에 죄의 권세를 깨뜨리신다. 먼저 그분은 의를 전가시키시고, 그 다음에 의를 나눠주신다.[26] 그 결과는 용서와 능력을 모두 포함하는 포괄적인 은혜의 개념이다. 패커는 이러한 웨슬리의 가르침을 "폐기되지 않고 오히려 보강된 아우구스티누스주의"라고 칭한다. 다시 말해서 "아우구스티누스 전통을 깨뜨리기보다는 그 전통의 여러 요소들을 재조직한" 것으로 보는 게 낫다는

---

25 Augustine, *Confessions* 10.29.
26 "하나님은 의를 전가하신 각 사람 속에 의를 심는다." Sermon 20, "The Lord Our Righteousness," Burwash, 197.

뜻이다.[27]

복음과 율법에 대한 웨슬리의 가르침에 새로운 것이 있다면, 그것
은 우리가 웨슬리의 생애에서 탐구했던 바, 그가 개신교적 교훈을 매
우 철저하게 배웠다는 사실로부터 유래한다. 그는 값없는 용서의 복
음이 어쩌다가 선행이나 공로에 의한 구원 체계로 변질되는 것을 막
기 위해 몹시 신경을 썼다. 설령 그러한 선행과 공로가 (토마스 아퀴나스
의 신학에서처럼) 하나님의 능력으로 가능해지더라도, 웨슬리는 설교자가
믿음에 의한 칭의에 대해 확실히 가르쳐야 한다는 것을 알았다. "'하
나님께 선택받은 자의 믿음'을 아무리 중요하게 여겨도 지나치지 않
다. 그래서 우리는 모두 '당신은 공로가 아니라 믿음을 통하여 은혜
로 구원받았다. 이것은 어떤 사람도 자랑하지 못하게 하려는 것이다'
라고 선포해야 한다."[28] 구원을 제시할 때, "우리는 모든 회개하는 죄
인들에게 '주 예수를 믿으라. 그러면 당신은 구원을 받을 것이다'라고
크게 외쳐야 한다." 웨슬리는 이것을 강조하였으며 그 위에 어떤 것도
더하지 않았다. 그러나 반율법주의의 오해에 대항하여 복음을 지키려
는 것이 그의 특징이었다.

그러나 동시에 우리는 세심한 주의를 기울여서 우리가 오직 "사랑으로
역사하는" 믿음만을 귀하게 여긴다는 것을 모든 사람이 알도록 해야 한
다. 그리고 우리가 죄책뿐만 아니라 죄의 권세로부터 구출된 것이 아니
라면 "믿음으로 구원받은" 것이 아님도 알게 해야 한다. 그리고 우리가
"믿으라. 그러면 당신은 구원을 받을 것이다"라고 말하는 것은 "믿으라.

---

27 Packer, *Keep in Step with the Spirit*, 111. 「성령을 아는 지식」(홍성사 역간).
28 Sermon 25, "Upon Our Lord's Sermon on the Mount, Discourse V," Burwash, 256.

그러면 믿음이 성결의 자리를 대신하고 중간에 성결 없이 죄로부터 곧바로 하늘로 올라갈 것"이라는 뜻이 아니다. 오히려 "믿으라. 그러면 당신은 거룩해질 것이다" 또는 "주 예수를 믿으라. 그러면 당신은 평화와 능력을 모두 갖게 되리라"는 뜻이다. 당신은 당신이 믿는 그분에게서 능력을 받아 죄를 짓밟게 될 것이다. 그리고 당신의 주 하나님을 당신의 온 마음으로 사랑하는 능력과 당신의 온 힘으로 그분을 섬기는 능력을 받을 것이다. 당신은 "영광과 존귀와 영원한 생명을 구하기 위해 끊임없이 인내하며 선행을 실천할" 능력을 받을 것이다. 당신은 가장 사소한 것부터 가장 엄청난 것에 이르기까지 하나님의 모든 명령을 "실행하고 또한 가르치게" 되리라. 당신은 당신의 말뿐만 아니라 당신의 삶으로도 그 명령들을 가르쳐서 "하늘나라에서 위대한 자로 불릴" 것이다.[29]

자주 흐트러지는 것들을 다함께 묶으려고 애쓰는 것이 웨슬리의 전형적인 일이다. 그는 오직 믿음으로 얻는 구원을 주창하는 개신교 교리에서 물러서는 것을 거부했으나 "사랑으로써 역사하지"(갈 5:6) 않는 믿음을 인정하는 것도 똑같이 거부했다.

양자를 분리시킬 필요가 없다. 하나님께서 그 둘을 함께 결합하셨기 때문에 칭의와 중생은 함께 주어지는 것이고, 중생은 하나님의 온전한 형상을 회복하도록 거룩함으로 창조된 새로운 본성에 관한 것이다. 웨슬리가 예수의 말씀 안에서 율법과 복음을 함께 발견했을 때, 그는 이 통합이야말로 은총의 교리를 여는 열쇠이고 그리스도인의 믿음이 진정 복된 소식인 이유를 깨달았다. 그것은 용서와 갱신을 모두 가져온다. 갱신 없는 용서는 반율법주의적이고, 용서 없는 갱신은 율

---

29 앞의 책.

법주의이다. 이 두 가지를 모두 선포하는 메시지는 진실로 좋은 소식이다. 산상설교 직전에 나오는 마태복음 4장 23절에 대한 주석에서, 웨슬리는 예수께서 갈릴리 전역을 다니시면서 전파하신 것은 "천국 복음"이었다고 말했다. 웨슬리가 지적한 바에 따르면 "복음"이란 "기쁨을 주는 메시지"를 가리킨다. 따라서 그것이 "우리 종교의 적절한 명칭인 이유는 복음을 진지하게 그리고 끈기 있게 받아들이는 모든 사람들에게서 충분히 검증된 것이기 때문이다."[30] 웨슬리는 기독교 메시지를 삶과 경건에 필요한 모든 것을 담고 있는 기쁜 소식으로 전파했다. 그 메시지 속에서 우리는 "기운을 내라! 네 죄를 용서받았다. 용서를 받았으니 죄가 더 이상 너를 지배하지 못할 것이다"[31]라고 말씀하시는 예수의 음성을 들을 수 있다.

웨슬리는 또한 다른 설교자들에게도 복음과 율법을 제대로 묶어서 설교하라고 충고하였다. 1751년에 한 평신도 설교자에게 보낸 대표적인 편지에서 두 가지 잘못, "단지 율법만을 설교하는 것"과 "단지 복음만을 설교하는 것"을 개관했다. 웨슬리가 추천한 방법은 "모든 설교는 아닐지언정 모든 장소에서 어느 하나만이 아니라 그 둘을 적당히 결합시키는 것이었다."[32] 이제까지 율법이 기독교 메시지의 적절한 주제가 되는 것이 중단된 적은 한 번도 없다. 어떤 때에는 양심을 깨우기 위해, 어떤 경우에는 신자들을 강건케 하기 위해, 그리고 또 어떤 때에는 믿음이 성장하고 있는 신자들에게 율법을 설교의 주

---

30 Matt. 4:23 in Wesley, *Explanatory Notes upon the New Testament*, 27.

31 Sermon 1, "Salvation by Faith," Burwash, 9.

32 Letter to Ebenezer Blackwell, December 20, 1751, in Telford, *Letters of John Wesley*, 3:79ff. Timothy L. Smith, *Whitefield and Wesley on the New Birth* (Grand Rapids: Francis Asbury, 1986), 159-63에서 인용했다. 스미스의 짧은 서론이 매우 유익하다.

제로 삼았다. 웨슬리가 설교와 관련하여 특별히 추천한 것이 있다. 어떤 사람이 새로운 장소에서 설교하기 시작할 때 "올바른 설교 방법"은 먼저 "죄인들에 대한 하나님의 사랑과 그들이 구원받기를 원하시는 하나님의 뜻을 전반적으로 선포하는" 것이고, 이후에 "가장 강력하고, 가장 친밀하며, 가장 엄중한 방법으로 율법을 설교하되 여기저기에 복음을 섞어 놓고 그것이 저 멀리 있는 것처럼 설교하는" 것이다. 율법이 죄를 깨닫게 하는 역할을 마쳤을 때에야 비로소 복음을 믿을 만한 것으로 제시할 수 있다.

그러나 이미 회심한 신자들에게 설교할 때조차도 웨슬리는 이렇게 할 것을 요청하였다.

지혜로운 건축가는 신자들에게도 율법을 다시 설교할 것이다. 단 특별한 주의를 기울여서 단지 명령으로서 뿐만 아니라 또한 특권으로서 율법의 각 부분을 복음의 빛 가운데 두고, 그것을 하나님의 아들들의 영광스런 자유의 한 부문으로 전할 것이다. 그는 똑같은 주의를 기울여서 신자들에게 이것이 하나님이 그들을 받아주신 근거가 아니라 그 열매라고 상기시킬 것이다. 그리고 "이 닦아둔 것 외에 능히 다른 터를 닦아 둘 자가 없으니, 이 터는 곧 예수 그리스도"라는 것을 상기시킬 것이다. 또한 우리가 여전히 용서를 받았고 또 하나님께 용납 받는 것은 그리스도께서 우리를 위해 행하시고 고난 받은 것 때문임을 상기시킬 것이다. 그리고 모든 진정한 순종은 그리스도에 대한 사랑에서 나오며, 이는 그분이 먼저 우리를 사랑하셨다는 사실에 근거하고 있음을 상기시킬 것이다. 그러므로 그는 율법의 어느 부분을 설교하든지, 그리스도의 사랑을 그들의 눈앞에 계속 두기 위해 노력하며, 그리고 그들이 그리스도께서 명령하신 길을 달려가기 위해 신선한 생명력과 활력과 힘을 얻게 할 것이다.[33]

일부 설교자들은 단지 청중들을 복음에 갈급하게 만들기 위해서 율법의 요구사항에 대해 설교할 것이다. 그러나 웨슬리는 율법 자체를 자양분이 많은 것으로 여겼는데, 그 이유는 율법도 복음과 똑같이 하나님의 말씀 안에 나오기 때문이다. "그러므로 빛과 힘은 똑같은 수단에 의해 그리고 종종 똑같은 순간에 주어진다." 그는 일인칭을 사용하여 그 작동방식을 이렇게 묘사했다.

예를 들면, 나는 "항상 은혜 안에서 메시지를 전달하고 청중들에게 은혜를 공급하도록 하라"는 명령을 듣는다. 하나님께서 나에게 이 명령을 통찰하도록 더 많은 빛을 보내주신다. 나는 그 명령의 뛰어난 높이와 깊이를 본다. 동시에 나는 (위로부터 내려오는 그 똑같은 빛에 의해서) 내가 얼마나 부족한지를 깨닫게 된다. 나는 몹시 부끄럽다. 그래서 나는 하나님 앞에 납작 엎드린다. 나는 그 명령을 더 잘 지키게 되도록 진정으로 갈망한다. 나는 내게 더 많은 힘을 주려고 나를 사랑하신 그분께 기도드리고, 나에게는 그분께 간구할 제목이 있다. 그러므로 율법은 믿지 않는 자들에게 죄를 깨닫게 하고, 믿는 자들의 영혼을 깨우칠 뿐만 아니라, 신자에게 양식을 배달하고, 그들의 영적인 삶과 힘을 유지시키고 또한 고양하기도 한다.[34]

율법 설교와 복음 설교 중에서 어느 하나를 선택할 필요는 없다. "의심할 여지없이 그 두 가지를 그 차례에 맞게 설교해야 한다. 그렇다. 둘 다를 동시에 혹은 한 편에서 양자를 모두 설교해야 한다." 그래서 그는 마지막으로 이렇게 충고한다.

---

33 Smith, *Whitefield and Wesley on the New Birth*, 161.
34 앞의 책, 162.

이 모범에 따라서, 나는 모든 설교자들에게 계속해서 율법을 설교하라고 충고해야 한다. 즉 복음의 정신에 접목되고, 그 정신에 의해서 조절되고, 그 정신으로 생기를 얻는 율법에 대해 설교하도록 충고해야 하는 것이다. 나는 그들에게 하나님의 모든 명령을 선포하고 설명하고 시행하라고 권고한다. 그러나 모든 설교에서 (이는 명시적일수록 더 낫다) 그리스도인에게 첫 번째이자 가장 큰 명령은 "주 예수 그리스도를 믿으라"는 것임을 선포하도록, 그리고 그리스도는 만유 안에 계시는 만유시라는 것과…모든 생명과 사랑과 힘이 오직 그분으로부터만 나오며, 모든 것이 믿음을 통하여 우리에게 거저 주어졌다는 것을 선포하도록 권고한다. 그리고 그렇게 전파된 율법은 영혼을 깨우고 강건케 하고, 자양분을 공급하고 가르치고, 믿는 영혼들의 길잡이이며 "양식과 약과 버팀목"이라는 사실이 언제나 밝혀질 것이다.[35]

웨슬리가 전한 메시지는 하나님 말씀의 모든 권고 위에 세워진 포괄적인 메시지였다. 은총이 우선하지만 율법이 생략되면 안 된다. 웨슬리는 또한 그리스도인의 삶에 대한 설교도 견고한 기초 위에 구축하였다. 그것은 바로 용서와 능력 부여 둘 다 포함하는 은총의 교리이다.

오 하나님, 우리의 모든 일은 당신 안에서 이루어졌습니다!

우리는 이미 웨슬리의 통전적인 은총의 교리를 몇 가지 방식으로 설명했다. 그 교리를 "은총이 먼저, 율법은 그 다음"으로 묘사했고 이둘이 하나로 통합되어 있음을 이해하게 되었다. 우리는 「표준설교집」의 목차에서 웨슬리의 율법을 사랑하는 은총의 교리의 개요를 보았

---

35 앞의 책, 163.

다. 이는 찰스 웨슬리의 찬송가들("그는 무효화된 죄의 권세를 깨뜨렸네!")과 존 웨슬리가 산상설교에 대한 해설에서 이끌어낸 원리들에도 나타나 있다. 그러나 그 교리는 모든 곳에 등장한다. 즉 웨슬리의 모든 글 속에 깊이 배어있고 모든 설교 속에 엮여 있다. 그의 다른 어떤 특징보다도 은총의 교리가 가장 돋보이는 그의 특징이다. 이 교리가 그의 사고방식에 얼마나 깊이 뿌리박혀 있는지를 보려면 대표적인 그의 설교인 설교 1번의 첫 번째 문단으로 주의를 돌릴 필요가 있다. 우리는 이미 웨슬리가 올더스게이트 직후에 이 역사적인 설교(2장을 보라)를 했다는 사실은 검토하였다. 하지만 지금은 그것을 좀 더 깊이 들여다 볼 수 있는 입장에 있다.

이 문단은 좀처럼 마땅히 받을 만한 그런 관심을 받진 못하지만 고전적인 단락이다.[36] 단지 백사십 개의 단어로 구성되어 있지만, 큰 소리로 읽도록, 그리고 청취자들이 즉시 이해할 수 있도록 작성되어 있다. 그 산문적인 표현은 분명하고 이해하기 쉽다. 웨슬리가 「표준설교집」 서문에서 "평범한 사람들을 위한 명백한 진리"라고 말한 그대로다. 이처럼 이해하기 쉬운 성격에도 불구하고, 그 문단은 성경과 위대한 기독교 전통에 깊이 빠져있는 잘 훈련된 지성의 정교한 산물이다. 따라서 세심하게 연구할 가치가 있다. 그 문단을 그대로 인용하는 바이다.

하나님께서 인간에게 내리신 모든 축복들은 그분의 순전한 은총, 관대

---

36 웨슬리의 설교를 세심하게 읽는 경우는 드물지만, 그가 일부 저술을 매우 부지런하게 다듬었기 때문에 집중적으로 조사할 만한 가치가 있다. 웨슬리의 작문 능력을 탐구한 최고의 저서 중 하나는 George Lawton, *John Wesley's English: A Study of His Literary Style* (London: George Allen & Unwin, 1962)이다.

하심, 혹은 은혜에 기인한다. 즉 그분의 거저 주시는 과분한 은혜이다. 그것은 전적으로 분에 넘치는 은총인 만큼 인간은 하나님의 최소한의 자비조차 요구할 권리가 없다. "땅에 있는 진흙으로 인간을 만드시고, 그에게 살아있는 영을 불어넣고," 그 영혼에 하나님의 형상을 찍으시고, "모든 것을 그의 발아래 두신" 것은 바로 값없는 은혜였다. 바로 그 값없는 은총이 오늘에 이르기까지 우리에게 생명과 호흡과 만물을 지속시키고 있다. 왜냐하면 우리의 존재, 소유, 혹은 행위를 보면 하나님의 손에 있는 가장 작은 것조차 받을 만한 자격이 없기 때문이다. "오 하나님, 당신께서 우리의 모든 일을 우리 안에서 이루셨습니다." 그러므로 이러한 것들은 그토록 많은, 값없는 자비의 사례들이다. 그리고 인간 안에 무슨 의가 발견되든지, 이것 또한 하나님의 선물이다.[37]

이것은 웨슬리가 하나님을 찬양하는 것이지만, 그 짧은 찬가에서 많은 교리들을 들을 수 있다. 은총에 관한 개신교의 고전적 가르침이 이 글귀에서 울려 퍼지고 있고, 그 뒤에는 피조물과 죄인으로서 우리가 근본적으로 하나님께 달려있는 존재라는 기독교적인 고백이 있다. 주된 개념은 분명히 은총의 선물이다. 웨슬리는 그것을 네 번이나 반복하면서 강조한다. 첫째로, "그분의 순전한 은총, 관대하심, 혹은 은혜"이다(여기서 웨슬리는 동의어를 되풀이하고 있다). 둘째로, "그분의 거저주시는 과분한 은혜"이다(여기서 웨슬리는 두 개의 형용사로 주된 명사를 확대시키고 있다). 셋째로, "전적으로 분에 넘치는 은총"이다(여기서 웨슬리는 완전 부사로 주된 명사를 심화시키고 있다). 마지막으로, "인간은 하나님의 최소한의 자비조차 요구할 권리가 없다"(여기서 웨슬리는 새로운 단어들과 개념들로 주된 사상을

37 Sermon 1, "Salvation by Faith," Burwash, 3.

표현한다).

핵심은 "은총은 거저 주어진다"는 것이다. 여기서 웨슬리가 제시하고 있는 것은 은혜를 하나님의 과분한 은총으로 묘사하는 고전적인 종교개혁의 정의다. 설교 1번에서 웨슬리는 믿음으로 얻는 구원에 대하여 얘기할 계획이라서 은혜에 대한 개신교의 진술로 시작한다. 그러나 그의 다음 동작은 무로부터의 창조교리로 돌아가서 하나님이 값없이 창조하셨다는 점을 상기시키는 것이다. "'땅에 있는 진흙으로 인간을 만드시고 나서, 그에게 살아있는 영을 불어넣고' 그 영혼에 하나님의 형상을 찍으시고, '모든 것을 그의 발아래 두신' 것은 바로 값없는 은혜였다." 이 짧은 부분에 창조에 관한 얼마나 많은 성경 구절들(창 1:26, 2:7; 시 8:6)을 묶어놓았는지 참 인상적이다.

웨슬리가 청중들에게 말하려고 하는 바는 그들이 순전한 은혜로 구원을 받았다는 것인데, 그는 이 미적지근한 18세기 영국국교회 신자들이 동의하지 않을 수 있다는 것을 알고 있다. 18세기는 인간의 성취와 진보의 잠재력에 무척 고무되어 있었던 시기였다. 그래서 웨슬리는 덜 논쟁적인 사항으로 그들의 동의를 확보한다. 즉 우리 중 어느 누구도 마땅히 창조될 만한 어떤 일을 행한 적이 없다는 것이다. 우리가 아무 것도 아니었을 때 하나님은 우리를 존재하게 했을 뿐만 아니라, 하나님 자신의 형상을 따라서 우리를 영혼을 지닌 육체로 만드셨고, 나머지 창조물들에 대한 통치권을 우리에게 부여하신 것이다.

다음 문장의 문법은 우리 시대에 맞게 약간 수정될 필요가 있다. 웨슬리가 "바로 그 값없는 은총이 오늘에 이르기까지 우리에게 생명과 호흡과 만물을 지속시키고 있다"라고 말할 때, 그는 "지속시키다"라는 단어를 '어떤 것을 오래 존재하게 하다'라는 뜻의 타동사로 사용하고 있다. 우리에게 그 단어는 타동사보다는 자동사로 들린다. 그래서 우리는 "은총이 지속시킨다"는 말을 '은총이 계속 오게 한다'는 뜻으로 읽고 싶다. 그러나 타동사로 보면 그 문장은 '은총이 생명과 호흡과 만물 등 이런 것들이 계속 우리에게 내려오게 한다'는 의미를 지니게 된다. 은총에 의한 창조의 축복들은 태고에 속한 것이 아니라 우리에게 도달해서 "생명과 호흡과 만물을" 준다.

그 짧은 목록은 사도 바울의 마스 힐(Mars Hill) 설교 가운데 한 구절인 사도행전 17장 25절에 대한 암시이다. 그 문맥은 하나님은 인간으로부터 성전 건축과 성전 봉사 같은 종교적인 의무들은 물론 그 어떤 것도 받으실 필요가 없다는 바울의 요점이다. 이와 반대로, 하나님께서 인간에게 필요한 것을 주신다. 존 웨슬리가 다른 성경 본문으로부터 여섯 마디를 인용했을 때, 그는 자신의 문장을 성경 언어의 아름다움으로 장식하고 있었던 것이다. 때때로 그는 그렇게 한다. 그러나 종종 놀랍게도, 그가 차용한 몇 마디는 사실 그가 현재 다루는 주제와 그 인용문이 속한 단락 전체 사이에 겹치는 부분이 있음을 가리킨다. 이것이 그러한 경우들 중 하나다.

사실 웨슬리의 마음이 "생명과 호흡과 만물" 같은 구체적인 단어들을 붙잡는 이유는 바울의 사도행전 설교가 가르친 교리를 선포하고 있었기 때문이다. 우선 그는 그 교리에 대해 생각하고, 그 다음에 그의 마음이 그 핵심 구절 쪽으로 끌리고, 이어서 그의 마음은 시적인 효력을 위해 그가 사용하는 여섯 개의 단어들을 가지고 사도행전으로부터 돌아온다. 그러나 그가 돌아올 때 자신의 종적을 감춘다. 그는 장(章)과 절(節)을 인용하지 않는다. 그리고 아레오바고 설교의 신학을 어떤 다른 방식으로도 알리지 않는다. 성경에 능통한 청중들은 그 단어들의 출처를 알 것이고, 그들의 마음은 온통 사도행전을 연상할 것이다. 리처드 헤이스(Richard Hays)가 성경 속에서 메아리를 듣는 것을 묘사하기 위해 사용한 용어에 따르면, 그 암시에 의해 청중의 "정경적 기억"이 활성화될 것이다.[38] 정경적 기억력이 덜 발달된 청중들은 그 암시의 위력을 놓치게 되겠지만 여전히 그 말의 힘을 느낄 것이다. "생명과 호흡과 만물"은 단음절 단어들로 이루어진 삼총사로서 메아리가 있든 없든 강력한 효과를 낸다.

그것은 또한 그 단락에서 웨슬리의 초기 논리를 움직이는 중요한 경첩의 역할을 한다. 그는 단음절로 형성된 삼총사에서 다른 삼총사로, 즉 "생명과 호흡과 만물"에서 "우리의 존재, 소유, 혹은 행위"로 넘어간다. 서로 연결된 삼총사들의 시적인 아름다움과 추진력과 함께, 웨슬리는 우리의 존재로부터 우리의 소유를 거쳐 믿음으로 얻는 구원에 관한 설교의 요점인 '우리의 행동'으로 나아간다. 은총의 기치 아래, 웨슬리는 우리로 하여금 하나님의 은혜로 우리가 존재하고 또한 우리의 소유물도 하나님의 선물인 것처럼, 우리가 취하는 모든 선한 행동 또한 하나님으로부터 나온다는 것에 동의하도록 유도한다. 믿음으로 얻는 구원에 대한 토론에서 결정되어야 할 문제는 바로 우리의 행위에 관한 것인데, 웨슬리는 그 문제를 매우 솜씨 있고 효과적인 방식으로 독자들 앞에 두었다.

그래서 웨슬리는 서문의 결정적인 모퉁이를 돌자마자, 이사야서 26장 12절을 (출처 없이) 즉시 인용한다. "오 하나님, 당신께서 우리의 모든 일을 우리 안에서 이루셨습니다!" 이것은 기독교 신비주의 전통에서 오랫동안 인기가 있던 구절이다. 왜냐하면 그것은 우리 인간의 일 안에 있는 하나님 자신의 일의 신비적인 현존을 슬쩍 보여주기 때문

---

38 Richard B. Hays, *Echoes of Scripture in the Letters of Paul* (New Haven, CT: Yale University Press, 1993), 51.

이다. 마이스터 에크하르트(Meister Eckhart, 1260-1327) 같은 신비주의자가 인용할 때에는, 이렇게 동시에 발생하는 하나님의 일과 인간의 일이 분명하게 구별되어야함에도 불구하고 서로 섞여서 희미해지고 만다. 그러나 개신교 순교자 니콜라스 리들리(Nicholas Ridley, 1500-1555) 같은 냉철한 사람들 또한 이 이사야의 말을 사용하여 우리의 선행이 하나님에게서 나온다는 신비를 가리키곤 했다. 리들리는 빌립보서 주석에서 "너희 안에서 착한 일을 시작하신 이가 그리스도 예수의 날까지 이루실 줄을 우리는 확신하노라"는 진술을 설명할 때 하나님의 활동(operatio)이 선행하면서 우리의 협력 활동을 가능하게 만드는 방식에 대해 주의 깊게 생각한다. 웨슬리가 누구의 글을 읽고 있었든지 간에 (많은 경우에 그의 폭넓은 독서로 인해 누구의 영향을 받았는지 확실히 알 수 없다), 이사야서 26장 12절("오 하나님, 당신께서 우리의 모든 일을 우리 안에서 이루셨습니다!")을 사용한 것은 리들리 주교의 복음 중심적 국교회사상과 맥을 같이한다.[39] 웨슬리는 성서 주석에서, 이사야서 26장 12절에 "우리가 행한 모든 선행은 당신의 은총의 결과입니다"라고 주석을 달았다.

첫 문단의 결론 부분에서 웨슬리는 그러므로 모든 선행은 "그토록 많은, 값없는 자비의 사례들이다"라고 말하고, "인간 안에 무슨 의가 발견되든지, 이것 또한 하나님의 선물이다"라고 요약한다. 이 문단은 은총에 대한 포괄적인 견해를 반영하고 있다. 은총은 인간 육체의 창조, 영적인 형상의 담지, 계속적인 보전, 도덕적인 행동, 그리고 의로움의 기초이다. 은총은 호의이자 능력이다. 우리는 은총을 수동적으로 (우리가 무로부터 창조될 때, 가만히) 그리고 능동적으로 (하나님께서 우리 안에

---

39 리들리의 빌립보서 주석은 다음 책에 들어 있다. *Fathers of the English Church*, vol. 2, Ridley and Latimer (London: John Hatchard, 1808), 191.

서 일하실 때, 협력적으로) 받아들인다. 양자 모두에서 웨슬리의 관심을 끄는 것은 은총이 선물이자 자유라는 점이다. 그 모든 것은 "거저 주시는 과분한 은혜", "전적으로 분에 넘치는 은총", "값없는 은총", "값없는 자비", "선물"이다. 그의 첫 문단은 인간의 행동에 대한 어떤 결론을 향해 몰아간다. 그것은 우리의 존재와 우리의 소유물과 똑같이 하나님의 선물이라는 것. 웨슬리는 우리의 창조와 함께 시작한다. 우리의 창조는 우리의 역할이 전혀 없이 "순전한 은혜"로 이뤄진 명백한 사례인 만큼 그 틀 속에 도덕적 행동("우리의 행동")과 의로움("무슨 의가 발견되든지")을 둔다.

이렇게 하여 웨슬리는 구원에 대한 가르침으로 다가간다. 웨슬리의 접근은 18세기의 위대한 복음주의 대각성의 출범에 큰 도움을 주었다. 사실 이러한 각성운동은 하나님께서 웨슬리를 통해 이루신 일이다.

은총이란 값없는 용서를 말한다. 이로써 우리로서는 마땅히 받을 자격이 없고 또 우리가 위반해 버린 그 은혜를 하나님으로부터 받는 것이다. 그러나 은총은 또한 하나님께서 우리에게 능력을 부여하시고 우리를 좀 더 그리스도를 닮도록 이끄시는 것도 의미한다. 마땅히 받을 자격이 없고 또한 위반의 죄를 범한 그 도움과 능력을 값없이 우리에게 주신다는 뜻이다. 값없는 이 두 가지 선물 모두 은총이라는 것과 신약성경을 읽을 때 우리가 이 두 가지 의미를 유념할 필요가 있다는 것을 웨슬리는 알고 있다. 성경에서 은총은 때때로 값없는 사랑, 공로 없이 받는 사랑을 의미한다. 그러나 때로는 성령 하나님의 능력을 의미한다. 웨슬리는 이 둘을 최대한 명확하게 구별하되 그 둘이 사실상 서로에게 속한다고 주장한다. 그는 「표준설교집」의 다른 부분에서 이렇게 말하고 있다. "전자의 의미에서의 하나님의 은총, 곧 그분의 용서하는 사랑이 우리의 영혼에 나타나자마자, 후자의 의미에서의 하나님의 은총, 곧 성령의 능력이 그 안에서 활동한다. 그래서 이제 우리는 하나님을 통해 인간에게 불가능했던 일을 수행할 수 있게 된다. 이제 우리는 우리의 대화를 제대로 정리할 수 있게 된다."[40]

은총에 관한 웨슬리의 가르침을 이해하는 열쇠는 변화를 일으키는 하나님의 능력을 배제시키기보다 포함시키고 있음을 깨닫는 것이다. 설교자가 은총에서 율법으로 이동할 때, 그는 사실상 항상 율법보다 크고 결코 율법의 반대편에 있지 않은, 포괄적인 은혜교리 안에서 이리저리 움직이고 있을 뿐이다. 하나님의 목표는 거룩한 백성의 거룩한 하나님이 되시는 것이다. 그 목적을 위하여 그분은 온갖 의미의 은총을 주신다. 아들 안에서 거저주시는 용서를 통하여 그리스도인의 삶에서 일하는 성령의 사역을 위한 무대를 세운 것이다.

존 웨슬리의 은총 개념에 대하여 훨씬 더 많은 내용을 말할 수 있을 것이다. 왜냐하면 웨슬리의 메시지의 중심 주제가 바로 은총이기 때문이다. 그는 회심, 그리스도인의 삶, 그리고 교회에 관해서 할 말을 모두 은총과 연결시킨다. 인간과 관련된 하나님의 모든 길은 은총을 통과하고, 이 주제는 웨슬리가 그에 대해 계속 설교해가면서 더욱 커졌다. 앨버트 아우틀러(Albert Outler, 1908-1989)는 한 때 그리스도인의 삶에 관한 웨슬리의 신학을 은총의 주제에 관한 정교한 설명으로 요약한 적이 있다.

웨슬리의 견해로 볼 때, 그리스도인의 삶은 은총의 에너지에 의해 능력을 부여받는다. 이른바 선행하는 은총, 구원하는 은총, 성화하는 은총,

---

40 Sermon 12, "The Witness of Our Own Spirit," Burwash, 114. 여기에 나오는 "대화"는 말이 아니라 "행위"를 의미한다. 이 단어의 뜻은 18세기 이후에 바뀌었다.

그리고 성례전적인 은총의 에너지이다. 은총은 언제나 법정적인 사면 이상의 것으로 해석된다. 오히려 그것은 인간의 삶에 내재하고 그 안에서 활약하는 하나님의 사랑, 즉 실제적인 영향력으로 경험된다. 그 주도권은 모든 인간의 행동을 하나의 반응으로 만든다. 그러므로 "먼저 드러나는" 것이다. 그것은 그분의 모든 활동을 채색하는 하나님의 자비의 기능이다. 그러므로 그것은 보편적이다. 그것은 '저항될' 수도 있다. 그러므로 은총은 저항할 수 없는 게 아니라 협동적인 것이다. 그리고 그것은 다양한 외적인 표지들과 가시적인 표지들을 통해 중개되기 때문에 전형적으로 성례전적인 특징을 지닌다. 그러나 그것은 언제나 하나님의 은총이기 때문에 결코 인간이 마음대로 이용할 수 있는 것이 아니다.[41]

교회의 성례전을 통하여 은총이 중개된다는 아우틀러의 마지막 진술과 함께 우리는 '은총의 수단'(또는 '은혜의 방편')에 관한 웨슬리의 가르침을 탐구할 준비를 갖추었다.

---

41 Albert Outler, ed., *John Wesley* (New York: Oxford University Press, 1964), 33.

7. 은혜의
수단

———

구원은 하나님의 선물이다. 그것은 사람의 마음속에 보이지 않는 내적 변화를 일으키는 하나님의 주도권이 이루는 기적이다. "하나님은 그의 즉각적인 영향력으로 그리고 설명할 수 없는 강력한 활동으로 사람의 영혼에 일하시기 때문에 세찬 폭풍과 거친 파도가 수그러들고 달콤한 평온함이 생겨난다. 즉 마음이 예수의 두 팔에 안겨있는 듯 쉼을 얻는다."[1] 이것을 경건주의라고, 경험주의라고, 또는 감성적이라고 불러도 아무 상관이 없지만, 적어도 웨슬리는 그의 사역 목표에 대하여 분명히 밝혔다. 그것은 사람의 영혼을 은혜로우신 하나님과 만나도록 인도하는 것이었다. 그러나 하나님과의 만남이 직접적이고 개인적인 성격을 지닌다고 해서 임의적이거나 형식이 없다는 뜻은 아니다. 하나님은 특정한 통로들을 미리 정하시고 보통은 그것들을 통하여 사람들을 자신과 만나도록 이끄신다. 다시 말하자면, 하나님은 은총의 수단을 선정해 놓으셨다.

———

1 Sermon 11, "Witness of the Spirit," in *Wesley's 52 Standard Sermons*, ed. N. Burwash (Salem, OH: Schmul, 1988), 101.

지나치게 경시되는 은혜의 수단

일찍이 1740년에 웨슬리는 그의 두 가지 큰 전제를 공유하고 있던 어떤 복음주의적 신자들(모라비아교도들)과 갈등에 빠지게 되었다. 그 두 전제는 우리가 직접 하나님과 만나야 한다는 것과 우리와 하나님과의 만남은 전적으로 하나님의 주도권에 달려있다는 것이다. 그런데 그 갈등이 생긴 시점은 그 복음주의자들이 이 옳은 전제들로부터 잘못된 결론을 이끌어냈을 때였다. 모라비아교도들은 하나님과의 만남은 하나님께 달려있기 때문에 우리가 할 수 있는 일은 단지 수동적으로 그리고 조용히 그 만남을 기다리는 것이라고 주장했다. 그 결과 그들은 교회 예배 참석을 중지하고, 기도와 성경공부를 중단하고, 성만찬을 회피했다. "모라비아교도 필립 헨리 몰터(Philip Henry Molther)의 주장에 따르면, 완전한 믿음의 확신(이는 '회심' 내지는 성령의 영접으로도 이해되었다)을 품을 때까지, 그러한 확신을 느낄 때까지는 어떠한 은혜의 수단도 삼가고 조용히 주님을 기다려야 한다는 것이었다."[2] 18세기 모라비아교도들의 특정한 "무방편주의"(또는 '정숙주의'라고도 불림—역주)가 지금은 낯설어 보일지라도 그들이 저지른 과오는 복음주의자들이 계속 반복하는 오류에 해당한다. 그저 하나님께서 우리에게 다가오셔서 접촉하시기를 우리는 기다려야 한다는 생각이다. 우리는 아무 일도 하지 않음으로써 은혜가 은혜 되도록 해야 한다는 것이다.

웨슬리는 여러 가지 방식으로 이러한 오류와 맞섰는데, 이 주제에 관한 그의 가장 중요한 진술은 설교 16번 "은혜의 수단"이다. 그 설교의 성경본문은 말라기 3장 7절 상반절 "너희가 나의 규례를 떠나 지

---

2 Karen B. Westerfield Tucker, "Wesley's Emphases on Worship and the Means of Grace," in *The Cambridge Companion to John Wesley*, ed. Randy L. Maddox and Jason E. Vickers (New York: Cambridge University Press, 2010), 229.

키지 아니하였도다"이다. 그는 하나님께서 말씀하신 요구조건, 즉 우리가 규례로 다가가서 그것을 준수해야 하는 것이 새 언약의 도래와 더불어 사라져버린 것인지 아닌지를 질문함으로써 그 본문에 대한 주석을 시작한다. "그러나 생명과 영생이 복음에 의해서 드러난 이래 지금도 어떤 규례가 있는가? 기독교 시대에 하나님 은혜의 일상적 통로로 정해진 어떤 은혜의 방편이 있는가?"[3] 웨슬리는 분명히 은혜의 방편들이 있고, 그것들이 너무나 자명하기 때문에 마침내 "시간이 경과하여…많은 사람들의 사랑이 식어서 밀랍처럼 굳을 때까지" 초대 교회에서는 이에 대한 질문조차 제기한 적이 없었다고 대답한다. 하나님은 우리가 은혜를 받기 위해 무슨 일을 해야 하는지 분명히 밝혔다. 그렇기 때문에 초대 교인들이 "사도의 가르침을 받아 서로 교제하고 떡을 떼며 오로지 기도하기를 힘썼던" 것이다(행 2:42).

웨슬리는 은혜의 수단을 "하나님이 사람들에게 선행 은총, 칭의 은총 혹은 성화 은총을 전달하는 일상적인 통로가 되도록 미리 정하신, 이러한 목적을 위해 지정한 외적 표지 혹은 말 혹은 행위"[4]로 정의한다. 그는 은혜의 방편이 많이 있다고 말하지만 종합적인 목록을 작성하지는 않는다. 그러나 설교 16번에서 그는 "중요한 은혜의 방편"으로서 기도, 성경공부, 그리고 성찬식을 열거한다. 하나님이 이러한 것들을 하나님 은혜의 일상적인 통로로 미리 정하였기 때문에 이것이 우리가 은혜를 기대하며 기다릴 곳임을 알고 있다.

우리가 규칙적으로 은혜의 방편을 사용해야 한다는 웨슬리의 주장은 상식에 호소하는 소리다. 그는 복음주의 그리스도인들이 동의하는

---

3 Sermon 16, "Means of Grace," Burwash, 150.
4 앞의 책, 152.

바와 함께 설교를 시작한다. 즉 은총은 오직 하나님만이 주실 수 있는 영적 실재라는 것이다. 그는 신자로서 우리가 취할 자세는 우리 힘으로 결코 할 수 없는 것을 우리를 위해 행하시는 하나님의 주도권에 의존하는 것이라는 점에 동의한다. 그러나 웨슬리가 강하게 제기하는 질문이 있다. 우리는 어디에서 기다려야 하는가? 우리는 하나님의 행동을 은혜의 방편 안에서 기다려야 하는가, 아니면 그 밖에서 기다려야 하는가? 당연히 "은혜의 방편 안에서"라고 웨슬리는 대답한다. 우리는 하나님이 나타나겠다고 약속하신 장소, 행습, 그리고 규례 안에서 그분이 나타날 것을 믿어야 하고, 미리 정해주신 은혜의 방편들 안에 장막을 치고 기다려야 한다.

웨슬리가 은혜의 방편이란 용어를 창안한 것은 아니다. 그것은 일반적인 영국성공회의 어법에서 그가 골라낸 전통적인 용어들 중 하나일 뿐이다. 그가 그 용어를 사용하게 된 것은 단지 "더 나은 것을 모르기 때문이고, 그것이 여러 시대 동안 기독교 교회에서, 특히 우리 자신의 교회에 의해서 일반적으로 사용되어 왔기 때문이다."[5] 은혜의 방편에 관한 웨슬리의 가르침은 특별하지도 않고 특이하지도 않다. 그러나 복음주의 각성 운동이 창출한 새로운 상황에서 웨슬리가 은혜의 방편을 옹호했다는 점은 복음주의 기독교를 위해 매우 중요했다. 그것은 부흥 운동의 닻을 전통적인 기독교에 내리게 하는데 도움이 되었으며, 그 운동이 위대한 전통적인 기독교로부터 종파주의로 빠지지 않도록 지켜주었다. 웨슬리는 내적인 마음의 종교를 열렬히 옹호하던 인물이었기 때문에 은혜의 방편에 대해 옳은 말을 할 수 있는 독특한 위치에 있었다. 그는 외적인 형태와 내적인 실체 사이의 차이를

---

5 앞의 책.

알고 있었고 내적이고 영적인 경험의 필요성에 대해 지속적으로 설교하였다. 그러나 복음주의자들이 내적 실재와 외적 형태 사이에서 잘못된 양분(兩分)을 저지를 때마다, 웨슬리는 하나님께서 그 둘을 함께 묶어놓은 만큼 어떤 사람도 그것들을 분리해서는 안 된다고 주장했다.

하나님께서 인간의 영혼과 직접 접촉하시기를 원한다고 가르치는 사람은 누구나 신비주의에 빠져 있다는 비난을 받기 쉽다. 그리고 웨슬리는 분명히 신비주의와 비슷한 면을 갖고 있었다. 그는 적어도 기독교 내에 존재했던 신비주의 전통에서 수세기에 걸쳐서 사용되어 온 친밀감과 영적 교감에 관련된 많은 용어 사용하는 것을 전혀 두려워하지 않았다.[6] 생생한 이미지로 채색된 그의 동생 찰스의 시(詩)와 찬송가 또한 웨슬리의 메시지가 (한 논평자의 말에 따르면) "신비주의에 빠질 뻔했다"는 느낌을 주는데 기여했다. 그리고 형 사무엘에게 보낸 한 편지에서 존 웨슬리는 이렇게 고백하였다. "믿음을 망쳐놓은 상태에서 내가 가장 가까이 의지한 반석은 바로 신비주의자들의 작품들이었습니다. 그 신비주의의 용어 아래 나는 모든 것을 이해했고 은혜의 방편 중 어떤 것이든 경시하는 사람들도 이해하게 되었습니다."[7]

그러나 웨슬리에 따르면 궁극적으로 신비주의는 나쁜 말이다. 그래서 그의 저술은 대부분 그 단어를 경멸적으로 사용했다. 그 이유는 그가 모호하기로 유명한 그 단어를 상당히 정밀하게 분석했기 때문이었다. 형 사무엘에게 보내는 편지에서 존 웨슬리는 신비주의자를 "은혜

---

6 G. Tuttle Jr., *Mysticism in the Wesleyan Tradition* (Grand Rapids: Francis Asbury, 1989)에 나오는 신중한 논의를 보라. 터틀은 초기의 신비주의의 영향을 논의한 뒤에 웨슬리가 신비주의 영성을 "처음에는 수용했다가" 나중에 "억지로 배척했다"는 것을 문헌으로 증명한다.

7 Ole E. Borgen, *John Wesley's View of the Sacraments: A Critical Response to John Wesley on the Sacraments: A Theological Study* (Grand Rapids: Francis Asbury, 1985), 99. 보르겐 주교가 웨슬리는 "신비주의에 빠질 뻔했다"고 말한 논평가다.

의 방편 중 어떤 것이든 경시하는 사람들"로, 또는 하나님이 선정하신 그 일반적인 통로들 밖에서 하나님과의 즉각적인 만남을 구하는 사람들로 일관되게 정의했다. 웨슬리는 우리가 개인적으로 또한 내적으로 하나님을 만날 필요가 있다고 보는 점에서는 신비주의자들과 의견이 일치하고 있음을 주목하라. 그러나 은혜의 방편을 폐기하거나 소홀히 여기는 것에 대해서는 분명한 선을 긋고 있다. 대체적으로 그는 신비주의자들이 긍정하는 것(하나님과의 친밀함)을 긍정하는 경향이 있으나, 그들이 부정하는 것(은혜의 방편의 필요성)에 대해서는 예리한 경계선을 긋고 있다.

웨슬리가 내린 정의는 대단히 유용하다. 신비주의는 다루기 힘든 주제이고, 신비주의적 기질을 지닌 그리스도인들은 모호하고 이해하기 어려운 진술에 빠지곤 하지만 열정과 놀랄 만한 깊이를 수반하는 경우도 있다. 그들은 어떻게 평가되어야 하는가? 웨슬리의 대답은 그 문제를 총망라한 것은 아니지만, 누군가 도를 넘었을 경우에 확고한 결정을 내리는데 강력한 도구가 된다. 신비주의자가 은총의 수단의 필요성을 초월했다고 생각할 때 그는 도를 넘은 것이다. 신비주의자가 시시한 그리스도인들과의 교제는 전혀 필요 없다고 주장하는 초영적인 인물이든지, 예수와 자신의 개인적 관계 때문에 성만찬이 불필요하다고 믿는 온정적인 복음주의자든지, 이신칭의를 믿기에 영적 훈련의 실행을 하나님의 은혜에 대한 모욕으로 여기는 반율법주의자든지, 웨슬리의 신비주의 정의는 이 세 경우 모두 신비주의 오류에 빠졌다는 것을 알게 해준다. 문제는 하나님의 임재 의식을 품거나 그런 의식을 개발하는 데에 있지 않다. 문제는 그런 의식을 이용하여 하나님의 규례를 제거한다는 데에 있다.

지나치게 중시되는 은혜의 수단

부흥운동가와 마음의 종교의 주창자로서 웨슬리는 동료 복음주의자들에게 은혜의 방편을 도외시해서는 안 된다는 것을 상기시키느라 상당한 에너지를 써야 했다. 그가 부흥운동의 초창기에 배운 것처럼, 새롭게 각성한 사람들 사이에 그렇게 무시할 수 있는 위험이 있었다. 그러나 웨슬리는 또한 그 반대의 실수, 즉 은혜의 방편을 지나치게 중시하는 잘못이 야기하는 위험도 잘 인식하고 있었다. 사실 이러한 실수가 더 심각하다. 이러한 실수가 먼저 일어났던 것으로 보이고, 어떤 사람들은 그에 반발하여 그 방편들을 무시하는 방향으로 나갔던 것 같다. 결국 1700년대에 교회가 안고 있던 더 큰 문제는 외적인 형식에만 안주했던 냉담한 종교성이었다. 그 시대의 심각한 문제는 예배 참석이 기독교의 전부라고 생각했던 소위 선데이 크리스천이었다. 그들은 수단(교회에 가는 것)을 목적(하나님과의 만남)으로 착각했고 그 수단에 만족하게 되었다. 그들은 은혜의 통로를 은총 그 자체의 대체물로 삼았다.

웨슬리가 「표준설교집」 서문에서 "단순한 외적 종교는…마음의 종교를 세상 밖으로 거의 몰아냈다"며 슬퍼했던 것을 기억하라. 웨슬리는 이 잘못에 대해서 자신이 할 수 있는 가장 강력한 경고의 말을 충분히 했다. 그는 이렇게 경고했다. 만약 그 은총의 수단이 "본래 섬겨야 할 그 종교의 대체물로 이용된다면, 그로 인해 하나님이 그 자신을 공격하게 만드는 그 엄청난 어리석음과 사악함을 표현할 말을 찾기가 어렵다. 또한 기독교를 마음속으로 들여오도록 지정된 바로 그 은총의 수단들이 기독교를 마음 바깥에 방치하게 하는 그 잘못을 이루 표현할 길이 없다."[8] 복음주의자들이 반발한 것은 이런 차가운 외적인

---

8 Sermon 16, "The Means of Grace," Burwash, 151.

종교였고, 그들은 때때로 과도하게 반발하는 위험에 빠지기도 하였다. 만일 교회들이 외적인 형식들을 지나치게 중시한다면, 복음주의자들은 그 형식을 하찮게 여겼을 것이다.

은총의 수단을 지나치게 중시하는 잘못과 지나치게 경시하는 잘못은 모두 독선으로 이어진다. 자신을 은총의 수단 위에 있다고 여기는 그리스도인은 자신의 내적인 영성에 대하여 너무 높고 비현실적인 견해를 가지고 있어서 결국 예수와 사도들보다 더 영적인 사람이 되어 버린 셈이다. 그리고 외적인 형식들을 본질 그 자체로 여기는 그리스도인은 하나님께서 외적인 형식 자체를 소중하게 생각하신다는 망상에 사로잡혀 있는 것이다. "비록 그들이 율법의 더 중요한 문제, 즉 정의, 자비, 하나님의 사랑에 있어서는 정확하지 않지만, 그 형식들 속에 하나님께서 무척 기뻐하시는 어떤 것, 즉 여전히 형식들을 하나님이 보시기에 용납할 만한 것으로 만드는 어떤 것이 있다고 생각하면서" 그 은총의 수단에 참여할 위험이 있는 것이다.[9] 바로 여기에 모든 위선과 바리새주의의 뿌리가 있다.

웨슬리는 은총의 수단에 대한 과대평가를 "그 수단 안에 안주하는 것"이라고 불렀다. "안주한다"는 말은 은총의 수단 그 자체로 충분한 것처럼 그것에 의존하는 잘못을 가리킨다. 만약 우리가 웨슬리의 가르침을 양극단 사이에서 균형을 유지하라는 요청으로 여긴다면, 한 극단은 은총의 수단 밖에서 기다리는 것이고 반대 극단은 은총의 수단 안에서 안주하는 것이라고 말할 수 있을 것이다. 양자 간의 균형점은 은혜의 수단 안에서 기다리는 것이다. 하지만 그 수단 안에서 기다린다는 것이 거기에 오랫동안 있는 것을 내포한다고 해서 당신이 얼

---

9 앞의 책.

마나 오랫동안 머물러있느냐의 문제는 아니다. 그러나 이 의미에서 안주한다는 것은 기다리기를 중단하는 것이다. 이러한 이유 때문에 웨슬리는 또한 이 잘못을 은총의 수단의 오용이라고 불렀다. 즉 그 수단을 잘못 사용하고 있다는 것이다(은총의 수단을 전혀 사용하지 않는 정반대의 잘못과 상반되는 것이다). 하나님께서 우리들이 사용하도록 은총의 수단을 주셨다. 따라서 우리가 그 수단들을 사용하지 않을 때에는 불순종하는 것이고, 우리가 하나님 대신 그 수단들을 신뢰함으로써 그것들을 오용할 때에도 불순종하는 셈이다.

은총의 수단 안에서의 안주가 지닌 가장 심각한 문제점은 하나님을 밖으로 몰아내고 그분을 그의 선물이나 그의 제도로 대치시킨다는 것이다. 웨슬리는 우리가 반드시 "하나님께서 모든 수단들 위에 계시다는 생생한 의식을 유지해야" 한다고 주장했다. 하나님은 몇 가지 일반적인 통로들을 정해놓으셨으므로 그분이 우리를 만나기로 약속하신 곳 이외의 다른 곳에서 우리가 그분을 기다린다는 것은 믿음이 없는 모습이다. 그러나 하나님은 얽매이지 않는 분이다.

하나님은 그 자신을 기쁘게 하는 일이면 무엇이든지, 언제든지 그것을 행하신다. 그분은 자신이 지정하신 어떤 은총의 수단 안에서든 밖에서든 자신의 은총을 전달할 수 있다. 아마 그분이 그렇게 하실 것이다. "누가 주님의 마음을 알았는가? 혹은 누가 주님의 모사가 되었는가?" 그러면 매 순간 그분이 나타나시는 것을 찾아보라! 당신이 그분의 규례에 전념하고 있을 시간, 또는 그 시간 전이나 후에, 또는 그로부터 방해를 받고 있을 때에 그렇게 하라. 하나님은 방해를 받지 않으신다. 그분은 항상 구원하실 준비가 되어 있고, 항상 구원하실 수 있으며, 항상 기꺼이 구원하신다. "그가 바로 주님이시다. 주님, 당신에게 선하게 보이는 것을 행하시옵소서!"[10]

은총의 수단에 대한 그 모든 주장에도 불구하고, 존 웨슬리는 하나님이 은총의 수단이 있든 없든, 그분이 원하시는 곳이면 어디서나 일할 수 있다고 확신하였다.

비록 웨슬리는 성례전을 사랑했고 세례와 성만찬에 대한 영국국교회의 견해를 견지했지만, 그는 모든 은총의 수단 가운데 그 두 가지 공식적인 성례전이 왜곡되어서 은총 자체의 대체물이 되고 말았다는 것을 인식하고 있었다. 그러나 물론 그 성례전들은 우리를 구원하지 못한다. 하나님이 그분의 부재 시에 은총을 집행하는 장치로서 그것들을 설치하신 것이 아니었다. 그 성례전들은, 우리가 그것들을 올바르게 사용한다면, 대체 가능한 만큼의 초자연적인 능력을 우리에게 전달하는 자급용 기계가 아니다. 일반적인 수단을 통하여 은총을 주는 분은 다름 아닌 주권적으로, 개인적으로, 반복적으로 우리의 삶 속에서 행동하시기로 선택하시는 하나님 자신이다. 심지어 은총이 관례적이고 지정된, 예정되고 되풀이되는 공식적인 은총의 수단을 통해 우리에게 이를 때에도, 그것은 이러한 성례전 속에서 행동하시는 하나님 자신이다.[11] 웨슬리가 특별히 세례에 대해 말한 것처럼, 그것은 "그분이 구원을 위해 지정하신 일반적인 수단"이다. 즉 "비록 그분이 그 자신을 묶어놓지는 않았지만, 그분이 우리를 묶어놓으신 수단이다."[12] 하나님이 아니라 우리가 묶여있다.

---

10 앞의 책, 161.
11 Borgen, *John Wesley's View of the Sacraments*, 128.
12 "On Baptism," in *John Wesley*, ed. Albert Outler (New York: Oxford University Press, 1964), 324.

교회의 긴 역사를 보면, "하나님의 규례들을 남용한 사람의 수가 그 것들을 경시한 사람의 수보다 훨씬 많다." 사실 부흥운동의 초점은 은 총의 수단 안에서 안주하고 있는 상태로부터 명목상 그리스도인들을 깨우는 것이었다. 이 주제는 웨슬리의 설교에서 가장 중요한 것이다.

외적인 예배는 하나님께 헌신하는 마음이 없는 쓸모없는 노동이다.…그 러면 하나님의 외적인 규례들은 내적인 거룩함을 증진시킬 때 많은 유 익을 준다. 그러나 증진시키지 않을 때에는 그것들이 전혀 유익하지 않 고 효력이 없고 허영심보다 더 가볍다. 게다가 그것들이 이것[은총] 대 신에 사용된다면, 그것들은 주님께 완전히 혐오스러운 것이 된다.[13]

그러므로 웨슬리는 그 시대의 핵심적인 문제, 즉 외적인 종교를 받 쳐주었던 은총의 수단의 남용에 대항하여 싸웠다. 그러나 더 중요한 점은, 그가 "하나님의 영광에 대한 뜨거운 열정을 품고 그 치명적 망상 에 빠진 영혼을 회복시키려 했던" 사람들이 정반대의 오류를 범하여 "마치 외적인 종교는 아무 것도 아니고 마치 기독교 내에 설 자리가 없 는 것처럼 말했다"는 사실에 대해 경계심을 늦추지 않았다는 것이다.[14] 바로 이 후자를 향해 그는 하나님께로부터 온 예언자적인 경고, "너희 는 내 규례로부터 떠났고 그것들을 지키지 않았다"는 말을 퍼부었다.

은혜의 수단에 대한 찰스 웨슬리의 견해

존 웨슬리는 은혜의 수단에 관한 고전적인 설교를 했는데, 그의 동

---

13 Sermon 16, "The Means of Grace," Burwash, 151.
14 앞의 책.

생 찰스 웨슬리는 이것을 노래로 부를 수 있는 교리로 보았다. 그래서 그는 이 주제에 관하여 매우 교훈적인 찬송가, "은혜의 수단"을 써서 「찬송가와 성스러운 시」(Hymns and Sacred Poems, 1740)의 83번 찬송가로 출판했다. 존의 설교에 담겨있는 모든 사상은 찰스의 스물세 연(聯)으로 된 찬송가 어딘가에 시적으로 표현된다. 찰스는 그것을 일인칭으로 표현하여 그 자신의 경험에 대한 증언으로 삼았고, 또한 그 찬송가를 읽거나 부르는 사람 누구나 그것을 은혜의 수단을 통하여 하나님을 만난 것을 스스로 고백할 수 있게 했다.

찰스 웨슬리는 아직 각성되지 않은 영국국교회 형식주의자의 생활양식을 묘사하는 것으로 시작한다.

주님, 오랫동안 당신을 섬겨왔는데
헛된 수고를 하였습니다.
금식하고, 기도하고, 당신의 말씀을 읽었으며
선포되는 말씀을 들었습니다. 모두 헛되이.

종종 나는 집회에 참여하였으며
당신의 제단 가까이 다가갔습니다.
경건의 모양은 내게 있었지만
그 능력은 알지 못했습니다.

그러나 하나님의 율법의 영적이고 내적인 성격에 대한 성찰이 그를 흔들어서 무익한 종교적 의무에서 해방시켰고, 지금은 하나님께서 마음을 찾으신다는 깨달음과 함께 이 행들을 쓰고 있다.

(마침내 내가 깨달은바)이렇게 당신을 기쁘게 하려고

바라고 애쓴 것이 허사였습니다.

외적인 것들이 당신께 무슨 소용이 있습니까?

그것들이 사랑에서 나오지 않는다면.

나는 압니다. 완전한 율법이 요구하는 것은

내면의 진실,

우리의 전적인 동의, 우리의 모든 소원,

우리의 온전한 마음인 것을.

찰스는 정확하게 존 웨슬리가 그의 설교에서 사용했던 것과 똑같은
언어로 외적인 종교의 위험성을 진단한다. 그것은 자랑과 우상숭배
둘 다에 해당하는 외적인 것에 "안주하는 것"이었다.

그러나 나는 수단을 자랑하였으며

수단을 우상으로 삼았습니다.

문자 속에 담긴 정신은 상실하였고

본질은 그늘 속에 두었습니다.

나는 외적인 율법 속에 안주했으며

그 심오한 의도를 깨닫지 못했습니다.

하나님의 사랑의 길이와 폭,

그 높이를 나는 알지 못했습니다.

찰스는 외적인 것들에 매진하고 있었고 율법의 "심오한 의도"로부

터 단절되어 있었다고 고백한다. 율법의 의도는 하나님의 사랑을 전달하는 것이다. 그는 하나님의 직접적인 개입을 경험했음이 틀림없다. 왜냐하면 오직 하나님만 이러한 곤경에서 그를 구해내실 수 있기 때문이다.

나는 어디에 있는가, 혹은 내 소망은 무엇인가?
나의 연약함으로 무엇을 할 수 있단 말인가?
예수, 내 영혼이 당신을 바라봅니다.
당신만이 영혼을 새롭게 만드는 분이기 때문입니다.

지금까지는 찰스 웨슬리가 은총으로 구원받는다는 웨슬리의 핵심 메시지를 완벽하게 낭송하며 잠자는 형식주의자를 그 수면에서 깨우려고 그 메시지를 적용하고 있다. 그러나 여기에서 찰스는 존 웨슬리가 돌았던 그 모퉁이를 돌고 나서 이런 질문을 한다. 만약 우리가 구원을 기다려야 한다면 어디에서 기다려야 할까? 하나님의 규례 안에서 혹은 그 밖에서? 이 질문을 신속하게 제기하고 서둘러서 대답한다.

구원 사역은 당신의 것, 오직 당신만의 것입니다.
그러면 나는 빈둥거리며 서 있을까요?
내가 기록된 규율을 버리고
내 하나님의 명령을 무시할까요?
내가 당신의 것에 등을 돌리고
더 나은 길을 찾을까요?
당신의 거룩한 규례를 버리고
당신의 말씀을 뒤로 던져버릴까요?

은혜로우신 주님, 그것을 막아주세요.
그래서 당신을 항상 배우게 하소서!
맞아요, 내가 당신의 사랑을 알기만 한다면
당신의 말씀에 순응하게 하소서.

웨슬리 형제의 대답은 하나님께서 그 규례들을 명령하셨다는 것이고, 그것으로 질문이 끝난다는 것이다. 하나님은 진지하게 율법을 주시고 은총의 수단을 제정하신 분이다.

나의 주님 당신께서
나에게 금식하며 기도하라고 말씀하신 것으로 충분합니다.
당신의 뜻이 이루어지고, 당신의 이름이 높임을 받으소서.
순종하는 것은 오직 나의 몫입니다.

당신은 나에게 성경을 탐구하고
거룩한 떡을 맛보라고 명하십니다.
나의 영혼이 친절한 명령을 받았고
당신을 먹고자 갈망합니다.

찰스의 훌륭한 시적 재간 때문에, 우리는 이것이 중요한 은총의 수단들의 목록이라는 사실을 모를 수도 있다. 즉 금식, 기도, 성경공부, 그리고 성만찬이 들어있다. 그 결과 더 이상 은총의 수단 자체로 충분하다는 듯이 그 안에 안주하지 않고, 하나님께서 주권적으로 움직여서 은총을 새롭게 주시도록 그 수단 안에서 기다리게 된다. 핵심은 그 화자가 지정된 장소에서 기다린다는 것이다.

주님, 나는 당신의 인자하심을 잠잠히 바라며
당신의 성전 안에서 기다립니다.
나는 당신의 말씀에서 당신을 찾기를 기대합니다.
당신의 성만찬 식탁에서 뵙기를 고대합니다.

여기서, 당신께서 직접 지정하신 방법으로
나는 당신의 뜻을 깨달으려고 기다립니다.
조용히 당신의 얼굴 앞에 서서
"잠잠하라!"는 당신의 말씀을 듣습니다.

"잠잠하라!"(막 4:39)는 명령은 조심스럽게 다루어야 할 명령임을 그
는 알고 있다. 웨슬리 형제가 모라비아교도들에게 반대했던 문제는
일종의 정적주의, 즉 은총의 수단을 경시하도록 요구했던 "잠잠하라"
(혹은 가만히 있어라)는 말이었다. 그것은 하나님이 주셨던 명령을 무시했
던, "본인의 의지를 하나님의 의지에 굴복하라"는 말을 잘못 해석했던
것이다. 그래서 찰스는 정적의 개념을 분석하고, 그가 기다리고 있다
는 의미와 그가 일하고 있다는 의미를 상당히 자세하게 설명한다.

"너희는 가만히 있어 내가 하나님 됨을 알지어다."
이것이 내가 알고 싶은 모든 것입니다.
당신의 보혈의 효험을 느끼고
보혈에 대한 찬양을 이 땅에 펼치는 것입니다.

나는 나의 활력이 새롭게 되고,
당신의 형상이 회복되길 기다립니다.

외적인 것들의 장막이 지나가고
당신 안에 살려고 갈망합니다.

나는 일하지만 헛된 노동만 남습니다.
그래서 일을 그만둡니다.
나는 노력하지만, 나의 열매 없는 수고를 봅니다.
하나님께서 나의 평안을 창조하실 때까지.

당신이 당신을 나누어주실 때까지,
나의 모든 노력은 무익한 것으로 드러납니다.
노력으로는 죄인의 마음을 변화시킬 수 없으며
노력으로는 사랑을 살 수 없습니다.

나는 당신의 율법이 명하는 일을 행하고
그리고 나서 그 투쟁은 끝이 납니다.
그러면 나는 당신께 모든 것을 맡기고
더 이상 은총의 수단을 신뢰하지 않습니다.

기다리며 가만히 있으라는 말은 움직이지 말라는 뜻이 아니다. 그런 의미라면 하나님의 명령을 상호모순적인 것으로 만들기 때문이다. 존 웨슬리가 그의 설교에서 주장하듯이, 하나님께서 그의 백성에게 "너희는 가만히 서서 여호와께서 오늘 너희를 위하여 행하시는 구원을 보라"(출 14:13)고 명령했을 때, 동시에 모세에게 "이스라엘 자손에게 명령하여 앞으로 나아가게"(출 14:15)하라고 명령하셨다. 말하자면 존 웨슬리가 출애굽기 14장에 나오는 구절을 과감하게 풀어서 표현하듯이 "바로 이것이, 그들이 전력을 다해 앞으로 행진함으로써, 그들이 가만히 서서 보았던 하나님의 구원이었다."[15]

기다린다는 것은 수동적인 태도를 의미하지 않는다. 그것은 믿음을 의미한다. 이는 그리스도께서 구원하시고 그리스도인의 삶에 필요한 능력을 공급하신다는 것을 믿는 것이다. 찰스 웨슬리는 예수를 진정한 은총의 수단 혹은 (이 표현을 좀 더 확장시켜서) "위대한-영원한 수단" (great eternal mean)으로 칭함으로써 심지어 은총의 수단들을 부차적인 자리에 놓기까지 한다.

내가 신뢰하는 그분은
하나님 아버지와 나 사이에 서 있습니다.
예수! 당신은 위대한 영원한 수단
나는 당신으로부터 모든 것을 찾습니다.

당신의 자비가 간청하고, 당신의 진리가 요청하여
당신의 약속이 당신을 아래로 불러 내렸습니다!
나의 소원을 위해서가 아닙니다.
오! 당신은 존경받을 분입니다.

나는 당신 밖에서 어떤 것도 구하지 않습니다.
당신의 소원이 이루어지길 바랍니다.
만일 지금 당신의 내면이 나를 갈망한다면
내가 당신의 뜻을 이루길 갈망한다면.

---

15 앞의 책, 159.

만일 당신이 할 수만 있다면

끝없는 고통에 종말을 고하고

나를 당신의 얼굴로부터 몰아내소서.

그러나 당신의 더 강한 사랑이 할 수만 있다면

내가 은총으로 구원받게 하소서.

이것은 교훈적인 긴 시다(어느 회중이 이것을 노래로 부른 적이 있을지 의심스럽
다). 그러나 이는 형식주의로부터 진정한 기독교로 각성하는 것과 함
께 시작하고 은총으로 얻는 구원에 대한 확신으로 끝난다. 여기에 웨
슬리 형제가 은총의 수단에 대하여 가르친 내용이 있다.

성례전인가, 영적 훈련인가?

은총의 수단의 견지에서 사고하는 것은 그리스도인의 삶을 이해하
는 하나의 실마리이다. 우리가 방금 탐구한 것처럼, 서로 상반되는 두
가지 잘못 사이에 균형을 잡고 하나님과의 개인적인 관계를 지향하는
일에는 역동적 긴장이 있다. 이 역동적인 긴장이 바로 웨슬리의 실천
적인 영성이다. 이 역동적인 긴장을 염두에 두면서, 우리는 은총의 수
단으로 간주되는 것에 대해 보다 자세히 살펴볼 수 있다.

웨슬리가 기도와 성경공부와 성만찬을 세 가지 대표적인 은총의 수
단으로 열거할 때, 그는 우리가 보통 '영적인 훈련'의 범주에 넣는 두
가지(기도와 성경공부)와 '성례전' 혹은 '교회의 규례'의 범주에 넣는 한 가
지(성만찬)를 함께 묶은 셈이다. 웨슬리의 글을 읽을 때 흔히 있는 일이
지만, 처음에는 엉성하게 혹은 신학적 혼동처럼 보이던 것이 결국 심
오한 신학적 직관으로 밝혀진다. "은총의 수단"이란 범주는 영적인 훈
련이나 성례전보다 더 넓고 양자를 모두 포함한다. 웨슬리는 이런 견

지에서 생각하여 보다 폭넓은 신학적 논점을 개진할 수 있다. 이 폭넓은 범주는 영적 훈련에서 성례와 일반계시에 이르는 광범위한 것들에 관해 잘 사고할 수 있도록 해준다. 웨슬리의 신학적 천재성은 먼저 은총에 관한 확고한 입장을 확보하고 나서 하나님이 일반적으로 그것을 우리에게 전달하는 통로인 은총의 수단에 대해 묻는 것에서 드러난다.

하나의 더 큰 범주 아래 영적인 훈련과 성례전을 함께 묶어놓을 때 따르는 한 가지 위험은 우리가 성례전을 그 특별한 위치로부터 다른 영적인 훈련들의 수준으로 끌어내리는 일이다. 여기에서 특별히 성만찬은 고려할 만한 가치가 있다. 물세례에 대해서는 논의할 필요가 없다. 왜냐하면 물세례가 은총의 수단이지만, 웨슬리는 그 수단들에 대한 논의에서 그것을 두드러진 자리에 놓지 않기 때문이다. 그 이유는 웨슬리가 그리스도인의 삶에서 계속 되풀이되는 관행들에 집중하고 있기 때문이고, 물세례는 그리스도인의 삶을 시작하는 시점에 단 한 번 일어나는 사건이기 때문이다. 그러나 성만찬은 신자들이 정기적으로 참여하는 것인 만큼 웨슬리는 성만찬을 개인적인 경건생활과 똑같은 위치로 격하시키지 않으려고 주의를 기울였다.[16] 이를테면 웨슬리가 항상 전제하는 성만찬 교리는 종교개혁적인 영국국교회 교리인 고로 단순한 기념주의보다 "더 고상한" 견해이다. 웨슬리는 기도보다 성만찬 의식에서 일어나는 일이 더 많다고 본다. 왜냐하면 성만찬은 예수께서 제정한 공적이고 공동체적인 의식이기 때문이다. 성찬식의

---

16 침례교도들이 늘 염두에 둬야할 점은 웨슬리가 생애 내내 유아세례를 한결같이 인정했다는 사실이다. 성인의 개인적인 회심을 강조하는 그의 입장이 때로는 이 전통적인 성공회의 믿음에 갈등을 야기할지 모르지만, 웨슬리는 복음주의적 성공회의 길을 유아세례와 성인의 중생을 조화시키는 것으로 보았다. 그는 '신자의 세례'라는 신학적 입장을 취하지 않았다. 하지만 동료 성공회 교인들에게 그들의 세례가 그들을 구원하지 못한다는 것을 확실히 알렸다. Sermon 45, "The New Birth," Burwash, 458.

떡과 포도주는 화체현상이나 다른 어떤 식으로든 그리스도가 육체적으로 임하는 매개체가 아니다. 그러나 그것들이 가시적인 보조수단에 불과한 것도 아니다. 그의 백성 가운데 계시는 예수는 믿음으로 빵과 포도주를 받는 사람들 가운데 계신다.

웨슬리는 성만찬에 무엇인가 특별한 것이 있다고 인정한다. 그래서 그리스도와 신자 사이의 언약을 기념하는 특별히 중요한 의식을 위해 양자가 서로 만나는 것으로 묘사한다. 한 주석가에 따르면, 웨슬리는 성찬에 참여하는 것을 "믿음을 가진 참여자(현재)와 십자가에 못 박히신 그리스도(역사적 과거)가 몸담고 있는 두 가지 시간 프레임의 충돌"로 본다. 그리스도는 나의 현재의 시공간에서 멀리 떨어진 시공간에서 죽으셨지만, 그 거리가 성찬식 사건 안에서 접어지거나 포개어진다. 신자는 십자가에 현존하고, 십자가는 신자의 삶에 현존한다. "시간과 장소가 양방향으로 정지하는 일"이 발생한다. 즉 "그리스도는 지금 여기서 십자가에 못 박힌다. 그리고 나의 죄는 그 때 거기서 갈보리 산 위에서 그리스도의 손에 못을 박는다."[17] 성만찬은 상상 속의 연습 이상의 것으로서 오래 전에 일어났던 그리스도의 죽음과의 실제적인 만남을 활성화하는 영적인 형태의 기념식이다. 기념주의 교리에서 추구하고 있는 것 가운데 매우 많은 부분을 웨슬리가 포착한 것은 흥미로운 일이다. 영국국교회 목사로서 그는 성찬에 관한 다른 개념들을 끌어낼 수 있었고, 찰스 웨슬리와 함께 개신교 내의 가능한 선택안들을 십분 활용했다. 그러나 그 때 거기에서 일어났던 예수의 죽음을 매우 강조하는 한편, 그것은 바로 기념하는 행위라는 것이 웨슬리의 성만찬 개념의 두드러진 특징이다.

---

17 Borgen, *John Wesley's View of the Sacrament*, 92.

앞에서 언급한 대로, 신비주의의 어휘가 웨슬리의 신학에 분명히 존재하고, 성만찬에 대한 이러한 설명에도 신비적인 요소가 들어있다. 그러나 신비주의를 은총의 수단에 대한 경시로 규정하는 웨슬리의 정의에 따르면, "성만찬 신비주의"는 어불성설이 될 것이다. 웨슬리가 보기에 (경멸적인 의미의) 신비주의는 원심적인 것이다. 그것은 사람들을 교회 밖으로 내던져버린다. 성만찬에 대한 웨슬리의 강조는 구심적인 것이다. 그것은 예배자들을 교회로, 제단으로 불러 모은다. 사실 그리스도와 그의 모든 은혜의 즉각적인 포착에 관한 가장 열광적인 표현들, 가장 폭발적인 영광송과 언급들은 모두 일반적인 은총의 수단에서 기인하며, 또한 그 수단들을 중심으로 삼는다. 하나님과의 교제에 대한 열정적인 서술을 읽고 나서 웨슬리 형제가 교회에서 지키는 일상적인 성례를 묘사하는 것임을 알면 충격에 빠질 만하다. 찰스 웨슬리는 이렇게 노래한다.

다 끝이 나고, 주님은 봉인에 착수하신다.
기도를 들으시고, 은총을 부어주셔서
말할 수 없는 기쁨을 우리가 느끼네
하늘로부터 성령이 보내졌으며
제단은 거룩한 보혈로 흘러넘치고
성전은 온통 하나님의 불꽃으로 타오르네![18]

우리가 이 생생한 글을 읽을 때, 그가 평범한 성찬식을 묘사하고 있

---

18 Charles Wesley's 1745 *Hymns on the Lord's Supper*, Westerfield Tucker는 Brevant's 1673 book *The Christian Sacrament and Sacrifice*에 바탕을 두고 있다고 지적한다. See her "Wesley's Emphasis on Worship and the Means of Grace," 230.

다는 생각을 품기가 어렵다. 하지만 사실은 그렇다. 분명히 존 웨슬리에게 성례로서의 성찬식은 다른 은총의 수단들 가운데 특별한 자리를 차지하고 있다. 찰스는 성찬을 노래하며 그것을 금식과 말씀 듣기와 기도보다 더 높은 자리에 올려놓는다.

그분께 영광을 돌리라
그의 보혈을 기꺼이 흘리셔서 우리를 살리셨네
그리고 이 최상의 도구를 통하여
그분의 모든 복을 부어주시네.

금식을 하고, 복된 말씀을 듣고,
기도는 무척 효력이 있다네
구원의 우물에서
은혜를 퍼 올릴 좋은 바가지들.

그러나 이 신비스런 의례 같은 것은 전혀 없다네
죽어가는 자비가 주었던 것
그분이 약속한 모든 능력을 퍼 올리고
그분의 구원의 뜻을 이룰 수 있는 것.[19]

그러나 비록 "이 신비스런 의례"는 모든 은총의 수단들 가운데 '최상의 수단'으로 우뚝 서지만, 그럼에도 불구하고 그것은 은총의 수단

---

19 *John and Charles Wesley: Selected Prayers, Hymns, Journal Notes, Sermons, Letters and Treatises*, ed. Frank Whaling (New York: Paulist, 1981), 257.

에 불과하다. 여기에 복음주의의 독특한 특색이 있다. 즉 성만찬은 은총 그 자체가 아니라 은총의 통로일 뿐이라는 것. 이는 로마가톨릭주의를 배제할 뿐 아니라, 예배자들로 그 영성체를 경배하게 하는 성공회-가톨릭 견해도 배제한다.

성만찬을 은총의 수단으로 어떻게 묘사할 수 있는지를 살펴보았다. 언뜻 보기에 그 범주 안에 맞추기에는 너무 큰 것처럼 보이는 또 다른 은총의 수단이 하나 있다. 그것은 바로 기도다. 1760년의 한 편지에서 존 웨슬리는 기도를 "하나님께 가까이 다가가는 크나큰 은총의 수단"으로 불렀으며, "다른 모든 은총의 수단들은 기도와 혼합되거나, 우리를 기도하도록 준비시키는 한 우리에게 도움이 된다"고 했다.[20] 기도를 하나님과 소통하는 "크나큰 은총의 수단"이라고 부른 것은 타당하다. 그러나 만일 웨슬리가 이미 은총의 수단을 은총을 전달하는 "외적인 표지들, 말이나 행동"으로 정의를 내렸다면, 기도가 어떻게 외적인 것인지는 분명하지 않다. 기도는 이미 내적인 것, 마음의 문제로 보인다. 그러나 기도의 말은 사실 어떤 의미에서 외적인 것이다. 입 밖으로 내든 그렇지 않았든, 혼자서든 회중과 함께든 말이란 것은 우리 자신과는 별개라는 의미에서 외적인 것이다. 그러므로 말은 다른 수단들과 똑같이 조작되거나 외면화될 위험이 있다.

우리는 기도에서 한 말 자체, 읽은 성경의 문자, 귀에 들리는 소리, 혹은 성찬식에서 받는 빵과 포도주에는 내재적인 힘이 없다는 것을 안다. 그

---

19 *John and Charles Wesley: Selected Prayers, Hymns, Journal Notes, Sermons, Letters and Treatises*, ed. Frank Whaling (New York: Paulist, 1981), 257.

20 Letter to "a member of the society," March 29, 1760, in *The Letters of John Wesley*, ed. John Telford, 8 vols. (London: Epworth, 1931), 4:90.

러나 모든 좋은 선물을 주시는 분, 모든 은총의 주인은 오직 하나님뿐이라는 것도 안다. 그리고 이러한 것들 가운데 어떤 것을 통하여 우리의 영혼으로 전달되는 축복이 있다면, 그로 인한 모든 능력도 그분께 속해 있음을 알고 있다.[21]

모든 은총의 수단에 적용되는 바로 그 역동성이 또한 기도의 말에도 적용된다.

총망라한 목록은 만들 수 없다

웨슬리에게 은총의 수단에 대한 가르침만큼 중요한 것이 있다. 그것은 은총의 수단을 총망라하는 목록을 만들려고 시도하지 않았다는 사실이다. 그는 주로 가장 중요한 세 가지 수단들, 즉 기도와 성경 연구와 성만찬을 열거한다. 그러나 다른 곳에서는 다른 것들을 열거하며, 그는 온갖 것들을 은총의 수단으로 묘사할 수 있다. 미국 감리교의 훈련과정의 일부가 되었던 "대 회의록"(Large Minutes)에서, 존 웨슬리는 목회자들이 영적인 삶에 대해 서로에게 책임을 지는 방법들을 설명하고 있다. 특별히 그는 경험이 많은 목사들이 그들의 도우미들을 지도해야 하는 방식에 대해서 조사하고 있다. 그는 일련의 날카로운 질문과 함께 시작하여 은총의 수단에 관한 질문에서 절정에 이른다.

우리는 우리와 함께 있는 사람들을 학생으로 생각해야 할 것이며, 매일 그들의 행동과 학업을 살펴보아야 한다. 우리는 이런 질문들을 자주 던져야 하지 않겠는가? 당신은 하나님과 가까이 동행하고 있는가? 당신은

---

21 Sermon 16, "The Means of Grace," Burwash, 154.

지금 하나님 아버지와 그 아들과 교제를 나누고 있는가? 당신은 몇 시에 일어나는가? 당신은 아침시간과 잠자리에 드는 저녁시간을 정확하게 준수하는가? 당신은 우리의 충고에 따라 하루를 보내고 있는가? 당신은 진지하게, 유용하게, 그리고 친밀하게 대화를 나누는가? 좀 더 구체적으로 말하자면, 당신은 모든 은총의 수단을 직접 사용하고 모든 다른 사람들에게도 그것들을 사용하도록 강력히 권하는가?'

그 후에 즉시 웨슬리는 주요한 은총의 수단을 설명하는데, 이번에는 다섯 가지를 목록에 포함시켰다. 표준적인 세 가지(기도, 성경연구, 성만찬)에 두 가지를 추가한다. 묵상과 기독교 회담이다. 그는 도우미가 그것들에 관하여 무슨 질문을 해야 하는지를 가르치면서 그 각각에 대해 설명한다.

1) 기도: 개인적으로, 가족 간에, 회중 가운데서 하는 것으로 탄원과 간구, 중보, 감사로 구성된다. 당신은 이 하나하나를 사용하는가? 당신은 매일 아침과 저녁에 개인적인 기도를 사용하는가? 가능하면 저녁 다섯 시에, 그리고 아침 설교 전이나 후에 기도를 하는가? 당신은 어디에 있든지 날마다 그 시간을 어떻게 확보할지 미리 계획하는가? 당신은 모든 곳에서 그것을 공언하는가? 당신은 모든 곳에서 "당신은 가족 기도회를 합니까?"라고 질문하는가? 당신은 다섯 시에 퇴근하는가?

2) 성경연구 방법

• 읽기: 한결같이 매일 일정한 부분을 읽는가? 규칙적으로 모든 성경을 순서대로 읽는가? 주의깊게 메모를 하면서 읽는가? 진지하게 성경을 읽기 전과 후에 기도하는가? 풍성하게 당신이 성경에서 배운 것

을 즉시 실천하는가?

- 묵상하기: 정해놓은 시간이 있는가? 어떤 규칙에 따라서?

- 듣기: 아침마다 듣는가? 주의를 기울여서 듣는가? 말씀을 듣기 전후에 기도하는가? 들은 것을 즉시 실천에 옮기는가? 항상 당신 주변에 신약성경이 있는가?

3) 성만찬: 당신은 기회가 있을 때마다 성만찬을 집전하는가? 그 전에 엄숙한 기도를 하는가? 진지하고 신중하게 자신을 드리는가?

4) 금식하기: 당신은 매주 금요일마다 어떻게 금식하는가?

5) 기독교 회담: 당신은 '대화를 올바르게 하는' 것이 얼마나 중요한지, 또한 얼마나 어려운지 확신하고 있는가? 항상 은혜롭게 대화하는가? 소금으로 맛을 내듯이 하는가? 듣는 사람들에게 은총을 나누어주기 위해 만나는가? 당신은 한 번에 너무 오랫동안 말하지 않는가? 보통은 한 시간이면 충분하지 않은가? 항상 확정된 끝나는 시간을 염두에 두는 것이 좋지 않은가? 대화 전과 후에 기도하는 것이 좋지 않은가?

분명히 존 웨슬리는 세부사항으로 들어갈 준비가 되어 있다. 예를 들면, 금식에 대한 질문은 "매주 금요일마다" 금식하는 것에 관한 질문으로 바뀐다. 그리고 원칙에 입각해서 그리고 오랜 목회 경험을 바탕으로 각 영역에 제공할 실천적인 지혜를 갖고 있다("당신은 한 번에 너무 오랫동안 말하지 않는가?"). 그러나 웨슬리는 이러한 영역들 가운데 어디에서도 자신의 기법을 미세 조정하려고 서두르지 않는다. 특별히 도우미들을 훈련시킬 때, 그는 큰 그림만 그려주고 신중한 사람들이 성령의 인도를 받아 바른 실천적인 결정을 내리도록 하는 것으로 충분하다고 믿는다. 그들이 은총의 수단에 생기를 불어넣는 영적인 원동력을 다시 불러오는 한, 그 나머지는 세부적인 테크닉에 불과하다. 그

운동에 감리교란 별명이 붙은 만큼 세부사항을 주목하는 것이 필요하지만, 웨슬리는 감리교도들의 삶이 은총의 수단에 관한 세부사항에 있는 것이 아니라 영혼이 하나님과 만나는 경험에 있다는 것을 알고 있다. 똑같은 이유로, 웨슬리는 모든 은총의 수단들 혹은 모든 영적인 훈련을 총망라하는 목록을 작성하는 일에 집착하지 않는다. 하나님은 지정된("제정된") 장소와 시간에 적절한("신중한") 도구들과 방법들을 통하여 우리를 만나주실 것이다. 정말 중요한 것은 우리가 하나님을 기다리며 그 은총의 수단들을 사용하는 것이다.

8. 완전 성화의
문제

"인내를 온전히 이루라. 이는 너희로 온전하고 구비하여 조금도 부족
함이 없게 하려 함이라"는 야고보서 1장 4절에 대하여 「신약성서 주
석」에서 웨슬리는 이렇게 짧게 논평한다. "당신에게 어떤 시련이 닥
치든지 그것에 충분한 여지를 부여하라." "온전하고 구비하여"에 대
해서는 "모든 기독교적 은총으로 장식하여"로 의역했다. 그리고 "조
금도 부족함이 없게"에 대해서는 이 완전함이 "하나님이 당신에게 요
구하시는"[1] 바로 그것이라고 언급했을 뿐이다.

  이것은 야고보서 1장 4절에 대한 두서없는 진술이 아니다. 그것은
웨슬리의 목회사역 전체에 걸친 그의 가르침과 일관되는 것들이다.
그는 항상 이런 식으로 말했다. 성경이 신자들의 마음이 사랑으로 새
롭게 될 것임을 약속하고, 그리스도인이 죄에 대항하여 싸울 뿐만 아
니라 마음으로부터 기쁘게 하나님의 뜻을 행하는 경험을 할 것임을
약속한다고 웨슬리는 믿었다. 그는 이 믿음을 인간 본성에 대한 낙관
주의에 기반을 두는 게 아니라, 예수는 모든 것을 포괄하는 유능한 구
원자이고 그가 그의 백성을 죄로부터 구원하실 것이라는 확신에 기반
을 두고 있다. 즉 (영화에 의해서) 죄의 존재 자체로부터 그들을 해방시키

---

1 Wesley, *Explanatory Notes upon the New Testament* (London: Epworth, 1950), 856.

기 전에, (성화에 의해서) 죄의 권세와 통치로부터 구원할 뿐만 아니라 (칭의에 의해서) 죄책과 정죄로부터도 구원하신다는 믿음이다. 예수는 "최대한에 이르기까지 구원하며", "우리의 마음속에 홀로 군림하고 모든 것을 그 자신에게 복종시키기를"[2] 원하신다고 웨슬리가 가르쳤다. 그는 이러한 축복을 여러 가지 명칭으로 불렀지만 세 가지 표현을 특별히 선호하였다. 전적인 성화, 그리스도인의 완전, 그리고 완전한 사랑이다.

성화란 무엇인가? 완전한 성화는 가능한가?

구원의 세 가지 양상은 그리스도인의 삶의 전반적인 과정을 묘사하는 전통적인 방식이다. 곧 칭의, 성화, 그리고 영화이다. 현대 복음주의의 용법에 따르면 용서 받는 것(칭의), 그리스도를 닮아 성장하는 것(성화), 그리고 하늘나라에 가는 것(영화)을 의미한다. 대체로 말하자면, 웨슬리는 분명히 이러한 전통적인 용어에 입각해서 사고하였다. 웨슬리는 이렇게 썼다. "우리는 의롭게 하시고, 성결케 하시고, 영화롭게 하시는 것은 오직 하나님의 사역이라고 인정한다. 이 세 가지가 구원의 구성요소들이다."[3] 우리는 그가 얼마나 열정적으로 믿음에 의한 칭의를 가르쳤는지, 그것을 그리스도 안에서 성취되었고 성령에 의해 적용되는 완수된 사역으로 옹호하였는지를 살펴보았다. 그는 또한 영화, 즉 하늘나라의 소망을 악과 죄의 현존으로부터의 완전한 해방으로 선포하였다. 그러나 웨슬리 신학의 독특성은 그 중간에 위치한 요

---

2 "A Plain Account of Christian Perfection," in *John and Charles Wesley: Selected Prayers, Hymns, Journal Notes, Sermons, Letters and Treatises*, ed. Frank Whaling (New York: Paulist, 1981), 306.

3 "Predestination Calmly considered," in *Works*, 4:42.

소, 즉 성화에 대한 그의 생각 방식에서 가장 두드러진다. 그는 성화를 회심과 죽음 사이에 발생하는 모든 것을 넣는 자루로 생각하지 않고, 좀 더 구체적으로 하나님께서 주신 특정한 복으로 생각했다.

성화의 본질을 명료하게 밝히는 최상의 방법은 성화를 칭의와 대조하는 것이다. 칭의는 한 사람의 신분상의 변화이지 그 사람의 실제적인 상태에 대해선 아무 것도 암시하지 않는다. 한 죄인이 의롭게 된다고 해서 그 결과로 더 많은 미덕이나 더 적은 악덕을 지니는 것은 아니다. 그러나 성화는 그 사람의 성품과 행동의 실제적인 변화를 가리킨다. 이는 순전히 관계적인 것(칭의)과 실재하는 것(성화) 간의 차이라고 할 수 있다. 웨슬리는 이렇게 표현하였다.

> 칭의는 단지 관계상의 변화를, 중생은 진정한 변화를 의미한다. 하나님께서 우리를 의롭게 하실 때 우리를 위해 무언가를 행하신다. 우리를 다시 낳으실 때 우리 안에서 일하신다는 말이다. 전자는 하나님에 대한 우리의 외적인 관계를 변화시켜서 우리가 원수에서 자녀로 바뀐다. 중생에 의해서는 우리의 내적인 영혼이 변화되어 우리가 죄인에서 성도로 바뀐다. 전자는 우리에게 하나님의 은총을 회복시켜 주고, 후자는 하나님의 형상을 회복시켜 준다. 전자는 우리의 죄책감을 없애주고, 후자는 죄의 권세를 없애준다.[4]

두 가지 선물을 이렇게 구별하는 것은 웨슬리만의 방식은 아니다. 성경적인 것은 물론이고 개신교의 표준적인 구원론이기도 하다. 일

---

4 Sermon 19, "The Great Privilege of Those That Are Born of God," in *Wesley's 52 standard Sermons*, ed. N. Burwash (Salem, OH: Schmul, 1988), 183.

찍이 1519년에 마르틴 루터는 성경이 묘사하는 "두 종류의 그리스도 인의 의"대하여 설교했다. 첫 번째 종류는 그리스도의 고유한 의로서 우리에게 완전히 낯선 것이어서 반드시 우리에게 전가되어야 하는 것 이다. "이것은 무한한 의로서 한 순간에 모든 죄를 삼켜버리는 의이다. 왜냐하면 죄가 그리스도 안에 존재하는 것은 불가능하기 때문이다. 이 와 반대로 그리스도를 신뢰하는 사람은 그리스도 안에 존재한다. 즉 그는 그리스도와 하나가 되어 그분과 똑같은 의를 소유하게 된다."[5]

그러나 다른 종류의 그리스도인의 의는 "우리의 고유한 의"로서 이 웃을 향한 사랑과 하나님을 향한 온순한 태도와 같은 "선행을 하느라 유익하게 보낸 생활방식에 있다." 루터를 아는 사람은 누구나 그가 첫 번째 종류의 의를 강조했다는 사실을 알고 있다. 그것은 우리를 의롭 게 하는 그리스도의 의로서 전가에 의해 우리의 것이 된다. "이 의로 움이 일차적인 것이다"라고 그가 주장했으나 거기에서 멈추지 않았 다. "그것이 우리의 모든 실제적인 의로움의 기초이자 근거이며 원천 이다." 우리의 고유한 의는 당연히 우리 자신의 것으로 불리는데, "우 리가 홀로 잘해내기 때문이 아니라 그 우선적인 낯선 의와 함께 노력 하기 때문이다."[6] 이 두 가지 의는 모두 하나님께서 이루시는 것이지 만 그 방법은 서로 다르다. 웨슬리의 용어로 표현하자면, 첫 번째 종 류의 의는 밖으로부터, 즉 그리스도의 완수된 사역으로부터 우리에게 온다. 두 번째 종류의 의는 내주하시는 성령에 의해 우리 안에서 빚어 진다. "칭의란 실제로 공의롭고 의롭게 만들어지고 있는 것을 가리키 지 않는다"라고 웨슬리는 말한다. "이것은 성화이다. 사실 성화는 어

---

5 Martin Luther, "Two Kinds of Righteousness," in *Martin Luther's Basic Theological Writing*, 2d ed., ed. Timothy F. Lull (Minneapolis: Fortress, 2005), 135.
6 앞의 책, 136.

느 정도는 칭의의 즉각적인 열매이지만, 그럼에도 불구하고 하나님이
주시는 별도의 선물이고 완전히 다른 성격을 지니고 있다. 칭의는 하
나님께서 그의 아들을 통해서 '우리를 위해 행하시는' 일을 의미하고
성화는 하나님께서 그의 성령으로 '우리 안에서 행하시는' 일을 가리
킨다."[7]

우리가 앞에서(중생을 다룬 3장) 보았듯이, 이 두 선물은 항상 함께 한
다. 단 하나인 하나님의 구원행위의 구성 요소들로서 서로를 함축하
기까지 한다. 하나님께서 우리를 지금 있는 그대로 용서하신다. 왜냐
하면 하나님이 우리로 하여금 지금 그대로 있는 것을 중단시키고 나
서, 그 대신 그리스도처럼 되도록 만들기 위해서 그렇게 하신다. 예를
들면, 어떤 습관적인 거짓말쟁이가 회개하고 또한 예수를 믿고 나서
용서를 받았다. 그러나 여전히 거짓말하는 사람의 성격, 본능, 그리고
습관을 지니고 있다. 그를 용서하셨던 똑같은 하나님께서 또한 그가
거짓말을 중단하도록 능력을 주신다. '관계적 변화'(칭의)는 '진정한 변
화'(성화)를 위한 길을 열어주는 것이다. 그리스도의 음성으로 이렇게
말씀하신다. "기뻐하라. 네 죄가 사해졌다." 게다가 "가서 더 이상 죄
를 짓지 말라"[8]는 말씀도 하신다.

웨슬리가 완성될 수 있다고 믿은 것은 바로 의롭게 된 죄인의 삶에
나타나는 진정한 도덕적인 변화다. 그는 영화 이전에 성화가 완전히
실현될 수 있다고 가르쳤다. 구원의 세 가지 양상은 모두 단 하나의
위대한 구원의 구성요소로서 나름의 완전성을 지니고 있다. 즉 칭의
는 하나의 완전한 행위이고 영화도 하나의 완전한 행위이다. 웨슬리

---

7 Sermon 5, "Justification by Faith," Burwash, 45.
8 Sermon 45, "The New Birth," Burwash, 462 (웨슬리는 마 9:2와 요 8:11의 예수님의 말씀을
결합시킨다).

에게 성화는 단지 이 두 가지 행위 사이의 연결 통로가 아니라 그 자체로 완전할 수 있는 구원의 별도 양상이다. 성화는 우리를 죄로부터 해방시키는 하나님의 사역의 한 국면이다. 하나님은 칭의에 의해 우리를 죄책과 정죄로부터 완전히 구출하시고, 성화에 의해 우리를 죄의 권세와 통치로부터 완전히 구출하시고, 영화에 의해 우리를 죄의 현존과 존재로부터 완전히 구출하신다.

그러나 우리가 완전한 성화에 관한 웨슬리의 가르침을 분명하게 이해하고 싶으면 해결해야 할 문제가 또 하나 있다. 전통적인 삼총사인 칭의, 성화, 영화와 나란히, 개신교 신학자들 사이에서는 성화라는 단어가 신약성경에서 우리가 지금까지 얘기한 진정한 변화를 가리키는 것이 아니라 칭의라고 부르는 관계상의 변화를 가리키는데 종종 사용된다는 인식이 있어왔다. 이 사실 때문에 신학자들은 '위치상의 성화' 혹은 '확정적인 성화'라고 불리는 것을 인정하게 되었다. 이 견해를 가장 잘 다룬 논의에서 데이비드 피터슨(David Peterson)은 이렇게 요약하고 있다.

> 여러 성경본문들이 하나님께서 십자가 위에서 이뤄진 그리스도의 사역을 통하여 단 한 번에 그의 백성을 성화시키신다는 사실을 가리키고 있다. 다른 성경본문들은 새 언약 아래 신자들을 그의 거룩한 백성으로 성별하는, 복음을 통한 성령의 사역을 강조하면서 성화를 그리스도와 연합하는 회심 내지는 세례와 연결시킨다.[9]

다른 말로 하자면, 하나님께서 어떤 사람을 구별함으로써 그를 거룩한 자로 부르실 때, 확정적으로 그를 성화시키신다. 이것이 성경이 성화에 대해 주로 말하는 방식이다. 그것은 하나님이 어떤 사람을 그

분 앞에서 거룩하다고 선포하시고 그를 거룩함의 위치에 (그러므로 "위치
상의 성화") 두시는 하나님의 확정적 행동이다. 예를 들면, 바울은 그리
스도께서 "교회를 깨끗하게 하사 거룩하게 하시려고"(엡 5:26) 그 자신
을 교회를 위해 내어주셨다고 말한다. 고린도의 그리스도인들은 "너
희는 씻음과 거룩함을 받았다"(고전 6:11)는 말을 들었다. 히브리서에서
는 "예수도 자기 피로써 백성을 거룩하게 하려고"(히 13:12) 고난을 받
았다고 말한다. 이를 비롯한 많은 경우에, 성경은 확정적인 과거 행위
를 가리키기 위해 "거룩하게 하다"(sanctify)라는 단어를 사용하고 있
다.[10] 신약성경이 이어서 그리스도인의 인생 전체에 걸친 성장의 과
정과 점진적인 변화에 대해 얘기하고 있는 것은 분명한 사실이다. 그
러나 그 점진적인 성화는 확정적인 성화 다음에 일어난다. 신자들은
위치상으로 그리스도 안에서 거룩하다. 그러므로 그들은 그리스도 안
에서 경험적으로 계속 거룩해지도록 되어 있다.

만약 우리가 이 확정적인 혹은 위치상의 의미의 성화에 대해 생각
한다면, "완전한 성화는 가능한가?"라는 질문에 당연히 그렇다고 대답
해야 한다. 사실 개신교의 관점에서 볼 때, 성화가 완전한 수준에 못
미치는 것은 불가능하다. 왜냐하면 이 경우에 "성화"는 "칭의"와 똑같

---

9 David Peterson, *Possessed by God: A New Testament Theology of Sanctification and Holiness* (Grand Rapids: Eerdmans, 1995), 13. 피터슨의 책은 성화에 관한 영성한 소리를 훈계하기 위해 신약성경의 범주들을 사용하는 면에서 필수적인 책이다. 피터슨의 교정안은 웨슬리의 가르침을 강하게 밀어 붙이지만 그의 책을 "Love Divine, All Loves Excelling"의 한 연과 함께 마침으로써 찰스 웨슬리의 말을 결론으로 삼는 것은 훌륭하다. John Murray's article "definitive Sanctification," *Calvin Theological Journal 2*, no. 1 (April 1967): 5-21도 보라.

10 신약성경이 '거룩하게 하다'는 단어를 확정적인 혹은 위치상의 의미로 사용하는 것은 웨슬리 학자들에게 놀랄 만한 일이 아니다. 여기에 인용한 세 가지 실례는 John R. Tyson, *Charles Wesley on Sanctification: A Biographical and Theological Study* (Grand Rapids: Francis Asbury, 1986), 174에서 가져온 것이다. 타이슨의 성경자료 요약은 훌륭하고, 찰스 웨슬리가 찬송가들에서 성화란 단어를 유동적으로 사용하고 있다는 그의 설명을 위해 무대를 마련해준다.

기 때문이다. 성화는 법적인 이미지보다 성전 이미지를 사용하지만 그 핵심은 똑같다. 양자 모두 확정적이고, 즉각적이며, 일방적인 하나님의 행동에 근거를 두고 있다.

존 웨슬리는 이 모든 것을 이해하고 긍정했다. 토마스 오든(Thomas Oden)은 웨슬리의 성화에 대한 가르침을 "많은 개념들과 석의적 적용들로 이뤄진 복잡한 별자리"로 묘사한 뒤에 이렇게 덧붙였다.

거의 모든 면에서 그것은 일부 개혁주의 저자들이 위치상의 성화라고 불러온 것에 가깝다. 우리가 그리스도의 의에 참여한다는 칼뱅주의 가르침에는 우리의 성화가 이미 이 사법적 행위에 뿌리박혀 있다고 생각하는 심오한 성화의 교리가 있다. 웨슬리는 이러한 성화 개념을 강하게 주장하되 그것이 반율법주의적 방종으로 빠질지도 모른다는 경고를 거듭했다. 그가 그것을 개조할 수 있었던 유일한 방법은 인생의 나머지 기간 동안 구속받은 능력 전체가 완전히 성별되는 일이 가능하고 또 필요하다고 꾸준히 말하는 것이었다.[11]

다른 말로 하자면, 웨슬리가 위치상의 성화에 관한 개신교의 표준적인 가르침에 가한 유일한 수정은 그가 칭의의 교리에 가한 수정과 비슷하다. 즉 그는 가능한 어떤 방식으로든 반율법주의에 맞서서 그 교리를 지키는 것이었다. 성결과 성화에 대한 가르침의 경우에는, 웨슬리가 그리스도인들이 부여받은 거룩함을 피하려는 구실로 전가 받은 거룩함을 이용하려고 애쓰지 않도록 하는 일에 신경을 썼다. 그러

---

11 Thomas Oden, *John Wesley's Scriptural Christianity: A Plain Exposition of His Teaching on Christian Doctrine* (Grand Rapids: Zondervan, 1994), 313.

나 위치상의 의미에서든 혹은 확정적인 의미에서든 성화는 완전해질 수 있고 또 완전해져야 한다.

진정한 변화의 원리

그러나 만약 우리가 그리스도인의 삶과 관련해 확정적인 성화로부터 점진적인 성화의 경험으로 주의를 돌린다면, 우리는 전적으로 다른 일련의 이슈들을 만나게 된다. 점진적인 성화가 완결될 수 있다고 말할 수 있을까? 그리스도인이 완전 성화를 경험할 수 있을 것으로 기대해도 될까? 칭의는 완전한 것임에 틀림없다. 영화도 완전하게 이뤄질 것임이 확실하다. 그러나 그리스도인의 일생 동안 진행되는 성화의 과정은 어떠한가? 성화는 과연 그 목표에 도달할 수 있을까?

웨슬리는 진심으로 '가능하다'고 대답했다. 웨슬리는 하나님께서 중생의 순간에 용서받은 죄인 속에 새로운 삶의 원리를 심어주셨다고 믿었다. 성결의 원리는 성품과 행동을 통해 점진적으로 그 모습을 드러낼 것이고, 마침내 그 본질상 마땅히 할 일을 행할 것이다. 즉 인간의 마음속에 있는 죄의 권세를 깨뜨릴 것이다. 웨슬리는 그의 사역의 상당 부분을 이 완전 성화의 교리를 증진하고 옹호하고 명료하게 설명하는 일에 투입했다.

그러나 "웨슬리가 완전 성화를 가르쳤다"고 말하는 것은 이미 너무 추상적이게 정리가 되어 있어서 그의 업적을 공정하게 평가하기 어렵다. 그는 이 교리에 대해 여러 가지 방식으로 말했다. 그 가운데 대부분은 곧장 성경적 표현을 사용했고 때때로 성경의 용어들을 묶은 긴 덩어리를 사용했다. 복음주의자들은 흔히 성화라는 단어를 그리스도인의 성장 과정을 의미하는 것으로 사용하는데, 우리가 그 용어를 그런 방식으로 사용할 때에는 성경 자체의 언어를 사용하기보다는(이에 따르면, 성화는 확정적인 사건을 가리키는데 더 자주 사용된다) 관습적이고 전통적인 신학 용어로 사용하고 있는 것이다. 웨슬리는 본능적으로 성경 말씀을 가능한 한 많이 인용했다. 따라서 점진적인 성화라는 용어를 사용하지 않고도 그에 관해 자주 얘기했다.

이에 대해 웨슬리가 가장 자주 사용한 용어는 "은혜 안에서 자라는 것" 혹은 "우리 주 예수 그리스도의 은혜와 그를 아는 지식에서 자라가는 것"이었다. 이 표현은 베드로후서의 마지막 구절에서 가져온 것이고, 「신약성서 주석」에서 웨슬리는 베드로후서 3장 18절에 관해 특별히 길고 풍부한 주석을 달고 있다. 「신약성서 주석」의 전형적인 특징에 따라 그는 그 구절에 대한 석의를 제공하지 않고 그것을 전제로 삼아 설교해야 할 내용으로 나아간다. 그는 "은혜 안에서 자란다"는 말을 "모든 그리스도인의 성품에서"란 의미로 해석한 다음 성장의 의미를 탐구한다. "성장이 없는 자연적인 삶이 있을 수 있듯이, 성장이 없는 은총이 한 동안 있을 수 있다. 그러나 그처럼 영혼과 육체가 병든 삶은 죽음으로 끝날 것이고, 매일 죽음에 더 가까이 다가가게 된다. 건강은 자연적인 성장과 영적인 성장 모두를 도모하는 수단이다." [12] 웨슬리는 "성장하라, 아니면 죽어라!"는 표어는 "은혜 안에서 자라라"는 베드로의 권면 아래 깔려있는 개념이라고 말한다. 만약 새로운 삶의 원리가 새로운 탄생으로 부여되었다면, 그 원리는 영적인 건강을 도모하는 모든 과정에 그 힘을 발휘할 것이다. 웨슬리는 베드로의 표현을 명확하게 하려고 바울의 용어를 가져오면서 뚜렷한 대안을 고려하는 방향으로 나아간다.

---

12 Wesley, *Explanatory Note upon the New Testament*, at 2 Pet. 3:18, pp. 900-901.

만약 우리의 타락한 본성에 남아있는 죄악을 날마다 죽이지 않으면, 그 것이 마치 몸속에 있는 악한 체액처럼 그 사람을 파멸시킬 것이다. 그 러나 "만약 당신이 성령을 통해 육신의 행실을 죽이면"(우리가 이렇게 하는 한), "당신은 (믿음과 성결과 행복의 삶을) 살 것이다." 값 주고 산 은혜가 우 리에게 주어진 목적과 의도는 이 땅의 형상을 파괴하고 우리에게 하늘 의 형상을 회복시키려는 것이다. 그리고 은혜가 이 일을 하는 우리에게 유익을 준다. 그리고 더 많은 하늘의 선물을 받을 수 있는 길을 열어주어 마침내 우리는 하나님의 모든 충만함으로 가득 채워지게 될 것이다.[13]

은혜 안에서 자라려면 영양분이 필요하기 때문에 웨슬리는 이어서 그리스도인의 영혼에 필요한 일용한 양식을 묘사한다. 영혼에게 양식 을 공급하지 않는 것은 성장 프로젝트를 포기하는 것이고, 하나님이 정한 "새로운 창조의 질서를 뒤집는 것"이다.

마치 육체적인 건강이 우리가 섭취하는 일상적인 양식에 달려 있듯이, 그리스도인의 힘과 안녕도 그의 영혼이 무엇을 먹느냐에 달려있다. 만 약 우리의 본성에 맞게 음식을 먹으면 우리는 성장하게 된다. 그렇지 않 으면 우리는 여위어가다가 마침내 죽을 것이다. 영혼은 하나님의 본성 에 속하므로 오직 그분의 거룩함에 부합하는 것만이 그것에 맞을 수 있 다. 온갖 종류의 죄는 영혼을 굶겨서 쇠약하게 한다. 하나님이 정한 새로 운 창조의 질서를 뒤집으려고 하지 말자. 그러면 우리 자신을 속이게 될 뿐이다. 하나님의 뜻을 저버리고 우리 자신의 뜻을 따르는 것은 쉽다. 그 러나 이 때문에 그 영혼은 여위어 갈 것이다.[14]

---

13 앞의 책, 900.

마지막으로, 웨슬리는 이 주제와 관련하여 이것이 진정한 변화라는 점을 납득시키지 않을 수 없었다. 그것은 단지 하나님이 말씀하신 것을 추론하거나 그에 순종함으로써 알게 되는 하나의 사법적인 사실이 아니다. 그것은 알고, 만날 수 있고, 경험할 수 있고, 느낄 수 있는 변화다. 은혜 안에서 자라는 것은 정신 속에 진정한 변화를 일으키고, 또한 마음속에 참된 변혁을 초래한다. 다시 말해서, 은혜 안에서 자라가는 것은 거룩함과 행복을 경험하는 것이다. 웨슬리는 이 진정한 변화를 "한갓 감정"으로 치부하고 조롱하는 것을 절대 용인하지 않을 것이다. 그것은 바로 하나님께서 주신 위대한 구원이 인간의 삶과 성품에 작용한 결과이다.

복음의 거룩함과 행복에 사로잡히지 않은 채 우리 자신을 만족시키는 것은 쉽다. 이것들을 뼈대들과 감정들이라 부르고 믿음을 전자와, 그리스도를 후자와 대립시키는 것도 쉽다. 뼈대는 (그 표현을 허용한다면) 다름 아닌 하늘의 성품, 즉 "그리스도 안에 있는 마음"이다. 감정은 진심으로 믿는 사람의 마음속에 성령께서 쏟아 부은 하나님의 위로이다. 그리고 믿음이 어디에 있든지, 그리스도가 어느 곳에 있든지, 이러한 복된 뼈대와 감정이 언제나 존재한다. 만일 그것들이 우리 안에 없다면, 그것은 광야가 연못이 되었지만 그 연못이 다시 광야가 되어버렸다는 확실한 표시다.[15]

성화의 목표 달성에 관한 웨슬리의 가르침을 이해하려면, 이 변화의 구체성과 실재를 마음속에 간직해야 한다. 성화—은혜 안에서 자라

---

14 앞의 책.
15 앞의 책, 901.

는 것—는 관찰할 수 있고 경험할 수 있는 것이다. 물론 성화는 틀림없이 관계상의 변화를 일으키는 하나님의 보이지 않는 행동에서 생겨나지만, 그것은 진정한 변화의 과정이 된다. 그리고 성화의 경험은 잘못될 수 없는 것이 아니다. 위조될 수도 있다. 그럼에도 불구하고 진정한 변화는 사랑으로 변화된 마음으로 표출된다.

웨슬리는 은혜 안에서 자라가는 과정에서 하나님의 영이 일으키는 진정한 변화에 계속 초점을 맞추었다. 자신의 시각을 진정한 변화에 맞추지 않는 사람들은 큰 혼동에 빠진다. 그들은 칭의의 완전과 성화의 완전을 혼동할 위험이 있다. 말하자면 그들의 성품이나 행위에 관한 질문을 받으면, 그들은 그리스도의 성품과 행위가 완전하기 때문에 둘 다 완전하다고 생각할 것이다. 그러나 그 대답은 주제를 성화로부터 다시 칭의로 변경시킨다. 그러한 혼동은 널리 퍼져있으며 빠지기 쉽다. 웨슬리가 완전해질 가능성에 관해 설교하였을 때, 어떤 사람들은 하품을 하며 모든 그리스도인은 그 정의상 이미 완전해졌다고 말했다. 웨슬리는 가상의 적의 입을 빌어 반론을 표현한다. "그러나 여기에 무슨 대단한 문제가 있는가? 우리가 의롭게 되었을 때 이 모든 것을 받지 않았는가?" 웨슬리의 반응은 무척 인상적이다. 그는 주제를 칭으로부터 다시 성화의 진정한 변화로 바꾼다.

뭐라고! 자신의 뜻을 전혀 섞지 않은 채 하나님의 뜻에 전적으로 복종할 수 있는가? 우리가 자극을 받는 순간에도 전혀 화난 기색 없이 온유할 수 있는가? 피조물을 조금도 사랑하지 않은 채 하나님만을 사랑하고, 모든 자만심을 버린 채 오직 하나님 안에서 그리고 하나님을 위해 존재할 수 있는가? 모든 시기와 모든 질투 그리고 경솔한 판단을 버린 채 인간을 사랑할 수 있는가? 영혼을 늘 평온한 상태로 유지하며 온유한 태도를 취할 수 있는가? 그리고 모든 일에서 절제할 수 있는가? 괜찮다면 지금껏 아무도 이러한 수준에 도달한 적이 없다는 것을 인정하라. 그러나 의롭게 된 모든 사람이 그렇게 행한다고 말하지는 말라.[16]

이 맥락에서 본인이 아니라 그리스도의 의로움을 가리키는 것이 겸손하고 경건한 것처럼 보이고 종종 좋은 동기에서 그렇게 하지만, 그것은 실제로 하나의 회피나 다름없다. 그것이 바로 웨슬리가 말하는 "대 역병"이다. 즉 반율법주의적 성향이 다시 나타나는 현상이다. 여기서의 문제는 그리스도의 완전하고 무한한 의가 아니다. 문제가 되는 것은 관찰할 수 있고 어느 정도 측정도 가능한 그리스도인의 의 혹은 불의이다. 영적 조언자라면 아마 이렇게 대답할 것이다. "나는 예수가 진실하고 또 순결하다는 것을 안다. 나는 지금 당신이 그런지를 묻고 있다."

찰스 웨슬리는 이 성화의 신학을 찬송가 "나는 내면의 원리를 원한다"에 표현하고 있다. 원리 자체에 초점을 맞춤으로써, 그는 우리의 성화가 하나님께서 우리 안에 심어주신 것이 유기적으로 작동한 결과임을 알도록 도와준다.

나는 경건한 두려움
죄에 대한 민감성
가까운 죄로 인한 고통
깨어있는 내면의 원리를 원합니다.

---

16 "A Plain Account of Christian Perfection," 355.

나는 자만심이나 잘못된 욕망을 느끼고
방황하는 내 의지를 붙잡고
토오르는 욕망의 불을 끌 수 있는
첫 번째 접근을 원합니다.

당신에게서 내가 더 이상 벗어나지 않기를
더 이상 선한 당신이 슬퍼하지 않도록
부드러운 양심이 주는
자녀의 경외심을 내게 허락하시길 기도합니다.

오, 하나님, 나의 양심을
눈동자처럼 빠르게 만드소서.
죄가 가까이 왔을 때 내 영혼을 깨우시고
계속 깨어있도록 하소서.

전능하신 진리와 사랑의 하나님
나에게 당신의 능력을 주셔서
나의 영혼에서 산더미를 제거하고
나의 마음에서 완고함을 치우게 하소서.

오, 가장 작은 것이 누락되더라도
다시 각성된 내 영혼을 고통스럽게 하시고
나를 당신의 보혈로 다시 보내셔서
상처 입은 자를 온전하게 만드소서.

여기에 거룩함에 대한 갈망, 중생 때에 받은 하나님의 능력에 대한 의지, 타락한 사람의 필요를 유일하게 채워줄 수 있는 속죄의 피로의 복귀가 있다.

그리스도와의 연합에 따른 모든 유익

우리는 완전 성화의 교리에 접근하고 있다. 그것은 그리스도인의 삶에 관한 존 웨슬리 신학에서 가장 분열을 일으키는 요소들 중 하나이다. 웨슬리로부터 많은 것을 배웠던 다수의 신자들이 이 지점에서 그와 헤어져야만 했다. 그들이 얻을 수 있었던 것에 대해서는 감사했으나 그 메시지를 받아들일 수는 없었기 때문이었다. "감리교도들을 부흥운동에 참여하던 칼뱅주의-복음주의 계파들로부터 분리시키는 것은 예정설보다도 오히려 이 교리이다."[17]

그러나 우리가 그 분열의 지점에 도달하기 전에 웨슬리가 모든 종류의 그리스도인들에게 물려줄 수 있었던 가장 큰 선물들 중 하나를 마주하게 된다. 그것은 웨슬리가 그리스도와의 연합에서 얻는 모든 유익의 통일성을 강조한 점이다. 웨슬리는 구원의 충만함에 대한 갈망을 지니고 있었고 전체와 연결되어 있는 각각의 유익에 대해 열심히 설교하였다. 설교자로서 웨슬리의 경력을 보면, 그는 우리가 항상 나누고 싶어 하는 기독교 메시지의 부분들 간의 연관성을 줄줄이 발견했음을 알 수 있다. 그가 성화에 관해 설교할 때면 언제나 청중의 마음을 칭으로 돌아가게 했다. 그의 설교에서는 율법과 복음이 완벽하게 상호 침투하는 관계에 있다.

---

17 Gordon Rupp, "The Future of the Methodist Tradition," *The London Quarterly and Holborn Review* 184 (1959): 270.

웨슬리가 설교 1번, "믿음으로 얻는 구원"의 결론 부분에서 칭의를 매끄럽게 중생과 변화로 연결시킨 뒤에 완전으로 이어주는 것을 보라.

그러면 현세에서도 이것이 믿음을 통하여 오는 구원이다. 죄와 죄의 결과로부터의 구원으로서 둘 다 종종 칭의라는 단어로 표현된다. 가장 넓은 의미에서 볼 때, 칭의는 현재 그리스도를 믿는 죄인의 영혼에 실제로 적용되는 그리스도의 속죄에 의해 이뤄지는 죄책과 형벌로부터의 해방을 의미한다. 그리고 죄인의 마음속에 빚어진 그리스도를 통하여 이뤄지는 죄의 권세로부터의 해방을 의미한다. 그러므로 그렇게 의롭게 된 사람, 즉 믿음으로 구원받은 사람은 실제로 거듭난 것이다. 그는 성령으로 새로운 생명에로 거듭났고, 그 새 생명은 "그리스도와 함께 하나님 안에 감춰져 있다." 그리고 갓난아기와 같이 그는 아돌론(*adolon*), 즉 "말씀의 신령한 젖"을 기꺼이 받고 "그것으로 인해 성장한다." 그리고 주 하나님의 권능 안에서 믿음에서 믿음으로, 은총에서 은총으로 나아가다가 마침내 "완전한 사람, 그리스도의 장성한 분량이 충만한 데까지 이르게 된다."[18]

웨슬리는 명료하게 하기 위해 구별 짓는 것에 신경 썼으나, 설교자로서는 그 차이를 생략한 채 청중을 한 단계에서 다음 단계로 이끌어 가기를 좋아했다. "기뻐하여라, 네 죄가 용서받았다. 용서를 받았으니, 죄가 더 이상 너를 다스리지 못하리라."[19] 웨슬리의 가르침에서는 알아차릴 수 없을 정도로, 값없는 용서가 죄를 지배하는 능력으로 꽃피

---

18 Sermon 1, "Salvation by Faith," Burwash, 6-7.
19 앞의 책, 9.

는 것을 볼 수 있다. "칭의란 성화가 시작되었다는 것을 가리킨다"[20]고 웨슬리가 쓴 적이 있다. 그리고 존 웨슬리가 설교에서 이렇게 할 수 있었다면, 찰스 웨슬리는 찬송가라는 매체를 이용하여 그 경계선을 훨씬 모호하게 만들 수 있었다. "구속은 칭의를 통과하여 그 논리적이고 신학적인 완성인 성화를 향하여 빠르게 그리고 강력하게 흘러간다."[21]

이런 통전성으로 인해 웨슬리의 신학은 많은 동시대의 설교에 대한 교정자 역할을 했고, 신학적인 용어의 대중적인 사용에 반드시 따라오는 부패를 막는 방부제 역할을 하였다. 구원에 대한 일반적인 대화가 복음주의 구원론의 전반적인 지평을 바라보는 훈련이 없을 때 얼마나 낮은 수준으로 전락하는지 생각해보라. '구원'은 그리스도와의 연합에 따른 총체적인 유익보다는 한 가지 특정한 유익을 의미하는 것이 되고 만다. 특히 하늘나라에 가는 것을 의미하는 경향이 있다. 오늘날 그리스도인들이 "당신의 구원을 잃어버릴 수 있는가?"라고 묻는 것은 거의 언제나 "당신은 하늘나라에 갈 수 없는가?"라는 뜻이다. 그들은 그리스도와의 연합이 주는 축복들 가운데 단 하나(영화-무한한 것!)를 골라내고 다른 모든 것들은 고려할 가치가 없는 것으로 규정했다. 다른 축복들은 분명히 '구원'이라는 명칭을 받을 자격이 없게 된다.

그러나 존 웨슬리에게 '구원'은 항상 더 포괄적인 용어였고 언제나 하나님으로부터 온 한 뭉치의 좋은 선물들을 가리켰다. "너희는 그 은혜에 의하여 믿음으로 말미암아 구원을 받았다"(엡 2:8)는 텍스트에 대

---

20 *Works*, 9:387-88.
21 Tyson, *Charles Wesley on Sanctification*, 42.

한 설교에서, 웨슬리는 구원이란 우리가 장차 하늘나라에 들어가는 것을 지칭할 뿐만 아니라 지금 우리가 소유하고 있는 것도 가리킨다고 강조하였다. 구원은 "멀리 떨어져 있는 어떤 것이 아니다. 그것은 현재의 것이다"라고 썼다. 사실 "여기에서 말하는 구원은 영혼 속에서의 영광으로 완성될 때까지 이르는 하나님의 전반적인 사역으로 확장될 수 있다."[22]

이에 반해 어떤 사람들은 하늘나라의 약속을 그리스도와의 연합이 주는 다른 모든 유익들로부터 숨는 방도로 이용한다. 이에 대한 반작용으로 웨슬리는 영생을 폄하하는 실수를 저지른 적이 없고, "하늘나라가 없다고 상상하는" 자들의 근시안적인 오류에 빠진 적도 없다. 그 대신 그는 그리스도와의 연합이 주는 다른 유익들을 제시했고, 그 가운데 최고는 바로 성화였다. 죄를 다스리는 능력을 부여받는 것이 "하나님에게서 태어난 자들의 특권"이다.

강조점의 차이를 알려면, 어떤 사람이 "당신은 당신의 구원을 잃어버릴 수 있는가?"라고 묻는다고 상상해 보라. 이 말은 "당신은 하나님과의 교제를 중단할 수 있는가?" 또는 "당신은 기도로 하나님께 다가가는 것을 잃을 수 있는가?" 또는 "당신은 죄에게 정복될 수 있는가?"라는 뜻일 것이다. 웨슬리는 그리스도인의 삶의 여정에서 이 가운데 어느 하나에 처하는 것은 이미 그리스도와의 연합에 기인한 유익들 중 하나를 잃는 것이라고 지적하리라. 이런 유익들을 잃으면서도 조금도 동요하지 않고 오직 종말론적 유익에 대한 확신만을 추구하는 사람은 한 마디로 현실에 대해 생각하지 않고 있는 것이다. 이 때문에

---

22 Sermon 43, "The Scripture Way of Salvation," Burwash, 441. 이 설교는 웨슬리의 설교 중에 그의 메시지 전체를 가장 포괄적으로, 가장 완숙한 솜씨로 개관한 것으로 널리 간주되고 있다.

웨슬리는 항상 구원에 관한 대화를 상습적인 환원주의의 비좁은 고랑에서부터 충만한 복음의 넓은 들판으로 몰고 갔던 것이다.

내가 말하는 구원은 단지 통속적인 개념이 가리키는 지옥에서의 구출 혹은 천국에 가는 것을 의미하지 않는다. 뿐만 아니라 죄로부터의 현재적인 해방, 영혼이 그 원초적 건강과 그 본래의 순수성을 회복하는 것, 하나님의 성품 회복, 우리의 영혼이 의와 진정한 성결과 정의와 자비와 진리로 하나님의 형상을 따라 새롭게 변화되는 것을 의미한다. 이것은 하늘에 속한 모든 거룩한 성품을 의미하고, 결과적으로 모든 거룩한 대화도 포함한다.[23]

구원의 개념을 와해시키는 현상에 맞서 싸운 웨슬리는 구원이 즉각적인 실재와 많은 복들이 담긴 방대한 덩어리를 모두 의미한다고 말했다. 설교 62번에서 그는 구원 역사의 파노라마를 개관하는 가운데 "참된 종교"를 묘사했다.

그러면 여기에서 우리는 가장 분명하고 가장 강력한 빛에 비추어 참된 종교가 무엇인지를 보게 된다. 뱀의 머리를 상하게 한 그분[그리스도]에 의해서 사람이 그 옛 뱀이 빼앗아간 모든 것을 회복하는 것이다. 그리고 하나님의 은총뿐만 아니라 하나님의 형상까지 회복하는 것이다. 이는 단지 죄로부터의 해방뿐만 아니라 하나님의 충만함으로 가득 차게 되는 것도 의미한다.[24]

---

23 "A Farther Appeal to Men of Reason and Religion," in *The Works of the Reverend John Wesley*, ed. John Emory, 7 vols. (New York: Emory and Waugh, 1831), 5:35.

이처럼 구원을 완전하게 묘사하는 웨슬리의 목표는 하나님과 복음을 향한 더 많은 굶주림과 갈증을 불러일으키는 것이다. 그는 청중들을 향해 더 적은 것에 안주하지 말고 하나님께서 약속하셨던 모든 것을 취하라고 열정적으로 호소했다.

오, 이보다 더 적은 것을 예수 그리스도의 종교로 받아들이지 말라! 그 일부를 전체로 받아들이지 말라! 하나님께서 함께 묶어놓으신 것을 뿔뿔이 흩어놓지 말라! "사랑으로 일하는 믿음"보다 적은 것을 그분의 종교로 받아들이지 말라. 이는 내적인 성결과 외적인 성결을 모두 포함한다. 사탄의 모든 활동의 파멸을 포함하지 않는 종교에 만족하지 말라. 그것은 모든 죄의 파멸을 의미한다. 이 타락한 육신이 남아있는 동안에는 허약한 이해력과 수많은 연약함이 계속 지속될 것임을 우리는 알고 있다. 그러나 죄는 남아있을 필요가 없다. 이것은 악마의 일이라 불리는 것으로서, 하나님의 아들이 현재의 삶에서 그 죄를 파괴하기 위해서 직접 나타나신 것이다. 그분은 그를 믿는 모든 사람들 안에서 지금 그 죄를 파괴할 수 있고 기꺼이 파괴하려고 한다. 당신의 마음속에서만 고민하지 말라! 그분의 능력 혹은 그분의 사랑을 불신하지 말라! 그의 약속을 시험해 보라! 그분이 이미 말씀하셨는데 그것을 실행할 준비가 되어있지 않겠는가? 하나님의 자비하심을 신뢰하며 오직 "은혜의 보좌 앞으로 담대하게 나오라." 그리하여 당신이 "그분은 그를 통하여 하나님께로 오는 모든 사람을 최대한으로 구원하신다"는 것을 알게 되리라.[25]

---

24 Sermon 62, "The End of Christ's Coming," in Emory, *The Works of the Reverend John Wesley*, 2:73.
25 앞의 책.

"최대한으로"라는 표현은 히브리서 7장 25절의 흠정역에서 가져온 것이다. 「신약성서 주석」에서 웨슬리는 "최대한으로"를 "모든 죄책, 죄의 권세, 뿌리, 결과로부터"[26]로 확대 해석했다. 웨슬리의 그리스도인의 삶에 대한 교리는 "은총의 낙관주의"[27]라고 불려왔다. 그리고 찰스 웨슬리는 그것을 몇몇 찬송가에서 "은총의 무한한 힘"으로 불렀다.

믿음으로 우리가 보니, 주께서 내려오시고
모든 장애물이 자리를 양보하네.

그분이 와서, 그분이 와서, 우리 죄를 끝내셨네
그 모든 은총의 무한한 힘으로![28]

존 웨슬리는 그의 견해를, 구원자로서 그리스도의 능력, 그리고 그분의 자녀의 삶에서 죄의 권세를 전복시키겠다는 하나님의 명백한 뜻에 걸었다.

설교할 때와 가르칠 때 웨슬리는 그리스도와의 연합이 주는 모든 유익을 다함께 묶으려고 애썼다. 청중들에게 그 축복들 가운데서 일부를 고를 수 있는 선택권을 주지 않고 그 모두를 받아들이게 하려고 노력했다. 웨슬리의 이 전략은—사실은 수사적인, 목회적인, 조직적인 전략들의 덩어리—상당히 효과가 있어서 많은 사람들을 구원의 길에서 하나님과 더 크고 더 포괄적인 만남을 경험하게 했다.

---

26 Wesley, *Explanatory Notes upon the New Testament*, 829-30.
27 E. Gordon Rupp, *Principalities and Powers: Studies in the Christian Conflict in History* (London: Epworth, 1952), 77.
28 Tyson, *Charles Wesley on the Sanctification*, 164.

그런데 웨슬리는 그리스도와의 연합이 주는 한 가지 축복을 빠뜨렸고, 그에 대하여 자신을 비판하는 사람들을 결코 만족시킬 수 없었다. 그것은 때때로 견인으로 묘사되는, 은혜 안에서 보존되는 축복을 말한다. 이 영원한 안전보장을 그리스도와의 연합에 따른 큰 축복들 가운데 하나로 간주해야 하지 않을까? 그리고 웨슬리의 것과 같은 통전적인 접근은 견인 또한 포함해야 하지 않을까?

신약성경은 구원을 확신, 안전, 그리고 성취의 기대 같은 용어로 묘사하고 있다. 웨슬리는 이 구절들을 알고 있었고 신자들은 자기가 의롭게 되었음을 알고 불확실한 삶이 아니라 확신 있는 삶을 살 수 있다고 가르쳤다. 그는 하나님의 영의 증언이(설교 10번과 11번) 우리 자신의 영의 증언(설교 12번)과 합쳐져서 확신을 낳는 과정을 조심스럽게 추적하였다. 그러나 웨슬리는 또한 신자가 은총에서 떨어져나갈 수 있다고 주장했다.[29] 「신약성서 주석」에서 그는 히브리서 6장의 경고 메시지를 "하나의 추정이 아니라 사실에 대한 분명한 진술"로 다룬다. "떨어져 나간" 사람들에 대해, 그리고 "회개하도록 다시 그들을 변화시키는 것이 어째서 불가능한" 일인지에 대해 논평하면서 그는 이렇게 말한다. "여기에서 사도는 경건의 능력과 모양을 모두 던져버린 사람들, 그들의 믿음과 소망과 사랑을 고의적으로 잃어버린 사람들의 사례를 묘사한다. 이처럼 고의적으로 신앙을 완전히 버린 배교자들에 대해, 그들을 다시 회개하도록 변화시키는 것은 불가능하다"[30]고 사도가 선언한다. 이러한 "고의적이고 완전한" 배교의 가능성에 대해서는 웨슬리가 길게 논하지 않는다. 그는 "하나님에게서 난 자들의 큰

---

29 See J. Matthew Pinson, ed., *Four Views on Eternal Security* (Grand Rapids: Zondervan, 2002), to see the Wesleyan view compared to other options.

특권"은 죄짓는 것을 중단하는 것이라고 주장하면서도(설교 19번) "신자들의 죄에 관하여"(설교 13번) 충고하고 "신자들의 회개"(설교 14번)에 관해 다루기도 한다.

무엇보다도 그의 큰 관심사는 청중들에게 그리스도와의 연합이 주는 어느 한 축복에만 안주해하지 말라고 설득하는 것이다. 이 목적을 위해서 그는 죄 가운데 사는 사람은 누구나 그리스도와의 연합이 주는 한 가지 축복을 잃었다는 의미에서 자신의 구원을 상실한 셈이라고 가차 없이 지적하고 있다. 어쩌면 이것은 사람들로 하여금 잘못된 질문("나는 구원을 잃어버렸는가?")을 그만하고 올바른 질문("나는 하나님과 교제하는 중인가?")을 던지게 만들기 위하여 시도했던 착오였을지 모르겠다. 그리고 아이러니하게도, 그 때문에 웨슬리가 그리스도와의 연합이 주는 축복의 목록에서 견인을 제거했을지 모른다. 이 점에서 웨슬리와 갈라선 사람들은 그럼에도 불구하고 그의 지침들을 잘 활용해야 한다. 즉 그리스도와의 연합이 주는 유익들을 단일한 패키지로 묶고, 하나님은 유능한 구원자와 보존자라는 그분의 약속을 신뢰하는 것이다.

그리스도인의 완전은 무엇이며, 또한 무엇이 아닌가?

가장 중요한 웨슬리의 글을 모아놓은 선집의 서문에서, 필립 왓슨은 존 웨슬리의 신학을 "간단한 사중적인 형식의 견지에서" 요약하는데, 이는 "웨슬리 자신의 것은 아니지만 그의 생각을 훌륭하게 표현하고 있으며, 그의 어떤 진술보다도 더 포괄적이다." 왓슨의 형식은 이러하다.

---

30 Wesley, *Explanatory Notes upon the New Testament* 824.

- 모든 사람은 구원받을 필요가 있다.
- 모든 사람은 구원받을 수 있다.
- 모든 사람은 자신이 구원받은 사실을 알 수 있다.
- 모든 사람은 최대한으로 구원받을 수 있다.[31]

이 네 가지 요점은 죄, 회심, 구원의 확신, 그리스도인의 완전에 관한 웨슬리의 가르침을 망라한다. 웨슬리는 네 번째 사항이 앞의 세 가지 항목에서 자연스럽게 흘러나왔다고 생각했기 때문에 부흥운동에 참여한 동료 목회자들이 다른 결론에 도달하여 그를 날카롭게 반박하는 모습을 보고 충격을 받았다. 그는 나중에 이렇게 회상했다. "우리를 가장 놀라게 한 것은 그리스도가 최대한으로 구원하신다는 우리의 주장이 '그분의 명예를 손상시킨다'는 말을 듣는 것이었다. 즉 그분만이 우리의 마음속에서 다스리시며, 모든 것을 그 자신에게 복종시키실 것이라는 우리의 주장이 그렇다는 소리를 듣는 것이었다."[32]

웨슬리는 성화가 완성될 수 있다고 가르쳤고 그 결과로 생기는 완전 성화의 상태를 종종 그리스도인의 완전으로 불렀다. 1762년에 동생 찰스에게 보내는 한 편지에서 '완전'(perfection)의 의미를 이렇게 설명했다. "완전이란 말은 '하나님과 사람에 대한 겸손하고 온유하고 인내하는 사랑'으로서 모든 기질과 말과 행동, 모든 마음과 모든 삶을 다스리시는 것을 의미한다."[33] 그것은 친구를 별로 얻지 못한 용어였으며, 그는 그것을 설명하고, 그것에 울타리를 치고, 그것을 수식하고, 잘못된 해석에 반해 그것을 변호하는데 상당한 시간을 사용했다. 이제

---

31 Philip S. Watson, *The Message of the Wesleys: A Reader of Instruction and Devotion* (New York: Macmillan, 1964), 34.

32 "A Plain Account of Christian Perfection," 306.

우리는 그의 작업을 차례차례 살펴볼 것이다. 그러나 먼저 웨슬리에 따르면, 완전이 무엇인지를 설명하는 게 가능하다. 그의 가장 명확한 진술은 아마도 1764년에 개진한 것일 것이다. 이것이 나중에 편집되어 1766년의 결정판, 「그리스도인의 완전에 대한 평이한 설명」(*A plain Account of Christian Perfection*)으로 출판되었다. 웨슬리는 이 주제 전체를 개관하면서 그의 가르침을 열한 개 의 "짧은 명제"로 축약했다.

1. "완전과 같은 그런 것이 존재한다. 왜냐하면 그것은 성경에 반복적으로 언급되기 때문이다." 여기서 우리는 웨슬리가 성경의 용어 자체를 주장하고 있는 것을 볼 수 있다. 그는 그리스도께서 그의 추종자들에게 주신 "온전하라"(마 5:48)는 명령과 사도바울이 "그리스도 안에서 완전한 자로 세우려한다"(골 1:28)는 그의 목표에 대해 어떤 교리적 설명을 해야 한다는 의무감을 분명히 느꼈다. 현대 번역본들은 "완전한"(*teleios* 어군)을 가리키는 단어들을 '성숙한', '온전한', 그리고 '성취된' 같은 다양한 단어들로 번역하는 경향이 있다. 이것들은 모두 나름대로 적절하지만, 웨슬리가 설교할 때 사용한 흠정역에서는 "완전한"이란 단어가 무척 두드러진다. 또한 웨슬리는 그리스어 신약성경을 염두에 두고 있었다. 그래서 영어 번역판의 독자들이 항상 보지는 못하는 구절들에 나오는 완전을 가리켰다. 더욱이 그는 그 그리스어 단어의 어원을 염두에 두었는데, 이는 목표 혹은 목적론적 종말을 뜻하는 '텔로스'(telos)와 관계가 있다. "'텔레이오스'(*teleios*)의 기본적인 의미는

---

33 Letter to Charles Wesley, September 1762, in *The Letters of John Wesley*, 4:187, cited by Jackson Vickers in "Wesley's Theological Emphases," in *The Cambridge Companion to John Wesley*, ed. Randy L, Maddox and Jason E. Vickers (New York: Cambridge University Press, 2010), 205, and Vickers, *Wesley: A Guide for the Perplexed* (London: T&T Clark, 2009), 102.

어떤 것의 완전한 유익들, 목적, 목표, 혹은 결과와 관련이 있다."[34] 어떤 것이 본연의 정체성을 지니려면 그 목적(telos)을 지향하는 것이어야 한다.

2. "완전은 칭의 만큼 일찍 찾아오지 않는다. 의롭게 된 사람들이 완전을 향해 나아가게끔 되어 있기 때문이다"(빌 3:15).

3. "'완전'이 죽음만큼 늦게 일어나는 것은 아니다. 왜냐하면 사도 바울이 (빌 3:15에서) 살아있는 완전한 사람에 대해 말하고 있기 때문이다."

이 세 가지 항목을 하나로 묶으면 토대가 된다. 칭의와 죽음 사이에 완전의 상태가 존재한다는 것. 존 웨슬리와 찰스 웨슬리는 신자가 죽기 얼마 전에 완전 성화의 경험을 기대할 수 있는 지를 놓고 오랜 논쟁을 벌였다. 그의 생애 내내 찰스는 갈수록 더 완전 성화는 승리하는 신자가 하나님께서 죽음의 순간에 그에게 주시길 바라는 어떤 것으로 여기게 되었다. 존도 보통은 그런 식으로 일어난다고 마지못해 동의하는 것처럼 보였다. 그러나 그들은 그러한 것, 즉 성화를 완성하는 최고의 사건이 존재한다는 것과 그것이 실질적인 영화와는 다른 경험이라는 것에는 의견이 일치하였다.[35] 찰스보다는 존이 계속 이런 주장을 했다. 만약 하나님께서 임종의 자리에서 완전 성화를 허락할 수 있다면, 그분이 일 년 더 일찍, 혹은 십 년 더 일찍, 혹은 지금 당장 그것을 허락하지 못할 이유가 없다. 그러나 그는 그 짧은 설명에서 세부사항으로 들어가지는 않는다. 일단 그것이 존재한다는 것을 확증한 뒤에 그것의 성격을 살펴보기 시작한다.

---

34 Tyson, *Charles Wesley on Sanctification*, 165.
35 완전의 세부사항에 대한 두 형제의 대조적인 견해는 다음 책에 나와 있다. John R. Tyson, *Assist Me to Proclaim: The Life and Hymns of Charles Wesley* (Grand Rapids: Eerdmans, 2007), 230-51.

4. "완전은 절대적이지 않다. 절대적인 완전은 인간에게 속한 것도 아니고 천사에게 속한 것도 아니고 오직 하나님께만 속한 것이다." 여기가 바로 대부분의 사람들이 웨슬리의 용어에 반대하는 지점이다. "완전"은 즉시 우리에게 절대성을 시사한다. 그러나 웨슬리는 항상 '그리스도인의'라는 형용사가 필요한 차별성을 이끌어낸다고 생각했다. "그리스도인의 완전"은 "절대적인 완전"이 아니다. 이 웨슬리 교리의 한 해설자는 이런 식으로 대조시켰다. "우리 현대인의 생각에는 완전이라는 단어가 시험에서의 백 점, 백 퍼센트 출석, 흠이 없는 작업, 혹은 능가할 수 없는 수준의 성취를 묘사하는데 적합한 것 같다."[36] 나는 우리 현대인의 생각이 그 단어를 그렇게 들을 뿐만 아니라, 18세기 웨슬리의 많은 동시대인들도 그와 똑같은 의미로 생각했다고 덧붙이고 싶다. 그러나 웨슬리는 단호하게 그것을 부인하였다. 다음의 항목도 이와 비슷하다.

5. "완전 때문에 사람이 실수하지 않는 것은 아니다. 어떤 사람도 육체 안에 머무는 동안에는 틀리지 않을 수 없다."

6. "완전은 죄가 없는 것인가?" 이것은 웨슬리에게 훨씬 더 어려운 질문이다. 한편으로 그는 "죄 없는 완전"이라는 표현을 좋아하지 않았다. 왜냐하면 이 표현은 절대적인 완전이나 틀림없는 완전에 너무 가깝기 때문이다. 다른 한편으로, 만약 성화가 실제로 거룩하고 의롭게 만들어지는 것이라면 완전 성화는 모든 죄를 배제할 것이다. 그래서 "짧은 명제"에서 그는 그 자신의 질문에 신중하게 대답하였다. "용어를 두고 다투는 것은 가치 없는 일이다. 그것은 죄로부터의 구원이다." '그리스도인의'라는 형용사를 회피함으로써, 웨슬리는 우리의 관

---

36 앞의 책, 164.

심을 구원받은 사람의 상태로부터 그 능력으로 죄(죄의 권세)에서 구원하는 분으로 돌리려고 애쓰는 것 같다. 그러나 이 세 가지 특징을 말한 뒤에 이제는 완전의 구성요소를 진술할 차례가 되었다.

7. "그것은 완전한 사랑이다(요일 4:18). 이것이 완전의 본질이다. 완전의 속성들 혹은 분리될 수 없는 열매들은 항상 기뻐하고, 쉬지 않고 기도하고, 범사에 감사하는 것이다(살전 5:16-18)." 여기에서 웨슬리는 그의 가르침의 핵심을 건드리는데, 많은 웨슬리교도들은 그가 좀 더 일관성 있게 요한일서의 언어를 강조하여 그리스도인의 완전보다 완전한 사랑에 대해 얘기했더라면 좋았을 것이라고 생각한다. 하나님의 구원 사역의 목적은 사람의 인격을 그의 형상으로 새롭게 만드는 것이고, 그 본질은 마음속의 완전한 사랑이다. 하나님의 주권적인 행위로 반역의 뿌리, 끊임없는 범죄의 욕구를 마음에서 파내어서 제거하는 것이다. 마음이 사랑으로 새롭게 될 때, 감사와 기도가 그로부터 끊임없이 흘러나오고, 성화는 그 목표에 도달한 것이며, 그 그리스도인은 완전한 것이다. 그러나 성화의 목표에 도달하였을 때, 그것은 더 좋아지거나 나빠질 수 없는 고정된 상태일까? 다음 두 가지 사항은 같은 부류에 속하는 것이다. 즉 그리스도인의 완전은 개선될 수도 있고 나빠질 수도 있다.

8. "완전은 개선될 수 있다. 그것은 결코 나눌 수 없는 지점에 놓인 것도 아니고 결코 증가할 수 없는 것도 아니기 때문에, 사랑으로 완성된 사람은 이전보다 훨씬 빠르게 은혜 안에서 성장할 수 있다." 이것은 대부분의 사람들의 예상이나 직관과 엇갈리지만, 웨슬리에 따르면 완전은 은혜 안에서의 성장의 끝이 아니다. 그것은 더 큰 성장을 위한, 심지어 더 빠른 성장을 위한 새로운 가능성을 열어준다. 일단 신자가 (칭의 후에, 그러나 죽기 전에) 그리스도인의 완전의 상태에 들어가면,

그는 더 이상 죄의 권세에 압도되거나 억압당하지 않으므로 성장에 대해 진지해질 수 있다. 웨슬리에 따르면, 그리스도인의 완전은 한 목표의 성취일 뿐 최종 목표에 도달한 것은 아니다.

9. "완전은 나빠질 수 있고 상실될 수 있다." 그리스도인은 이 상태에 도달하고 나서 그로부터 떨어져나갈 수 있다. 처음에는 웨슬리가 다르게 생각했다. 그러나 오랜 기간에 걸쳐서 그리스도인의 행동을 보다 상세하게 관찰한 뒤에 그것을 잃을 수도 있다고 확신하게 되었다. "그런 사례를 우리가 많이 목격했다. 그러나 우리는 오륙 년 전까지는 이에 대하여 완전히 확신하지 못했다." 이러한 경험적인 관찰과 함께 웨슬리는 "어떻게"의 문제로 눈을 돌려 그 방법에 대해 두 가지 쟁점을 제기한다.

10. "완전은 항상 점진적인 작업을 선행하고 또 따라간다."

11. "그러나 완전은 본질적으로 순간적인가, 그렇지 않은가? 이것을 단계별로 살펴보자." 웨슬리는 규범적인 그리스도인의 경험을 이렇게 이해했다. 신자들은 회심 후에 자신의 죄와 하나님의 거룩하심에 대한 지식과 이해가 점진적으로 커질 것이다. 그들 속에서 중생한 본성이 작동하고, 영적 실재에 대한 깨달음이 늘어나면서 죄에 대해 더 슬퍼하고 죄로부터 해방되려는 욕구가 강해짐에 따라 더 심한 긴장을 느낄 것이다. 그 때, 하나님은 그분이 기뻐하는 시기와 방법으로 마음속에 내재하는 죄로부터 해방시켜 달라는 그 그리스도인의 신실한 기도에 응답하실 것이다. 웨슬리는 이 변화가 마치 중생처럼 한 순간에 일어난다고 생각했다. 그러나 감리교도들은 그 깨달음의 수준이 다양하다고 보고했다. "순간적인 변화가 일부 신자들 안에서는 일어났다." 그러나 "어떤 신자들의 경우…그들은 그것이 일어난 순간을 감지하지 못했다." 이 패턴은 '사건-과정-사건-과정' 유형이었다. 즉

회심, 점진적인 성장, 완전 성화, 그 다음에 더 많은 점진적인 성장의 패턴이었다.

이 주제에 관한 1764년의 결론에서 웨슬리는 이렇게 썼다. "우리 모든 설교자들은 신자들에게 완전에 대해 끊임없이 강력하게 명료하게 설교해야 한다. 그리고 모든 신자들은 이 한 가지에 신경을 쓰고 계속해서 고민해야 한다."[37] 그리고 1770년대에 쓴 편지들에서 웨슬리는 바로 그것을 권면하고 있다. "이전의 감리교 교리를 결코 부끄러워하지 말라. 모든 신자들이 계속 완전을 향해 나아가도록 촉구하라. 어디서든지 단순한 믿음으로 두 번째 복을 한 순간에, 지금 당장 받을 수 있다고 강조하라."[38]

그리스도인의 완전에 대한 웨슬리의 가르침에는 몇 가닥의 줄기들이 함께 엮여있다. 칭의와 성화의 차이점, 성화의 시발점으로서의 중생, 율법으로 규정되고 형성되는 그리스도인의 삶 등에 관한 웨슬리의 모든 가르침이 여기에 다함께 등장한다. 이와 더불어 회심 이후의 은혜의 두 번째 확정적 사역 개념과 그 두 번째 복을 위해 하나님께 간구할 필요성 같은 새로운 줄기들이 합쳐진다. 그러나 그리스도인의 완전에 관한 웨슬리의 가르침에서 지배적인 주제는 새롭게 변화된 마음이다. 웨슬리는 성숙한 그리스도인이 바랄 최상의 모습은 순전한

---

37 Whaling, *John and Charles Wesley*, 375.

38 Letter to Samuel Bardsley, quoted in Kenneth Collins, *The Theology of John Wesley: Holy Love and the Shape of Grace* (Nashville: Abingdon, 2007), 281. 여기서 콜린스는 존 웨슬리가 "두 번째 복"이란 용어를 사용하는 여섯 개의 실례를 든다. 많은 웨슬리 해석자들은 "은혜의 두 번째 사역"이란 용어를 사용하기 시작한 것이 웨슬리가 아니라 미국의 성결운동이었다고 잘못 주장해왔다. 회심 이후에 오는 두 번째 복 혹은 은혜의 두 번째 확정적 사역은 앞으로 성결교의 가르침과 오순절파에서 중요한 요소로 계속 남을 것이다.

의지력으로 죄악 된 행동을 억누르며 반항적인 마음에 맞서는 영원한 싸움이라는 관념에 반대하였다. 웨슬리는 하나님께서 성숙한 그리스도인들 안에서 그 이상의 일을 하고 싶어 한다고 믿었는데, 그것은 그들의 마음을 죄의 권세에 반대는, 하나님의 마음과 같은 편에 두는 일이다. 윌리엄 캐넌이 썼듯이, "그 가르침 자체는 아주 간단해서, 단 한 문장으로 진술될 수 있다. 웨슬리에 따르면 그리스도인의 완전은 그 모든 행동이 하나님과 하나님의 모든 것에 대한 순전한 사랑으로부터 나오는 삶이다."[39]

찰스 웨슬리는 그리스도인의 완전에 관하여 수백 곡의 찬송가를 썼다. 그것은 그에게 사소한 주제가 아니었다. 그는 특히 거룩함을 갈망하는 마음을 잘 포착했다.

당신 안에서 나의 방황하는 생각들이 하나가 되고,
나의 모든 일의 목표가 당신입니다.
당신의 사랑이 나의 모든 날 동안 나를 돌보고,
나의 유일한 일은 당신을 찬양하는 것입니다.[40]

설명

웨슬리는 이 교리에 헌신하여 그것을 변호하는데 상당한 시간과 에너지를 쏟아 부었다. 그는 말년에 이렇게 회상했다. "이 교리는 하나님께서 감리교도라고 불리는 사람들에게 맡기신 웅장한 기탁물 (depostium)이다. 그리고 주로 이것을 전파하기 위해서 그분이 우리를

---

39 William R. Cannon, "Perfection," *London Quarterly and Holborn Review* 184 (1959): 214.
40 The 1739 hymnal, 122, cited in Oden, *John Wesley's Scriptural Christianity*, 313.

일으키신 것 같다."[41] 웨슬리교파의 신도들은 그들의 설립자가 그토록 유지하기 어려운 기탁물을 남겨 놓았다는 사실을 놓고 주기적으로 고뇌했다. 「당황한 자들을 위한 길잡이」(A Guide for the Perplexed)에서 제이슨 비커스(Jason Vickers)는 완전 교리가 "그의 생애 후반부 대부분의 기간에 논란거리였다"고 한다. 그리고 "그의 교회의 후손들 사이에 치열한, 때로는 험한 논쟁을 불러일으킨 문제였다."[42] 그는 감리교도들과 웨슬리교파 신도들 사이에 성화에 대해 토론하는 것을 폭탄을 해체하는 작업에 비유한다. 웨슬리 자신의 설명을 들어보자.

> 각 단어나 어구가 마치 잘라야 하거나 그대로 둬야 하는 전선과 같다. 한 단어는 녹색이고, 그 다음 단어는 노란색이다. 이 어구는 보라색 전선이고, 저 어구는 파란색 전선이다. 잘못된 전선을 자르면 엄청난 재난을 초래할 것이다. 웨슬리의 성화 교리 전체가 폭발하여 백만 조각이 될 것이다.[43]

그리스도인의 완전이란 교리는 강력한 힘을 갖고 있을지 모르지만 그 힘과 함께 사는 것은 골치 아픈 일이다.

이 가르침에 대한 많은 반론 가운데 두 가지가 특히 눈에 띈다. 첫째, 그리스도인의 완전이란 개념은 일부 청중들에게 일종의 영적인 자만처럼 보인다. 다시 말해서 그리스도인의 완전에 도달한 사람은 더 이상 그리스도가 필요 없는 듯이 보인다. 1759년 소책자 「그리스

---

41 Letter to Robert Carr Brackenbury, September 15, 1790, in *The Letters of John Wesley*, ed. John Telford, 8 vols. (London: Epworth, 1931), 8:238.
42 Vickers, *Wesley: A Guide for the Perplexed*, 102.
43 앞의 책.

도인의 완전에 관한 고찰」(*Thoughts on Christian Perfection*)에서 웨슬리는 이런 논란거리들을 다루었다. "만약 그들이 죄 없이 산다면, 이것은 중보자의 필요성을 배제하는 것이 아닌가? 적어도 그들에게 더 이상 제사장 직분을 가진 그리스도가 필요하지 않다는 것이 명백하지 않은가?" 웨슬리는 즉시 확고하게 대답했다. "천만의 말씀! 이들만큼 그리스도가 필요하다고 느끼는 사람은 없다. 그들처럼 그리스도께 전적으로 의존하는 사람은 없다. 왜냐하면 그리스도는 그분에게서 분리된 영혼에게는 생명을 주시지 않고, 오직 그분 안에 그리고 그분과 함께하는 영혼에게 생명을 주시기 때문이다."[44] 이 간략한 대답 속에 두 가지 논리가 있다. 하나는 완전의 본질에서 나온다. 만약 어떤 그리스도인이 완전하다면, 그는 완전히 그리스도에게 의존할 것이라는 논리가 성립된다. 실제로 사람이 더욱더 성화될수록 그 자신보다 그리스도를 더 의지하는 방향으로 나아가게 된다. 이와 달리 주장하면 우리의 죄성이 우리를 그리스도께 밀착시키는 시멘트라고 주장하는 셈이 된다. 이것은 바울이 "결코 그럴 수 없다"고 응답할 만한 잘못된 결론이다. 분명히 그리스도는 우리를 붙잡은 손아귀를 놓지 않고서도 우리를 죄에서 해방시킬 수 있다. 그러므로 완전해진 그리스도인들처럼 "그리스도께 전적으로 의존하는 사람은 없는" 것이다.

두 번째 논리는 그리스도 사역의 본질에서 나온다. 그분은 멀리 떨어져서 구원하는 것이 아니라 직접 현존하셔서 구원하신다. 웨슬리는 몇 줄 뒤에 이것을 감동적으로 표현한다. "우리는 이 은혜를 그리스도로부터 받았을 뿐 아니라, 그리스도 안에서 갖고 있다." 이렇게 글

---

44 "A Plain Account of Christian Perfection," 328. 웨슬리는 "Plain Account"의 일부로 소책자 「그리스도인의 완전에 관한 고찰」을 재판했다.

을 잇는다. "왜냐하면 우리의 완전은 그 뿌리로부터 끌어올린 수액으로 번성하는 나무의 완전함 같은 것이 아니라, 그 포도나무에 붙어서 열매를 맺는 나뭇가지의 완전함과 같은 것이기 때문이다. 그러나 가지가 나무에서 잘리면 말라서 시들어버린다."[45] 이와 똑같은 질문이 1763년에 제기되었고, 웨슬리는 그 문제를 보다 폭넓게 다루었다. 특히 완전히 성화된 사람에게 그리스도의 제사장 사역이 계속 필요한지 여부에 대해 답변했다.

가장 거룩한 사람들에게도 여전히 그들의 예언자로서, 세상의 빛으로서 그리스도가 필요하다. 왜냐하면 그분이 그들에게 등불을 주지 않고 매 순간 빛을 비춰주기에 그가 물러서는 순간 온통 캄캄해지기 때문이다. 그들은 여전히 그들의 왕으로서 그리스도가 필요하다. 왜냐하면 하나님은 그들에게 비축된 거룩함을 주시지 않기 때문이다. 그런데 그들이 매 순간 거룩함을 공급받지 못하면, 오직 거룩하지 않은 것만 남게 될 것이다. 그들에게는 그들의 거룩한 것들을 속죄해 줄 제사장으로서 그리스도가 여전히 필요하다. 심지어 완전한 거룩함조차도 오직 예수 그리스도를 통해서만 하나님께 받아들여질 수 있다.[46]

예언자로서, 왕으로서, 그리고 제사장으로서의 그리스도는 죄에 대한 지배권을 더 많이 경험하는 사람들에게 덜 필요한 것이 아니라 더욱 필요한 것이다. 그러나 웨슬리는 이 입장을 되풀이해서 입증해야만 했다. 왜냐하면 그가 가르쳤던 모든 곳에서 청중들을 그냥 내버려

---

45 앞의 책, 329.
46 앞의 책, 350.

두면 정반대의 결론을 내리곤 했기 때문이다.

계속해서 제기되는 또 다른 반론은, 성경에는 완전 성화의 사례가 많이 나오지 않는다는 것이다. 이 반론을 무너뜨리기 위해 웨슬리는 흥미로운 논리를 개진한다. 그는 그리스도인의 완전은 구체적으로 새로운 언약의 축복이라고 주장했다. 그것은 그리스도께서 완수한 구원 사역과 성령의 부으심 때문에 밝히 드러났으므로 구약성경에서는 예견되었을 뿐이고 새 언약의 시대에 경험하게 되어 있다. 그러므로 성경의 대부분이 이 축복에 대해 직접 증언하지는 않는다. 신약성경에 대해 말하자면, 그 상당 부분은 성화의 여정에서 다양한 위치에 있는 온갖 신자들에게 쓴 내용이다. 그래서 웨슬리에 따르면, 사도인 저자들이 끊임없이 독자들에게 "완전을 향해 전진하라"고 권유하고 있는 반면, 그들이 이미 완전에 도달한 이들은 자주 묘사하지 않고 있다고 한다. 웨슬리가 "솔로몬은 '범죄하지 아니하는 사람이 없사오니'(왕상 8:46)라고 말한다"는 반론에 대해 대답할 때 이런 사고방식이 엿보인다.

그러므로 솔로몬 시대에는 틀림없이 그랬다. 그렇다, "솔로몬에서부터 그리스도에 이르기까지 범죄하지 아니한 사람이 없다." 그러나 율법 아래 있었던 사람들의 경우가 어떠했든지 간에, 우리는 사도 요한과 더불어 복음이 주어진 이래 하나님에게서 태어난 사람은 죄를 짓지 않는다고 안전하게 말할 수 있다. 그리스도인들의 특권을 구약성경이 유대인의 제도 아래 있었던 사람들에 관하여 기록하고 있는 것으로 측정해서는 결코 안 된다. 정해진 때가 이제 왔고, 성령이 이제 주어졌고, 하나님의 위대한 구원이 이제 예수 그리스도의 계시에 의해 사람들에게 전달되었다.[47]

---

47 앞의 책, 307-8.

새로운 언약에 대한 이 호소는 그리스도인의 완전 교리를 종말론적 맥락 속에 둔다. 그것은 이전에 알려진 적 없는 하나의 비밀이다. 그것이 이제 가능해진 것은 메시아 안에서 세상의 종말이 도래했기 때문이다. 그것이 가능한 것은 하나님이 그리스도 안에서 인간의 문제를 그분의 손으로 취하셨기 때문이다.

그분은 당신의 마음에 여전히 남아있는 모든 죄로부터 당신을 구원하실 수 있다. 그분은 당신의 모든 말과 행동에 붙어있는 모든 죄로부터 당신을 구원하실 수 있다. 그분은 해야 할 일을 하지 않은 죄로부터 당신을 구원하실 수 있고 당신에게 부족한 것은 무엇이든지 공급하실 수 있다. 이것이 물론 사람에게는 불가능한 일이지만, 하나님이자 사람이신 분에게는 모든 것이 가능하다.[48]

그러나 성경에 완전 성화된 사례가 있는가? 웨슬리는 이 주제에 관한 몇 가지 이론을 갖고 있었다. 그는 "사도바울이 편지들을 써 보낸 사람들 가운데" 이 복을 경험했던 사람이 "거의 없다"는 사실을 인정했다. 그리고 이어서 바울 자신도 "앞쪽의 서신들을 쓰던 시점에서는"[49] 전적으로 성화되지 않았다고 말한다. 분명히 바울은 그가 두 번째 투옥된 상황에서 편지를 쓰기 전에 그리스도인의 완전을 향해 나아갔다. 그리고 신약성경에는 완전히 성화된 사람의 두드러진 사례가 있다. 사도요한과 그가 다음과 같이 묘사한 모든 사람들이다. "이로써 사랑이 우리에게 온전히 이루어진 것은 우리로 심판 날에 담대함을

---

48 Sermon 14, "Repentance in Believers," Burwash, 134.
49 "A Plain Account of Christian Perfection," 320.

가지게 하려 함이니, 주께서 그러하심과 같이 우리도 이 세상에서 그러하니라(요일 4:17)."[50]

사도들의 성화 수준에 대한 이러한 분석들이 독자들에게는 매우 이상하게 보일 것이다. 웨슬리는 그런 분석들에 근거해서 논증하지 않았고, 그 때문에 그가 성경의 여러 부분들을 영감이나 무오성의 수준이 서로 다른 것으로 취급한 적이 없다. 그래도 이런 분석은 웨슬리가 그리스도인의 완전 교리의 진실성과 유익에 대해 얼마나 철저히 헌신했는지를 보여준다.

웨슬리의 호전적인 친구인 아일랜드 사람 알렉산더 녹스(Alexander Knox, 1757-1831)는 웨슬리를 옹호하는 글을 쓰면서도, 계속되는 논쟁의 책임을 웨슬리에게 돌렸다. 비록 웨슬리가 가리키는 완전의 의미가 옳더라도 그가 그 단어를 사용한 것은 실수였다. "그는 그것을 부적절하게 사용하는 바람에 그 단어가 진부해졌고, 그것이 전달하는 개념이 치명적으로 오해되고 말았다."[51] 웨슬리와 상당히 다른 견해를 가진 제임스 패커는 "웨슬리가 그의 견해를 혼란스럽고 도발적으로 표현했기" 때문에 "오해와 잘못된 비판"이 쏟아진 지난 두 세기를 통과하는 게 너무나 어려웠다고 불평했다. (율법을 사랑하는 청교도인) 패커는 웨슬리의 많은 관심사들에 공감하고, "그가 이 어휘를 성경과 전통 둘 다에서 찾아낸 사실"에 감사한다. 그러나 그의 용어의 성경적인 출처가 "그가 그것이 초래한 엄청난 혼동을 보았을 때에도 그것을 계속 고집했던 그의 고의성 혹은 둔감함 혹은 호전성(어느 단어가 잘 어울리는지 모르겠다)의 변명거리가 될 수는 없다."[52] 패커는 웨슬리의 결정으로 인

---

50 앞의 책, 323.
51 Knox's 1828 "Remarks on the Life and Character of John Wesley"; reprinted in Robert Southey, *Life of Wesley*, vol. 2 (London: Longman, 1846), 455.

해 발생한 혼동의 사례들을 이렇게 열거한다.

웨슬리가 여러 관점에서 볼 때 지속적인 불완전의 하나였던 상태에 완전이라는 이름을 붙인 것은 정말 혼란스러운 일이었다. 그가 "적절하게 불리는" 죄라는 것을, 의식적으로든 무의식적으로든, 자발적으로든 비자발적으로든, 계시된 하나님의 표준을 따르지 못하는 객관적인 실패로 보지 않고, "알려진 율법에 대한 자발적인 위반"이란 주관적인 잘못으로 정의한 것은 그보다 더 큰 혼란을 일으켰다. 그가 성화된 사람들은 죄가 없다고 말하면서도(왜냐하면 알려진 율법을 의식적으로 위반하지 않았기 때문에), 동시에 그들의 실질적인 결함을 덮기 위해 매 순간 그리스도의 보혈이 필요하다고 주장하는 것은 극도의 혼란을 초래했다. 웨슬리는 하나님의 "완전한 율법"의 객관적인 기준에 따라서 모든 성화된 죄인들도 매일 용서가 필요하다고 주장했다. 이 때문에 더 고상한 그리스도인의 삶을 완전하고 죄를 짓지 않는다는 말로 계속 진술하겠다고 주장한 그는 실로 고집불통으로 보이는 것이다.[53]

당신은 찬성하는 편인가, 반대하는 편인가?

1740년대에 존 웨슬리와 찰스 웨슬리가 깁슨 주교에게 그리스도인의 완전에 대한 그들의 확신을 설명했을 때, 그 주교는 "웨슬리 씨, 이것이 당신이 말하고자 하는 전부라면, 그것을 세상에 공포하시오"라고 대답하였다. 그러나 고든 랍이 인정했듯이, "그것이 웨슬리가 말하고자 했던 전부가 아니었다. 왜냐하면 우리가 이 목표를 어떻게 달성

---

52 J. I. Packer, *Keep in Step with the Spirit: Finding Fullness in Our Walk with God*, rev. ed. (Grand Rapids: Baker, 2005), 115. 「성령을 아는 지식」(홍성사 역간).
53 앞의 책, 114-15.

할 수 있는지 그리고 언제 달성할 수 있는지를 물을 때 어려움이 시작되기 때문이다."[54]

우리는 이미 몇 가지 어려움을 살펴보았다. 웨슬리가 살아있는 동안에도 그의 일부 추종자는 그의 가르침을 과격하게 만들어 결국 천사의 완전에 도달했다고 주장하는 컬트가 되고 말았다. 만약 우리가 웨슬리의 시대로부터 다양한 종류의 미국의 성결교 집단, 케직과 연관된 "고결한 삶"에 대한 가르침, 그리고 폭넓은 오순절교파와 은사주의 집단에 이르기까지 완전 교리의 유산을 추적한다면, 우리는 완전주의가 유발한 온갖 복잡한 문제들, 모순들, 영적인 사상자들을 발견하게 된다. 그리고 다른 요인들이 역사적인 영향의 흐름에 들어갔으므로, 우리는 그 사상자들이 웨슬리의 가르침의 논리적 결과인지, 혹은 그의 가르침에서 이탈하거나 그것을 왜곡시킨 결과인지 물어볼 수 있다.

우리는 웨슬리의 중요한 결정들이 반율법주의에 대한 혐오감에서 유발되었다는 것을 반복해서 살펴보았다. 그는 반율법주의가 모든 나무와 바위 뒤에 도사리고 있으며, 그것이 그의 시대가 항상 막 빠지려 하는 깊은 구렁이라고 생각했다. 그는 여러 방식으로 위험을 상쇄하기 위한 거대한 평형추로서 완전 성화를 제시했다. 그러나 훗날에 그리고 다른 하위문화들 가운데서, 대표적인 위험은 종종 율법주의였다. 그리고 그리스도인의 완전에 대한 반(半) 웨슬리교파의 설명과 율법주의가 섞이면 영적으로 치명적인 결과를 초래한다. 엘리트 그리스도인과 수준 이하의 그리스도인이 양립하는 이층 구조가 발달하고, 행위에 의한 의가 그리스도인의 삶의 교리 속으로 다시 몰래 스며든

---

54 Gordon Rupp, *Religion in England 1688-1791* (Oxford: Clarendon, 1986), 425.

다. 행동상의 기대치가 마치 복음인양 가르쳐지고, 그 결과 그런 기대를 충족시킬 수 없는 사람들에게는 참담한 죄책감이 생기고, 그 기대를 이루었다고 생각하는 사람들에게는 영적인 자만심이 생긴다.

그러나 여기에서 우리의 관심사는 단지 완전 성화에 관한 웨슬리 자신의 설명을 이해하는 것이고 그 교리가 최초의 감리교 회중들에게 좋은 영향을 미친 이유에 대해 설명하는 것이다. 그 대답의 일부는 웨슬리가 그 교리를 다른 복음주의 신념들 가운데 쉽게 정착하도록 만들었다는 것이다. 그래서 그것을 8장에서 다루었다. 완전 성화가 당시에 미쳤던 영향을 재현하려면, 그 교리를 개신교의 칭의 교리에 묶어놓고, 요한일서의 틀 안에 두고, 복음에 기초하여 하나님의 율법에 순종하는 방향으로 정돈하고, 은혜의 수단들의 규칙적인 사용 안에 자리 잡게 해야 한다. 이 패키지가 웨슬리의 손에서는 상당한 효과를 발휘했지만 그보다 못한 실무자들의 손에서는 와해될 수도 있다. 웨슬리는 그 교리를 조심스럽게 가르쳐야 한다는 것을 잘 인식하고 있었고, 그가 계속 고심했던 문제 중의 하나는 그 교리를 제시하는 방법이었다. 웨슬리의 전형적인 대답은 "앞으로 밀어붙이지 않는 사람들에게는, 항상 약속을 경유하며 언제나 몰아붙이기보다 끌어당기는 사람들에게는 조금도 부족하지 않다"[55]는 것이었다. 만약 이 교리가 항상 이런 식으로, 즉 몰아붙이기보다 끌어당기는 방식으로, 그리고 덜 무례한 말투로 제시되어 왔다면, 그것은 그 지지자들과 그들의 피해자들 사이에 더 많은 유익을 주고 더 적은 손해를 끼쳤을 것이다.

웨슬리의 완전 성화의 신학을 따르는 사람은 누구나 신중할 필요가 있다. 그러나 그것을 비판하는 이들도 그만큼 신중할 필요가 있다. 어

---

55 "A Plain Account of Christian Perfection," 320.

떤 사람들은 그 가르침에 대해 노골적인 혐오감으로 반응하는데, 이들은 자신의 동기를 점검할 필요가 있다. 그 위험성을 제임스 패커처럼 표현한다면 더 바람직스러울 것이다. 그는 성화에 관한 책, 「성령을 아는 지식」(홍성사 역간)에서 독자들에게 성결에 대한 가르침을 장 칼뱅과 존 오웬과 라일로부터 얻어야 한다고 분명하게 권장한다. 달리 말하자면 칼뱅주의 상점에서, 혹은 적어도 아우구스티누스파 상점에서 물건을 사라는 것이다. 그러나 패커는 즉시 "일부 이류급 아우구스티누스 신봉자들"에 대해 경고한다. "그들의 관심사는 정통 교리와 반(反)완전주의에 국한되어 있고 적극적으로 성결에까지 확장되지 않는 인상을 남긴다."[56] 그러한 이류급 아우구스티누스 신봉자들과 칼뱅주의자들이 우리 시대에도 널리 퍼져 있는데, 그들은 그리스도인의 삶에서의 진정한 변화, 영적인 훈련, 선행의 필요성에 대한 모든 얘기에 알레르기 반응을 보이는 자들이다. 그들은 대화 주제를 회심, 전가, 그리스도의 의, 그리고 죄의 불가피성으로 바꾸어 그런 주제들을 회피한다. 그러한 사람들을 표시해 놓고 그들을 피하라. 패커가 주장하듯이, "모든 입장은 최고 주창자들에 의해서 판단되어야 한다." 그리고 존 웨슬리가 기뻐할 만한 '율법을 준수하는 마음의 종교'에 해당하는 일종의 개혁주의 성화 사상이 있다.

　패커는 먼저 (그의 추종자들의 잘못을 웨슬리의 탓으로 돌리지 않도록 조심하면서) 웨슬리에 대해 네 가지 비판을 한 뒤에 그를 추천한다. 비록 당신이 웨슬리가 주창하는 그리스도인의 완전에 관한 교리를 거부할지라도, 웨슬리의 설명은 온전한 그리스도인의 모습을 잘 묘사하기 때문에 참된 그리스도인은 큰 감동을 받지 않을 수 없다. "언제나 기뻐하

---

56 Packer, *Keep in Step with the Spirit*, 109. 「성령을 아는 지식」(홍성사 역간).

고 감사하고 사랑하는 그리스도인의 성품을 지향하는 웨슬리의 고귀한 이상은 더 낮은 수준에 안주하고픈 사람에게 늘 책망의 소리로 들린다.…그것은 대단히 파괴적인 힘으로 우리의 신앙심에 내포된 모든 얄팍하고 자기탐닉적인 요소들을 노출시킨다."[57] 사랑으로 새롭게 된 마음에 대한 웨슬리의 묘사는 그리스도 추종자의 진정한 이미지이고, 웨슬리의 유산은 성경의 말씀으로 표현되고, 양심에 적용되고, 찬송가와 영가로 불리는, 수천 페이지에 달하는 이 묘사를 포함하고 있다.

웨슬리의 교리를 받아들이든지 않든지, 웨슬리의 견해가 일종의 부수 효과로서 우리 모두에게 주는 유익이 있다. 그것은 성화를 위한 진지한 기도이다. 모든 그리스도인은 하나님께 거룩하게 해 달라고 기도해야 한다. 대부분은 그렇게 기도한다. 그러나 존 웨슬리와 찰스 웨슬리, 그리고 그들에게 배운 사람들은 충격적일 정도로 진지하게 기도를 하였다. 그들의 기도의 비결은 진심으로 기도했다는 것이다. 그들이 하나님께 성결의 은사를 달라고 간구했을 때, 그들은 매우 구체적이고 특정한 변화, 곧 상대적인 변화가 아닌 진정한 변화를 염두에 두고 있었다. 실제적인 개념 없이 혹은 하나님께서 바로 이 순간 기도에 응답하실 수도 있다는 기대감 없이 "하나님, 저를 거룩하게 해주세요!"라고 기도하는 것은 하나님 앞에서 가볍게 처신하는 것, 복도에서 꾸물거리면서 방에 들어간 척하는 것이다. 웨슬리가 드린 바로 그 기도는 실로 진심이 담긴 것이었고, "우리의 신앙심에 내포된 얄팍하고 자기탐닉적인 요소들"에는 참으로 위험한 것이다.

웨슬리는 길고 (때때로) 지루한 「그리스도인의 완전에 대한 평이한 설명」을 이 질문과 함께 마친다. "우리가 하나님의 원수인 '육신의 생

---

57 앞의 책, 119.

각'으로부터의 완전한 해방을 찾는다고 해서 여러분의 적인가? 아니다. 우리는 여러분의 형제, 즉 우리 주님의 포도원에서 일하는 여러분의 동료 일꾼이다." 그는 이어서 사랑 안에서 완전해지는 것에 대한 그의 논점의 특징을 이야기한다. "우리는 온 마음으로 하나님을 사랑하고 우리 이웃을 우리처럼 사랑하길 정말로 바란다. 그렇다. 하나님이 이 세상에서 '그의 성령의 영감으로 우리 마음의 생각들을 깨끗하게 해주셔서 우리가 그분을 완전하게 사랑하고 그분의 거룩한 이름을 합당하게 찬미하게 할 것'임을 우리는 정말로 믿는다."[58] 웨슬리의 동료 영국국교회 교도들은 그가 「공동기도서」에 나오는 "순결을 위한 특별기도"를 인용하고 있는 것을 즉시 알아차릴 것이다. "전능하신 하나님, 당신께는 온 마음이 열려있고, 모든 욕망이 알려지고, 어떤 비밀도 숨길 수 없습니다. 당신의 성령의 영감으로 우리 마음의 생각들을 깨끗하게 해주셔서 우리가 당신을 완전하게 사랑하고 당신의 거룩한 이름을 합당하게 찬미하게 하옵소서. 우리 주 그리스도를 통하여 아멘." 이 기도는 영국 전역에서 늘 드려져 왔으나, 그리스도인의 삶에 대한 웨슬리의 신학은 그로 하여금 진지하게, 응답을 기대하면서, 그 기도를 드리게 해 주었다. 고든 랍은 이렇게 질문한다. "웨슬리가 '순결을 위한 특별기도'로 「그리스도인의 완전에 대한 평이한 설명」을 끝마친 것은 우리의 모든 허세를 노출시키기 위함이 아닐까?" 만일 그가 진심으로 그렇게 기도했다면 우리는 어떤가?

하나님의 제단에서 그리스도인들이 그들의 마음을 성령으로 깨끗하게 해 달라고, 그들이 하나님을 완전하게 사랑하고 그분의 거룩한 이름을

---

58 "A Plain Account of Christian Perfection," 377.

합당하게 찬미하게 해 달라고 기도할 때, 그들은 무슨 뜻으로 그렇게 기도하는가? 아무런 의미도 없다고 추정하는 것, 그것은 그저 경건한 바람일 뿐이고 "나로 하여금 당신을 완전하게 사랑하게 하시되 아직은 아닙니다!"라고 말하는 일종의 가짜 아우구스티누스주의자로 추정하는 것은 신성모독일 것이다. 그보다는 웨슬리와 함께 현대의 성인(聖人) 템플 게어드너(Temple Gairdner, 1873-1928)의 말처럼 "최대한으로 믿읍시다!"라고 말하는 편이 더 낫다.[59]

---

59 Rupp, *Religion in England 1688-1791*, 427.

9. 보편적인
정신

─────────

'에큐메니컬'(ecumenical)은 한동안 좋은 단어였으나 지금은 그 빛이 조금 바래고 말았다. 한 때 모든 그리스도인의 연합을 가리키던 단어가 이제는 몇 년마다 개최되는 국제적인 집회에 모습을 드러내는 주류 교단의 대표들을 떠올릴 뿐이다. '보편적인'(catholic) 또한 "나는 거룩한 보편적인 교회를 믿습니다"라는 옛 신조어에 나오듯이 모든 그리스도인을 가리키는 좋은 단어였다. 그러나 이제는 그것이 대문자로 표기되면서 한 특정한 교파, 즉 스스로 유일한 참 교회라고 주장하는 로마가톨릭을 가리키게 되었다. '초교파'(inter-denominational)라는 단어가 모든 그리스도인을 떠올리는데 도움이 될지 모르지만, 그것은 (그리스어 어원을 가진 '에큐메니컬'과 '보편적인'과 달리) 관료적인 관할권을 시사하는 아름답지 못한 단어이다. '비(非)교파적인'(non-denominational)이란 단어도 적절하지 않다.

우리는 다양한 교회들 사이의 분열을 묶어주는 그런 기독교 연합에 대해 어떻게 이야기할 수 있을까? 우리가 중요한 공통분모를 갖고 있음을 상기시키는 그런 기독교 연합, 우리가 계속 의미 있는 논쟁을 할 수 있을 정도로 가까운 관계를 유지시켜주는 기독교 연합에 대해 어떻게 이야기할 수 있을까? 우리가 추구하는 태도를 포착하는 단 하나의 단어는 없다. 그래서 이런 빛바랜 옛 단어들을 계속 사용하며 설명해야 한다. 그리고 우리가 새로운 단어를 고안하자마자, 그것도 남용되어 쓸모없게 될 것이다. 최선의 방책은 이러한 긴장을 타결하는데 성공한 지도자들과 운동들의 본보기를 깊이 생각해보는 것이다.

존 웨슬리가 바로 그런 지도자였다. 그는 보편적인 교회로부터 고립된 채 그리스도인의 삶을 영위할 수 없다는 것을 알았다. 이 보편성은 하나의 여가 활동이 아니라 진정한 그리스도인의 삶의 구성요소라는 것을 웨슬리가 보여주었다.

위대한 기독교 영성의 전통

그리스도인이 된다는 것은 어떤 종파적 충동에 따르기보다는 사도들 위에 세워진 한 거대한 교회 안에 사는 것을 의미한다. 분열된 기독교 세계에서 온전하고 보편적인 그리스도인으로 살아간다는 것은, 자신이 속한 특정한 교회가 옳다는 것을 확신하면서도, 많은 하위 전통들에 속한 가장 좋은 것에 개방되어 있다는 것을 의미한다. 웨슬리의 보편성을 가리키는 최고의 지표는 그의 폭넓은 독서다. 평생에 걸쳐 영적인 저술들을 읽은 웨슬리는 기독교 전통에 대하여 최대한 조사했다. 놀랄 만큼 폭이 넓었다. 물론 웨슬리는 성경에 따라 살았기에 스스로 '한 책의 사람(*homo unius libri*)'으로 자처했다. 그러나 성경에 집중했다고 해서 다른 책을 읽지 않은 것은 아니었다. 그것은 폭넓은 독서와 많은 공부의 저편에서 성취한 것이었다. 웨슬리는 모든 시대와 교파들의 그리스도인들로부터 배우는 법을 알았고, 그는 가능한 많은 사람들에게 그 특권을 전수하고 싶어 했다.

그 결과 웨슬리는 영적으로 유익하다고 생각한 책들을 편집하고 출판하는 일에 사역의 상당 부분을 쏟았다. 그의 개인적인 영향력이 늘어나자 그것을 고전을 추천하는데 이용했다. 그는 자신을 따르는 사람들이 최고의 작품들을 폭넓게 읽게 하고 싶었고, 최고의 작품들이 소진되면 자신이 직접 그것들을 다시 인쇄하였다. 그의 사역 초기부터 그는 경건 서적의 재판과 요약본을 배포했다. 1748년에 웨슬리는 한 친구에게 보낸 편지에서 "하나님을 경외하는 사람들이 이용하도록 팔십 내지 백 권 정도의 작은 총서"를 인쇄하는 것이 오랜 소원이었다고 썼다. 그리고 그의 의도를 간략하게 밝혔다. "나의 의도는 내가 여태껏 본 것 중에서 가장 귀중한 영어책들을 선정하여, 상황에 맞추어 약간만 수정하거나 설명을 덧붙여 요약판이나 완성판을 내는 것이었다."[1] 그는 곧 자신의 계획에 따라 그 작업에 착수했다. 그리고 1755년에 「기독교 총서」(Christian Library)라는 제목 아래 각각 약 삼백여 페이지로 된 오십 권의 책을 출판하였다. 그 부제는 '영어로 출판된 최고의 실천신학 작품들의 발췌문들과 요약본들'(Extracts from and Abridgments of the Choicest Pieces of Practical Divinity Which Have Been Published in the English Tongue)이었다.

리처드 하이첸레이터(Richard Heitzenrater)는 웨슬리가 「기독교 총서」에 기울인 "그의 노력의 일부는 기독교 진리는 처음부터 그 자신의 시대에 이르기까지 오직 **하나**라는 사실을 증명하는 것"[2]이라고 주장한다. 웨슬리는 저 멀리 1세기 교회까지(클레멘트와 이그나티오스 같은 사도 교부들) 돌아갔다가, 다시 그의 시대(동시대의 조나단 에드워즈의 책을 출판함)에 이르는 기나긴 범위를 섭렵하면서 그 증명작업을 수행했다. 그러나 그는 임의로 저자들을 고르거나 단순히 역사적인 대표성을 지닌 저자

---

1 Thomas Walter Herbert, *John Wesley as Editor and Author* (Princeton, NJ: Princeton university Press, 1940), 25. 기독교 총서 프로젝트에 대한 훌륭한 개관은 허버트의 책을 참고하라.
2 Richard P. Heitzenrater, "John Wesley's Reading of and References to the Early Church Fathers," in *Orthodox and Wesleyan Spirituality*, ed. S. T. Kimbrough Jr. (Crestwood, NJ: St. Vladimir's Seminary Press, 2002), 25-32.

들을 선정하지 않았다. 그는 일련의 암묵적인 원칙들에 따라 복음주의적 개신교 영성의 흐름을 수 세기에 걸쳐 추적하고 심지어 복음주의자들과 개신교도들이 생기기 이전의 시대도 그렇게 했다. "이 놀라운 모음집에 담긴 사람들과 운동들의 다양성 이면에 통일성이 있다. 윗부분과 아랫부분을 살짝 잘라내면 그 모두가 한 가지 언어, 즉 성경적인 성결, 그리스도, 감리교에 대해 말하는 것이 사실이다."[3] 웨슬리는 개신교 시대에 중점을 두었으므로 그 시기가 「기독교 총서」에서 가장 크게 부각된다. 그는 교부시대를 가볍게 다루었고 중세는 건너뛰었다. 비록 그는 대표적인 종교개혁자들을 우회하였지만 16세기의 몇몇 인물들이 등장하고, 그 시점부터는 급류가 된다.

그 모음집은 무척 다양하고 놀랄 만큼 객관적이다. 웨슬리가 「아르미니우스 잡지」(*The Arminian Magazine*)의 아르미니우스주의자 편집장이었지만 아르미니우스 작품들은 포함되지 않았다. 웨슬리는 제한 속죄(Limited Atonement) 교리를 거부했으나, 「기독교 총서」 안에 청교도 토머스 굿윈(Thomas Goodwin, 분명히 제한 속죄 교리에 호의적이었다)의 많은 작품들을 포함시킨 반면 존 굿윈(John Goodwin, 아르미니우스주의 신학자, 제한 속죄 교리에 맞선 것으로 유명하다)의 작품은 제외시켰다. 왜 웨슬리는 그의 견해를 견지한 사람보다 그와 의견을 달리했던 토머스 굿윈을 선택하였을까? 여기에 두 가지 이유가 있다. 첫째, 존 굿윈은 격론을 벌이는 논쟁적인 인물이며 교리신학 책을 저술했던 반면에 토머스 굿윈은 영적 신학과 경건신학 책을 썼다. 그리고 웨슬리는 싸움꾼이 아니라 연인 타입이었다. 둘째, 웨슬리는 탁월한 감각을 지니고 있었고, "영어로

---

3 Gordon Rupp, "Son to Samuel: John Wesley, Church of England Man," in *Just Men, Historical Pieces* (London: Epworth, 1977), 122.

출판된 최고의 실천 신학 작품들"의 일부를 저술한 것은 바로 위대한 토머스 굿윈이었다. 웨슬리는 웨스트민스터 총회의 회원들이 「죄인들을 향한 하늘에 계신 그리스도의 마음」(*The Heart of Christ in Heaven toward Sinners*) 만큼 훌륭한 글을 쓸 수 있었다면, 그들의 작품들을 기꺼이 재출판하였을 것이다. 존 오웬의 고전적인 작품 「성도와 하나님과의 교제」(생명의말씀사 역간)를 포함하여 상당히 많은 그의 저술들도 이 「기독교 총서」 안에 들어있다.

웨슬리의 관점으로 보면, 단지 반칼뱅주의적 편견이 심한 사람들만 칼뱅주의자들이 저술했다는 이유로, 또는 칼뱅주의적인 논리를 많이 포함하고 있다는 근거로 그토록 탁월한 책들을 추천하길 거부할 것이다. 웨슬리는 자신의 교리적인 입장 때문에 그러한 문제에 대하여 울타리를 치지 않았다. 오십 권으로는 기독교 진리의 핵심 부분과 인간의 마음속에 일어나는 일을 총망라할 수 없다는 것을 그는 알고 있었다. 웨슬리는 가장 위대한 저자들을 어디에서 발견하든지 그들을 거두어들였다.

웨슬리는 그 저자들에 대하여 때때로 일종의 '개별 조항 거부권'(line-item veto)을 행사했고, 특히 그 자신의 신념에 저촉되는 문장들과 어구들을 지워버리곤 했다. 그는 그의 동시대인 조나단 에드워즈의 작품들을 무척 좋아해서 에드워즈의 책 다섯 권을 열심히 재출판하였고 그 책들의 유통을 상당히 밀어붙였다. 그러나 웨슬리는 에드워즈의 작품에서 칼뱅주의적인 요소들을 열심히 제거했다. 에드워즈의 걸작 「신앙감정론」(부흥과개혁사 역간)에 대한 웨슬리의 가혹한 편집은 그의 편집 방식의 극단적인 사례이다. "웨슬리가 「신앙감정론」을 취급한 사례는, 이 텍스트를 자기 마음대로 다루었던 만큼, 웨슬리의 모든 요약본들 중에서 가장 급진적인 것이었다."[4] 이 원숙한 작품에서 에드워즈는 진정한 종교와 거짓된 종교 사이의 차이점을 설명하였다. 대각성운동 기간에 많은 미국 식민지 주민들은 믿음을 고백하고 나서 나중에 그 믿음을 저버렸다. 이러한 사람들은 진정한 신앙을 가진 적이 없었다는 것이 에드워즈에게 명백해 보였고, 「신앙감정론」은 이 판단을 확인해주는 표지들을 제공하였다. 그러나 웨슬리에게는 이 사람들이 실제로 진정한 신앙을 소유했었지만 거기서 떨어져나갔다는 것이 똑같이 분명해 보였다. 즉 그들은 신앙을 고백했으나 나중에 고백하기를 중단했다는 것이다. 웨슬리는 이렇게 물었다. "이로부터 끌어낼 수 있는 분명한 추론은 무엇이었는가? 왜 진정한 신자가 그 신앙을 좌초시킬까? 그렇다면 진정한 신자는 어떻게 이러한 세력을 모면할 수 있을까? 자신이 고백했던 말을 철회함으로써, 그리고 (그 본성이 증명하는 것에 더하여) 그들이 사실은 전혀 신자가 아니었다는 것을 증명함으로써!"[5]

웨슬리는 에드워즈가 일련의 "특이하고, 미묘하고, 형이상학적인 차별성을 도입함으로써" 그 사실들을 그의 잘못된 신학적 선입견에 맞출 수 있었다고 생각했다. 이런 차별성 때문에 에드워즈는 그렇지 않으면 탁월했을 책을 "이 세상의 모든 평범한 사람들의 머리를 아프게 하고, 지성을 혼동시키는" 어떤 것으로 바꿔놓았다고 생각한 것이다. 그래서 웨슬리는 편집자로서 긴 부분들을 삭제하고 많은 단어들과 표현들을 잘라내고 그의 독자들을 위해 「신앙감정론」을 변경된 형태로 출판하였다. 그는 이렇게 썼다. "건강에 좋은 음식들이 치명적인 독약과 섞여있는 이 위험한 더미에서 나는 많은 진술과 훈계를 선정

4 Christopher M. B. Allison, "The Methodist Edwards: John Wesley's Abridgement of the Selected Works of Jonathan Edwards," *Methodist History*, 50, no. 3 (April 2012): 144-60.
5 앞의 책, 157.

하였다. 이것들은 하나님의 자녀들에게 대단히 유용할 것이다."[6] 웨슬리는 신학적인 저술들과 영적인 작품들을 배포하는 일에 관한 한 원문주의자가 아니었다. 그의 목표는 서지학적인 것이 아니라 목회적인 것이어서 유익하다고 생각되는 것을 전달하기 전에 해롭다고 여겨지는 것을 걸러냈다.

하지만 웨슬리의 모든 편집 결정들이 다 신학적 판단으로 내려진 것은 아니었다. 많은 경우는 그 저술들을 개선하려는 시도였을 뿐이다. 웨슬리는 인기 있는 의사 전달자였기 때문에 큰 청중을 겨냥하여 단어들을 짜 맞추는 옳은 방법을 알고 있다고 생각할만한 자격이 있었다. 그는 다른 저자들의 작품을 축약해서 짧은 요약본을 만드는 작업을 즐긴 것처럼 보인다. "심지어 최고의 책들 안에도 시간을 들여 읽을 만한 가치가 있는 것 이상의 더 많은 내용이 들어있다"[7]는 것이 웨슬리의 확신이었다. 그가 일기를 쓰면서 당일의 편집 작업에 대하여 자랑했던 그 환호성이 들리는 것만 같다. "나는 와트 박사(Dr. Watt)의 멋진 '감정에 관한 고찰'을 요약했다. 백칠십 쪽의 책을 유용한 스물네 쪽의 소책자로 만든 것이다."[8] 웨슬리는 엄청난 양의 자료를 간편한 오십 권 속에 억지로 채워 넣었기에 많은 자료가 편집실 바닥에 남겨져 있었다.

훌륭한 책들의 목록을 만드는 작업이 중요한 일이었다. 그래서 웨슬리는 보다 노련한 선생들에게 도움을 요청했다. 먼저 그는 필립 도드리지(Philip Doddridge, 1702-1751)에게 편지를 썼다. 도드리지는 웨슬리보다 불과 한 살이 많았지만 비국교도 정당의 지도자로서 오랫동안

---

6 앞의 책.
7 Herbert, *John Wesley as Editor and Author*, 28.
8 Wesley's journal, January 17. 1769, in *Works*, 4:298.

유명했던 인물이었다. "도드리지는 신중하게 선정한 시리즈와 함께 응답했다. 이것들과 그의 생각을 보완할 다른 제안들과 함께 웨슬리는 그 목록을 계획하였다."[9] 필립 도드리지가 관련된 것으로 인해 일부 사람들은 그 모음집이 영국국교회 그리스도인들에게 과연 적합한지 의심하게 되었다. "당신의 기독교 총서는 온갖 종류의 비국교도들이 쓴 훼손된 작품들을 수집해놓은 이상한 모음집이 아닌가?"라는 질문이 그 총서에 반대하는 한 가지 도전이었다. 웨슬리의 대답은 국교회 저서들이 압도적으로 많은 그 목록을 나열하는 것이었다. "처음 열 권에는 비국교도가 쓴 책이 단 한 줄도 없다. 그리고 다른 사십 권 가운데 가장 많은 부분은 대주교 레이튼(Archbishop Leighton, 1611-1684), 패트릭(Patrick), 켄(Ken), 레이놀즈(Reynolds), 샌더슨(Sanderson) 같은 주교들, 그리고 영국국교회의 다른 장식품에서 뽑아온 것이다."[10]

이것은 분명히 주목할 만한 영국국교회 유명인들의 목록이다. 그러나 그를 밀어붙이면 "그가 따랐던 일부 저자들은 사실 다른 교파에 속해 있었다"고 기꺼이 인정하였다. 하지만 웨슬리는 자신의 주장을 고집하였고 심지어 그러한 교파적 경계선들을 가로질러 그리스도 안에 있는 신자들이 하나라는 사실에 호소하였다. 마치 그는 가장 훌륭한 칼뱅주의 저자들을 홍보하는 아르미니우스주의자였던 것처럼, 그의 「기독교 총서」는 최고의 비국교도 자료들에 열려있던 영국국교회 프로젝트였다. "그는 그 사실을 인정하고 지적인 독립성과 관용의 선언으로 그의 반박을 보충할 수 있는 기회를 기뻐했다."[11] 웨슬리의 에큐메니컬한 범위는 그리스도인의 삶에 대한 그의 비전의 일부였다.

---

9 Herbert, *John Wesley as Editor and Author*, 29.
10 앞의 책, 30.
11 앞의 책.

"책들은 때때로 웨슬리에게 달려들어 그를 쓰러뜨렸다."[12] 웨슬리의 인생 이야기는 가장 최근에 그에게 달려들어 그를 쓰러뜨렸던 책들에 대한 보도의 연속이다. 그는 또한 영향력 있는 인물이었으므로 가장 훌륭한 저서들을 전달하는 것은 웨슬리의 가장 중요한 사역들 가운데 하나였다. 그리고 그는 늘 영적인 것들을 강조하면서도 최상의 기독교 서적은 최대한 문학과 철학의 훈련을 받은 사람들이 읽는다는 것도 알고 있었다. 이러한 이유로 웨슬리의 설교와 가르침과 출판은 광범위한 교육과 항상 긴밀하게 연결되어 있었다. 대중적인 복음전도에서 거둔 큰 성공은 옥스퍼드 대학 링컨 칼리지의 선임 연구원이던 웨슬리 자신보다 상당히 덜 교육받은 사람들 사이에서 일어났다. 그는 단순한 복음을 단순한 사람들에게 전했다. 그러나 웨슬리는 그의 영향력을 인식하자마자 그 단순한 사람들이 지적으로 성장하도록 돕기 위해 노력하였다. 앨버트 아우틀러에 따르면 "그는 설교 역사에서 대중화에 성공한 극소수에 속하는 인물이었다. 그의 설교와 가르침은 기꺼이 그에게 귀를 기울이는 평범한 사람들에게 복음과 교양교육을 하나로 통합해서 제공하였다."[13] 웨슬리는 설교에서 호라티우스(Horace), 베르길리우스(Virgil), 오비디우스(Ovid), 그리고 키케로(Cicero)를 마음껏 인용하였다. 그는 종종 기억을 더듬어 인용하는 바람에 잘못 인용하기도 했다. 그는 존 밀턴(John Milton, 1608-1674)의 「실낙원」(Paradise Lost)의 요약본을 출판하였다. 그것은 놀랄 정도의 자기확신을 보여주는 작업이었다.(밀턴까지도 자신이 개선시킬 수 있다고 생각하다니!) 요약본들은 잘 팔렸고, 그것도 웨슬리의 승인 도장 없이는 어떤 형태

---

12 Gordon Rupp, *Religion in England 1688-791* (Oxford: Clarendon, 1986), 353.
13 Albert Outler, *Theology in the Wesleyan Spirit* (Nashville: Discipleship Resources, 1975), 6.

로든 「기독교 총서」를 읽지 않을 사람이나 그 총서 전체를 사지 않을 사람들 사이에 팔렸다.

복잡한 사회에서 사는 그리스도인들은 간신히 글을 읽고 쓸 줄 아는 능력으로 충분하지 않다. 웨슬리는 감리교 신자들이 비판적으로 읽을 수 있고, 정확하게 사고하고, 읽은 것을 깊이 음미할 수 있기를 바랐다. 사람들이 성경의 진리를 깊이 받아들이고 싶다면, 그들의 사고를 확장하고 그들의 지적인 능력이 자극받을 필요가 있었다. 그는 언젠가 그에게 감동을 주었으나 영적인 가치가 별로 없는 한 소설의 요약본을 출판한 적이 있다. 감리교 평신도 설교자 중 한 사람, 존 이스턴 (John Easton)은 한갓 소설을 출판할 정도로 비굴해졌다고 웨슬리를 비판했다. 웨슬리는 "허구의 인물들에 대한 공감을 즐길 수 없는 사람들을 측은히 여겼다.…웨슬리는 (존 이스턴의 반론을) 인내심 있게 경청하고 나서, 그 책에 등장하는 두 가지 일화에 대하여 그에게 물었다."

웨슬리: 존, 「처벌자」(Vindex)를 읽어보셨나요?

이스턴: 읽어 보았습니다.

웨슬리: 웃었나요?

이스턴: 아닙니다.

웨슬리: 존, 「다몬과 피디아스」(Damon and Pythias)를 읽어보셨나요?

이스턴: 읽어 보았습니다.

웨슬리: 울었습니까?

이스턴: 아닙니다.

웨슬리는 눈을 치켜뜨고는 손뼉을 치면서 소리쳤다. "오 세상에, 세상에, 세상에!"[14]

웨슬리의 열정적인 정신 때문에 뜨거운 젊은이들이 그의 사역에 합류했다. 그들 가운데 일부, 아마도 존 이스턴 같은 사람들은 공감능력, 관점, 공동생활에 관여하는 능력에 있어서 너무 편협해질 위험이 있었다. 웨슬리가 누렸던 탄탄하고 고전적인 교육의 특권을 모든 사람이 누린 것은 아니다. 그러나 그는 그의 힘이 자라는 한 그들에게 지금까지 존재했던 최고의 작품들에 대한 넓고 깊은 공부의 유익을 전달하려고 노력했다.

보편적인 정신, 그리고 심한 편견에 대한 경고

특별히 웨슬리의 감리교 운동이 성장하고 자신감을 얻게 되면서, 웨슬리는 편협성과 승리주의를 경고하는 설교가 필요하다는 것을 깨달았다. 그 주제에 관한 설교 두 편은 고전이 되었고 「표준설교집」에 포함되었다. 첫 번째 설교, "보편적인 정신"은 그리스도인들이 자기와 견해가 다른 사람들에 대하여 그들이 마땅히 취할 태도를 설명하고 있다. "심한 편견에 대한 경고"라는 제목의 두 번째 설교는 서로 다른 교파들에 속한 그리스도인들이 협력사역을 하는 방식을 탐구하고 있다.

설교 39번, "보편적인 정신"은 열왕기하 10장 15절을 성경본문으로 삼고 있다. 예후가 여호나답에게 "내 마음이 네 마음을 향하여 진실함과 같이, 네 마음도 진실하냐?…그러면 나와 손을 잡자"고 말하는 대목이다. 웨슬리는 이 구절로부터 서로 마음이 일치하는 그리스도인들, 예수의 메시지를 세상에 전하는 일과 관련해 똑같은 뜻을 품은 그리스도인들은 마땅히 손을 잡아야 한다는 원칙을 추출해냈다. 웨슬리는 강조점을 당연히 마음에 둔다. 그 본문은 이렇게 말하지 않

---

14 Herbert, *John Wesley as Editor and Author*, 96.

는다. "당신은 나의 교파에 속해 있는가? 혹은 나의 교회에 속해 있는가? 당신은 나와 똑같은 형태의 교회 정체를 받아들이고 나와 똑같은 교회 당국자를 수용하는가? 당신은 내가 하나님을 예배할 때 사용하는 기도의 형식을 그대로 사용하는가?"[15] 또한 그 본문은 "그렇다면, 나의 견해와 같아야 한다"라고 말하지도 않는다. 그것은 한 가지 기준을 제시하는데 바로 마음의 일치이다. 그리고 올바른 태도의 이미지를 제공한다. "나와 손을 잡자"는 것. 서로 손을 잡는다는 것은 사랑을 상징한다고 웨슬리는 설명했다. "나와 손을 잡자"라는 말은,

> 우선 나를 사랑하라는 뜻이다. 그리고 당신이 온 인류를 사랑하는 것처럼 뿐만 아니라, 당신이 당신의 적을 사랑하는 것처럼 뿐만 아니라, 그리스도 안에 있는 한 형제도 새 예루살렘의 동료 시민으로 동일한 구원의 대장 아래서 똑같은 전쟁에 참여하는 동료 병사로 사랑하라는 뜻이다. 나를 예수의 왕국과 인내에 동참하는 동반자로서, 그리고 예수의 영광의 공동 상속자로서 사랑하라.[16]

그것은 서로 나란히 서서 공동의 전쟁에 참여하는 것을 의미하듯이 "당신의 모든 기도에서 나를 하나님께 의탁해 달라고 기도하는 것도 의미한다. 그리고 마지막으로, 서로 손을 잡는다는 것은 서로 다른 교파에 속한 그리스도인들이 함께 선행을 격려해야 한다는 것을 상징한다. 웨슬리는 청중에게 이렇게 호소했다.

---

15 Sermon 39, "Catholic Spirit," in *Wesley's 52 Standard Sermons*, ed. N. Burwash (Salem, OH: Schmul, 1988), 392.
16 앞의 책, 396.

사랑하고 선행을 하도록 나를 자극하십시오. 기회가 있을 때 여러분이 내 영혼의 건강에 좋다고 생각하는 것은 무엇이든지 사랑 안에서 내게 말해줌으로써 여러분의 기도에 부응하십시오. 하나님께서 내게 주신 일을 하도록 나를 재촉하시고, 그 일을 더욱 완전하게 수행하는 방법을 가르쳐주십시오. 그렇습니다. 내가 나를 보내신 그분의 뜻보다 오히려 내 뜻을 행하는 것처럼 보인다면 어디서나 "나를 다정하게 때리고, 나를 책망하십시오." 오, 여러분이 생각하기에 나의 잘못을 고쳐주는 일, 나의 약점을 강화시키는 일, 사랑으로 나를 세우는 일, 혹은 어떤 식으로든 나를 주님이 쓰기에 적합하게 만드는 일이면 무엇이든지 말씀하시고 아끼지 마십시오.[17]

웨슬리는 "하나님의 일에 나와 함께 하고, 손에 손을 잡고 함께 갑시다"라고 말했다.

설교 38번 "심한 편견에 대한 경고"에서, 웨슬리는 한 걸음 더 나가서 다른 그리스도인들과의 완전한 교제를 주장했다. 이 설교의 성경 본문은 마가복음 9장 38-39절이다. 요한이 예수께 말한다. "선생님, 우리를 따르지 않는 어떤 자가 주의 이름으로 귀신을 내쫓는 것을 우리가 보고, 우리를 따르지 아니하므로 금하였나이다." 예수께서 깜짝 놀랄 만한 대답을 하신다. "금하지 말라." 웨슬리는 이 본문을 가지고 열정적으로 설교하면서, 청중들에게 하나님께서 다른 기독교 집단들 가운데 행하시는 일에 대하여 그들의 마음을 열어야 한다고 주장하였다. 웨슬리는 이 메시지를 전파하기 시작했던 이유에 대해서 나중에 이렇게 설명했다. "내가 이제껏 내내 크게 염려하는 것, 그것을 막

---

17 앞의 책, 397.

기 위해 가능한 모든 방법들을 사용하기로 결심한 것은 편협한 정신, 분파적인 열정이다.…그 끔찍한 편견 때문에 많은 사람들이 그들 밖에도 하나님의 일이 존재한다는 것을 믿지 못한다."[18] 웨슬리는 이런 편협성과 분파주의에 대한 치유법을 고안해냈다. "하나님께서 우리나라와 다른 나라들에서, 우리 가운데서 뿐만 아니라 다양한 견해와 교파들에 속한 사람들 사이에서 수행하고 계신 일에 대해서, 때때로 내가 받은 이야기들을 기꺼이 듣고 싶어 하는 모든 사람들에게 자주 들려주는 것이 이러한 편협성에 대처하는데 도움이 될 것이라고 생각한다."[19] 그는 하나님께서 침례교도들과 칼뱅주의자들 사이에서 행하시는 큰 일들에 대한 흥미진진한 이야기들을 찾기 위해 뉴스 보도를 샅샅이 뒤진 다음에 그것을 영국국교회 감리교 신자들에게 읽어주었다. 일주일에 한 번씩이 아니라 자주 그렇게 했다.

이 일을 위해서 나는 매달 하루 저녁을 할당했다. 그리고 나의 수고에 대해 후회할 만한 이유를 찾지 못했다. 그 저녁은 하나님과 그분을 위해 온 인류를 위해 온 인류를 사랑하는 사람들에게 큰 위로의 시간이 되었다. 뿐만 아니라 악마의 술책이나 인간의 어리석음이 세운 칸막이벽을 무너뜨리는 시간이 되었다. 그리고 모든 하나님의 자녀들에게 (오, 그 때가 과연 언제일까?) "누구든지 하늘에 계신 내 아버지의 뜻대로 행하는 자가 내 형제요, 자매요, 어머니이다"라고 말하도록 용기를 북돋아주는 시간이 되었다.[20]

---

18 Sermon 38, "A Caution Against Bigotry," Burwash, 379.
19 앞의 책, 380.
20 앞의 책.

이것은 분열된 기독교 세계에서 사는 동안 마음을 올바르게 조정하기 위한 흥미로운 전략이다. 웨슬리는 가까운 미래에 기독교 교파의 다양성 때문에 야기되는 문제들로 우리가 옴짝달싹 못하게 될 것을 알아차렸다. "대단히 많은 분파들과…무한히 다양한 견해들"이 존재한다. 특히 영국 사람들은 "전혀 중요하지 않은 문제 때문에 계속 분열되어 왔고, 많은 경우에는 종교와 무관한 문제로 인해 그렇게 되었다." 그토록 많은 집단들이 존재하는 상황에서는 "우리가 어떤 사람이 '귀신을 쫓아내는' 것을 볼 때마다, 그는 이러한 의미에서 '우리를 따르지 않는' 자, 즉 우리의 견해와 같지 않은 사람이 될" 가능성이 매우 높다고 웨슬리가 말했다. 당신이 누군가가 그리스도의 이름으로 사람을 해방시키는 위대한 사역을 수행하고 있는 것을 볼 때, 심지어 그가 영국국교도가 아니더라도, 당신은 크게 기뻐하고 그를 격려해야 한다고 웨슬리는 말한다. "그는 다른 무엇보다도 우리가 승인하는 예배의식에 대해 많은 이의를 지니고 있을지 모른다. 다수는 우리가 사도적이며 성경적이라고 생각하는 교회의 정체에 관하여 많은 의문을 제기한다." 그러나 그리스도의 명령은 명백하다. "금하지 말라." 웨슬리는 우리가 그러한 사람을 금하고 싶은 모든 방식들에 대하여 폭넓은 안목을 가지고 있었다.

당신의 권위나 논리나 신념으로 어떻게 그 사람을 제지하려고 하는지 조심하라. 그가 하나님께서 그에게 부여하신 모든 능력을 사용하는 것을 어떤 식으로든 막으려고 노력하지 말라. 만약 당신이 그 사람에 대해 권위를 가지고 있다면, 그 권위를 하나님의 일을 멈추게 하는데 사용하지 말라. 그에게 예수 이름으로 더 이상 말하지 말아야 할 이유들을 제공하지 말라. 만약 당신이 그에게 제공하지 않으면, 사탄이 그에게 이러한 이유들을 반드시 제공할 것이다. 그 사역으로부터 떠나지 않도록 그를 설득하라. 만약 그가 사탄과 당신에게 자리를 양보한다면, 많은 영혼들이 죄 가운데서 멸망할 것이고, 하나님께서 당신의 손에 그들의 피값을 요구하실 것이다.[21]

웨슬리는 그들의 교리와 행습을 강요하는 열렬한 감리교도들이 많은 반론을 제기할 것을 알고 있었다. 그들은 비국교도들과 칼뱅주의자들, 그리고 다른 사람들에 반대하는 입장을 취해야 하지 않은가? 다른 교파의 교리들이 틀렸다면, 왜 청중들이 그들의 메시지를 들으러 가는 것을 막지 않는가? 감리교도들은 반드시 그들을 공개적으로 논박해야 하지 않는가? 웨슬리는 엄격한 대답을 했다. "만일 여러분이 이 중에 어떤 일이라도 행한다면, 여러분은 아직까지도 편견에 사로잡힌 사람이다." 사실 웨슬리는 그의 추종자들이 하나님께서 감리교 밖에서 기쁘게 행하는 일을 즐거워하는 그의 본을 따르기를 바랐다.

그러나 마귀들을 쫓아낸 어떤 사람의 행동을 금지시키지 않은 것으로 만족하지 말라. 그만큼 가는 것도 좋지만 여기에서 멈추지 말라. 만약 당신이 모든 편견을 피하고 싶다면 계속 나아가라. 이러한 종류의 모든 경우에 그 도구가 무엇이든지 하나님의 손가락을 인정하라. 그리고 인정할 뿐만 아니라 그분의 일을 기뻐하고, 감사함으로 그 이름을 찬양하라. 하나님이 쓰시기를 기뻐하는 사람이 누구든지 그 자신을 그 일에 온전히 헌신하도록 그를 격려하라.[22]

---

21 앞의 책, 386.
22 앞의 책, 388.

웨슬리는 심한 편견을 방지하는 안전장치로서 또 하나의 경고를 했다. "다른 사람의 편견을 당신의 편견의 변명거리로 삼지 말라." 그리고 여기서 그는 마귀를 쫓아낼 뿐만 아니라 웨슬리교파의 교인들이 그렇게 하는 것을 금지시키려는 신학적인 반대자를 상상했다. "그러나 보복하는 일을 경계하라. 악을 악으로 갚는 것은 당신의 몫이 아니다. 다른 사람이 우리 주님의 지시를 지키지 않는다고 당신도 그것을 무시해도 좋은 것은 아니다. 그 자신이 모든 편견을 품고 있도록 내버려두라. 그가 당신을 금한다고 할지라도 당신은 그를 금하지 말라." 웨슬리는 최후의 일격으로 감리교 청중들에게 모범적인 인물을 제시하였다. 바로 장 칼뱅이다. 칼뱅은 루터가 그의 사역을 낮게 평가한다는 소리를 들었을 때 이렇게 말하였다. "루터가 나를 백 명의 마귀라고 부르게 내버려두라. 그래도 나는 그를 하나님의 메신저로 존경하겠다."[23]

그럼에도 불구하고, 웨슬리는 관용하는 "보편적인 정신"과 기독교적 협력이 넘을 수 없는 경계선을 선포했다. 우리가 다음 장에서 보게 되듯이, 모든 형태의 반(反)삼위일체론은 그 경계를 넘어서는, 하나님과 구원에 대한 비기독교적 견해이다. 몇몇 경계선을 매우 명확하게 그음으로써, 웨슬리는 그리스도인들 간의 협력 원칙이 교리에 신경 쓰지 않는 것과는 완전히 다르다는 것을 보여주었다. 그는 이렇게 말했다.

보편적인 정신은 사변적인 광교회주의(latitudinarianism)가 아니다. 그것

---

23 웨슬리가 인용한 칼뱅의 말은 부정확하다. 그는 아마 칼뱅이 불링거에게 보낸 1544편 편지를 기억으로 더듬어 인용했을 것이다. J. M. V. Audin, *History of the Life, Works, and Doctrines of John Calvin* (Louisville, Webb, 1850), 405.

은 모든 견해에 무관심한 것이 아니다. 이것은 천국의 소산이 아니라 지옥의 산물이다. 이처럼 불안정한 사상, "온갖 교리의 바람에 밀려 이리저리 요동하는 것"은 축복이 아니라 엄청난 저주이고, 진정한 보편주의의 친구가 아니라 화해할 수 없는 적이다.[24]

웨슬리가 로마가톨릭주의를 비(非)기독교라고 묘사하진 않았지만, "우리가 여러 면에서 반성경적이고 반기독교적인 것으로 간주하는 그런 교파"가 야기하는 도전을 확실히 암시했다. 그 교파를 이렇게 계속 묘사한다.

그것은 우리가 그 교리를 전적으로 잘못되고 틀린 것으로 여길 뿐만 아니라, 그 행습도 매우 위험스러울 정도로 잘못되었다고 생각하는 교파이다. 우상 숭배뿐만 아니라 엄청난 미신의 죄를 범하고 있고, 과거에 성도들에게 전달되었던 그 믿음에 많은 조항을 추가한 교파이다. 이로써 하나님의 계명 하나 전체를 빠뜨렸고, 그 교파의 전통으로 나머지 계명 몇 가지를 무효로 만들었다. 또한 초기 교회를 가장 존중하는 척하고 가장 엄격하게 따르는 척하면서도 옛 제도나 성경에 근거를 두지 않은 수많은 새로운 제도를 끌어들였다. 지금 가장 확실한 사실은 우리로부터 너무 먼 거리에 있는 "그는 우리를 따르지 않는다"는 것이다. 그들에 대해서는 어떻게 할 것인가?[25]

물론 이러한 것들은 웨슬리 특유의 단호한 성격을 지닌, 로마 가톨

---

24 Sermon 39, "Catholic Spirit," Burwash, 397.
25 Sermon 38, "Caution Againt Bigotry," Burwash, 385.

릭교회에 대한 표준적인 영국국교회의 비판이다. 다른 곳에서는 웨슬리가 로마가톨릭교회에 대하여 이렇게 언급하였다. "나는 그들을 매우 안타깝게 생각한다. 예수가 그리스도라는 똑같은 확신을 품고 있으면서도 어떤 로마가톨릭교도도 그리스도의 언약의 조건에 따라 구원받을 것을 기대할 수 없기 때문이다."[26] 웨슬리가 확실히 반대하고 거부했던 것은 로마가톨릭교회의 독특한 교리 체계였다. 그는 많은 "로마가톨릭교도들"이 그 신학 체제에도 불구하고 구원받을 것이라고 인정하였다. "잘못된 견해를 많이 가진 사람도 진정한 신앙인일 수 있다"고 그는 말했다. 사실 그는 독실한 로마가톨릭교회 신도들을, 그리고 심지어 칼뱅주의자들을 그 증거로 삼았다.

이 세상에 로마가톨릭교도들이 있는 한, 어느 누가 이 점을 의심할 수 있겠는가? 이전에 토마스 아 켐피스, 그레고리 로페즈(Gregory Lopez), 마르퀴즈 드 렌티(Marquis de Renty) 같은 많은 로마 가톨릭교도들이 진정한 신앙인이었을 뿐만 아니라, 오늘날에도 그들 중 다수가 진정한 내적인 그리스도인들이라는 것을 누가 부인할 수 있는가? 그러나 그들은 그들의 조상들에게서 전통으로 내려온 엄청나게 많은 잘못된 견해들을 보유하고 있다! 아니, 이 세상에 절대 예정설을 고집하는 칼뱅주의자들이 있는 한, 누가 이점을 의심할 수 있겠는가? 칼뱅주의자들 중에는 진정한 신앙인이 하나도 없다고 누가 감히 주장할 수 있겠는가? 그들 중 다수가 지난 세기에 빛나는 등불들이었을 뿐만 아니라, 그들 중 다수가 오늘날에도 하나님과 온 인류를 사랑하는 진정한 그리스도인들이다.[27]

---

26 Wesley's journal, August 1759, in *Works*, 3:151.
27 Sermon 55, "On the Trinity," in *The Works of the Reverend John Wesley*, ed. John Emory, 7 vols. (New York: Emory and Waugh, 1831), 2:20.

웨슬리는 로마가톨릭교도들을 그가 협력할 수 있는 그리스도인들의 경계선 안쪽에 위치시켰던 것처럼 보인다. "그들에 대해서는 어떻게 할 것인가?" 웨슬리의 대답은 똑같다. 로마가톨릭교회 체계에 대한 불만을 토로한 만큼, 그는 "만약 당신의 마음이 내 마음과 같다면, 나와 손을 잡자"고 말했다. 그는 "어느 로마가톨릭교도에게 보내는 편지"에서 이런 질문을 했다. "양편에 있는 우리가 우리 자신의 견해를 유지도록 허용하면서도, 서로를 향한 우리의 마음을 부드럽게 하기기 위해, 극심한 불친절을 억제하기 위해, 그리고 적어도 우리의 이웃과 동포들 사이에 약간의 사랑을 회복시키기 위해, 할 수 있는 일이 전혀 없는가?"

당신은 이를 바라지 않는가? 악의, 증오심, 복수, 원한이 우리 안에 있든 당신 안에 있든, 우리 마음에 있든 당신 마음에 있든, 주님이 몹시 혐오하는 것임을 당신은 완전히 확신하지 않는가? 우리의 견해가 옳든지 틀리든지 이러한 성질들은 틀림없이 잘못된 것이다. 그것들은 파멸에 이르는, 지옥 밑바닥에 이르는 넓은 길이다.[28]

보편적인 정신을 품고 편견에 대해 경고하는 가운데 웨슬리는 하나님께서 이 세상에서 행하고 있는 모든 일을 똑바로 바라보려고 노력하였다. 예상대로 웨슬리에게 중요한 열쇠는 마음의 태도였다. 마찬가지로 예상할 수 있는 바, 찰스 웨슬리는 그 중요한 개념을 한 찬송가에 담았다.

---

28 "Letter to a Roman Catholic," reprinted in *John Wesley*, ed. Albert Outler (New York: Oxford University Press, 1964), 493.

이 말 많은 논쟁에 지치게 하는 것은

이런 개념들, 형태들, 유형들, 그리고 이름들

길이요 진리요 생명이신 당신께

나의 단순한 마음 당신의 사랑으로 불이 붙고

하늘의 가르침을 받고 마침내 내가 날아가오니

당신과 함께 살고 죽는 것은 당신의 것.

바빌론 한 복판에서 가져온

분파와 종파를 나는 뒤로 던져버리네.

내 마음을 확장하고, 내 생각을 해방시키소서.

잠복한 진리를 내가 어느 곳에서 찾든지

그 잠복한 진리를 기쁨으로 소유하고

오직 예수의 이름 앞에 절을 하네.

당신의 전능하신 은총으로 구속받아서

나의 영광스런 자유를 맛보며

두 팔 활짝 열어 세상을 껴안는다.

그러나 당신에게 붙어있는 자들에게 붙어있고

오직 당신의 성도들을 기뻐하니,

새하얀 옷을 입고 하나님과 동행하는 자들이라.[29]

---

29 이것은 "보편적인 사랑"(Catholic Love)이란 제목의 찬송가로서 대부분의 웨슬리 설교 모음집에서 "보편적 정신"이란 설교 다음에 나오는데, 이상하게도 비와쉬판에는 빠져있다. 다음 책에서도 볼 수 있다. Charles Wesley, "Catholic Love," *Poetical Works of John and Charles Wesley*, vol. 6 (London: Wesleyan-Methodist Conference Office, 1869), 71-72.

웨슬리는 위대한 전통에 기초를 두고, 올바른 마음의 태도를 품고, 시선을 기독교 연합에 맞춘 채 그의 사역을 수행하였다. 그러나 그는 파편화된 시대에 태어났기에 주어진 상황에서 최선을 다해야만 했다. 때때로 당신이 행할 수 있는 가장 에큐메니컬한 일은 당신의 입장을 고수하며 당신의 교회 안에 머물러 있는 것이다. 그것이 바로 웨슬리가 한 일이었다. 그는 쉽사리 새로운 교파를 파생시킬 수 있을 때에도 영국국교회 안에 남아있었다. 그러나 영국국교회에 남아있는 것은 결코 쉬운 일이 아니었다. 왜냐하면 웨슬리는 자신이 어떤 종류의 영국국교회 목사로 남아있는지를 분명히 밝혀야만 했기 때문이다.

영국국교회 신도들이 있고, 그런 다음 영국국교회 신도들이 있다

웨슬리의 조부모는 비국교도들과 청교도들이었다. 그러나 그의 부모는 성인시절에 영국국교회로 개종하였다. 웨슬리는 그들의 결정에 동조하여 끈질기게 영국국교회를 고수하였다. 그러나 감리교 부흥운동은 계속해서 영국국교회에 대해 원심력을 행사하였다. 웨슬리를 가장 열렬하게 흠모하는 사람들은 지속적으로 그에게 새로운 교파를 시작하라고 밀어붙였다. 그리고 엎친 데 덮친 격으로, 영국국교회들이 웨슬리 사역의 다양한 측면을 반대하고 그의 사역을 막기 시작했다. 이러한 거부 운동은 일찍이 시작되었고, 바로 그 때문에 조지 휫필드와 존 웨슬리가 야외 설교라는 새로운 방법을 도입했던 것이다. 매우 중요한 몇 해 동안, 영국국교회가 행한 모든 일은 마치 웨슬리에게 영국국교회를 떠나서 새로운 기독교 공동체를 시작하라고 권면하는 것 같았다. 고든 랍은 그 기간에 영국국교회가 자초한 위험한 상황을 이렇게 개관한다.

1784년보다 더 중요한 해는 1739년이었다. 당시는 런던의 교회들이 웨슬리에게 교회 문을 닫았고, 웨슬리는 횟필드를 따라 브리스톨에서 이미 조지아에서 실행했던 것을 행하고 야외에서 설교했을 때였다. 그가 그리스도를 위하여 최초의 인공위성 스푸트닉(Sputnic)호나 돈키호테 같이 굉장한 순회 사역에 착수했을 때 그의 선언문은 허비에게 보낸 편지에 쓴 글, 즉 "세계는 나의 교구다"였다. 그 때 그 기간 동안에 일어난 문제들, 즉 치안판사들, 군중들, 지역 성직자들의 적대감이 발생했던 것은 그런 사람들에게는 그 교구가 그들의 세계였기 때문이었다. 그리고 당시에 새로운 교구의 경계선은 또 다른 의회 조례를 요구했고, 경직된 교회 기구는 복음전도를 수행하거나 교회 밖의 군중을 목회적으로 돌볼 수 있는 능력이 없었다.[30]

웨슬리와 그의 동료들은 국교회를 떠나지 않은 채 그 속에서 신자들의 영적인 필요를 직접 채우는 완전한 대안 체계를 세웠다.

존 웨슬리와 그의 적은 조력자들을 통하여 그들의 찬송가를 부르고, 단순한 열정을 품고 다 함께 기도하며, 규칙대로 살아가는 남녀 집단이 생겼는데, 이는 탁발 수사들이 처음으로 영국에 들어온 이래로 영국 사람들이 거의 본 적이 없는 종류의 현상이었다. 처음에 그들은 영국국교회에 완전히 둘러싸여 있었다. 그들은 여전히 세례와 결혼식과 장례식과 성찬식을 위해서, 그리고 주교들이 그들의 임무를 수행하는 경우, 견진성사를 위해서 교구 교회로 갔다. 그러나 놀라울 정도로 짧은 기간에, 그

30 Gordon Rupp, "The Future of the Methodist Tradition," *The London Quarterly and Holborn Review 184* (1959): 266.

들은 그들의 고유한 교화(敎化) 체계를 가지게 되었다. 그 의도는 영국국교회의 규례들을 대체하는 게 아니라 보충하려는 것이었는데, 이를테면 그들의 금식, 철야기도, 제야 예배, 애찬식, 그리고 반회, 속회와 신도회 등이 있었다.[31]

그리고 그 기간 내내, 웨슬리는 그 자신의 인생을 바꾼 영적인 변화를 설명하는 방법을 터득하고 있었다. 그는 로마가톨릭 신비주의자들로 인해 혼란스러웠다가 모라비아교도들로부터 많은 것을 배운 뒤에 마침내 그에게 성경적인 구원을 설명해주는 마르틴 루터의 음성을 들었다. 그것들은 색다른 음성이었다. 다시 한 번, 모든 길이 영국국교회주의를 제외한 다른 어딘가로 이어지는 것 같았다. 그러나 1738년에 웨슬리는 "믿음에 의한 칭의를 둘러싼 많은 논쟁점에 관하여 영국국교회의 교리는 무엇인지를 좀 더 집중적으로 조사했고," 영국국교회의 39개 신조와 엘리자베스 1세 시대의 설교집에서 그의 해답을 찾았다. 결국 그를 사로잡았던 혁명적인 구원 신학이 바로 영국국교회의 의식서 속에 내내 존재하고 있었던 것으로 밝혀진 셈이다. 그는 칭의와 중생을 바로 그의 코 밑에서 발견했고 "그 설교집에서 발견한 모든 것을 다른 사람들이 이용할 수 있도록 추출해서 인쇄하였다." 그 결과가 「구원, 믿음, 그리고 선행의 교리」(The Doctrine of Salvation, Faith, and Good Works)라는 제목이 붙은 스무 페이지짜리 소책자였다.

그런데 충격적이게도 웨슬리는 국교회 적대자들로부터 그 소책자는 영국국교회에 적합하지 않고 그는 영국국교회와 안 맞는다는 소리를 들었다. 그가 한 주교에게 호소했다가 매우 이상한 답장을 받았다.

---

31 앞의 책.

당신의 적대자들이 당신을 영국국교회와 다르다고 비난할 때, 그들이 당신은 종교개혁 직후의 영국국교회와 다르다고 비난할 수는 없고 오늘날의 영국국교회와 다르다고 비난하는 것으로 추정됩니다. 그리고 당신이 영국국교회에 대하여 엄청난 경의와 존경심을 표명할 때, 당신은 1545년의 영국국교회와 그 목사들에게 그것을 표명하는 게 아니라 1745년의 영국국교회와 그 목사들에게 표명하는 것으로 추정됩니다. 그래서 만약 "영국국교회"라는 말이 (마땅히 그래야 하듯이) 현재의 영국국교회를 의미한다면, 당신의 교리가 영국국교회의 교리와 상당히 다르다는 것을 보여주는 건 어려운 일이 아닐 것입니다.[32]

단번에 웨슬리는 그의 최대 무기인 진정한 영국국교회주의에의 호소를 빼앗겼다는 것을 알게 되었다. 그러나 즉시 그 주교가 무심코 입증의 책임을 바꿨다는 것을 깨달았다. 만일 웨슬리가 실제로 1545년경 영국국교회에 충실하다면, 그가 옳은 편에 있고, 오히려 그에게 반대하는 1745년경 영국국교회가 틀린 편에 있는 셈이다. "이거 참, 내가 얼마나 눈이 멀었었는가!"라고 그가 반응했다.

내가 이 글을 읽은 바로 그 시간까지, 내가 영국국교회와 다르다는 비난을 받았을 때, 나는 39개 신조나 설교집들과 다르다는 비난을 받은 것으로 항상 생각했다. 그리고 이것들의 편집자들에게 나는 커다란 경의와 존경을 진심으로 표명할 수 있다. 반면에 나는 현시대의 그런 목사들에게는 어떤 존경심도 정직하게 표명할 수 없다. 그들은 엄숙하게 그 신조들과 설교집에 서명하지만 마음속으로는 그것들을 믿지 않는다. 아니,

---

32 Rupp, Religion in England 1688-1791, 63-64.

내가 생각하건대, 만일 내가 그들이 (주교든, 사제든, 부제든) 그 신조들과 설교집과 다른 만큼 그들과 다르지 않다면, 나는 진정한 영국국교회 사람이 아니다.[33]

편협함에 맞선 그의 투쟁에서 웨슬리는 예기치 못한 다양성과 맞닥뜨렸다. 즉 전통을 용인하지 못하는 자유로운 편협함이었다. 웨슬리는 그것에 구애받지 않으면서, 영국국교회 유산을 점점 더 깊이 파고든 결과 거기에서 감리교 부흥운동의 탄탄한 복음주의에 필요한 더 많은 근거를 발견하였다.

웨슬리의 동시대 사람 윌리엄 그림쇼(William Grimshaw, 1708-1763)에 따르면, 감리교의 발흥은 다름 아닌 진정한 영국국교회주의의 부흥으로 이해되어야 한다. "말하자면, 영국국교회의 설교집과 39개 신조의 폐기야말로 분명히 우리 교회의 이 모든 난처한 사태의 주된 원인이다." 그의 관점으로 보면, 그 엄청난 불행은 바로 몇 세대에 걸쳐서 영국국교회의 영적인 신학을 방치한 것이었다. 영국 사람들은 부흥운동을 경험하면서 더 좋은 교회를 찾기 위해 둘러보았다. 비국교도들이 다수를 차지하는 지역에서는 감리교 부흥운동으로 인해 사람들이 영국국교회를 떠나서 침례교도로 바뀌는 현상이 발생했다. 그림쇼는 다시금 오랫동안 사용되지 않았던 영국국교회 문헌을 가리켰다.

그 문헌을 지속적으로 읽었더라면, 아마 그 모든 해악들이 효과적으로 예방되었을 뿐만 아니라 그 속에 들어있는 교리들의 부흥에 다름 아닌

---

33 앞의 책, 64.
34 William Grimshaw는 1749년에 웨슬리에 대해 글을 썼다. Richard P. Heitzenrater, *The Elusive Mr. Wesley*, 2nd ed. (Nashville: Abingdon, 2003), 274에 인용되었다.

감리교도 등장하지 않았을 터인데, 그 책들과 감리교의 설교가 동일하기 때문이다. 덧붙이자면, 소수의 우리 성직자들이 이 점을 잘 분별하고서 감리교가 성장할까 두려워서 고의적으로 사람들에게 그 책들을 읽지 못하게 했다. 감리교란 용어는 그들 사역의 진정한 목적, 즉 좋은 그리스도인을 만드는 일을 방해하려고 악마가 교묘히 이용했던 것 같다.[34]

그림쇼는 또 다른 관점에서 똑같은 이야기를 했다. "나와 면식이 있는 늙은 성직자가 최근에 사망했는데, 한 부제가 그에게 교회에서 그 설교집을 읽을 것인지를 물었을 때 아니라고 대답했다고 한다. 왜냐하면 만약 그가 그렇게 해야 한다면, 모든 회중이 감리교도로 바뀔 것이기 때문이라고 하면서."[35] 웨슬리는 영국국교회 신도들이 영국국교회 신도로 남아있기를 원했다. 그러나 그는 또한 영국국교회의 설교집과 공동기도서와 39개 신조에 담겨있는 신학을 그의 세대에 전달하고 싶었다. 그로 인해 감리교 운동이 탄생되었던 것이다. 그러나 웨슬리가 지켜보는 동안에는 그 운동이 별도의 교단이 되지 않았다. 그 운동은 최상의 영국국교회, 즉 1545년 형태의 영국국교회를 만들고자 했던 그의 시도였다. 웨슬리는 그 위대한 전통을 통과하여 저 먼 과거로 이어지는 '보편적인 세계교회주의'를 이루고 싶었다.

칼뱅주의와 아르미니우스주의의 협력

영국국교회 밖에 있는 사람에게는 존 웨슬리가 영국국교회 안에 머무르기로 선택했던 일이 중요하지 않게 보일 수 있다. 게다가 그의 동생 찰스 웨슬리가 지적했듯이, 존 웨슬리는 평신도 설교자들을 임명

---

35 앞의 책.

하고 미국의 감독들을 안수하는 등 결국은 영국국교회로부터 떨어져 나오는 '감리교 분립'을 가능하게 만든 몇 가지 조치를 취했다. 존 웨슬리는 기독교 연합을 상징하는 인물이 아니다! 그러나 웨슬리를 그의 실제 모습과 다르게 묘사하면 안 된다. 그래서 최대한의 기독교 연합을 지향하는 마음이 그리스도인의 삶에 대한 그의 견해의 필수 요소임을 보여주고 싶다. 그는 교회 일치에 헌신했기 때문에 그의 영향력이 미치는 범위 내에서는 모든 것을 하나로 묶으려고 노력했다. 그리하여 새로운 교파를 창립하기가 너무나 쉬울 때에도 국교회에 그대로 머물러 있었던 것이다.

마찬가지로 칼뱅주의에 관한 한, 웨슬리는 복음주의의 연합을 주창했던 인물이 아니다. 그는 대각성운동을 양쪽으로 분열시킨 양당 체제의 한쪽의 대표이다. 조지 휫필드의 관점에서 볼 때에는, 웨슬리가 그리스도인의 완전을 주장하고 개혁주의 신학을 거부하는 것을 이슈로 삼기 시작했을 때 부흥운동의 하나 됨을 깨뜨렸다. 물론 이것은 한쪽 편에서만 그 이야기를 하는 것이다. 웨슬리의 관점에서 볼 때에는, 예정설에 대해서 공격적으로 설교하기 시작하여 그 하나 됨을 와해시킨 것은 바로 휫필드였다. 그러나 누가 누구를 먼저 밀쳐냈든지, 복음주의 부흥운동에 이런 이슈들에 대해 매우 다른 신념을 가진 두 진영이 존재한다는 것이 분명해졌다. 만약 우리가 칼뱅주의와 아르미니우스주의 간의 큰 신학적인 차이를 기정사실로 받아들인다면, 우리가 웨슬리의 행동으로부터 배울 수 있는 바는 그가 늘 복음을 중심으로 삼고 몇몇 중요한 점에 대해 신학적으로 다른 복음주의자들과 협력하는 길을 발견했다는 것이다.

웨슬리는 아르미니우스주의자였으므로 당연히 칼뱅주의자가 아니었다. 그러나 그는 명백한 반칼뱅주의자는 아니었다. 그는 믿음에 의한 칭의 교리를 설명할 때 "[칼뱅과] 조금도 차이가 없다"고 말했다. 그는 칼뱅주의 5대 교리를 문젯거리로 여겼고 그것을 업신여기는 말을 하기도 했다. 그러나 공적인 설교와 가르침에서는 칼뱅주의와 아르미니우스주의가 공동으로 보유하는 복음주의적인 교리를 강조하였다. 그리고 그가 사적으로 칼뱅주의에 대하여 거친 말을 했을 때라도("사탄이 그것을 우리의 길에 던졌다"), 대체로 반율법주의에 초점을 맞추고 있었다. 18세기 칼뱅주의는 너무나 자주 반율법주의와 친한 사이였기 때문이다. 물론 반율법주의가 칼뱅주의의 고유한 일부가 아닌 것은 율법주의가 감리교의 고유한 일부가 아닌 것과 같다.

웨슬리는 균형감각을 지니고 있기 때문에 칼뱅주의와 아르미니우스주의의 간극을 넘어서 협력할 수 있었다. 그는 위대한 기독교 신학의 전통을 알고 있었고 복음에 대한 광범위한 관점을 가지고 있었다. 이러한 중대한 사안들을 유념하는 가운데 그는 칼뱅주의와의 논쟁에 눈을 돌리고 그것을 상대적으로 사소한 문제로 볼 수 있었다. 관련된 쟁점들이 그 자체로는 아무리 중요하더라도, 그것들은 복음의 위대함에 의해 상대화 된다. 이러한 이해를 가장 아름답게 표현한 사람 중의 하나는 찰스 시므온(Charles Simeon, 1759-1836)인데, 그는 젊은 성직자 시절에 나이 많은 존 웨슬리는 만났던 인물이다. 그는 웨슬리와 주고받은 대화를 이렇게 기록했다.

> 시므온: 선생님, 저는 당신이 아르미니우스주의자로 불리는 것으로 알고 있습니다. 그리고 저는 때때로 칼뱅주의자로 불리고 있습니다. 그러므로 우리는 단검을 뽑아야 마땅하다고 생각합니다. 그러나 싸움을 시작하기 전에, 당신이 허락하시면 몇 가지 질문을 드리겠습니다. 선생님은 자신이 타락한 피조물이라고 생각하십

니까? 만약 하나님께서 먼저 하나님께 의지하고픈 생각을 당신의 마음속에 집어넣어주시지 않았다면, 당신은 결코 그런 생각을 품을 수 없을 정도로 타락했다고 생각합니까?

웨슬리: 예, 나는 정말 그렇게 생각합니다.

시므온: 그리고 당신은 자신이 할 수 있는 어떤 것으로도 하나님의 호감을 살 수 없다고 완전히 체념하였습니까? 그리고 오직 그리스도의 보혈과 의로우심을 통해서만 구원을 찾습니까?

웨슬리: 예, 오직 그리스도를 통해서 찾습니다.

시므온: 그러나 선생님, 당신이 처음에 그리스도에 의해서 구원받았다고 생각하지만, 그 후에 어떻게 해서든 당신 자신의 행위로 스스로를 구원해야 하지 않습니까?

웨슬리: 아닙니다. 나는 처음부터 마지막까지 그리스도에 의해서 구원을 받아야 합니다.

시므온: 그렇다면, 당신이 처음에는 하나님의 은총으로 돌아섰다고 하더라도, 당신은 어떤 식으로든 당신 자신의 능력으로 자신을 지켜야 하지 않습니까?

웨슬리: 아닙니다.

시므온: 그렇다면 엄마의 팔에 안겨있는 아기처럼, 당신은 매시간 그리고 매순간 하나님에 의해서 지탱되어야 합니까?

웨슬리: 예, 전적으로 그렇습니다.

시므온: 그리고 당신의 소망을 하나님의 천국에 이르기까지 당신을 보존해주는 그분의 은혜와 자비에 두고 있습니까?

웨슬리: 예, 나는 오직 하나님께만 소망을 둡니다.

시므온: 그렇다면, 선생님, 실례지만 저는 다시 제 단검을 칼집에 꽂겠습니다. 왜냐하면 이것이 저의 칼뱅주의의 전부이기 때문입니다.

이것은 저의 '무조건적인 선정'이며, 저의 '믿음에 의한 칭의'이
며, 저의 최종적인 '성도의 견인'입니다. 그것이 실질적으로 제
가 간직하고 있는 전부입니다. 그리고 제가 그것을 간직하고 있
는 그대로입니다. 그러므로 괜찮으시다면, 우리 사이의 논쟁의
빌미가 되는 용어들이나 어구들을 찾아내는 대신에, 우리는 우
리가 동의하는 것 안에서 진심으로 연합하기를 원합니다.[36]

　　존 웨슬리와 찰스 시므온이 그들의 단검을 칼집에 꽂을 수 있었던
것은 진실로 매우 많은 것을 공유하고 있었기 때문이었을 뿐 아니라
진실로 복음의 핵심 진리에 따라 사는 습관이 있었기 때문이었다. 오
늘날 일부 칼뱅주의자들은 판에 박힌 듯 칼뱅주의를 아르미니우스주
의와 반대편으로 여긴다. 만약 그들이 칼뱅주의를 로마가톨릭의 반대
편으로 규정한다면, 그들은 더 나은 역사적 근거 위에 서게 될 것이다.
　　앞에서 실종된 사도들의 자리를 채우는데 찰스 스펄전이 존 웨슬리
와 조지 휫필드를 최고의 후보로 추천했다고 말한 적이 있다. 스펄전
은 1861년 12월 6일 메트로폴리탄 태버너클(the Metropolitan Tabernacle,
런던에 있는 개혁침례교회)에서 "두 명의 웨슬리"란 제목으로 강연을 했다.
그는 웨슬리가 "보편적인 정신"에 대한 설명에서 추천했던 것과 똑같
은 책략을 사용했다. 스펄전은 자신의 진영에 속하지 않은 누군가를
통해서 하나님께서 행하신 일을 칭송하고 나서 자신 측의 칼뱅주의
지지자들에게 편협함에 빠지지 말라고 경고하였다.

---

36 시므온은 그 이야기를 완곡하게 들려주지만, Handley Carr Glyn Moule는 시므온의 전기에
서 그를 더 단도직입적으로 칼뱅주의자로 묘사한다. *Charles Simeon* (London: Methuen, 1892),
79f.

극단적인 칼뱅주의자들에게 그의 이름은 개신교 신자에게 교황의 이름이 일으키는 만큼의 혐오감을 불러일으킨다. 여러분이 웨슬리를 거론하기만 하면 상상가능한 모든 악들이 그들의 눈앞에 떠오르고, 그 어떤 나쁜 운명도 그런 이단 우두머리에게 충분할 만큼 끔찍하지 않다고 생각한다. 어떤 사람들이 예전에 위클리프(John Wycliffe)의 뼈에 저질렀던 것처럼, 지금도 무덤에서 웨슬리의 뼈를 갈퀴로 긁어내서 태우는 것을 기뻐할 사람이 있다고 나는 진정으로 믿는다. 그런 사람들은 교리를 너무 높게 떠받들고 거기에 너무 많은 원한과 무자비함을 더했기 때문에, 그들은 그들이 믿는 대로 정확하게 믿지 않는 사람은 하나님을 전혀 두려워할 수 없다고 생각한다.

다른 한편으로, 스펄전은 웨슬리의 팬들이 짜증나게 할 수 있다고 말했다. "만일 여러분이 그[웨슬리]를 끊임없이 과찬하지 않으면, 만일 여러분이 그에게는 어떤 결함도 없고, 그는 모든 덕을 지녔고, 심지어 불가능한 미덕까지 지녔다고 인정할 준비가 되어있지 않다면, 여러분은 그의 열성적인 지지자들을 만족시킬 수 없다." 어느 누구도 함께 사는 것이 쉬울 것이라고 말하지 않았다.

라일 주교는 18세기의 복음주의 지도자들에 관한 책에서, 맨 처음에 그 경고들을 다룬다. "웨슬리는 교리 상으로 아르미니우스주의자였다. 나는 그 반론의 심각성을 충분히 인정한다. 나는 그 혐의를 잘 해명하는 척하거나 반대할만한 그의 견해들을 변호하는 척하지 않는다."[37] 그러나 그는 자신의 요점으로 넘어가서 이렇게 말한다. "우리

---

37 J. C. Ryle, *Christian Leader of the Last Century; or, England a Hundred Years Ago* (London: T. Nelson, 1869), 85.

는 모든 것을 우리의 관점으로 보지 않는다고 사람들을 너무 강하게 정죄하지 않도록 주의해야 하고, 그들이 우리처럼 십볼렛(shibboleth, 사사기 12:6-역주)을 발음하지 못한다고 그들을 출교시켜 파문하지 않도록 조심해야 한다."[38]

라일에 따르면, 우리가 웨슬리에게 찾을 것은 무엇일까? 웨슬리가 칼뱅주의 노선에서 벗어났음에도 불구하고 라일은 이렇게 말한다.

그러나 만약 그 똑같은 사람이 강력하고 담대하게 죄를 노출시켜 비난하고, 분명하고 완전하게 그리스도를 높이고, 명백하고 공개적으로 사람들에게 믿고 회개하라고 초청한다면, 우리는 그 사람이 전혀 복음을 전파하지 않는다고 감히 말할 수 있을까? 우리는 그가 유익을 주지 못할 것이라고 감히 말할 수 있을까? 어쨌든 나 자신은 그렇게 말할 수 없다. 만약 내가 휫필드의 복음을 선호하는가 웨슬리의 복음을 선호하는가 하는 질문을 받는다면, 나는 당장 휫필드의 복음을 선호한다고 대답한다. 나는 칼뱅주의자이고 아르미니우스주의자가 아니기 때문이다. 만일 웨슬리가 아르미니우스주의를 내던져버렸다면 훨씬 더 잘했을 것이라고 나는 조금도 의심하지 않는다. 그러나 그가 복음을 전파했고, 그리스도를 존귀하게 여겼고, 크나큰 유익을 주었다는 사실을 나 자신의 존재를 의심하지 않는 것처럼 의심하지 않는다.[39]

그리고 웨슬리의 팬이 된 많은 칼뱅주의자들처럼 라일 주교는 이어서 편협성에 대하여 경고했다.

---

38 앞의 책.
39 앞의 책, 86.

마지막으로, 웨슬리의 아르미니우스주의적 견해 때문에 그를 혐오하는 사람이 있는가? 편견으로 인해 그의 이름만 들어도 고개를 돌리고 그런 불완전한 복음 설교자는 어떤 유익도 줄 수 없다고 믿는 사람이 있는가? 나는 그러한 사람에게 그 자신의 견해를 변경하고, 그 예전의 십자가의 군인을 좀 더 친절한 눈으로 보고, 그에게 그가 받을 만한 영예를 주라고 요청한다.…우리가 좋아하든 싫어하든 존 웨슬리는 선을 위해 하나님의 손에 들린 강력한 도구였다. 그리고 조지 휫필드에 버금가는, 백 년 전 영국의 으뜸가는 복음 전도자였다.[40]

조지 휫필드의 한 추종자에 관한 유명한 이야기가 있다. 그는 웨슬리가 얼마나 칼뱅주의자가 아닌지에 대한 토론이 끝난 후에 휫필드에게 어려운 질문을 던졌다. "우리가 하늘나라에서 존 웨슬리를 보게 될까요?" 휫필드의 대답은 그 세대의 칼뱅주의자들은 하늘나라에서 존 웨슬리를 볼 것 같지 않다는 것이었다. "못 볼까봐 걱정 된다"라고 휫필드가 말했다. 이어서 급소를 찌르는 말을 했다. "그는 하나님의 보좌 매우 가까이 있을 것이다. 그런데 우리는 그 보좌에서 상당히 떨어져 있을 것인즉 그를 거의 보지 못할 것이다." 스펄전은 휫필드의 이 이야기를 전하면서 이렇게 말한다. "웨슬리의 생애를 공부하면서 나는 휫필드의 견해를 분명히 확신하게 되었다. 웨슬리는 많은 실수와 오류가 있지만 순수한 마음으로, 이 땅 위에서 하나님을 영화롭게 해드리기를 열렬히 소망하면서, 그의 주인을 섬겼던 만큼 영원한 보좌 가까이에 있다는 확신이다."

스펄전보다 앞선 세대의 개혁주의 사상가들과 목사들은 웨슬리의

---

40 앞의 책, 104-5.

가르침으로 원기를 회복하고 각성했었다. 스펄전은 사람들을 각성시키는 사람을 가볍게 여기면 안 된다는 것을 알았고, 하나님께서 교회를 부흥시키고 각성시킬 능력을 가진 사람들을 자주 보내시지 않는다는 것을 깨달았다. 우리는 항상 큰 위험요소를 주시해야 하는데, 스펄전은 웨슬리주의가 자기 시대나 혹은 다른 어떤 시대에도 큰 위험요소가 아니라는 것을 분명히 확신하였다. 큰 위험요소는 그리스도인들이 완전히 깨어있지 않고 온전한 그리스도인이 되지 못하는 것이다. 존 웨슬리는 강력한 자극제였고 스펄전은 웨슬리로부터 더 많은 자극을 받기 원했다.

나는 우리 대부분이 반쯤 잠들어있다고 생각하고, 약간 깨어있는 사람들은 그것을 의식하지 못하고 있다고 생각한다. 우리가 존 웨슬리와 찰스 웨슬리의 허물을 들추어낼 때는 우리가 그들의 결함을 찾아낼 때가 아니라 우리 자신의 결함을 치료했을 때일 것이다. 우리가 웨슬리 형제보다 더 많은 경건함을, 더 많은 열정을, 더 많은 은혜를, 더 많은 불타는 사랑을, 더 많은 강렬한 이타심을 품을 때까지는 결함을 들추어내고 비판하는 일을 시작하지 말자.

스펄전은 그 자신의 사역과 웨슬리의 사역을 잠깐 비교하면서 그것은 마치 햇볕 속에 있는 작은 양초와 같다고 생각했다. "나로서는 내가 햇빛 속에서 그 장소들을 볼 수는 있으나, 그것이 여전히 태양이라는 것을 알고 있을 뿐, 그렇게 밝은 태양 옆에 있는 자그마한 나의 양초 때문에 울기만 하는 사람일 따름이다."[41]

---

41 C. H. Spurgeon, "John Wesley," *Banner of Truth*, July-August 1969, 58.

우리는 웨슬리가 편견에 대해 경고하며 청중들에게 적어도 한 달에 한 번씩은 다른 교파들에 속한 그리스도인들 가운데 행하신 하나님의 역사에 대한 훌륭한 이야기를 경청하라고 요청하는 모습과 함께 시작하였다. 그리고 칼뱅주의자들이 웨슬리교파 형제들에게 편견 없이 처신하는 훌륭한 이야기로 끝마쳤다.

10. 존 웨슬리의
삼위일체 신학

————

당신은 하나님에 관해 얘기하지 않고서도 그리스도인의 삶에 대해 오랫동안 이야기할 수 있다. 당신은 구원 체험의 영적인 역학 관계에 대하여 말할 것이 너무 많고, 다룰 내용이 너무 많기 때문에 큰 그림을 놓칠 수 있다. 큰 그림이란 그리스도인의 구원은 하나님과의 화해를 의미한다는 것이고, 그리스도인의 삶에 관한 신학은 하나님 아버지의 선물인 아들과 성령을 상세하게 언급해야 한다는 것이다. 그리스도인의 삶에 대한 교리는 그 자신을 우리에게 내어주셔서 우리를 구원하신 하나님에 대한 결정적인 언급으로 그 절정에 이르러야 한다. 그리스도인의 삶에 관한 존 웨슬리의 신학은 그것을 성공적으로 해냈다. 이 신학은 살아계신 하나님, 즉 삼위일체 하나님을 향해서 항상 열려 있었다.

확실히 삼위일체를 믿다

웨슬리의 삼위일체론이 항상 제대로 평가받거나 주목받은 것은 아니다. 얼마 전에 감리교 감독 한 사람이 이렇게 썼다. "전반적으로 감리교의 삼위일체 교리는 부차적인 역할을 한다. 물론 감리교의 신조들은 삼위일체 교리에 관한 기본적인 주장들을 언급하고 있고, 존 웨슬리는 설교 한 편을 그 주제에 할애했지만, 솔직히 의무감에서 나온 것이었다."[1] 이것이 어쩌면 감리교에 대한 사실적이고 실망스러운 하나의 평가일지도 모르지만 존 웨슬리의 삼위일체론과는 거리가 한참 멀다. 설교 55번 "삼위일체에 관하여"는 삼위일체 교리에 부차적인 역할을 거의 할당하지 않는다. 웨슬리는 이렇게 말한다. "하나님께서 그분의 삼위(三位)의 신격(神格)에 대해 드러내기를 기뻐하셨던 내용은 무관심한 사안이기는커녕 마지막으로 중요한 진리이다. 그것은 바로 기독교의 핵심에 해당한다. 즉 그것은 모든 살아있는 신앙의 핵심에 자리 잡고 있다." 사실 "셋이자 하나이신 하나님은 모든 진정한 기독교 신앙과 불가분의 관계에 있다." 그리고 웨슬리는 그 교리와 구원의 연관성을 설명할 때 어느 누구라도 삼위일체 교리를 중심적으로 하지 않는 게 가능한지 모르겠다고 말한다.

그러나 어느 누구든지 사도요한이 말하듯이, "그 자신 안에 증거를 가지고" 있을 때까지 어떻게 기독교 신자가 될 수 있는지 나는 모른다. 즉 "하나님의 영이 그의 영과 더불어 그가 하나님의 자녀임을 증언할 때" 까지, 말하자면 성령 하나님이 아버지 하나님께 아들 하나님의 공로를 통하여 그를 받아주셨다고 증언할 때까지는 신자가 될 수 없다는 말이다. 그리고 이 증거를 가진 뒤에야 그는 "아버지를 영화롭게 하듯이," 그 아들과 그 복된 영을 영화롭게 한다.[2]

뿐만 아니라 웨슬리는 비록 '삼위일체'란 제목이 붙지는 않았지만,

---

1 Walter Klaiber and Manfred Marquardt, *Living Grace: An Outline of United Methodist Theology* (Nashville: Abingdon, 2001), 56.

2 Sermon 55, "On The Trinity," in *The Works of the Reverend John Wesley*, ed. John Emory, 7 vols. (New York: Emory and Waugh, 1831), 2:20.

몇 편의 다른 설교를 삼위일체 교리와 "살아있는 신앙"과의 연관성을 다루는데 할애했다. 예를 들면 설교 114번 "하나님 존재의 하나 됨"에서는 삼위일체에 대하여 논하고, 설교 77번 "영적인 예배"에서도 마찬가지이다. 그리고 웨슬리가 삼위일체론을 너무나 많은 다른 설교들 속에 엮어 넣었기 때문에 어떻게 그것을 무시할 수 있는지 모르겠다. 문제는 웨슬리가 단 하나의 설교에서만 삼위일체를 그 주제로 삼았기 때문일 것이다. 다른 모든 설교에서는 (그리고 심지어는 "삼위일체에 관하여"에서조차도) 그가 주로 구원과 그리스도인의 삶에 대하여 말하고 있다. 그러나 그것이 바로 웨슬리 삼위일체론의 진수이다. 즉 삼위일체와 복음 및 그리스도인의 삶과의 연계성이다. 만약 그 연계성이 일부 해석자들로 하여금 웨슬리 신학에 퍼져있는 삼위일체적 성격을 간과하게 만드는 단점이 있다면, 그것은 좀 더 실천적인 신학, 좀 더 신약성경에 가까운 신학을 만드는 장점이 있다고 할 수 있다.

웨슬리가 그리스도인의 삶의 두 가지 핵심적인 구성요소들로 여기는 칭의와 성화를 그의 삼위일체의 견지에서 생각한다는 점은 이미 거듭해서 살펴보았다. "칭의는 하나님께서 '우리를 위해 행하시는' 것을, 성화는 하나님께서 성령으로 '우리 안에서 행하시는' 것을 의미한다."[3] 우리의 구원에 관한 모든 것은 그의 아들 안에서 우리의 구원을 성취하시고 성령 안에서 그것을 적용하시는 하나님 아버지의 협동 작업으로 이뤄진다. 웨슬리가 삼위일체론은 "모든 진정한 그리스도인의 신앙과 불가분의 관계에 있다"고 주장하는 것은 당연하다. 그리고 이런 기도문을 작성한 것도 전혀 이상할 게 없다. "오, 거룩하시고 나뉘

---

3 Sermon 5, "Justification by Faith," in *Wesley's 52 Standard Sermons*, ed. N. Burwash (Salem, OH: Schmul, 1988), 45.

지 않은 삼위일체 하나님, 우리의 구속이란 위대한 일에 공동으로 참여하시고 우리에게 하나님의 아들의 영광스러운 자유를 회복시키신 당신께 영광을 돌립니다."[4]

제프리 웨인라이트(Geoffrey Wainwright, 1939-)가 "왜 웨슬리는 삼위일체론자였는가?"라는 제목의 논문에서 지적하였듯이, 18세기 중반에 옥스퍼드 대학에서 교육받은 젊고 지적인 목회자가 삼위일체론자가 된다는 것은 자명한 사실이 아니었다. 그 당시에는 온갖 종류의 반삼위일체적 체계들이 널리 퍼져있었다. 그리고 이신론적(Deistic) 견해, 소치니파(Socinian) 견해, 그리고 심지어 아리우스파(Arian) 견해를 지지하고 있는 존경받을 만한 옹호자들을 발견하는 것은 어려운 일이 아니었다. 웨슬리는 이러한 견해들을 알고 있었고 그것들을 거부하였다. 그는 자동적으로 삼위일체론자가 된 것이 아니라 삼위일체론자가 되기로 선택하였다. "심지어 '보편적인 정신'이 충만할 때에도 그는 아리우스파, 소치니파, 이신론자들과 손잡기를 거절하였다. 왜냐하면 그들의 마음이 그의 마음과 맞지 않았기 때문이었다."[5] 삼위일체 하나님과의 만남을 구원의 중심으로 이해했던 웨슬리가 어떻게 그들과 협력할 수 있었겠는가? 웨인라이트는 웨슬리의 삼위일체 신학을 이러한 말로 요약한다.

웨슬리에게 우리의 구원은 하나님의 세 위격의 분화된 그러나 공동의 사역이다. 그것은 우리를 각각의 위격과 적절한 관계를 맺게 해주고, 곧 주장할 것처럼, 우리를 삼위 하나님의 교제에 참여하게 해준다. 그러므

---

4 "Forms of Prayer," in Emory, *The Works of the Reverend John Wesley*, 6:378.
5 Geoffrey Wainwright, "Why Wesley Was a Trinitarian," *Drew Gateway* 59, no. 2 (1990): 26-43, quoting 27.

로 거룩한 삼위 하나님은 구원론의 기원이자 목적으로 나타난다.[6]

삼위일체는 구원론(구원의 교리)의 기원이다. 우리를 화해의 자리로 부르시는 분이 바로 아버지와 아들과 성령이기 때문이다. 심지어 선행 은총의 보이지 않는 작동을 묘사할 때에도, 웨슬리는 삼위 각각의 사역의 견지에서 설명했다. "천성적인 양심"의 소리도 사실은,

아버지의 끌어당기는 손길로 이해하는 편이 낫다. 하나님의 소원을 따르는 마음, 곧 우리가 순종하면 점점 더 증가하는 그런 마음으로 이해하는 것이 좋다. 그것은 하나님의 아들이 "이 세상에 오는 각 사람을 계몽시킬 때" 사용하는 모든 빛이고, 각 사람이 "공의를 행하고, 자비를 사랑하고, 하나님과 겸손히 동행하도록" 해주는 빛이다. 그리고 그것은 하나님의 영이 때때로 각 자녀 안에서 불러일으키는 모든 확신이다.[7]

웨슬리가 하나님의 이 사역을 그처럼 인격적인, 삼위일체의 용어로 묘사하는 것은 충격적이다. 왜냐하면 중생하지 못한 영혼에 대한 하나님의 사역은 아직 인격적인 교제의 성격을 지니지 못하기 때문이다. 그런데도 이러한 국면의 하나님의 사역도 그 위에 세 위격 모두의 지문을 지니고 있다. 찰스 웨슬리는 복음의 메시지를 실제로 전파할 때는 세 위격의 협조적인 사역을 더 많이 보게 된다고 강조한다. 다음 복음 찬송가의 세 연이 어떻게 창조주와 구원자와 성령의 부르심을 꿰고 있는지 살펴보라.

---

6 앞의 책, 35.
7 Sermon 43, "The Scripture Way of Salvation," Burwash, 441.

죄인들이여 돌아오라. 너희는 왜 죽으려하느냐?

하나님, 곧 너희 창조주께서 그 이유를 물으시네.

하나님은 너희에게 존재를 부여하시고

그 자신과 함께 살도록 너희를 만드셨도다.

그분은 치명적인 원인을 요구하시고

그 자신의 손으로 지으신 작품에게 물으시네

왜, 너희 감사할 줄 모르는 피조물들이여, 왜

너희는 그의 사랑을 지나쳐서 죽으려하느냐?

죄인들이여 돌아오라. 너희는 왜 죽으려하느냐?

하나님, 곧 너희 구원자께서 그 이유를 물으시네.

하나님은 너희 영혼을 되찾아 오시고

스스로 죽으셔서 너희가 살도록 만드셨도다.

너희는 그를 헛되이 죽게 하려느냐?

너희의 주님을 다시 십자가에 못 박으려느냐?

왜, 너희 이미 몸값이 지불된 죄인들이여, 왜

너희는 그분의 은총을 무시하고 죽으려하느냐?

죄인들이여 돌아오라. 너희는 왜 죽으려하느냐?

하나님, 곧 성령께서 그 이유를 물으시네.

네 평생 추구했던 그분이

너희더러 그분의 사랑을 받아들이라고 호소하시네.

너희는 그분의 은총을 영접하지 않겠는가?

너희는 여전히 살기를 거절하겠는가?

왜, 오랫동안 찾았던 죄인들이여, 왜

웨슬리가 말하는 그리스도인의 삶 **379**

너희는 너희 하나님을 슬프게 하고 죽으려 하느냐?[8]

그리고 삼위일체는 구원론의 목표다. 삼위일체 안에 있는 생명 외에는 다른 어떤 구원도 없기 때문이다. 웨슬리는 "새로운 창조"라는 설교에서 이렇게 외친다. "하늘나라에서는 모든 사람에게 면류관이 주어지고, 하나님과의 심오하고 친밀하고 중단 없는 연합이 있을 것이다. 성령을 통하여 아버지와 그의 아들 예수 그리스도와 나누는 끊임없는 교제가 있을 것이다. 셋이자 하나이신 하나님을 그리고 그분 안에 있는 모든 피조물을 계속 즐거워하게 될 것이다."[9]

삼위일체 경험하기

웨슬리의 삼위일체론은 단연코 복음 중심적이다. 그것은 하나님의 영원한 본성에 대한 가르침이지만, 웨슬리에게 중요한 점은 하나님이 그의 영원한 본성 안에 존재하시면서 그분과의 영적 교제를 위해서 우리를 구원하셨다는 것이다. 또한 웨슬리의 삼위일체론은 독특하게 경험적이다. 그 교리는 복음에 대한 객관적이거나 혹은 사실적인 선언으로 종료되는 것이 아니라 세 위격에 대한 개인적인 경험으로 종료된다. 웨인라이트는 "웨슬리는 성령의 체험과 함께 시작하고" 이어서 성령이 우리로 하여금 하나님 아버지와 아들과 영적 교제를 나누게 하는 방식을 탐구한다. "웨슬리에게 신자들을 '양자로 삼는 것'은 중요한 구원론의 범주에 해당한다."[10]

설교 77번, "영적인 예배"는 요한일서의 한 텍스트에 대한 설교인

---

8 *Hymnal of the Methodist Episcopal Church* (New York: Easton and Mains, 1878), 129.
9 "The New Creation," in *Works*, 2:510.
10 Wainwright, "Why Wesley Was a Trinitarian," 33.

데, 이로 인해 웨슬리는 그 책을 가장 좋아하게 되었다. 그가 요한일서를 좋아하게 된 한 가지 이유는 그 책이 "사도 바울과는 달리 믿음에 관해 직접 다루지 않는다. 아울러 사도 바울, 사도 야고보, 사도 베드로가 말했던 내적인 성결과 외적인 성결도 직접 다루지 않는다." 그 대신 요한일서는 "모든 것의 토대에 대해" 가르칠 수 있다. 즉 "신자가 하나님 아버지와 아들과 성령과 나누는 행복하고 거룩한 교제"[11]에 대해 가르친다. 웨슬리가 요한일서를 성경적 계시의 절정으로 여겼다는 사실은 우리가 이미 살펴보았다. 한 가지 이유는 그 편지가 신자의 삼위일체 경험에 대해 명료하고 치밀하게 묘사하기 때문이다.

웨슬리가 삼위일체는 "모든 살아있는 신앙의 핵심"에 있다고 말했을 때, 그것은 모든 신자가 제각기 세 위격이 그 자신과의 관계에 진입하는 것을 특별히 의식한다는 뜻은 아니었다. 오히려 그리스도인이 알든지 모르든지, 하나님 아버지께서 아들과 성령을 통해서 그를 구원하셨다는 것을 의미했다. 무슨 일이 일어나고 있는지를 사람이 의식하든지 못하든지 삼위일체의 사역은 계속 이어지고, 그리스도인의 평범한 경험은 삼위일체와 관계를 맺는 일이다.

다른 한편으로, 웨슬리는 세 위격 각각과 별개의 경험을 하는 것이 가능하다고 정말로 믿었다. 그는 로마가톨릭 신비주의자 가스통 드 렌티(Gaston de Renty, 1611-1649)의 글을 일상적으로 인용하였다. 이러한 특별한 경험에 대한 그의 증언에 매료되었기 때문이다. 드 렌티는 말했다. "나는 보통 내 안에서 가장 거룩한 삼위일체의 경험적인 자각과 풍성한 임재를 느끼고 있다." 이어서 웨슬리가 되풀이해서 인용했던 말을 했다.

---

11 Sermon 77, "Spiritual Worship," in Emory, *The Works of the Reverend John Wesley*, 2:177.

그것들이 끝나자마자 모든 것이 내 마음에서 완전히 지워졌다. 적나라한 믿음에 의해 하나님 외에는 아무 것도 남아있지 않았다. 그 믿음은 나 자신을 우리 주 예수 그리스도께 맡기게 해주었고 나에게 많은 힘과 삼위일체 하나님에 대한 큰 확신을 부여했다. 왜냐하면 그 안에서 하나님의 세 위격의 작용이 나에게 분명히게 보였기 때문이다. 즉 그의 아들을 통하여 우리와 화해하시는 하나님 아버지의 사랑, 그리고 성령으로 우리에게 생명을 주시는 아버지와 아들, 우리를 그리스도와 교제하며 살게 하시는 성령, 우리를 가장 거룩한 삼위일체 하나님과 놀랍게 연합시키고 때로는 마음속에 형언할 수 없는 감정을 일으키는 그 거룩한 교제 등이다.[12]

이러한 종류의 경험에 대하여 웨슬리는 이렇게 말했다.

셋이자 하나이신 하나님에 대한 지식은 모든 진정한 그리스도인의 믿음과 불가분의 관계에 있다. 모든 살아있는 신앙과도 그런 관계에 있다. 내 말은 모든 진정한 그리스도인들이 제각기 마쿼스 드 렌티와 함께 "나는 계속적으로 경험적인 진리와 늘 복된 삼위일체의 풍성한 임재를 지니고 있다"라고 말할 수 있다는 뜻이 아니다. 이것은 아기들의 경험이 아니라 오히려 "그리스도 안에 있는 아버지들"의 경험이라고 나는 생각한다.[13]

모든 그리스도인들이 삼위일체를 경험하지만, 웨슬리는 영적으로 성숙한 그리스도인들이 그들의 경험에 대해 분명히 이해하게 되기를

---

12 *The Life of the Baron De Renty; of, Perfection in the World Exemplified*, ed. Edward Healy Thompson (London: Burns & Oates, 1873), 372.
13 Sermon 55, "On the Trinity," 20.

바랐다.

사실 웨슬리는 드 렌티가 말한 그런 영적인 체험이 그의 신자들 사이에서 일어나는지를 늘 지켜보았다. 1788년에 웨슬리는 한 친구에게 자신이 "늘 복된 삼위일체"를 어느 정도 경험하도록 허락받은 소수의 감리교도들을 면담했다고 말했다. "나는 아직까지 몇 가지 사례만 발견했을 뿐이어서 내가 처음에 추정한 것처럼, 이것이 '사랑 안에서 완전해진' 모든 사람들의 공통된 특권인 것은 아니다."[14] "기도하는 유모"라는 별명을 가진 한 경건한 여성은 세 위격의 환상을 따로따로 본 뒤에 이렇게 기록하였다. "그러므로 나는 삼위일체와 연합되었습니다. 나는 성령을 통하여 아들을 보고, 아들을 통하여 아버지를 발견하기에 하나님은 나의 모든 것 중에 모든 것입니다." 초기 감리교도들 사이에 나타난 이런 환상들을 고려하면 다시금 이색적인 영역으로 되돌아가게 되고, 늘 환각적인 열정에 빠질 위험이 있다. 그러나 존 웨슬리는 하나님께서 그의 백성에게 행하시는 일에 관해 늘 듣고 싶어 했으므로 이러한 이야기들을 열심히 모았다. 그는 또한 1790년에 어려운 교훈을 배운 뒤에 그 유모에게 이런 편지를 썼다.

나의 사랑하는 자매님. 하나님과 당신과의 영적 교류에는 무언가 평범하지 않은 면이 있습니다. 그러나 하나님께서 당신과 정확하게 똑같은 방식으로 인도하고, 특히 늘 복된 삼위일체의 세 위격을 따로따로 나타내기를 기뻐하셨던 몇 사람을 나는 알고 있습니다. 당신은 아무 때에라도 당신의 모든 경험을 나에게 말해도 좋습니다. 그러나 다른 사람들에

---

14 Geoffrey Wainwright, "Trinitarian Theology and Wesleyan Holiness," in *Orthodox and Wesleyan Spirituality*, ed. S. T. Kimbrough Jr. (Crestwood, NY: St Vladimir's Seminary Press, 2002), 76.

게 말할 때는 조심할 필요가 있습니다. 왜냐하면 그들은 당신이 말하는 내용을 이해하지 못할 것이기 때문입니다. 하나님의 이름으로 그리고 하나님의 능력으로 지내시기를 바랍니다.[15]

이런 특이한 경험들이 웨슬리에게는 모든 신자의 공동 소유인 영적인 실체가 좀 더 구체적으로 나타난 경우일 뿐이었다. 그것은 아버지와 아들과 성령과의 교제 속으로 들어간다는 의미에서의 구원을 말한다.

삼위일체께 드리는 찬송가들

지금쯤은 우리가 논의한 존 웨슬리의 가르침에 나오는 모든 주제를 찰스 웨슬리가 찬송가로 만든 것이 놀랍지 않을 것이다. 찰스는 감리교의 삼위일체 신학을 정교한 운율과 박자로 엮어서 표현했고, 그의 찬송가를 압축된 묵상으로 가득 채웠다. 여기에 복음에 담긴 삼위일체의 축복으로 인해 하나님 아버지에게 드리는 기도가 있다.

당신을 나의 아버지로 알게 하시려고
한 알의 믿음을 주시고
당신의 아들의 영을 부어주셔서
나의 마음속에서 증언케 하시네.
당신이 그리스도 안에서 화목케 하신 것
나의 양심이 증언하네
그리고 당신의 사랑하는 양자로 삼으시니
나는 아바 아버지라고 외치네.[16]

---

15 앞의 책, 78.

찰스는 또한 삼위일체 신학을 견본으로 삼아 그 위에 구원의 충만함을 활짝 펼쳤다. 여기에 계시, 칭의, 성화, 봉인을 다함께 성령을 위한 기도에 묶어놓은 찬송이 있다.

우리에게 당신 아들의 영을 보내주셔서
삼위일체 하나님의 깊이를 알게 하시고
우리로 하나님의 생명에 참여하게 하소서.
그분을 보내사 그 뿌린 피가 작동하게 하시고
그분을 보내사 우리 영혼을 성결케 하시고
우리가 항상 당신의 것임을 보시고 인치소서.[17]

여기에서 그는 성령이 하나님의 선물 중 하나일 뿐만 아니라, 최고의 선물, 다른 모든 것을 열어주는 분으로 오신 선물이라는 것을 탐구한다.

하나님께서 우리에게 그의 영을 부어주셔서
우리로 그분의 다른 선물들을 알게 하시니
예수의 보혈로 산 용서와
이 땅에서 맛보는 영광스런 복이라.
성령께서 우리의 양심에 증언하시네
하나님께서 사람에게 값없이 주신 것을
돈 없이 포도주를, 값 없이

16 John R. Tyson, *Charles Wesley on Sanctification: A Biographical and Theological Study* (Grand Rapids: Francis Asbury, 1986), 96.
17 앞의 책, 130.

용서와 성결과 하늘나라를 주신 것을[18]

그리고 여기에서는 삼위일체의 세 위격이 어떻게 신자에 내주하시
는지에 대해 묵상한다.

예수, 당신의 아버지와 함께 오시고
우리 내면의 인도자를 데려오셔서
우리 마음을 당신의 소박한 집으로 만드시고
당신의 집 안에 거하소서.
우리를 당신의 임재와 함께
당신의 보좌에서 나오는 영광으로 가득 채우소서.
그리고 완전히 하나 되게 하소서.[19]

여기에서 찰스 웨슬리의 삼위일체에 대한 찬송가들을 더 많이 인용
할 수도 있다. 사실 존 웨슬리는 삼위일체에 대하여 단 한 편의 설교
만 했다고 인정하더라도, 찰스 웨슬리는 그 주제에 관해 수백 곡의 찬
송가를 지어 그것을 보충하였다. 그는 그 주제에 관한 신학 교재 한
권을 들고 모든 주장을 시로 만들어서 삼위일체에 관한 찬송가집을
따로 출판하였다.[20] 거기에 담긴 많은 찬송가들은 그 교리를 아름답
게 요약한 것들이다. 또한 더 많은 찬송가들은 모든 그리스도인의 경
험의 저변에 있는 그 영적인 실체에 대한 심오한 증언들이다. 그러나

---

18 앞의 책, 143.
19 앞의 책, 172.
20 J. Ernest Rattenbury, "The Holy Trinity," in *The Evangelical Doctrines of Charles Wesley's Hymns*, 3rd ed. (London: Epworth, 1954), 137-51

일부 찬송가들은 "신학적 무법 행위"라고 불려왔다. 왜냐하면 그 주제가 시적이든 아니든, 그 찬송가들이 교훈용으로 가능한 한 많은 교리를 소수의 운율 속에 억지로 쑤셔 넣었기 때문이다.

아리우스파의 신성모독을
감히 성경적 교리라고 칭하는 자들이 있으니
그들의 끔찍한 망상을 멈추게 하고
그 출처인 지옥으로 떨어지게 하라.[21]

"반삼위일체론은 지옥으로"라는 제목이 붙은 이 우스꽝스런 시조차 "웨슬리 형제가 그들의 삼위일체 신학을 진지하게 여겼다"[22]는 증거이다. 더욱이 찰스 웨슬리의 찬송가들이 존 웨슬리의 설교보다 삼위일체의 짐을 더 많이 나르고 있다는 말이 맞다. 그 찬송가들은 회중을 지도하고 교화시키려는 의도를 갖고 있었고, 웨슬리 형제는 그들을 정통 신학과 영성으로 인도하고 싶었다. "두 웨슬리 형제는 유니테리언(Unitarian) 이단에 대항하는 가장 좋은 방법이 강단에서의 선포가 아니라 찬송가를 통해서 하는 것이라고 생각했던 것 같다. 강단은 회심시키기 위해 사용되었다. 찬송가는 감리교 신자들의 삶에 영향을 주기 위하여 기독교 교리를 가르치는데 사용되었다."[23] 물론 찬송가는 또한 예배하는 사람들의 마음을 다듬어서 제대로 또 온전하게 하나님을 사랑하도록 인도하는 역할도 했다.

---

21 Barry E. Bryant, "Trinity and Hymnody: The Doctrine of the Trinity in the Hymns of Charles Wesley," *Wesley Theological Journal 25* (Fall 1990):66.
22 앞의 책.
23 앞의 책.

존 웨슬리가 삼위일체 교리를 마지막으로 활용한 용도는 장 칼뱅이 「기독교 강요」(Institutes of the Christian Religion) 제1권에서 그 교리를 사용한 방식과 유사하다. 칼뱅은 "우리 자신이 만들어낸 우상이 아니라 진정한 하나님을 예배하고 또한 섬기고 있다는 것을 우리가 어떻게 알 수 있는가?"라는 질문을 제기한다. 그는 일반 계시와 특별 계시에 대한 논의와 하나님이 성경을 통해 우리에게 말씀하신다는 것을 다함께 엮어서 정교한 답변을 제공한다. 그러나 칼뱅의 궁극적인 대답은 삼위일체에 관한 13장에서 절정에 이른다. 구원 역사 속에 등장하고 성경에 기록되어 있는 아버지와 아들과 성령의 구체적인 역사의 실체야말로 우리 마음이 우리 자신의 형상에 따라 만든 신들로 향하는 것을 확실히 막아준다.

웨슬리는 마지막 설교 중의 한 편에서 놀랄 만큼 비슷한 일을 한다. "하나님의 하나 됨에 관하여"(1789)[24]라는 제목의 설교는 진정한 종교는 삼위일체적이라고 주장한다. 웨슬리는 최종적인 것, 즉 거짓 종교에 도달하기 전에 여러 가지 가능한 우상 숭배들을 하나씩 설명해 나간다. 거짓 종교는 무엇보다도 "하나님께 마음을 드리는 것을 내포하지 않는 종교"라고 말한다. 그러한 거짓 종교의 하나는 "'이런저런 견해를 좇는 종교,' 즉 정통교리라고 불리는 것"이다. 웨슬리는 이렇게 경고한다. "'믿음에 의한 구원'을 보유하고 있다고 고백하는 수천 명의 사람들이 이 함정에 빠진다. 사실 신앙이란 것을 아르미니우스주의 체계 혹은 칼뱅주의 체계로 생각하는 모든 사람들이다." 또 하나의

---

24 Sermon 118, "On the Unity of the Divine Being," in *Sermons on Several Occasions* (London: Tegg, 1829), 508-15.

거짓 종교는 "형식의 종교이다. 아무리 한결같이 수행하더라도, 외적인 예배만 드리는 종교이다. 그렇다. 우리가 매일 교회 예배를 참석하고, 매 주일 성만찬을 참여할지라도 형식적으로만 그렇게 하는 종교다." 세 번째 거짓 종교는 "행위의 종교다. 사람들에게 선행을 해서 하나님의 호감을 얻으려는 종교다." 그리고 마지막으로 "무신론의 종교다. 즉 하나님을 그 토대로 삼지 않는 모든 종교다."[25]

그 다음에 웨슬리는 참된 종교를 "하나님과 사람을 향한 올바른 마음가짐"으로 규정한다. 그것은 이렇게 진술할 수 있다. "두 단어로 말하자면, 감사와 박애이다. 우리의 창조주이자 최고의 시혜자에게 드리는 감사와 우리의 동료 피조물들을 향한 박애이다. 다시 말해서, 그것은 온 마음을 다해 하나님을 사랑하는 것과 우리 이웃을 우리 자신처럼 사랑하는 것이다." 지금까지 말한 이 모든 것은 마음의 종교를 추가로 강조한 고전적인 아우구스티누스주의이다. 하지만 웨슬리는 성결과 행복의 관계에 대해 조금 더 묵상한 뒤에 갑자기 삼위일체론으로 방향을 전환한다. 우리가 창조된 목적인 행복은 "하나님 자신의 영의 가르침을 받아 우리가 하나님을 알기 시작할 때 시작된다. 영들의 아버지께서 그의 아들을 우리 마음속에 계시하자마자 그 아들은 그의 아버지를 계시하고, 하나님의 사랑이 우리 마음에 가득 부어진다. 그때서야 비로소 우리는 행복해진다."[26] 사랑으로 그리고 하나님의 형상으로 새롭게 된 마음과 행복 및 성결에 관한 웨슬리의 모든 가르침은 우리의 행복을 참된 삼위일체 하나님 안에 뿌리박게 하는 데서 절정에 이른다. 그는 세 위격과 나누는 우리의 교제가 우리의 삶의

---

25 앞의 책, 512.
26 앞의 책, 512-13.

궁극적인 성취임을 묘사하면서, 삼위일체야 말로 그가 생각하는 그리스도인의 삶의 절정이라고 다시 한 번 말한다.

먼저 생명 그 자체보다 더 나은 하나님의 은총을 의식하면 우리는 행복을 느낀다. 다음으로 하나님 아버지와 그 아들 예수 그리스도와의 끊임없는 교제 안에서 우리는 행복을 느낀다. 그 다음으로 성령으로 우리 안에서 이루신 모든 하늘나라의 성품으로 인해 우리는 행복을 느낀다. 또한 우리의 모든 행위가 하나님을 기쁘시게 한다는 성령의 증언으로 인해 우리는 행복을 느낀다. 그리고 마지막으로 "우리가 이 세상에서 경건한 마음으로 순수하게 그리고 성실하게 대화를 나누었다"는 우리 자신의 영의 증언으로 인해 우리는 행복을 느낀다. 그리스도께서 진정한 그리스도인들을 죄와 슬픔으로부터 해방시킨 이 자유로운 자리에 서서 그들은 "항상 기뻐하고, 쉬지 않고 기도하며, 범사에 감사한다." 그리고 그들의 행복은 "그리스도의 장성한 분량이 충만한 데까지 성장하면서" 더욱 커져간다.[27]

---

27 앞의 책, 513.

사랑으로 새로워진 마음

웨슬리가 말하는 그리스도인의 삶

초판 1쇄 인쇄   2015년 2월 16일
초판 1쇄 발행   2015년 2월 23일

지은이 프레드 샌더스
옮긴이 이근수
펴낸이 홍병룡
만든이 홍병룡 · 최규식 · 정선숙 · 강민영

펴낸곳 협동조합 아바서원
등록 제 110-86-15973(2005년 2월 21일)
주소 서울특별시 은평구 신사동 37-32 2층
전화 02-388-7944 **팩스** 02-389-7944
이메일 abbabooks@hanmail.net

© 협동조합 아바서원, 2015

ISBN 979-11-85066-33-2 04230
      979-11-85066-24-0 04230(세트)